みんなが欲しかった！

宅建士の問題集

滝澤ななみ

本試験論点別

★法改正情報は「サイバーブックストア」で!!★

　宅建士本試験は、例年4月1日現在施行されている法令等に基づいて出題されます。本書刊行後に施行が判明した法改正情報は、TAC出版ウェブページ「サイバーブックストア」内「法改正情報」ページにてPDFを公開いたします（2023年7月下旬予定）。

　また、法改正情報・最新統計データ等を網羅して、TAC宅建士講座が作成した『法律改正点レジュメ』を2023年7月より、TAC出版ウェブページ「サイバーブックストア」内で無料公開いたします（パスワードの入力が必要です）。

【『法律改正点レジュメ』ご確認方法】
・ TAC　出版 で検索し、TAC出版ウェブページ「サイバーブックストア」へアクセス！
・「各種サービス」より「書籍連動ダウンロードサービス」を選択し、「宅地建物取引士　法律改正点レジュメ」に進み、パスワードを入力してください。

　パスワード：231010341
　公開期限：2023年度宅建士本試験終了まで

簡単アクセスはこちらから →

　本書は、宅地建物取引士資格試験(以下、宅建士試験)に合格することを目的とした受験対策用の問題集です。同シリーズの『**宅建士の教科書(別売り)**』とあわせて、本書をご使用ください。

　効率的に学習していただけるよう、本書には次の特徴をもたせています。

1．ちょっと確認!

　問題の周辺知識を手軽に確認できるよう、『教科書』の内容をコンパクトにまとめた「**ちょっと確認!**」を解説の末尾に載せました。

2．プラスワン

　『教科書』に未掲載の論点については、解説肢にマーク(＋)を付けています。解説を読んで理解しておきましょう。また、もう少ししっかりおさえておいてほしい箇所については、解説の末尾に「**プラス1(ワン)**」としても記載しています。

3．「これはどう?」と「Step Up」

　いま解いた問題(もしくは選択肢)と同一もしくは類似論点で、違う角度から確認しておいてほしい問題について、「**これはどう?**」として問題を追加しています。また、いま解いた問題(もしくは選択肢)よりも難しい問題だけど、あわせて確認しておいてほしい問題について、「**Step Up**」として問題を追加しています。

　これらを解くことにより、総合的に実力をつけることができます。

4．最新過去問(令和4年度の本試験問題)がダウンロード※できる!

　本試験感覚で力を試していただけるよう、総合問題として、最新過去問(令和4年度の本試験問題)をダウンロード形式で付けました。本試験と同様、時間を計って解いてみてください。また、解説講義も付けましたので、問題の解き方などを確認してください。

　　　　　　　　　　　　　※ ダウンロード方法等はP.viiを参照してください。

　本書をご活用いただき、皆様が合格されることを心よりお祈り申し上げます。

←本書のキャラクター
解説の補足説明や、ちょっとしたヒトコトをつぶやきます…

2022年9月
滝澤ななみ

iii

『みんなが欲しかった！宅建士の問題集』の手引

勉強の質と効率が劇的に上がる　7つの工夫
こんな学びやすい問題集があったのか！

その①　まずは全体像をチェック

各CHAPTERの最初にその科目で学ぶ論点を掲載しています。これを確認してから問題演習に取り組むと、全体がイメージでき、メリハリがきいた学習ができます。

その②　徹底的に問題を解こう！

論点別に収載された過去問を解いて知識の確認・整理をしましょう。本書は見開き構成で赤シートに対応しているので、解答部分を隠しながら問題を解くことができます。また、『宅建士の教科書（別売り）』へのリンクが明示されているので、わからなかった箇所は『教科書』を見直して復習しましょう。

その③　「ちょっと確認！」で手軽に知識を確認しよう！

解説部分に『教科書』のポイントをまとめた**「ちょっと確認！」**を掲載しているので、問題の周辺知識を手軽に確認できます。

その④　「プラス1(ワン)」で知識を補充しよう！

本試験では、基本的な内容(『教科書』に掲載している内容)を超えた問題が出題されることもあります。

『教科書』未掲載の内容については、解説肢にマーク(＋)を付けていますので、解説をよく読んで知識を補充しましょう。

また、必要に応じて**「プラス1(ワン)」**として内容をまとめています。

これらを確認することにより、少し難しめの本試験問題にも対応できる、応用的な知識を補充することができます。

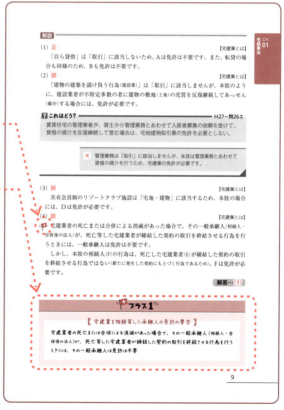

その⑤　「これはどう？」と「Step UP」でもう少し問題を解いておこう！

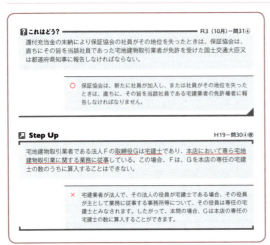

いま解いた問題と同一もしくは類似論点で、違う角度から確認しておいてほしい問題について、**「これはどう？」**として問題を追加しています。

また、いま解いた問題よりも難しい問題ですが、あわせて確認しておいてほしい問題について、**「Step Up」**として問題を追加しています。

このような形で問題をたくさん解くことにより、確実に力をつけることができます。

その⑥　学習日＆理解度チェック表も活用できる

各問題に、学習した日と自分の理解度を測ることができる表をつけました。

学習計画を立てたり、自らの得意分野・不得意分野を知るための指針として活用してください。

	①	②	③	④	⑤
学習日					
理解度 (○/△/×)					

その⑦　マスターすべき問題がひと目でわかる！　難易度付き

…やさしめの問題
必ずマスターして！

…ふつう程度の問題
このレベルまでは頑張ってマスターしよう

…難しい問題
学習が進んでいない人は後回しでも…

各問題に難易度(A～C)をつけました。

Aランクの問題は、合格レベルの受験生ならラクラク解ける問題（これができなかったら合格はキビシイという問題）なので、必ずマスターしましょう。

さらに…こだわりのポイント

❶ 無料！　最新の本試験問題＆解答解説がダウンロードできる！

令和4年度の本試験問題と解答解説を所定のダウンロードページから入手できます。最新傾向や難易度の把握、ひっかけ問題など、特殊な問題への対策にもご活用いただけます。

また実際の試験と同じ時間（2時間）で一通り解いてみることで、本試験を擬似体感でき、タイムマネジメントをはじめ実力アップにつながります。

❷ 無料！　試験の解き方などの講義動画をみることができる！

独学道場※「みんなが欲しかった！コース」の担当講師が、令和4年度本試験問題を解説します！

実際の試験問題を攻略するさいのコツやテクニックなどをお届けします。

実際の問題を解く手順や時間配分など、実力に磨きをかけるために必見の知識が満載です。

※『独学道場（別売り）』とは、人気書籍を多数出版するTAC出版と毎年多くの合格者を輩出するTAC宅地建物取引士講座が強力タッグを組み、「独学とスクールのいいとこどり」により「合格の道しるべ」となるようにつくられた独学者向けのコースです。

最新過去問ダウンロード・講義動画　ページへのアクセス方法

TAC出版 検索

TAC出版書籍販売サイト CyberBookStore
読者様限定 書籍連動ダウンロードサービス

ページへのアクセスには下記のパスワードが必要です。
パスワード**231010343**

簡単アクセスはこちらから

講義動画への
簡単アクセス方法

※配信期間：2022年12月下旬～2023年10月31日

❸ いつでもどこでも問題演習ができる！　セパレートタイプの3分冊

　分野ごとに取り外して勉強できる、セパレートタイプの書籍です。分けてしまえば持ち運びがラクになり、いつでも問題演習ができます。また、『宅建士の教科書』と分野ごとにそろえて使うことができます。

　1冊のままだと少し重たい本書ですが、分野ごとに分解することにより、とても軽くなるので、勉強がしやすくなります。いつでもどこでも持ち運び、ちょっとしたスキマ時間に1問、解きましょう。

❹ 4匹のうさぎが、補足情報をナビゲート！

　解説の補足や理解するためのヒントなど、ちょっとした内容を4匹のうさぎ達がつぶやいています。解説文と一緒に読んで理解を深めてください。

宅建士試験の概要

 日時、出題形式

日　時	10月の第3日曜日　午後1時～3時
出題形式	4肢択一式50問 ※登録講習*修了者は下記の科目（計5問）が免除される 　　　　　CH.04　SECTION04　住宅金融支援機構法 　　　　　　　　　SECTION05　景品表示法 　　　　　　　　　SECTION06　土地・建物 　　　　　本書に記載なし　　　統計 　＊登録講習…国土交通大臣の登録を受けた機関が宅建業の 　　従事者に対して行う講習

 受験資格、試験地

受験資格	なし
試験地	47都道府県　会場は申込み受付時に指定

 申込方法、申込受付期間、受験手数料、合格発表

申込方法	インターネットまたは郵送により行う
申込受付期間	インターネット：7月上旬～7月中旬頃 郵送：7月上旬～7月下旬頃
受験手数料	8,200円（2022年）
合格発表	例年、試験後の11月下旬～12月上旬

 試験実施団体

一般財団法人不動産適正取引推進機構
https://www.retio.or.jp/

※上記は出版時のデータです。詳細は試験実施団体にお問い合わせください。
※なお、令和2年（2020年）度、令和3年（2021年）度は、新型コロナウイルス感染症
　の影響により、一部地域では、受験者を10月と12月に分けて試験が行われました。

宅建士試験の状況

 過去5年間の受験者数等

	申込者数	受験者数	合格者数	合格点	合格率
2021年12月	39,814人	24,965人	3,892人	34点	15.6%
2021年10月	256,704人	209,749人	37,579人	34点	17.9%
2020年12月	55,121人	35,261人	4,610人	36点	13.1%
2020年10月	204,163人	168,989人	29,728人	38点	17.6%
2019年	276,019人	220,797人	37,481人	35点	17.0%
2018年	265,444人	213,993人	33,360人	37点	15.6%
2017年	258,511人	209,354人	32,644人	35点	15.6%

※合格基準の決まりはなく、毎年異なりますが、おおよそ31点(問題が難しい年)から38点(問題がやさしい年)となっています。

 科目別出題数

科　目	出題数	目標点
宅建業法 (本書:CHAPTER01)	20問 (第26問～第45問)	18点
権利関係 (本書:CHAPTER02)	14問 (第1問～第14問)	8～10点
法令上の制限 (本書:CHAPTER03)	8問 (第15問～第22問)	5点
税・その他 (本書:CHAPTER04) 不動産に関する税金 不動産鑑定評価基準 地価公示法	3問 (第23問～第25問)	2点
税・その他 (本書:CHAPTER04) 住宅金融支援機構法 景品表示法 統計 土地・建物	5問 (第46問～第50問)	3点

📖 科目別ワンポイントアドバイス

宅建業法 （本書：CHAPTER01）

☆ 他の科目に比べると標準的な出題が多く、得点しやすい科目。宅建業法で高得点を狙おう

権利関係 （本書：CHAPTER02）

☆ 「民法」「借地借家法」「区分所有法」「不動産登記法」から出題される

☆ はっきり言って難しい。高得点を狙おうとムキになって勉強しすぎないほうがいい。基本的なことだけおさえよう

☆ 他の科目で得点できていないなら、まずは他の科目の勉強に力を注ごう

法令上の制限 （本書：CHAPTER03）

☆ 「都市計画法」「建築基準法」「国土利用計画法」「農地法」「宅地造成等規制法」「土地区画整理法」等から出題される

☆ 宅建業法の次に力を入れたい科目

☆ 暗記ものが多いため、苦労する人もいるけれど、問題集を繰り返し解いて地道に知識を蓄えよう

税・その他 （本書：CHAPTER04）

【不動産に関する税金、不動産鑑定評価基準、地価公示法】

☆ 「税金」は、学習量は多くないが、種類が多いため、混乱することがあるかも…。出題される箇所はある程度決まっているので、問題集を解いて慣れよう

【住宅金融支援機構法、景品表示法、統計、土地・建物】

☆ 「景品表示法」や「土地・建物」は、教科書をざっと読んだら、問題を解きながら覚えるようにしよう

☆ 不動産業界に関する統計問題が毎年1問出題されている。最新の統計データを試験直前に確認しておこう。データは土地総合ライブラリー等で確認できるが、直前模試等を受講して、確認するほうが効率的

xi

合格が近づく勉強のコツ

step1 『宅建士の教科書』（別売り）を何度も読み込む！

　教科書は最低でも2回は読みましょう。

　内容がわからなくても、1回目は全体を掴むことを意識してどんどん読み進めてみてください。2回目以降は理解しにくいところを中心に深く読み込みます。宅建士試験は法律を中心に相当広い分野から出題されます。法律独特の言い回しに慣れるという意味でも、複数回教科書を読むようにしましょう。基本編で土台を固め、参考編で応用知識を学んでください。

step2 『宅建士の教科書』（別売り）の例題で知識定着と問題演習を一気に行う！

　教科書で学んだ知識をしっかり頭に定着させるために必ず例題は解くようにしましょう。例題は本文と「セットでやる」という意識を持ってください。例題はスマホ学習対応なので、通勤時間やスキマ時間をうまく活用すれば、効果的に勉強を進められます。

step3 問題集で論点別過去問をたくさん解こう！

　教科書を読んだら、問題集を解きましょう。教科書と問題集は完全リンクしているので、解けなかったところは教科書に戻って復習しましょう。

step4 問題集の最新過去問に挑戦！

　問題集は最新年度の過去問題がダウンロードできるしくみになっています。本試験と同じ2時間で解いてみてください。本試験と同じ問題数（50問）の分量が体感できます。終了したら自己採点して、自分の実力を客観的に分析し、得意分野・不得意分野を理解しましょう。その上で一番早く50問を解き終わる解き順のシミュレーションができれば中身の濃い学習となります。

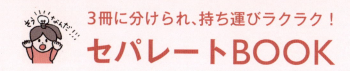

　『みんなが欲しかった！　宅建士の問題集』は、かなりページ数が多いため、「1冊のままだと、バックに入れて持ち運びづらい」という方もいらっしゃると思います。
　そこで、いつでもどこでも問題演習ができるように、本書は分野別に3冊に分解して使うことができるつくりにしました。

第1分冊：CHAPTER01 宅建業法
第2分冊：CHAPTER02 権利関係
第3分冊：CHAPTER03 法令上の制限、CHAPTER04 税・その他

　分冊は「みんなが欲しかった！　宅建士の教科書」(別売り)と分野をそろえてあるので、「教科書」とセットで学習するのにとても便利です。ぜひ、あわせてお使いください！

目 contents 次

第 1 分冊

CHAPTER 01 宅建業法 ………………………… 1

問題1 ～ 問題109

第 2 分冊

CHAPTER 02 権利関係 ………………………… 221

問題1 ～ 問題95

第 3 分冊

CHAPTER 03 法令上の制限 ………………… 413

問題1 ～ 問題63

CHAPTER 04 税・その他 …………………… 541

問題1 ～ 問題46

分野別３分冊の使い方

下記の手順に沿って本を分解してご利用ください。

本の分け方

①色紙を残して、各冊子を取り外します。

　※色紙と各冊子が、のりで接着されています。乱暴に扱いますと、破損する危険性がありますので、丁寧に取り外すようにしてください。

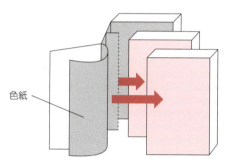

色紙

②カバーを裏返しにして、抜き取った冊子にあわせてきれいに折り目をつけて使用してください。

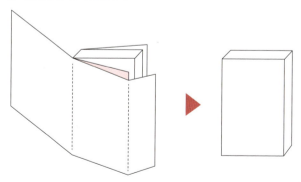

※抜き取るさいの損傷についてのお取替えはご遠慮願います。

memo

memo

【著 者】
滝澤ななみ（たきざわ・ななみ）

簿記、FPなど多くの資格書を執筆している。本書が初の法律系国家資格書の執筆となる。本書『みんなが欲しかった！宅建士の問題集』および『教科書』は、刊行以来8年連続売上No.1[※1]を記録。その他の主な著作は『スッキリわかる日商簿記』1～3級（13年連続全国チェーン売上No.1[※2]）、『みんなが欲しかった！FPの教科書』2～3級（8年連続売上No.1[※3]）など。

※1　紀伊國屋書店　2015年度版～2022年度版（毎年度10月～8月で集計）
※2　紀伊國屋書店／くまざわ書店／三省堂書店／丸善ジュンク堂書店／未来屋書店
　　 2009年1月～2021年12月（各社調べ、50音順）
※3　紀伊國屋書店　2014年1月～2021年12月で集計

<ホームページ>『滝澤ななみのすすめ！』
URL: https://takizawananami-susume.jp/

・装丁：Nakaguro Graph（黒瀬章夫）
・装画：matsu（マツモト　ナオコ）
・本文イラスト：napocon

みんなが欲しかった！　宅建士シリーズ

2023年度版
みんなが欲しかった！　宅建士の問題集　本試験論点別

（2015年度版　2014年11月30日　初　版　第1刷発行）
2022年10月20日　初　版　第1刷発行
2023年 7 月 5 日　　　　　第3刷発行

著　者　　滝　澤　な　な　み
発　行　者　　多　田　敏　男
発　行　所　　TAC株式会社　出版事業部
　　　　　　　　　　　　　　　　（TAC出版）

〒101-8383 東京都千代田区神田三崎町3-2-18
電話 03(5276)9492(営業)
FAX 03(5276)9674
https://shuppan.tac-school.co.jp/

組　版　　朝日メディアインターナショナル株式会社
印　刷　　今　家　印　刷　株　式　会　社
製　本　　東　京　美　術　紙　工　協　業　組　合

© Nanami Takizawa 2022　　Printed in Japan　　ISBN 978-4-300-10343-2
　　　　　　　　　　　　　　　　　　　　　　　　　　N.D.C. 673

本書は、「著作権法」によって、著作権等の権利が保護されている著作物です。本書の全部または一部につき、無断で転載、複写されると、著作権等の権利侵害となります。上記のような使い方をされる場合、および本書を使用して講義・セミナー等を実施する場合には、小社宛許諾を求めてください。

乱丁・落丁による交換、および正誤のお問合せ対応は、該当書籍の改訂版刊行月末日までといたします。なお、交換につきましては、書籍の在庫状況等により、お受けできない場合もございます。
また、各種本試験の実施の延期、中止を理由とした本書の返品はお受けいたしません。返金もいたしかねますので、あらかじめご了承くださいますようお願い申し上げます。

宅地建物取引士

2023年度版 宅地建物取引士への道

宅地建物取引士証を手に入れるには、試験に合格し、宅地建物取引士登録を経て、宅地建物取引士証の交付申請という手続

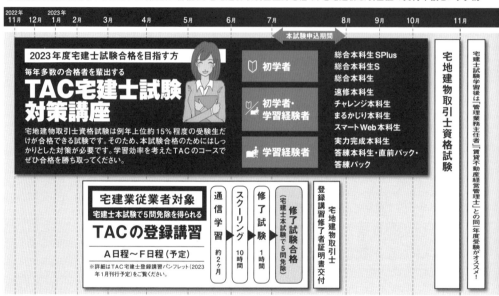

"実務の世界で活躍する皆さまを応援したい"そんな思いから、TACでは試験合格のみならず宅建業で活躍されている方、活躍したい方を「登録講習」「登録実務講習」実施機関として国土交通大臣の登録を受け、サポートしております。

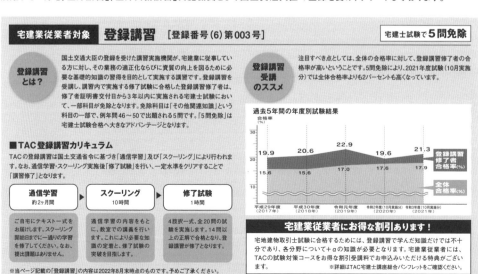

資格の学校 TAC

きが必要です。

	2024年			30日～60日			15日～30日	
	12月	1月						

- 賃貸不動産経営管理士試験（例年11月中旬実施／翌年1月上旬合格発表）
- **宅地建物取引士資格試験 合格**
- 管理業務主任者試験（例年12月初旬実施／翌年1月下旬合格発表）

宅建士試験合格者対象
実務経験2年未満の方が資格登録をするために必要
TACの登録実務講習
第1日程～第9日程（予定）
※詳細はTAC宅建士登録実務講習パンフレット（2023年12月刊行予定）をご覧ください。

通信学習 約1ヶ月 → スクーリング 12時間 → 修了試験 1時間 → 修了試験合格

- 宅地建物取引士 登録実務講習 修了証交付
- 宅地建物取引士 資格登録

宅建士試験合格後1年以内の方
宅地建物取引士試験合格後1年以内に宅地建物取引士証の交付申請をする場合は、「法定講習」の受講は不要です。

宅建士試験合格後1年超の方
「法定講習」受講

法定講習とは？
宅地建物取引士証の交付・更新を受けるにはあらかじめ各都道府県知事が指定する機関が実施する講習（おおむね6時間）を受講する必要があります。
1. 宅地建物取引士証の更新の方
2. 宅地建物取引士証の有効期限が切れた後、新たに宅地建物取引士証の発行を希望される方（なお、宅地建物取引士証の有効期限が切れた場合、宅地建物取引士としての仕事はできませんが、宅地建物取引士の登録自体が無効になることはありません。
3. 宅地建物取引士資格登録後、宅地建物取引士証の交付を受けずに1年が経過した方

法定講習を受講した場合は全科目終了後、当日に宅地建物取引士証が交付されます。

- 宅地建物取引士証交付申請
- 宅地建物取引士証交付

宅建士試験合格者で実務経験2年未満の方対象　登録実務講習　[登録番号(6)第4号]　合格後の宅建士資格登録に必要

登録実務講習とは？
登録実務講習は、宅建士試験合格者で宅建業の実務経験が2年に満たない方が資格登録をする場合、この講習を受講・修了することにより「2年以上の実務経験を有する者と同等以上の能力を有する者」と認められ、宅地建物取引業法第18条第1項に規定する宅地建物取引士資格の登録要件を満たすことができる、というものです。登録実務講習では、設定事例に基づき、不動産取引実務に必要な知識を契約締結・決済・引渡しに至るまでの流れに沿って学習していきます。特にスクーリング（演習）では、重要事項説明、契約書作成等の事例をもとに演習していきます。

宅地建物取引士証交付手続きのススメ
登録の消除を受けない限り、宅地建物取引士登録は一生有効です。しかし、宅地建物取引士証の交付を受ける際に、試験合格後1年を経過した場合には「法定講習」を受講する必要があるため、合格してから1年以内に宅地建物取引士証交付の手続きをするのがオススメです。

※当ページ記載の「登録実務講習」の内容は2022年8月末時点のものです。予めご了承ください。

■TAC登録実務講習カリキュラム
TACの登録実務講習は国土交通省令に基づき「通信学習」及び「スクーリング（演習）」により行います。なお、通信学習・スクーリング（演習）実施後「修了試験」を行い、一定水準をクリアすることで「講習修了」となります。

通信学習 約1ヶ月間	スクーリング（演習）12時間	修了試験 1時間
ご自宅にテキスト等をお届けします。スクーリング開始日までに一通りの学習を修了してください。なお、提出課題はありません。	実務上必要な重要事項説明・契約書の作成等の事例をもとに、教室にて演習します。	一問一答式及び記述式の試験を実施します。一問一答式及び記述式試験の各々で8割以上の得点を取ることで合格となり、登録実務講習が修了となります。

登録講習及び登録実務講習の詳細は専用パンフレットをご覧ください。
（2021年12月～2022年1月刊行予定）

各パンフレットのご請求はこちらから
通話無料　0120-509-117　受付時間 月～金 9:30～19:00 土・日・祝 9:30～18:00

TACホームページ
https://www.tac-school.co.jp/ 　[TAC 宅建士] 検索

[資料請求バーコード]

宅地建物取引士 試験ガイド

>> 試験実施日程（2022年度例）

試験案内配布
例年7月上旬より各都道府県の試験協力機関が指定する場所にて配布（各都道府県別）

【2022年度】
7/1(金)～7/29(金)

試験申込期間
■郵送（消印有効）
例年7月上旬～7月下旬
■インターネット
例年7月上旬～7月中旬

【2022年度】
■郵送
7/1(金)～7/29(金)消印有効
■インターネット
7/1(金)9時30分～
7/19(火)21時59分

試験
毎年1回
原則として例年10月第3日曜
日時間帯／午後1時～3時(2時間)
※登録講習修了者
午後1時10分～3時(1時間50分)

【2022年度】
10/16(日)

合格発表
原則として11月下旬
合格者受験番号の掲示および合格者には合格証書を送付

【2022年度】
11/22(火)

>> 試験概要（2022年度例）

受験資格	原則として誰でも受験できます。また、宅地建物取引業に従事している方で、国土交通大臣から登録を受けた機関が実施する講習を受け、修了した人に対して試験科目の一部（例年5問）を免除する「登録講習」制度があります。
受験地	試験は、各都道府県別で実施されるため、受験申込時に本人が住所を有する都道府県での受験が原則となります。
受験料	8,200円
試験方法・出題数	方法：4肢択一式の筆記試験（マークシート方式） 出題数：50問（登録講習修了者は45問）
試験内容	法令では、試験内容を7項目に分類していますが、TACでは法令をもとに下記の4科目に分類しています。

試験内容
科　目	出題数
民法等	14問
宅建業法	20問
法令上の制限	8問
その他関連知識	8問

※登録講習修了者は例年問46～問50の5問が免除となっています。

試験実施機関
（一財）不動産適正取引推進機構
〒105-0001
東京都港区虎ノ門3-8-21 第33森ビル3階
03-3435-8111 http://www.retio.or.jp/

 受験資格または願書の配布時期及び申込受付期間等については、必ず各自で事前にご確認ください。
願書の取り寄せ及び申込手続も必ず各自で忘れずに行ってください。

詳しい資料のご請求・お問い合わせは **0120-509-117** ゴウカク イイナ　TAC 検索　受付時間 月〜金 9:30〜19:00 土日祝 9:30〜18:00　**資格の学校 TAC**

学習経験者対象　8・9月開講　答練パック

学習期間の目安 1〜2ヶ月

アウトプット重視　途中入学OK!

講義ペース 週1〜2回（時期により回数が前後する場合がございます）

実戦感覚を磨き、出題予想論点を押さえる！
学習経験者を対象とした問題演習講座

学習経験者を対象とした問題演習講座です。
試験会場の雰囲気にのまれず、時間配分に十分気を配る予行練習と、TAC講師陣の総力を結集した良問揃いの答練で今年の出題予想論点をおさえ、合格を勝ち取ってください。

カリキュラム〈全8回〉

8・9月〜

応用答練(3回) 答練+解説講義
1回30問の本試験同様4肢択一の応用問題を、科目別で解いていきます。ここでは本試験に通用する応用力を身に付けていただきます。

直前答練(4回) 答練+解説講義
出題が予想されるところを重点的にピックアップし、1回50問を2時間で解く本試験と同一形式の答練です。時間配分や緊張感をこの場でつかみ、出題予想論点をも押さえます。

------ 本試験形式 ------

10月上旬
全国公開模試(1回)
本試験約2週間前に、本試験と同一形式で行われる全国公開模試です。本試験の擬似体験として、また客観的な判断材料としてラストスパートの戦略にお役立てください。

10月中旬 宅建士本試験

12月上旬 合格！

開講一覧

教室講座
8・9月開講予定
札幌校・仙台校・水道橋校・新宿校・池袋校・渋谷校・八重洲校・立川校・町田校・横浜校・大宮校・津田沼校・名古屋校・京都校・梅田校・なんば校・神戸校・広島校・福岡校

Web通信講座
8月中旬より順次講義配信開始予定
8月上旬より順次教材発送開始予定

DVD通信講座
8月上旬より順次教材発送開始予定

ビデオブース講座
札幌校・仙台校・水道橋校・新宿校・池袋校・渋谷校・八重洲校・立川校・町田校・横浜校・大宮校・津田沼校・名古屋校・京都校・梅田校・なんば校・神戸校・広島校・福岡校
8月中旬より順次講義視聴開始予定

通常受講料　教材費・消費税10%込

教室講座	
ビデオブース講座	**¥33,000**
Web通信講座	
DVD通信講座	

答練パックのみお申込みの場合は、TAC入会金(¥10,000・10%税込)は不要です。なお、当コースのお申込みと同時もしくはお申込み後、さらに別コースをお申込みの際にTAC入会金が必要となる場合があります。予めご了承ください。
※なお、上記内容はすべて2022年8月時点での予定です。詳細につきましては2023年合格目標のTAC宅建士講座パンフレットをご参照ください。

宅地建物取引士

全国公開模試

受験の有無で差がつきます!

選ばれる理由がある。

- 高精度の個人別成績表!!
- Web解説講義で復習をサポート!!
- 高水準の的中予想問題!!

"高精度"の個人別成績表!!
TACの全国公開模試は、全国ランキングはもとより、精度の高い総合成績判定、科目別得点表示で苦手分野の最後の確認をしていただけるほか、復習方法をまとめた学習指針もついています。本試験合格に照準をあてた多くの役立つデータ・情報を提供します。

Web解説講義で"復習"をサポート!!
インターネット上でTAC講師による解答解説講義を動画配信いたします。模試の重要ポイントやアドバイスも満載で、直前期の学習の強い味方になります!復習にご活用ください。

"ズバリ的中"の予想問題!!

毎年本試験でズバリ的中を続出しているTACの全国公開模試は、宅建士試験を知り尽くした講師陣の長年にわたる緻密な分析の積み重ねと、叡智を結集して作成されています。TACの全国公開模試を受験することは最高水準の予想問題を受験することと同じなのです。

下記はほんの一例です。もちろん他にも多数の的中がございます!

全国公開模試(10月)【問9】肢2 ×
〔意思能力〕意思能力を有していない者がその所有する建物を売却した場合、その親族が当該売買契約を取り消せば、その時点から将来に向かって無効となる。

令和3年度(10月)本試験【問5】肢4 ○
〔意思能力〕意思能力を有しないときに行った不動産の売買契約は、後見開始の審判を受けているか否かにかかわらず効力を有しない。

全国公開模試(10月)【問18】肢イ ×
〔建築基準法〕防火地域又は準防火地域内にある建築物で、外壁が耐火構造又は準耐火構造のものは、その外壁を隣地境界線に接して設けることができる。

令和3年度(10月)本試験【問17】肢3 ×
〔建築基準法〕防火地域又は準防火地域内にある建築物で、外壁が防火構造であるものについては、その外壁を隣地境界線に接して設けることができる。

全国公開模試(10月)【問48】肢2 ×
〔統計〕令和3年地価公示(令和3年3月公表)によれば、令和2年1月以降の1年間の地価変動率は、全国平均では住宅地、商業地、工業地のいずれについても下落となった。

令和3年度(10月)本試験【問48】肢3 ○
〔統計〕令和3年地価公示(令和3年3月公表)によれば、令和2年1月以降の1年間の地価の変動を見ると、全国平均の用途別では、住宅地及び商業地は下落に転じたが、工業地は5年連続の上昇となっている。

◆全国公開模試の詳細は2023年7月上旬に発表予定です。

資格の学校 TAC

詳しい資料のご請求・お問い合わせは
通話無料 0120-509-117
ゴウカク イイナ
TAC 検索
受付時間 月～金 9:30～19:00 土日祝 9:30～18:00

直前対策シリーズ

※直前対策シリーズの受講料等詳細につきましては、2023年7月中旬刊行予定のご案内をご確認ください。

ポイント整理、最後の追い込みに大好評!

TACでは、本試験直前期に、多彩な試験対策講座を開講しています。
ポイント整理のために、最後の追い込みのために、毎年多くの受験生から好評をいただいております。
周りの受験生に差をつけて合格をつかみ取るための最後の切り札として、ご自身のご都合に合わせてご活用ください。

8月開講　直前対策講義　講義形式
〈全7回／合計17.5時間〉

■ ビデオブース講座　■ Web通信講座

直前の総仕上げとして重要論点を一気に整理!
直前対策講義のテキスト（非売品）は本試験当日の最終チェックに最適です!

対象者
- よく似たまぎらわしい内容や表現が「正確な知識」として整理できていない方
- 重要論点ごとの総復習や内容の整理を効率よくしたい方
- 問題を解いてもなかなか得点に結びつかない方

特色
- 直前期にふさわしい「短時間（合計17.5時間）で重要論点の総復習」ができる
- 重要論点ごとに効率良くまとめられた教材で、本試験当日の最終チェックに最適
- 多くの受験生がひっかかってしまうまぎらわしい出題ポイントをズバリ指摘

カリキュラム（全7回）
使用テキスト
- 直前対策講義レジュメ（全1冊）

※2023年合格目標宅建士講座「総合本科生SPlus」「総合本科生S」「総合本科生」をお申込みの方は、カリキュラムの中に「直前対策講義」が含まれておりますので、別途「直前対策講義」のお申込みの必要はありません。

通常受講料（教材費・消費税10%込）
■ ビデオブース講座
■ Web通信講座
¥33,000

10月開講　やまかけ3日漬講座　問題演習+解説講義
〈全3回／合計7時間30分〉

■ 教室講座　■ Web通信講座　■ DVD通信講座

TAC宅建士講座の精鋭講師陣が2023年の宅建士本試験を
完全予想する最終直前講座!

申込者限定配付

対象者
- 本試験直前に出題予想を押さえておきたい方

特色
- 毎年多数の受験生が受講する**大人気講座**
- TAC厳選の問題からさらに選りすぐった「予想選択肢」を一挙公開
- リーズナブルな受講料
- 一問一答形式なので自分の知識定着度合いが把握しやすい

使用テキスト

- やまかけ3日漬講座レジュメ（問題・解答 各1冊）

通常受講料（教材費・消費税10%込）
■ 教室講座
■ Web通信講座
■ DVD通信講座
¥9,900

※2023年合格目標TAC宅建士講座各本科生・パック生の方も別途お申込みが必要です。
※振替・重複出席等のフォロー制度はございません。予めご了承ください。

宅建士とのW受験に最適!

宅地建物取引士試験と管理業務主任者試験の同一年度W受験をオススメします!

宅建士で学習した知識を活かすには同一年度受験!!

　宅建士と同様、不動産関連の国家資格「管理業務主任者」は、マンション管理のエキスパートです。管理業務主任者はマンション管理業者に必須の資格で独占業務を有しています。現在、そして将来に向けてマンション居住者の高齢化とマンションの高経年化は日本全体の大きな課題となっており、今後「管理業務主任者」はより一層社会から求められる人材として期待が高まることが想定されます。マンションディベロッパーをはじめ、宅建業者の中にはマンション管理業を兼務したりマンション管理の関連会社を設けているケースが多く見受けられ、宅建士とのダブルライセンス取得者の需要も年々高まっています。

　また、**試験科目が宅建士と多くの部分で重なっており、宅建士受験者にとっては資格取得に向けての大きなアドバンテージになります。**したがって、宅建士受験生の皆さまには、**同一年度に管理業務主任者試験とのW合格のチャレンジ**をオススメします!

◆各資格試験の比較 ※受験申込受付期間にご注意ください。

	宅建士	共通点	管理業務主任者
受験申込受付期間	例年 7月初旬～7月末		例年 9月初旬～9月末
試験形式	四肢択一・50問	↔	四肢択一・50問
試験日時	毎年1回、10月の第3日曜日		毎年1回、12月の第1日曜日
	午後1時～午後3時(2時間)	↔	午後1時～午後3時(2時間)
試験科目（主なもの）	◆民法 ◆借地借家法 ◆区分所有法 ◆不動産登記法 ◆宅建業法 ◆建築基準法 ◆税金	↔	◆民法 ◆借地借家法 ◆区分所有法 ◆不動産登記法 ◆宅建業法 ◆建築基準法 ◆税金
	◆都市計画法 ◆国土利用計画法 ◆農地法 ◆土地区画整理法 ◆鑑定評価 ◆宅地造成等規制法 ◆統計		◆標準管理規約 ◆マンション管理適正化法 ◆マンションの維持保全(消防法・水道法等) ◆管理組合の会計知識 ◆標準管理委託契約書 ◆建替え円滑化法
合格基準点	34点/50点(令和3年度10月実施分) 34点/50点(令和3年度12月実施分)		35点/50点(令和3年度)
合格率	17.9%(令和3年度10月実施分) 15.6%(令和3年度12月実施分)		19.4%(令和3年度)

※管理業務主任者試験を目指すコースの詳細は、2023年合格目標 管理業務主任者講座パンフレット(2022年12月刊行予定)をご覧ください。

宅建士からのステップアップに最適!

ステップアップ・ダブルライセンスを狙うなら…

宅地建物取引士の本試験終了後に、不動産鑑定士試験へチャレンジする方が増えています。なぜなら、これら不動産関連資格の学習が、不動産鑑定士へのステップアップの際に大きなアドバンテージとなるからです。宅建の学習で学んだ知識を活かして、ダブルライセンスの取得を目指してみませんか?

▶不動産鑑定士

2022年度不動産鑑定士短答式試験
行政法規 出題法令・項目

宅建を学習された方にとっては見慣れた法令が点在しているはずです。

難易度の差や多少の範囲の相違はありますが、一度学習した法令ですから、初学者に比べてよりスピーディーに合格レベルへと到達でき、非常に有利といえます。
なお、論文式試験に出題される「民法」は先述の宅建士受験者にとっては馴染みがあることでしょう。したがって不動産鑑定士試験全体を通じてアドバンテージを得ることができます。

問題	法律		問題	法律
1	土地基本法		21	マンションの建替え等の円滑化に関する法律
2	不動産の鑑定評価に関する法律		22	不動産登記法
3	不動産の鑑定評価に関する法律		23	住宅の品質確保の促進等に関する法律
4	地価公示法		24	宅地造成等規制法
5	国土利用計画法		25	宅地建物取引業法
6	都市計画法	地域地区	26	不動産特定共同事業法
7	都市計画法	総合	27	高齢者、障害者等の移動等の円滑化の促進に関する法律
8	都市計画法	準都市計画区域	28	土地収用法
9	都市計画法	開発許可	29	土壌汚染対策法
10	都市計画法	開発行為	30	文化財保護法
11	土地区画整理法		31	自然公園法
12	土地区画整理法		32	農地法
13	都市再開発法		33	道路法
14	都市再開発法		34	国有財産法
15	都市緑地法		35	所得税法
16	建築基準法	単体規定等	36	法人税法
17	建築基準法	総合	37	租税特別措置法
18	建築基準法	集団規定	38	固定資産税
19	建築基準法	集団規定等	39	相続税及び贈与税
20	建築基準法	高さ制限	40	投資信託及び投資法人に関する法律

さらに 宅地建物取引士試験を受験した経験のある方は割引受講料にてお申込みいただけます!

詳細はTACホームページ、不動産鑑定士講座パンフレットをご覧ください。

TAC出版 書籍のご案内

TAC出版では、資格の学校TAC各講座の定評ある執筆陣による資格試験の参考書をはじめ、資格取得者の開業法や仕事術、実務書、ビジネス書、一般書などを発行しています！

TAC出版の書籍

*一部書籍は、早稲田経営出版のブランドにて刊行しております。

資格・検定試験の受験対策書籍

- 日商簿記検定
- 建設業経理士
- 全経簿記上級
- 税理士
- 公認会計士
- 社会保険労務士
- 中小企業診断士
- 証券アナリスト
- ファイナンシャルプランナー（FP）
- 証券外務員
- 貸金業務取扱主任者
- 不動産鑑定士
- 宅地建物取引士
- 賃貸不動産経営管理士
- マンション管理士
- 管理業務主任者
- 司法書士
- 行政書士
- 司法試験
- 弁理士
- 公務員試験（大卒程度・高卒者）
- 情報処理試験
- 介護福祉士
- ケアマネジャー
- 社会福祉士　ほか

実務書・ビジネス書

- 会計実務、税法、税務、経理
- 総務、労務、人事
- ビジネススキル、マナー、就職、自己啓発
- 資格取得者の開業法、仕事術、営業術
- 翻訳ビジネス書

一般書・エンタメ書

- ファッション
- エッセイ、レシピ
- スポーツ
- 旅行ガイド（おとな旅プレミアム/ハルカナ）
- 翻訳小説

(2021年7月現在)

書籍のご購入は

1 全国の書店、大学生協、ネット書店で

2 TAC各校の書籍コーナーで

資格の学校TACの校舎は全国に展開！
校舎のご確認はホームページにて

資格の学校TAC ホームページ
https://www.tac-school.co.jp

3 TAC出版書籍販売サイトで

CYBER BOOK STORE TAC出版書籍販売サイト

TAC出版 で 検索

24時間ご注文受付中

https://bookstore.tac-school.co.jp/

- 新刊情報をいち早くチェック!
- たっぷり読める立ち読み機能
- 学習お役立ちの特設ページも充実!

TAC出版書籍販売サイト「サイバーブックストア」では、TAC出版および早稲田経営出版から刊行されている、すべての最新書籍をお取り扱いしています。

また、無料の会員登録をしていただくことで、会員様限定キャンペーンのほか、送料無料サービス、メールマガジン配信サービス、マイページのご利用など、うれしい特典がたくさん受けられます。

サイバーブックストア会員は、特典がいっぱい！(一部抜粋)

通常、1万円(税込)未満のご注文につきましては、送料・手数料として500円(全国一律・税込)頂戴しておりますが、1冊から無料となります。

専用の「マイページ」は、「購入履歴・配送状況の確認」のほか、「ほしいものリスト」や「マイフォルダ」など、便利な機能が満載です。

メールマガジンでは、キャンペーンやおすすめ書籍、新刊情報のほか、「電子ブック版TACNEWS(ダイジェスト版)」をお届けします。

書籍の発売を、販売開始当日にメールにてお知らせします。これなら買い忘れの心配もありません。

2023年合格目標

宅建士 独学道場

TAC出版の人気「宅建士 独学スタイル」をご案内します!

人気シリーズ書籍を使用
独学道場の教材は、TAC出版の人気シリーズ書籍!
8年連続書店売上No.1★の人気と実績のある書籍で学習できる!

書籍に合わせた専用のWeb講義
実力派講師が各書籍専用の講義をわかりやすく展開!
書籍での学習効果をさらに引き上げる!

お得!
「独学」だからこその価格設定!
直前期専用の教材や模試まで付いてこの値段!

★「みんなが欲しかった! 宅建士の教科書/問題集」2015年度~2022年度版(毎年度10月~8月で集計)
宅建士受験対策書籍 紀伊國屋PubLineを基に冊数ベースで当社にて集計

TAC出版 + TAC宅建士講座による独学者向けコース

村田 隆尚 講師の みんなが欲しかった!コース

私が担当します!
村田 隆尚 講師
TAC宅建士講座 専任講師

学習のポイントとして、知識の正確性も大事ですが、まずは細かいことにとらわれず、全体のイメージを理解することが大切です。
合格するうえで必要なポイントを全て盛り込んだフルカラーのななみ先生渾身の「教科書」&「問題集」を使って独学で合格を手に入れましょう。

講義担当講師	村田 隆尚 講師(TAC宅建士講座 専任講師)		
料 金 (10%税込)	みんなが欲しかった!コース	フルパック	29,700円
		「教科書」「問題集」なしパック	25,300円
申込受付期間	2022年10月12日(水)~ 2023年8月31日(木)		

※「教科書・問題集なしパック」は、すでに『2023年度版 みんなが欲しかった! 宅建士の教科書』および『2023年度版 みんなが欲しかった! 宅建士の問題集』をお持ちの方向けで、これらが含まれないパックです。

宅建士 独学道場

1 「みんなが欲しかった！宅建士の教科書」を読み、「みんなが欲しかった！宅建士の問題集」を解く

試験に必要な知識を身につける

2 「ズバッとポイントWeb講義」を視聴する

1回約15分〜30分　講義トータル約30時間　短期学習を可能に！独学専用カリキュラム

合格に欠かせないポイントをズバッと解説

つぎに！

3 「みんなが欲しかった！宅建士の直前予想問題集」「法律改正点レジュメ」で直前対策！

学習効果をさらに引き上げる！

独学では不足しがちな法律改正情報や最新試験対策もフォロー！

4 TAC宅建士講座「全国公開模試」で総仕上げ

さらに！

実力が実戦力に

「独学で合格」のポイント 利用中のサポート　学習中の疑問を解決！質問カード

「教科書」を読んだだけでは、理解しにくい箇所や重要ポイントは、Web講義で解説していますが、それでも不安なところがある場合には「質問カード」を使って解決することができます。

専門スタッフが質問・疑問に回答いたしますので、「理解があっているだろうか？」など、独学の不安から解放されて、安心して学習を進めていただくことができます。

コンテンツPickup! 「ズバッとポイントWeb講義」

1回約15分〜30分

Web講義のポイント

- 1回が短い（約15分〜30分）ので、スキマ時間に見られる！
- 合格にとって最も重要なポイントを押さえられる！
- Webで配信だからいつでもどこでも講義が聴ける！

パソコンのほか、スマートフォンやタブレットから、利用期間内なら繰り返し視聴可能！
専用のアプリで動画のダウンロードが可能です！

※電波のない環境でも、速度制限を気にすることなく再生できます。
　ダウンロードした動画は2週間視聴可能です。

お申込み・最新内容の確認

インターネットで
TAC出版書籍販売サイト「サイバーブックストア」にて

TAC出版　検索

https://bookstore.tac-school.co.jp/

詳細は必ず、TAC出版書籍販売サイト「サイバーブックストア」でご確認ください。

※本広告の記載内容は、2022年10月現在のものです。
　やむを得ず変更する場合もありますので、詳細は必ず、TAC出版書籍販売サイト「サイバーブックストア」の「宅建士独学道場」ページにてご確認ください。

書籍の正誤に関するご確認とお問合せについて

書籍の記載内容に誤りではないかと思われる箇所がございましたら、以下の手順にてご確認とお問合せを
してくださいますよう、お願い申し上げます。

なお、正誤のお問合せ以外の**書籍内容に関する解説および受験指導などは、一切行っておりません。**
そのようなお問合せにつきましては、お答えいたしかねますので、あらかじめご了承ください。

1 「Cyber Book Store」にて正誤表を確認する

TAC出版書籍販売サイト「Cyber Book Store」の
トップページ内「正誤表」コーナーにて、正誤表をご確認ください。

CYBER TAC出版書籍販売サイト
BOOK STORE

URL：https://bookstore.tac-school.co.jp/

2 1の正誤表がない、あるいは正誤表に該当箇所の記載がない
⇒ 下記①、②のどちらかの方法で文書にて問合せをする

★ご注意ください★

お電話でのお問合せは、お受けいたしません。
①、②のどちらの方法でも、お問合せの際には、「お名前」とともに、
「対象の書籍名（○級・第○回対策も含む）およびその版数（第○版・○○年度版など）」
「お問合せ該当箇所の頁数と行数」
「誤りと思われる記載」
「正しいとお考えになる記載とその根拠」
を明記してください。
なお、回答までに1週間前後を要する場合もございます。あらかじめご了承ください。

① ウェブページ「Cyber Book Store」内の「お問合せフォーム」より問合せをする

【お問合せフォームアドレス】

https://bookstore.tac-school.co.jp/inquiry/

② メールにより問合せをする

【メール宛先　TAC出版】

syuppan-h@tac-school.co.jp

※土日祝日はお問合せ対応をおこなっておりません。
※正誤のお問合せ対応は、該当書籍の改訂版刊行月末日までといたします。

乱丁・落丁による交換は、該当書籍の改訂版刊行月末日までといたします。なお、書籍の在庫状況等
により、お受けできない場合もございます。
また、各種本試験の実施の延期、中止を理由とした本書の返品はお受けいたしません。返金もいたし
かねますので、あらかじめご了承くださいますようお願い申し上げます。

TACにおける個人情報の取り扱いについて
■お預かりした個人情報は、TAC（株）で管理させていただき、お問合せへの対応、当社の記録保管にのみ利用いたします。お客様の同意なしに業務委託先以外の第三者に開示、提供することはござい
ません（法令等により開示を求められた場合を除く）。その他、個人情報保護管理者、お預かりした個人情報の開示等及びTAC（株）への個人情報の提供の任意性については、当社ホームページ
（https://www.tac-school.co.jp）をご覧いただくか、個人情報に関するお問い合わせ窓口（E-mail：privacy@tac-school.co.jp）までお問合せください。

（2022年7月現在）

分野別3分冊の使い方

下記の手順に沿って本を分解してご利用ください。

------------------------------ **本の分け方** ------------------------------

①色紙を残して、各冊子を取り外します。

　※色紙と各冊子が、のりで接着されています。乱暴に扱いますと、破損する危険性がありますので、丁寧に取り外すようにしてください。

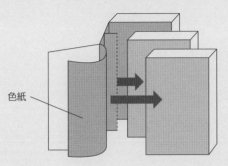

②カバーを裏返しにして、抜き取った冊子にあわせてきれいに折り目をつけて使用してください。

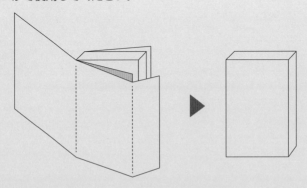

※抜き取るさいの損傷についてのお取替えはご遠慮願います。

2023年度版
みんなが欲しかった！　宅建士の問題集　本試験論点別

第1分冊

CHAPTER 01
宅建業法

CHAPTER 01 宅建業法

本試験での出題数…20問　目標点…18点

他の科目に比べると標準的な出題が多く、得点しやすい科目。宅建業法で高得点を狙おう!

論点	問題番号	『教科書』との対応
宅建業法の基本	問題1 ～ 問題4	CH.01 SEC.01
免　許	問題5 ～ 問題17	CH.01 SEC.02
宅地建物取引士	問題18 ～ 問題23	CH.01 SEC.03
営業保証金	問題24 ～ 問題30	CH.01 SEC.04
保証協会	問題31 ～ 問題36	CH.01 SEC.05
事務所、案内所等に関する規制 【専任の宅建士、標識、帳簿、従業者名簿、報酬額の掲示、従業者証明書など】	問題37 ～ 問題44	CH.01 SEC.06
業務上の規制 【媒介契約、広告に関する規制、重要事項の説明(35条書面)、契約書(37条書面)の交付など】	問題45 ～ 問題78	CH.01 SEC.07
8種制限	問題79 ～ 問題92	CH.01 SEC.08
報酬に関する制限	問題93 ～ 問題99	CH.01 SEC.09
監督・罰則	問題100 ～ 問題107	CH.01 SEC.10
住宅瑕疵担保履行法	問題108 ～ 問題109	CH.01 SEC.11

宅建業法の基本

問題1 宅地、建物に関する次の記述のうち、宅地建物取引業法の規定によれば、正しいものはどれか。　　　　　　　　　　［R3(12月)問34］

(1) 宅地とは、建物の敷地に供せられる土地をいい、道路、公園、河川、広場及び水路に供せられているものは宅地には当たらない。

(2) 建物の一部の売買の代理を業として行う行為は、宅地建物取引業に当たらない。

(3) 建物とは、土地に定着する工作物のうち、屋根及び柱若しくは壁を有するものをいうが、学校、病院、官公庁施設等の公共的な施設は建物には当たらない。

(4) 宅地とは、現に建物の敷地に供せられている土地をいい、その地目、現況によって宅地に当たるか否かを判断する。

	①	②	③	④	⑤
学習日					
理解度(○/△/×)					

解説

(1) 正 　　　　　　　　　　　　　　　　　　　　　　　　　【宅地とは】

　宅地とは、建物の敷地に供せられる土地をいいます。ただし、用途地域内のその他の土地で、道路、公園、河川、広場および水路に供せられている土地は、宅地に該当しません。

(2) 誤 　　　　　　　　　　　　　　　　　　　　　　　　　【宅建業とは】

　宅建業とは、宅地・建物(建物の一部を含む)の売買・交換または売買・交換・貸借の代理・媒介をする行為で業として行うものをいいます。したがって、建物の一部の売買の代理を業として行う行為も、宅建業に当たります。

(3) 誤 　　　　　　　　　　　　　　　　　　　　　　　　　【建物とは】

　建物とは、屋根および周壁またはこれらに類するものを有し、土地に定着した建造物をいいますが、宅建業法上は明確な定義がありません。ただし、取引の対象となる施設であれば、学校、病院、官公庁施設等の公共的な施設も、宅建業法上の建物に該当します。

(4) 誤 　　　　　　　　　　　　　　　　　　　　　　　　　【宅地とは】

　宅地(建物の敷地に供せられる土地)とは、現に建物の敷地に供せられている土地に限らず、広く建物に敷地に供する目的で取引の対象とされた土地をいい、その地目、現況の如何を問いません。

> 解答…**(1)**

❓これはどう? 　　　　　　　　　　　　　━━━ R3 (10月)－問32①

　A社が、都市計画法に規定する用途地域外の土地であって、ソーラーパネルを設置するための土地の売買を業として媒介しようとする場合、免許は必要ない。

> **O**　ソーラーパネルは建物ではなく、また、用途地域外の土地であるため、本問の土地は宅地にはあたらず、当該土地の売買を業として媒介しようとする場合でも、免許は不要です。

ちょっと確認!

> **宅地とは**
>
> ① 現在、建物が建っている土地
> ② これから建物を建てる目的で取引される土地
> ③ 用途地域内の土地(ただし、道路・公園・河川・広場等である土地は除く)

難易度 A 宅建業法の基本

→教科書 *CHAPTER01 SECTION01*

問題2 宅地建物取引業の免許(以下この問において「免許」という。)に関する次の記述のうち、正しいものはどれか。 [H22問26]

(1) 農地所有者が、その所有する農地を宅地に転用して売却しようとするときに、その販売代理の依頼を受ける農業協同組合は、これを業として営む場合であっても、免許を必要としない。

(2) 他人の所有する複数の建物を借り上げ、その建物を自ら貸主として不特定多数の者に反復継続して転貸する場合は、免許が必要となるが、自ら所有する建物を貸借する場合は、免許を必要としない。

(3) 破産管財人が、破産財団の換価のために自ら売主となり、宅地又は建物の売却を反復継続して行う場合において、その媒介を業として営む者は、免許を必要としない。

(4) 信託業法第3条の免許を受けた信託会社が宅地建物取引業を営もうとする場合、免許を取得する必要はないが、その旨を国土交通大臣に届け出ることが必要である。

	①	②	③	④	⑤
学習日					
理解度 (○/△/×)					

解説

（1）**誤**　　　　　　　　　　　　　　　　　　　　　　　　　　　　【免許が不要な団体】

　　宅地の販売の代理は「取引」に該当します。また、農業協同組合は、免許が不要な団体に該当しません（国、地方公共団体等に該当しません）。したがって、農業協同組合が宅建業を営むときは、免許が必要です。

（2）**誤**　　　　　　　　　　　　　　　　　　　　　　　　　　　　　　【宅建業とは】

　　「自ら貸借」は「取引」に該当しないため、免許は不要です。また、**転貸の場合も同様**です。

（3）**誤**　　　　　　　　　　　　　　　　　　　　　　　　　　　　　　【宅建業とは】

　　破産管財人が自ら売主となる場合は裁判所の関与があるため免許は不要ですが、その媒介を業とする者は宅建業に該当するため免許が必要です。

（4）**正**　　　　　　　　　　　　　　　　　　　　　　　　　　　　【免許が不要な団体】

　　信託会社・信託銀行が宅建業を営む場合には、免許は不要ですが、国土交通大臣への届出が必要となります。

> 解答…**（4）**

ちょっと確認！

「取引」に該当しない行為

- ☆ **自ら宅地・建物を貸借する行為**…不動産賃貸業
- ☆ 建物の建築を請け負う行為…建設業
- ☆ 宅地の造成を請け負う行為…宅地造成業
- ☆ ビルの管理行為…不動産管理業

免許が不要な団体

- ◆ 国、地方公共団体等
  - ☆「等」には農協は含まれない！ → 農協は免許が必要
- ◆ 信託会社、信託銀行
  - ☆ ただし、**国土交通大臣に届出**が必要

難易度 A　宅建業法の基本

→教科書 CHAPTER01 SECTION01

問題3　宅地建物取引業法に関する次の記述のうち、正しいものはどれか。
[R1問26]

(1) 宅地建物取引業者は、自己の名義をもって、他人に、宅地建物取引業を営む旨の表示をさせてはならないが、宅地建物取引業を営む目的をもってする広告をさせることはできる。

(2) 宅地建物取引業とは、宅地又は建物の売買等をする行為で業として行うものをいうが、建物の一部の売買の代理を業として行う行為は、宅地建物取引業に当たらない。

(3) 宅地建物取引業の免許を受けていない者が営む宅地建物取引業の取引に、宅地建物取引業者が代理又は媒介として関与していれば、当該取引は無免許事業に当たらない。

(4) 宅地建物取引業者の従業者が、当該宅地建物取引業者とは別に自己のために免許なく宅地建物取引業を営むことは、無免許事業に当たる。

	①	②	③	④	⑤
学習日					
理解度 (○/△/×)					

解説

（1）**誤** 　　　　　　　　　　　　　　　　　　　　　　　　　　　【名義貸しの禁止】

　　宅建業者は、自己の名義をもって、他人に、宅建業を営む旨の表示をさせてはなりません。また、宅建業を営む目的をもってする広告をさせることもできません。

（2）**誤** 　　　　　　　　　　　　　　　　　　　　　　　　　　　　　　【宅建業とは】

　　宅建業とは、宅地・建物（**建物の一部を含む**）の売買・交換または宅地・建物の売買・交換・貸借の代理・媒介をする行為で業として行うものをいいます。

　　したがって、建物の一部の売買の代理を業として行う行為も、宅建業に当たります。

（3）**誤** 　　　　　　　　　　　　　　　　　　　　　　　　　　　　　【無免許事業】

　　免許を受けていない者が業として行う宅地建物取引に宅建業者が代理または媒介として関与した場合も、当該取引は無免許事業に当たります。

（4）**正** 　　　　　　　　　　　　　　　　　　　　　　　　　　　　　【無免許事業】

　　免許を受けない者は宅建業を営んではなりませんので、宅建業者の従業者が、当該宅建業者とは別に自己のために免許なく宅建業を営むことは、無免許事業に当たります。

解答…（4）

B 宅建業法の基本

→教科書 *CHAPTER01 SECTION01*

問題4　宅地建物取引業の免許(以下この問において「免許」という。)に関する次の記述のうち、正しいものはどれか。　　　　　　　[H17問30]

(1) Aの所有するオフィスビルを賃借しているBが、不特定多数の者に反復継続して転貸する場合、AとBは免許を受ける必要はない。

(2) 建設業の許可を受けているCが、建築請負契約に付随して、不特定多数の者に建物の敷地の売買を反復継続してあっせんする場合、Cは免許を受ける必要はない。

(3) Dが共有会員制のリゾートクラブ会員権(宿泊施設等のリゾート施設の全部又は一部の所有権を会員が共有するもの)の売買の媒介を不特定多数の者に反復継続して行う場合、Dは免許を受ける必要はない。

(4) 宅地建物取引業者であるE(個人)が死亡し、その相続人FがEの所有していた土地を20区画に区画割りし、不特定多数の者に宅地として分譲する場合、Fは免許を受ける必要はない。

	①	②	③	④	⑤
学 習 日					
理 解 度 (○/△/×)					

解説

(1) 正　　　　　　　　　　　　　　　　　　　　　　　　【宅建業とは】

　「自ら貸借」は「取引」に該当しないため、Aは免許は不要です。また、転貸の場合も同様のため、Bも免許は不要です。

(2) 誤　　　　　　　　　　　　　　　　　　　　　　　　【宅建業とは】

　「建物の建築を請け負う行為(建設業)」は「取引」に該当しませんが、本肢のように、建設業者が不特定多数の者に建物の敷地(土地)の売買を反復継続してあっせん(媒介)する場合には、免許が必要です。

❓これはどう？　　　　　　　　　　　　　　　　　　━━━ H27-問26エ

賃貸住宅の管理業者が、貸主から管理業務とあわせて入居者募集の依頼を受けて、貸借の媒介を反復継続して営む場合は、宅地建物取引業の免許を必要としない。

> **✕**　管理業務は「取引」に該当しませんが、本問は管理業務とあわせて貸借の媒介を行うため、宅建業の免許が必要です。

(3) 誤　　　　　　　　　　　　　　　　　　　　　　　　【宅建業とは】

　共有会員制のリゾートクラブ施設は「宅地・建物」に該当するため、本肢の場合には、Dは免許が必要です。

(4) 誤　　　　　　　　　　　　　　　　　　　　　　　　【宅建業とは】

🔟 宅建業者の死亡または合併による消滅があった場合で、その一般承継人(相続人・合併後の法人)が、死亡等した宅建業者が締結した契約の取引を終結させる行為を行うときには、一般承継人は免許は不要です。

　しかし、本肢の相続人(F)の行為は、死亡した宅建業者(E)が締結した契約の取引を終結させる行為ではない(新たに発生した契約にもとづく行為であるため)、Fは免許が必要です。

解答…(1)

プラス1ワン

【 宅建業を相続等した承継人の免許の要否 】

宅建業者の死亡または合併による消滅があった場合で、その一般承継人(相続人・合併後の法人)が、死亡等した宅建業者が締結した契約の取引を終結させる行為を行うときには、その一般承継人は免許は不要

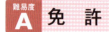 免　許

問題5 次の記述のうち、宅地建物取引業法の規定によれば、正しいものはどれか。　　　　　　　　　　　　　　　　　[H21問26]

(1) 本店及び支店1か所を有する法人Aが、甲県内の本店では建設業のみを営み、乙県内の支店では宅地建物取引業のみを営む場合、Aは乙県知事の免許を受けなければならない。
(2) 免許の更新を受けようとする宅地建物取引業者Bは、免許の有効期間満了の日の2週間前までに、免許申請書を提出しなければならない。
(3) 宅地建物取引業者Cが、免許の更新の申請をしたにもかかわらず、従前の免許の有効期間の満了の日までに、その申請について処分がなされないときは、従前の免許は、有効期間の満了後もその処分がなされるまでの間は、なお効力を有する。
(4) 宅地建物取引業者D（丙県知事免許）は、丁県内で一団の建物の分譲を行う案内所を設置し、当該案内所において建物の売買契約を締結する場合、国土交通大臣へ免許換えの申請をしなければならない。

	①	②	③	④	⑤
学 習 日					
理 解 度 (○/△/×)					

解説

(1) **誤** 　　　　　　　　　　　　　　　　　　　　　　　　【事務所】

　本店が建設業のみを営んでいる場合でも、支店が宅建業を営んでいる場合には、本店も宅建業を営んでいるとされます。したがって、甲県および乙県で宅建業を営むことになるので、この場合には**国土交通大臣**の免許を受けなければなりません。

(2) **誤** 　　　　　　　　　　　　　　　　　　　　　　　　【免許の更新】

　宅建業者の免許の更新期間は、免許の有効期間満了の日の**90日前**から**30日前**までとなります。

覚え方■■　免許更新組（ぐみ）
　　　　　　90　30
　　　　　　日　日

(3) **正** 　　　　　　　　　　　　　　　　　　　　　　　　【免許の更新】

　免許の更新期間内に、宅建業者が更新の申請をした場合で、有効期間満了日までに免許権者から更新するかどうかの処分がされないときは、有効期間満了後も、その処分がされるまでの間は、旧免許は有効となります。

(4) **誤** 　　　　　　　　　　　　　　　　　　　　　　　　【事務所】

　建物の分譲を行う**「案内所」は事務所には該当しない**ため、そこで売買契約を締結する場合でも、免許換えの申請は不要です。

解答…(3)

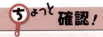

ちょっと確認！

事務所
☆ 案内所、モデルルームなどは事務所とはならない
☆ 本店は、支店が宅建業を営んでいる場合、常に宅建業法上の事務所となる

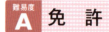

問題6 宅地建物取引業の免許(以下この問において「免許」という。)に関する次の記述のうち、正しいものはどれか。　　　　　[H23問26]

(1) 宅地建物取引業を営もうとする者は、同一県内に2以上の事務所を設置してその事業を営もうとする場合にあっては、国土交通大臣の免許を受けなければならない。
(2) Aが、B社が甲県に所有する1棟のマンション(20戸)を、貸主として不特定多数の者に反復継続して転貸する場合、Aは甲県知事の免許を受けなければならない。
(3) C社が乙県にのみ事務所を設置し、Dが丙県に所有する1棟のマンション(10戸)について、不特定多数の者に反復継続して貸借の代理を行う場合、C社は乙県知事の免許を受けなければならない。
(4) 宅地建物取引業を営もうとする者が、国土交通大臣又は都道府県知事から免許を受けた場合、その有効期間は、国土交通大臣から免許を受けたときは5年、都道府県知事から免許を受けたときは3年である。

解説

(1) **誤** 【免許の種類】

1つの都道府県内のみに事務所を設置する場合は、(複数の事務所を設置したとしても) その都道府県の知事から免許を受けます。

(2) **誤** 【宅建業とは…SEC.01】

「自ら貸借」、「自ら転貸」は「取引」に該当しないため、免許は不要です。

(3) **正** 【事務所】

「貸借の代理」は「取引」に該当するため、免許が必要です。なお、C社は乙県にのみ事務所を設置しているので、乙県知事の免許が必要となります。

(4) **誤** 【免許の有効期間】

大臣免許、知事免許のいずれの免許の場合でも、免許の有効期間は**5年**です。

解答…**(3)**

❓これはどう? ─────────────────── H30-問36②

甲県に事務所を設置する宅地建物取引業者B(甲県知事免許)が、乙県所在の宅地の売買の媒介をする場合、Bは国土交通大臣に免許換えの申請をしなければならない。

> ✕ 都道府県知事免許を受けた宅建業者でも全国で宅建業を営むことができます。したがって、宅建業者Bは国土交通大臣免許に換えることなく(甲県知事免許のままで)乙県所在の宅地の売買の媒介をすることができます。

ちょっと確認!

免許の種類

1つの都道府県内のみに事務所を設置する場合	2つ以上の都道府県内に事務所を設置する場合
➡ その**都道府県知事**の免許	➡ **国土交通大臣**の免許

甲県 乙県 ➡ 甲県知事の免許(知事免許)

甲県 乙県 ➡ 国土交通大臣の免許(大臣免許)

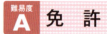 免 許

問題7 次の記述のうち、宅地建物取引業法(以下この問において「法」という。)の規定によれば、正しい内容のものはどれか。　[H20問30㉑]

(1) Xは、甲県で行われた宅地建物取引士資格試験に合格した後、乙県に転居した。その後、登録実務講習を修了したので、乙県知事に対し法第18条第1項の登録を申請した。

(2) Yは、甲県知事から宅地建物取引士証(以下「宅建士証」という。)の交付を受けている。Yは、乙県での勤務を契機に乙県に宅建士の登録の移転をしたが、甲県知事の宅建士証の有効期間が満了していなかったので、その宅建士証を用いて宅建士としてすべき事務を行った。

(3) A社(国土交通大臣免許)は、甲県に本店、乙県に支店を設置しているが、乙県の支店を廃止し、本店を含むすべての事務所を甲県内にのみ設置して事業を営むこととし、甲県知事へ免許換えの申請を行った。

(4) B社(甲県知事免許)は、甲県の事務所を廃止し、乙県内で新たに事務所を設置して宅地建物取引業を営むため、甲県知事へ廃業の届けを行うとともに、乙県知事へ免許換えの申請を行った。

解説

(1) 誤　　　　　　　　　　　　　　　　　　　　　【宅建士になるまでの流れ…SEC.03】

　宅建士の登録の申請は、試験合格地の都道府県知事に対して行います。Xは甲県で試験に合格しているので、登録の申請は「乙県知事」ではなく、「甲県知事」に対して行います。

(2) 誤　　　　　　　　　　　　　　　　　　　　　　　　　　　【登録の移転…SEC.03】

　登録を移転すると、移転前の宅建士証は効力を失います。したがって、登録移転後に、登録移転前の宅建士証を用いて事務を行うことはできません。

(3) 正　　　　　　　　　　　　　　　　　　　　　　　　　　　　　　　【免許換え】

　乙県の支店を廃止して、甲県のみで事業を営むため、甲県知事に対して免許換えの申請を行います（国土交通大臣免許から甲県知事免許への変更を行います）。

(4) 誤　　　　　　　　　　　　　　　　　　　　　　　　　　　　　　　【免許換え】

　甲県の事務所を廃止して、乙県内で新たに事務所を設置するため、乙県知事に対して免許換えの申請を行います。しかし、宅建業を廃止するわけではないので、廃業の届出は不要です。

解答…(3)

ちょっと確認！

免許換えのパターン

パターン	いままで	今　後	免許換え
1	甲県のみに事務所を設置（主たる事務所）	乙県にも事務所を設置	甲県知事免許から国土交通大臣免許に免許換え →甲県知事を経由して、国土交通大臣に申請
2	甲県のみに事務所を設置	甲県の事務所を廃止して、乙県に事務所を設置	甲県知事免許から乙県知事免許に免許換え →乙県知事に直接申請
3	甲県と乙県に事務所を設置	乙県の事務所を廃止（甲県の事務所は残す）	国土交通大臣免許から甲県知事免許に免許換え →甲県知事に直接申請

 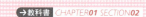

廃業等の届出

問題8 宅地建物取引業の免許(以下この問において「免許」という。)に関する次の記述のうち、正しいものはどれか。　[H24 問27]

(1) 免許を受けていた個人Aが死亡した場合、その相続人Bは、死亡を知った日から30日以内にその旨をAが免許を受けた国土交通大臣又は都道府県知事に届け出なければならない。

(2) Cが自己の所有する宅地を駐車場として整備し、賃貸を業として行う場合、当該賃貸の媒介を、免許を受けているD社に依頼するとしても、Cは免許を受けなければならない。

(3) Eが所有するビルを賃借しているFが、不特定多数の者に反復継続して転貸する場合、Eは免許を受ける必要はないが、Fは免許を受けなければならない。

(4) G社(甲県知事免許)は、H社(国土交通大臣免許)に吸収合併され、消滅した。この場合、H社を代表する役員Iは、当該合併の日から30日以内にG社が消滅したことを国土交通大臣に届け出なければならない。

	①	②	③	④	⑤
学習日					
理解度 (○/△/×)					

解説

（1）**正**   【廃業等の届出】

　そのとおりです。

（2）**誤**   【宅建業とは…SEC.01】

　Cの行為は「自ら貸借」に該当するので、「取引」には該当しません。したがって、Cは免許は不要です。

（3）**誤**   【宅建業とは…SEC.01】

　「自ら貸借」には転貸の場合も含まれます。したがって、転貸を行うFも免許は不要です。

（4）**誤**   【廃業等の届出】

　法人が合併により消滅した場合、廃業等の届出を行うのは、消滅した**会社（G社）の代表者**です。

解答…**（1）**

ちょっと確認！

廃業等の届出

	届出義務者	届出期限	免許の失効時点
死 亡（個人）	相続人	死亡の事実を知った日から30日以内	死亡時
合併による消滅（法人）	消滅した会社の代表者	その日から30日以内	消滅時
破 産（個人・法人）	破産管財人		届出時
解 散（法人）	清算人		
廃 業（個人・法人）	個人…本人 法人…会社の代表者		

難易度	
A	## 廃業等の届出

→教科書 *CHAPTER01 SECTION02*

問題9 次の記述のうち、宅地建物取引業法の規定によれば、誤っているものはどれか。

[H16 問32]

(1) 宅地建物取引業者個人A（甲県知事免許）が死亡した場合、Aの相続人は、Aの死亡の日から30日以内に、その旨を甲県知事に届け出なければならない。

(2) 宅地建物取引業者B社（乙県知事免許）の政令で定める使用人Cが本籍地を変更した場合、B社は、その旨を乙県知事に届け出る必要はない。

(3) 宅地建物取引業の免許の有効期間は5年であり、免許の更新の申請は、有効期間満了の日の90日前から30日前までに行わなければならない。

(4) 宅地建物取引業者D社（丙県知事免許）の監査役の氏名について変更があった場合、D社は、30日以内にその旨を丙県知事に届け出なければならない。

	①	②	③	④	⑤
学 習 日					
理 解 度 (○/△/×)					

解説

(1) **誤**　　　　　　　　　　　　　　　　　　　　　　　　　【廃業等の届出】

「死亡の日から30日以内」ではなく、「**死亡の事実を知った日から30日以内**」です。

(2) **正**　　　　　　　　　　　　　　　　　【宅建業者名簿－変更の届出】

政令で定める使用人の氏名を変更した場合には、届出が必要ですが、本籍地を変更した場合には届出は不要です。

(3) **正**　　　　　　　　　　　　　　　　　　　　　　　　　【免許の更新】

宅地建物取引業の免許の有効期間は**5年**、免許の更新の申請は有効期間満了の日の**90日**前から**30日**前までに行わなければなりません。

(4) **正**　　　　　　　　　　　　　　　　　【宅建業者名簿－変更の届出】

役員(取締役や監査役)の氏名に変更があった場合には、**30日以内**にその旨を免許権者に届け出なければなりません。

解答…**(1)**

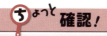

宅建業者名簿の登載事項

❶ 免許証番号、免許の年月日
❷ 商号または名称
❸ 法人の場合…**役員**(非常勤役員を含む)、**政令で定める使用人の氏名**※
❹ 個人の場合…その者、政令で定める使用人の氏名※
❺ 事務所の名称、所在地
❻ 事務所ごとに置かれる専任の宅建士の氏名※
❼ 宅建業以外の事業を行っているときは、その事業の種類
❽ 指示処分や業務停止処分があったときは、その年月日、その内容
　　※ 希望者は旧姓を併記できる
☆ ❷～❻に変更があった場合は、30日以内に免許権者に変更の届出をしなければならない

難易度 A 廃業等の届出等

→教科書 *CHAPTER01 SECTION02*

問題10 次の記述のうち、宅地建物取引業法(以下この問において「法」という。)の規定によれば、正しいものはどれか。 　　　　[H21 問28㉑]

(1) 法人である宅地建物取引業者A(甲県知事免許)は、役員の住所について変更があった場合、その日から30日以内に、その旨を甲県知事に届け出なければならない。

(2) 法人である宅地建物取引業者B(乙県知事免許)が合併により消滅した場合、Bを代表する役員であった者は、その日から30日以内に、その旨を乙県知事に届け出なければならない。

(3) 宅地建物取引業者C(国土交通大臣免許)は、法第50条第2項の規定により法第31条の3第1項の国土交通省令で定める場所について届出をする場合、国土交通大臣及び当該場所の所在地を管轄する都道府県知事に、それぞれ直接届出書を提出しなければならない。

(4) 宅地建物取引業者D(丙県知事免許)は、建設業の許可を受けて新たに建設業を営むこととなった場合、Dは当該許可を受けた日から30日以内に、その旨を丙県知事に届け出なければならない。

	①	②	③	④	⑤
学 習 日					
理 解 度 (○/△/×)					

20

解説

(1) 誤　　　　　　　　　　　　　　　　　　　　　　　　　　　　　【変更の届出】

役員の氏名に変更があった場合には、30日以内に免許権者に届出が必要ですが、**住所の変更については、届出は不要**です。

宅建業者名簿には、役員の氏名は記載されますが、役員の住所は記載されないよ。だから、役員の住所に変更があっても、届出は不要です。
ちなみに、(宅地建物取引士)資格登録簿には、宅建士の氏名のほか、住所・本籍も記載されるから、宅建士の住所に変更があった場合には、変更の登録の申請が必要！　となるんだな…

(2) 正　　　　　　　　　　　　　　　　　　　　　　　　　　　　　【廃業等の届出】

合併により法人が消滅した場合には、消滅した**法人(B)を代表する役員**が、30日以内に届出を行わなければなりません。

(3) 誤　　　　　　　　　　　　　　　　　　　　　　　　【案内所等の届出…SEC.06】

「法第31条の3第1項の国土交通省令で定める場所」とは、事務所以外で宅建士を設置すべき案内所等をいいます。宅建業者は、この案内所等について、免許権者および案内所等の所在地を管轄する都道府県知事に対して届出をしなければなりませんが、免許権者が国土交通大臣の場合は、案内所等の所在地を管轄する都道府県知事を経由して行います(国土交通大臣に対して直接届出をするのではありません)。

大臣は忙しいので、そういう届出は都道府県知事を経由してね、ということ！

(4) 誤　　　　　　　　　　　　　　　　　　　　　　　　　　　　　【変更の届出】

宅建業以外の事業(建設業など)を行っているときは、その事業の種類が宅建業者名簿に記載されますが、その変更については届出の必要はありません。

解答…**(2)**

ちょっと確認！

宅建業者名簿の登載事項

・(❶～❻については問題9の ちょっと確認！ を参照してください)
❼ **宅建業以外の事業を行っているときは、その事業の種類**
❽ 指示処分、業務停止処分があったときは、その年月日、その内容

難易度 A 免許、廃業等の届出

→教科書 *CHAPTER01 SECTION02*

問題11 宅地建物取引業の免許(以下この問において「免許」という。)に関する次の記述のうち、宅地建物取引業法の規定によれば、正しいものはどれか。 [H29 問44]

(1) 宅地建物取引業者A社が免許を受けていないB社との合併により消滅する場合、存続会社であるB社はA社の免許を承継することができる。

(2) 個人である宅地建物取引業者Cがその事業を法人化するため、新たに株式会社Dを設立しその代表取締役に就任する場合、D社はCの免許を承継することができる。

(3) 個人である宅地建物取引業者E(甲県知事免許)が死亡した場合、その相続人は、Eの死亡を知った日から30日以内に、その旨を甲県知事に届け出なければならず、免許はその届出があった日に失効する。

(4) 宅地建物取引業者F社(乙県知事免許)が株主総会の決議により解散することとなった場合、その清算人は、当該解散の日から30日以内に、その旨を乙県知事に届け出なければならない。

	①	②	③	④	⑤
学 習 日					
理 解 度 (○/△/×)					

22

解説

(1) **誤**　　　　　　　　　　　　　　　　　　　【吸収合併の場合の免許の承継】

　免許を受けていた法人A社が、**免許を受けていない法人B社との合併**により消滅する場合でも、存続会社であるB社は、A社の免許を承継することはできません。

(2) **誤**　　　　　　　　　　　　　　　　　　　　【法人化する場合の免許の承継】

　個人である宅建業者がその事業を**法人化**するため、新たに株式会社を設立し、その代表取締役に就任する場合、その株式会社は免許を承継することはできません。

(3) **誤**　　　　　　　　　　　　　　　　　　　【個人が死亡した場合の免許の失効】

　免許を受けていた個人が死亡した場合、その相続人は、死亡を知った日から30日以内に、その旨を免許権者に届け出なければなりませんが、**免許は、免許を受けていた個人が死亡した時に失効**します。

(4) **正**　　　　　　　　　　　　　　　　　　　【宅建業者が解散した場合の届出】

　宅建業者(法人)が合併および破産手続開始の決定以外の理由で解散した場合、**清算人**は、**解散の日から30日以内**に免許権者にその旨を届け出なければなりません。

解答…(4)

難易度 A 免許、欠格事由（宅建業者） →教科書 *CHAPTER01 SECTION02*

問題12 宅地建物取引業の免許（以下「免許」という。）に関する次の記述のうち、宅地建物取引業法の規定によれば、正しいものはどれか。

［H19 問33㊾］

(1) 甲県に本店を、乙県に支店をそれぞれ有するA社が、乙県の支店でのみ宅地建物取引業を営もうとするときは、A社は、乙県知事の免許を受けなければならない。

(2) 宅地建物取引業者B社の取締役が、刑法第209条（過失傷害）の罪により罰金の刑に処せられた場合、B社の免許は取り消される。

(3) 宅地建物取引業者C社が業務停止処分に違反したとして、免許を取り消され、その取消しの日から5年を経過していない場合、C社は免許を受けることができない。

(4) D社の取締役が、かつて破産手続開始の決定を受けたことがある場合で、復権を得てから5年を経過しないとき、D社は免許を受けることができない。

	①	②	③	④	⑤
学習日					
理解度 (○/△/×)					

解説

（1）**誤** 【事務所】

支店が宅建業を営む場合、**本店は常に宅建業法上の事務所**となります。したがって、2つの都道府県内に事務所があることになるため、A社は国土交通大臣の免許を受けなければなりません。

（2）**誤** 【欠格事由】

過失傷害の罪で罰金の刑に処せられても、**欠格事由には該当しません**。したがって、B社の免許は取り消されません。

（3）**正** 【欠格事由】

業務停止処分に違反し、免許を取り消された場合は、取消しの日から**5年**を経過していない場合には、免許を受けることができません。

（4）**誤** 【欠格事由】

法人の役員のうちに欠格事由に該当する者がいる場合、その法人は免許を受けることができません。ただし、破産手続開始の決定を受けても、復権を得た場合には欠格事由に該当しません（5年待たなくてもOK）。したがって、D社は免許を受けることができます。

解答…**(3)**

ちょっと確認！

欠格事由のポイント①

☆ **破産者は復権を得れば直ちに免許を受けることができる**

☆ 以下の刑 に処せられた者は、刑の執行が終わった日から5年間は免許を受けることができない

❶ 禁錮以上の刑

❷ 宅建業法違反による罰金の刑

❸ 暴力的な犯罪※、背任罪による罰金の刑

※ 暴力的な犯罪…傷害罪、傷害現場助勢罪、暴行罪、脅迫罪、凶器準備集合罪等

☆ 以下の理由 で免許取消処分を受けた者は、免許取消しの日から5年間は免許を受けることができない

❶ 不正の手段により免許を取得した

❷ 業務停止処分に該当する行為をし、情状が特に重い

❸ **業務停止処分に違反した**

25

難易度 A 欠格事由（宅建業者）

→教科書 *CHAPTER01 SECTION02*

問題13 宅地建物取引業の免許（以下この問において「免許」という。）に関する次の記述のうち、正しいものはどれか。 ［H22 問27］

(1) 法人Aの役員のうちに、破産手続開始の決定がなされた後、復権を得てから5年を経過しない者がいる場合、Aは、免許を受けることができない。

(2) 法人Bの役員のうちに、宅地建物取引業法の規定に違反したことにより、罰金の刑に処せられ、その刑の執行が終わった日から5年を経過しない者がいる場合、Bは、免許を受けることができない。

(3) 法人Cの役員のうちに、刑法第204条（傷害）の罪を犯し懲役1年の刑に処せられ、その刑の執行猶予期間を経過したが、その経過した日から5年を経過しない者がいる場合、Cは、免許を受けることができない。

(4) 法人Dの役員のうちに、道路交通法の規定に違反したことにより、科料に処せられ、その刑の執行が終わった日から5年を経過しない者がいる場合、Dは、免許を受けることができない。

	①	②	③	④	⑤
学 習 日					
理 解 度 (○/△/×)					

解説

　法人の役員のうちに欠格事由に該当する者がいる場合、その法人は免許を受けることができません。

(1) 誤　　　　　　　　　　　　　　　　　　　　　　　　【欠格事由】

　破産手続開始の決定がなされたあと、復権を得た場合には欠格事由に該当しません（5年待たなくてもOK）。したがって、法人Aは免許を受けることができます。

(2) 正　　　　　　　　　　　　　　　　　　　　　　　　【欠格事由】

　宅建業法に違反し、罰金の刑に処せられた者は、5年間は免許を受けることができません（欠格事由に該当します）。したがって、法人Bは免許を受けることができません。

(3) 誤　　　　　　　　　　　　　　　　　　　　　　　　【欠格事由】

　懲役（禁錮以上の刑）に処せられた者は、刑の執行が終わった日から5年間は免許を受けることができません。しかし執行猶予がついた場合は、**執行猶予期間が経過すれば免許を受けることができます**（5年待たなくてもOK）。

(4) 誤　　　　　　　　　　　　　　　　　　　　　　　　【欠格事由】

　科料に処せられても、欠格事由には該当しません。したがって、法人Dは免許を受けることができます。

解答…**(2)**

ちょっと確認！

欠格事由のポイント②

☆ 法人の役員または政令で定める使用人が以下の欠格事由に該当する場合、その法人は免許を受けることができない

❶ 心身の故障により宅建業を適正に営むことができない者として国土交通省令で定めるもの、**破産者で復権を得ない者**

❷ 一定の刑罰（禁錮以上の刑、宅建業法違反により罰金の刑、暴力的な犯罪・背任罪により罰金の刑）に処せられた者で、**刑の執行が終わった日から5年を経過しない者**

❸ 一定の理由で免許取消処分を受けた者で免許取消しの日から5年を経過しない者

❹ 過去に悪いことをした者、悪いことをするおそれが明らかな者
（免許の申請前5年以内に宅建業に関し、不正または著しく不当な行為をした者や、宅建業に関し、不正または不誠実な行為をするおそれが明らかな者）

難易度 A 欠格事由（宅建業者）

→教科書 *CHAPTER01 SECTION02*

問題14 宅地建物取引業の免許（以下この問において「免許」という。）に関する次の記述のうち、正しいものはどれか。　　　　　　　　[H24 問26]

(1) 免許を受けようとするA社に、刑法第204条（傷害）の罪により懲役1年（執行猶予2年）の刑に処せられ、その刑の執行猶予期間を満了した者が役員として在籍している場合、その満了の日から5年を経過していなくとも、A社は免許を受けることができる。

(2) 免許を受けようとするB社に、刑法第206条（現場助勢）の罪により罰金の刑に処せられた者が非常勤役員として在籍している場合、その刑の執行が終わってから5年を経過していなくとも、B社は免許を受けることができる。

(3) 免許を受けようとするC社に、刑法第208条（暴行）の罪により拘留の刑に処せられた者が役員として在籍している場合、その刑の執行が終わってから5年を経過していなければ、C社は免許を受けることができない。

(4) 免許を受けようとするD社に、刑法第209条（過失傷害）の罪により科料の刑に処せられた者が非常勤役員として在籍している場合、その刑の執行が終わってから5年を経過していなければ、D社は免許を受けることができない。

	①	②	③	④	⑤
学 習 日					
理 解 度 (○/△/×)					

解説

　法人の役員のうちに欠格事由に該当する者がいる場合、その法人は免許を受けることができません。

(1) 正　　　　　　　　　　　　　　　　　　　　　　　　　　　【欠格事由】

　懲役(禁錮以上の刑)に処せられた者は、刑の執行が終わった日から5年間は免許を受けることができません。しかし、執行猶予がついた場合は、**執行猶予期間が経過すれば免許を受けることができます**(5年待たなくてもOK)。したがって、A社は免許を受けることができます。

(2) 誤　　　　　　　　　　　　　　　　　　　　　　　　　　　【欠格事由】

　暴力的な犯罪(現場助勢)により罰金の刑に処せられた者は、刑の執行が終わった日から5年間は免許を受けることができません。非常勤でも「役員」なので、B社は免許を受けることができません。

(3) 誤　　　　　　　　　　　　　　　　　　　　　　　　　　　【欠格事由】

　「暴行」は暴力的な犯罪ですが、拘留の刑なので(罰金の刑ではないので)、本肢の役員は欠格事由に該当しません。したがって、C社は免許を受けることができます。

(4) 誤　　　　　　　　　　　　　　　　　　　　　　　　　　　【欠格事由】

　「過失傷害による科料の刑」に処せられても、欠格事由には該当しません。したがって、D社は免許を受けることができます。

解答…**(1)**

難易度	
A	**欠格事由（宅建業者）**

→教科書 *CHAPTER01 SECTION02*

問題15 宅地建物取引業の免許（以下この問において「免許」という。）に関する次の記述のうち、宅地建物取引業法の規定によれば、正しいものはどれか。

[H25 問26⊗]

(1) 宅地建物取引業者A社の代表取締役が、道路交通法違反により罰金の刑に処せられたとしても、A社の免許は取り消されることはない。

(2) 宅地建物取引業者B社の使用人であって、B社の宅地建物取引業を行う支店の代表者が、刑法第222条（脅迫）の罪により罰金の刑に処せられたとしても、B社の免許は取り消されることはない。

(3) 宅地建物取引業者C社の非常勤役員が、刑法第208条の2（凶器準備集合及び結集）の罪により罰金の刑に処せられたとしても、C社の免許は取り消されることはない。

(4) 宅地建物取引業者D社の代表取締役が、法人税法違反により懲役の刑に処せられたとしても、執行猶予が付されれば、D社の免許は取り消されることはない。

	①	②	③	④	⑤
学習日					
理解度 (○/△/×)					

解説

　法人の役員または政令で定める使用人のうちに欠格事由に該当する者がいる場合、その法人は免許を受けることができません（免許が取り消されます）。

（1）**正**　　　　　　　　　　　　　　　　　　　　　　【欠格事由】

　宅建業者（法人）の役員が宅建業法違反や暴力的な犯罪等によって罰金の刑に処せられた場合、その宅建業者の免許は取り消されますが、本肢の場合、「道路交通法違反による罰金刑」なので、A社の免許は取り消されません。

（2）**誤**　　　　　　　　　　　　　　　　　　　　　　【欠格事由】

　宅建業者（法人）の政令で定める使用人（支店の代表者）が、宅建業法違反や暴力的な犯罪等によって罰金の刑に処せられた場合、その法人の免許は取り消されます。

（3）**誤**　　　　　　　　　　　　　　　　　　　　　　【欠格事由】

　非常勤でも「役員」なので、その者が宅建業法違反や暴力的な犯罪等によって罰金の刑に処せられた場合、その宅建業者（C社）の免許は取り消されます。

（4）**誤**　　　　　　　　　　　　　　　　　　　　　　【欠格事由】

　「**懲役**」は欠格事由に該当します。したがって、本肢の場合は、執行猶予がついたとしても、D社の免許は取り消されます。

解答…**(1)**

難易度 B 欠格事由（宅建業者）

→教科書 CHAPTER01 SECTION02

問題16 宅地建物取引業の免許（以下この問において「免許」という。）に関する次の記述のうち、宅地建物取引業法の規定によれば、正しいものはどれか。 [H18 問30]

(1) A社の取締役が、刑法第211条（業務上過失致死傷等）の罪を犯し、懲役1年執行猶予2年の刑に処せられ、執行猶予期間は満了した。その満了の日から5年を経過していない場合、A社は免許を受けることができない。

(2) B社は不正の手段により免許を取得したとして甲県知事から免許を取り消されたが、B社の取締役Cは、当該取消に係る聴聞の期日及び場所の公示の日の30日前にB社の取締役を退任した。B社の免許取消の日から5年を経過していない場合、Cは免許を受けることができない。

(3) D社の取締役が、刑法第159条（私文書偽造等）の罪を犯し、地方裁判所で懲役2年の判決を言い渡されたが、この判決に対して高等裁判所に控訴して現在裁判が係属中である。この場合、D社は免許を受けることができない。

(4) E社は乙県知事から業務停止処分についての聴聞の期日及び場所を公示されたが、その公示後聴聞が行われる前に、相当の理由なく宅地建物取引業を廃止した旨の届出をした。その届出の日から5年を経過していない場合、E社は免許を受けることができない。

	①	②	③	④	⑤
学 習 日					
理 解 度 (○/△/×)					

解説

法人の役員のうちに欠格事由に該当する者がいる場合、その法人は免許を受けることができません。

(1) **誤**　　　　　　　　　　　　　　　　　　　　　　　　　　　　　　【欠格事由】

　執行猶予がついた場合は、**執行猶予期間が経過すれば免許を受けることができます**(5年待たなくてもOK)。したがって、A社は免許を受けることができます。

(2) **正**　　　　　　　　　　　　　　　　　　　　　　　　　　　　　　【欠格事由】

　免許取消しに係る**聴聞公示の日前60日以内**にその法人(B社)の役員であった者(C)は、その**取消しの日から5年間**は免許を受けることができません。

(3) **誤**　　　　　　　　　　　　　　　　　　　　　　　　　　　　　　【欠格事由】

　刑が確定するまで(控訴中、上告中)は、免許を受けることができます。

(4) **誤**　　　　　　　　　　　　　　　　　　　　　　　　　　　　　　【欠格事由】

　一定の理由による**免許取消処分**に係る聴聞公示があった日以後、処分の日までに廃業等の届出があった場合には、その届出の日から5年間は免許を受けることができません。しかし、**業務停止処分**についての聴聞公示があった日以後、聴聞が行われる前に廃業等の届出があった場合は、欠格事由に該当しないので、届出の日から5年を待たなくても免許を受けることができます。

解答…**(2)**

33

難易度 **B** 欠格事由（宅建業者）

→教科書 *CHAPTER01 SECTION02*

問題17 宅地建物取引業の免許（以下この問において「免許」という。）に関する次の記述のうち、宅地建物取引業法の規定によれば、誤っているものはどれか。

[H 27 問27]

(1) A社は、不正の手段により免許を取得したことによる免許の取消処分に係る聴聞の期日及び場所が公示された日から当該処分がなされるまでの間に、合併により消滅したが、合併に相当の理由がなかった。この場合においては、当該公示の日の50日前にA社の取締役を退任したBは、当該消滅の日から5年を経過しなければ、免許を受けることができない。

(2) C社の政令で定める使用人Dは、刑法第234条（威力業務妨害）の罪により、懲役1年、執行猶予2年の刑に処せられた後、C社を退任し、新たにE社の政令で定める使用人に就任した。この場合においてE社が免許を申請しても、Dの執行猶予期間が満了していなければ、E社は免許を受けることができない。

(3) 営業に関し成年者と同一の行為能力を有しない未成年者であるFの法定代理人であるGが、刑法第247条（背任）の罪により罰金の刑に処せられていた場合、その刑の執行が終わった日から5年を経過していなければ、Fは免許を受けることができない。

(4) H社の取締役Iが、暴力団員による不当な行為の防止等に関する法律に規定する暴力団員に該当することが判明し、宅地建物取引業法第66条第1項第3号の規定に該当することにより、H社の免許は取り消された。その後、Iは退任したが、当該取消しの日から5年を経過しなければ、H社は免許を受けることができない。

	①	②	③	④	⑤
学 習 日					
理 解 度 (○/△/×)					

解説

(1) **正** 【欠格事由】

　宅建業者が、不正による免許取得を理由とする免許取消しに係る**聴聞の公示がされた日から処分がなされるまでの間**に、**相当の理由**なく合併により消滅した場合、その聴聞の公示の日前**60日以内**に、消滅した法人の役員であった者は、法人の消滅日から**5年間**は免許を受けることができません。

(2) **正** 【欠格事由】

　政令で定める使用人Dは、執行猶予期間中は欠格者であるため、Dの執行猶予期間が満了していなければ、E社は免許を受けることはできません。

(3) **正** 【欠格事由】

　営業に関し成年者と同一の行為能力を有しない未成年者について、欠格事由に該当するかどうかは、その法定代理人で判断します。

　本肢の法定代理人Gは背任罪で罰金の刑に処せられているので、欠格者に該当します。したがって、その**刑の執行が終わった日から5年**を経過していなければ、Fは免許を受けることはできません。

(4) **誤** 【欠格事由】

　欠格者であるIが退任することにより、H社は欠格者ではなくなるため、免許を受けることができます。なお、宅建業者が、一定の理由（❶不正の手段により免許を取得した、❷業務停止処分事由に該当する行為をし、情状が特に重い、❸業務停止処分に違反した）で免許取消処分を受けた場合には、免許取消しの日から**5年**を経過しないと免許を受けることができません。

　本肢のH社は、取締役Iが暴力団員等に該当することを理由に、免許を取り消されていますが、❶～❸の理由で免許が取り消されているわけではないため、H社は5年経過しなくても、免許を受けることができます。

解答…**(4)**

35

A 宅地建物取引士

→教科書 *CHAPTER01 SECTION03*

問題18 次の記述のうち、宅地建物取引業法の規定によれば、正しいものはどれか。 ［H21問29㊹］

(1) 都道府県知事は、不正の手段によって宅地建物取引士資格試験を受けようとした者に対しては、その試験を受けることを禁止することができ、また、その禁止処分を受けた者に対し2年を上限とする期間を定めて受験を禁止することができる。

(2) 宅地建物取引士の登録を受けている者が本籍を変更した場合、遅滞なく、登録をしている都道府県知事に変更の登録を申請しなければならない。

(3) 宅地建物取引士の登録を受けている者が死亡した場合、その相続人は、死亡した日から30日以内に登録をしている都道府県知事に届出をしなければならない。

(4) 甲県知事の宅地建物取引士の登録を受けている者が、その住所を乙県に変更した場合、甲県知事を経由して乙県知事に対し登録の移転を申請することができる。

	①	②	③	④	⑤
学 習 日					
理 解 度 (○/△/×)					

36

解説

(1) **誤** 【宅建士になるまでの流れ】

不正受験者に対する受験禁止期間の上限は「2年」ではなく、「**3年**」です。

(2) **正** 【変更の登録】

登録を受けている宅建士の住所や本籍に変更があった場合には、変更の登録の申請をしなければなりません。

(宅地建物取引士)資格登録簿には宅建士の住所や本籍が記載されるけど、宅建業者名簿には、役員や政令で定める使用人の住所や本籍地は記載されないよ。宅建業者名簿は一般の人が閲覧できるからだね。

(3) **誤** 【死亡等の届出】

「死亡した日から30日以内」ではなく、「**死亡の事実を知った日から30日以内**」です。

(4) **誤** 【登録の移転】

登録の移転は、現在登録している都道府県知事が管轄している都道府県以外の都道府県に所在する事務所に勤務し、または勤務しようとするときに行うことができます。単に住所が変わっただけでは登録の移転はできません。

勤務地(都道府県)が変わらないとダメ〜！

解答…**(2)**

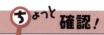

資格登録簿の主な登載事項

❶ 登録番号、登録年月日
❷ 氏名
❸ 生年月日、性別
❹ **住所、本籍**
❺ 宅建業者に勤務している場合…その宅建業者の商号または名称、免許証番号
❻ 試験合格年月日、合格証書番号
❼ 指示処分、事務禁止処分があったときは、その年月日、その内容

宅地建物取引士

問題19 宅地建物取引士の登録(以下この問において「登録」という。)及び宅地建物取引士証(以下この問において「宅建士証」という。)に関する次の記述のうち、民法及び宅地建物取引業法の規定によれば、正しいものはどれか。　　[H22 問30改]

(1) 宅地建物取引業に係る営業に関し、成年者と同一の行為能力を有しない未成年者であっても、登録実務講習を修了すれば、法定代理人から宅地建物取引業を営むことについての許可を受けていなくても登録を受けることができる。

(2) 登録を受けている者は、宅建士証の交付を受けていない場合は、その住所に変更があっても、登録を受けている都道府県知事に変更の登録を申請する必要はない。

(3) 宅建士証を亡失し、その再交付を申請している者は、再交付を受けるまでの間、宅地建物取引業法第35条に規定する重要事項の説明をする時は、宅建士証に代えて、再交付申請書の写しを提示すればよい。

(4) 甲県知事から宅建士証の交付を受けている者が、宅建士としての事務を禁止する処分を受け、その禁止の期間中に本人の申請により登録が消除された場合は、その者が乙県で宅地建物取引士資格試験に合格したとしても、当該期間が満了しないときは、乙県知事の登録を受けることができない。

解説

(1) 誤 　　　　　　　　　　　　　　　　　　　　　　【欠格事由（宅建士）】

宅建業に係る営業に関し、成年者と同一の行為能力を有しない未成年者は、欠格事由に該当するため、登録実務講習を修了していても、法定代理人から宅建業を営むことについて許可を受けない限り、登録を受けることはできません。

(2) 誤 　　　　　　　　　　　　　　　　　　　　　　　　　　　【変更の登録】

宅建士証の交付を受けているかどうかにかかわらず、登録を受けている者は、住所に変更があった場合には、登録を受けている都道府県知事に変更の登録を申請する必要があります。

(3) 誤 　　　　　　　　　　　　　　　　　　　【宅建士でなければできない仕事】

重要事項の説明（35条の説明）をするときは、必ず宅建士証（原本）の提示が必要となります。したがって、宅建士証の再交付がされるまでは、重要事項の説明（35条の説明）をすることはできません。

(4) 正 　　　　　　　　　　　　　　　　　　　　　　　　【欠格事由（宅建士）】

事務禁止処分を受け、その禁止期間中に、自らの申請により登録が消除された者で、まだ事務禁止期間を経過していない者は登録を受けることはできません。

解答…**(4)**

「免許の申請」とか「免許の更新」など、「免許の××」といったら、宅建業者の免許の話（『教科書』SEC.02の話）、「登録の申請」、「登録の消除」など、「登録の××」といったら宅建士の登録の話（『教科書』SEC.03の話）。
どちらの話か、しっかり確認して！

宅地建物取引士

問題20 宅地建物取引業法(以下この問において「法」という。)に規定する宅建士及び宅地建物取引士証(以下この問において「宅建士証」という。)に関する次の記述のうち、正しいものはどれか。　[H23 問28改]

(1) 宅地建物取引業者は、20戸以上の一団の分譲建物の売買契約の申込みのみを受ける案内所を設置し、売買契約の締結は事務所で行う場合、当該案内所には専任の宅建士を置く必要はない。

(2) 未成年者は、宅地建物取引業に係る営業に関し成年者と同一の行為能力を有していたとしても、成年に達するまでは宅建士の登録を受けることができない。

(3) 宅建士は、法第35条の規定による重要事項説明を行うにあたり、相手方から請求があった場合にのみ、宅建士証を提示すればよい。

(4) 宅地建物取引士資格試験に合格した日から1年以内に宅建士証の交付を受けようとする者は、登録をしている都道府県知事の指定する講習を受講する必要はない。

解説

(1) 誤　　　　　　　　　　　　　　　　　　【専任の宅建士の設置…SEC.06】

　　申込みまたは契約をする案内所等には、**1人以上の専任の宅建士を置かなければ**なりません。

(2) 誤　　　　　　　　　　　　　　　　　　　　　　　【欠格事由（宅建士）】

　　宅建業に係る営業に関し、成年者と同一の行為能力を有しない未成年者（宅建業を営むことについて法定代理人から許可を受けていない未成年者）は、登録を受けることができ**ませんが、成年者と同一の行為能力を有する未成年者（宅建業を営むことについて法定代理人から許可を受けた未成年者）は、登録を受けることができます。**

(3) 誤　　　　　　　　　　　　　　　　　【重要事項の説明（35条書面）…SEC.07】

　　重要事項の説明（35条の説明）をするときは、**相手方からの請求がなかったとしても、必ず宅建士証（原本）の提示が必要となります。**

(4) 正　　　　　　　　　　　　　　　　　　　【宅建士になるまでの流れ】

　　宅建士証の交付を受けようとする者は、原則として都道府県知事が指定する法定**講習を受講しなければなりません。ただし、試験合格後1年以内に宅建士証の交付**を受ける場合は、法定講習は免除されます。

解答…**(4)**

ちょっと確認！

宅建士になるまでの流れ

| 宅建士試験合格　有効期間：一生 | 宅建士試験の合格者　☆ 不正受験者は合格を取り消されることがある　また、3年以内の受験を禁止されることもある |

↓ 登録の申請【任意】：試験合格地の都道府県知事に申請

| 宅建士資格登録　有効期間：一生 | 登録の条件　❶ 欠格事由に該当しない　❷ 2年以上の実務経験がある　または　国土交通大臣の登録実務講習を修了した |

↓ 交付の申請【任意】：登録地の都道府県知事に申請

| 宅建士証の交付　有効期間：5年 | 交付の条件　【原則】都道府県知事の法定講習を受講する　【例外】試験合格後1年以内に宅建士証の交付を受ける場合は、法定講習は免除される |

宅地建物取引士

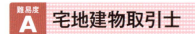

問題21 宅地建物取引士資格登録(以下この問において「登録」という。)及び宅地建物取引士証(以下この問において「宅建士証」という。)に関する次の記述のうち、宅地建物取引業法の規定によれば、正しいものはどれか。

[H19 問31改]

(1) 甲県知事の登録を受けて、甲県に所在する宅地建物取引業者Aの事務所の業務に従事する者が、乙県に所在するAの事務所の業務に従事することとなったときは、速やかに、甲県知事を経由して、乙県知事に対して登録の移転の申請をしなければならない。

(2) 登録を受けている者で宅建士証の交付を受けていない者が重要事項説明を行い、その情状が特に重いと認められる場合は、当該登録の消除の処分を受け、その処分の日から5年を経過するまでは、再び登録を受けることができない。

(3) 丙県知事から宅建士証の交付を受けている宅建士が、宅建士証の有効期間の更新を受けようとするときは、丙県知事に申請し、その申請前6月以内に行われる国土交通大臣の指定する講習を受講しなければならない。

(4) 丁県知事から宅建士証の交付を受けている宅建士が、宅建士証の亡失によりその再交付を受けた後において、亡失した宅建士証を発見したときは、速やかに、再交付された宅建士証をその交付を受けた丁県知事に返納しなければならない。

解説

(1) **誤** 【登録の移転】

登録の移転の申請は、義務ではなく任意です。

(2) **正** 【欠格事由(宅建士)】

宅建士登録をしたが、宅建士証の交付を受けていない者が重要事項説明を行い、その情状が特に重いと認められる場合は、登録消除処分を受けます。そして、その処分の日から **5年** を経過するまでは、再び登録を受けることはできません。

(3) **誤** 【宅建士証の更新】

宅建士証の有効期間の更新を行う場合には、「国土交通大臣の指定する講習(登録実務講習＝宅建士の登録をするときに必要な講習)」ではなく、「**都道府県知事が指定する講習(法定講習)**」を受講しなければなりません。

覚え方　大臣、実務を放置　知事
国土交通大臣　登録実務講習　法定講習

(4) **誤** 【宅建士証の再交付】

返納するのは「再交付された宅建士証(新しいほう)」ではなく、「**発見した宅建士証(古いほう)**」です。

解答…(2)

ちょっと確認！

欠格事由

以下の理由 で登録消除処分を受けた者で、登録消除処分の日から5年を経過していない者は宅建士の登録を受けることができない

1. 不正の手段で登録を受けた
2. 不正の手段で宅建士証の交付を受けた
3. 事務禁止処分に該当し、情状が特に重い
4. 事務禁止処分に違反した
5. 宅建士登録をしたが、宅建士証の交付を受けていない者が不正の手段で宅建士登録を受けた
6. **宅建士登録をしたが、宅建士証の交付を受けていない者が宅建士としての事務を行い、情状が特に重い**

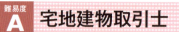

宅地建物取引士

問題22 次の記述のうち、宅地建物取引業法（以下この問において「法」という。）の規定によれば、正しいものはどれか。　[H20 問33改]

(1) 禁錮以上の刑に処せられた宅建士は、登録を受けている都道府県知事から登録の消除の処分を受け、その処分の日から5年を経過するまで、宅建士の登録をすることはできない。

(2) 宅地建物取引士資格試験に合格した者で、宅地建物の取引に関し2年以上の実務経験を有するもの、又は都道府県知事がその実務経験を有するものと同等以上の能力を有すると認めたものは、法第18条第1項の登録を受けることができる。

(3) 甲県知事から宅地建物取引士証（以下この問において「宅建士証」という。）の交付を受けている宅建士は、その住所を変更したときは、遅滞なく、変更の登録の申請をするとともに、宅建士証の書換え交付の申請を甲県知事に対してしなければならない。

(4) 宅建士が心身の故障により宅建士の事務を適正に行うことができない者として国土交通省令で定めるものに該当することになったときは、その者に法定代理人又は同居の親族がいたとしても、必ず本人がその日から30日以内にその旨を登録している都道府県知事に届け出なければならない。

解説

（1）**誤**　　　　　　　　　　　　　　　　　　　　　　【欠格事由（宅建士）】

「登録の消除の処分の日から5年」ではなく、「**刑の執行が終わった日から5年**」です。

（2）**誤**　　　　　　　　　　　　　　　　　　　　　　【宅建士になるまでの流れ】

宅建士の資格登録の条件は、2年以上の実務経験を有するもの、または「都道府県知事」ではなく、「**国土交通大臣**」がその実務経験を有するものと同等以上の能力を有するものと認めたものです。

（3）**正**　　　　　　　　　　　　　　　　　　　　　　　　　　【宅建士証】

宅建士が住所を変更したときは、宅建士証の書換え交付の申請が必要です。なお、住所のみを変更する場合には、裏書きによることができます。

（4）**誤**　　　　　　　　　　　　　　　　　　　　　　【欠格事由（宅建士）】

宅建士が心身の故障により宅建士の事務を適正に行うことができない者として国土交通省令で定めるものに該当することとなったときに届け出るのは、**本人または****その法定代理人**もしくは**同居の親族**です。

> **解答…（3）**

❓これはどう？　　　　　　　　　　　　　　　　　　　　　　H30-問42③

宅地建物取引士は、事務禁止の処分を受けたときは宅地建物取引士証をその交付を受けた都道府県知事に提出しなくてよいが、登録消除の処分を受けたときは返納しなければならない。

> **✗** 宅建士は事務禁止の処分を受けたときは、宅建士証をその交付を受けた都道府県知事に速やかに **提出** しなければならず、登録消除の処分を受けたときは、宅建士証をその交付を受けた都道府県知事に速やかに **返納** しなければなりません。

難易度 A 宅地建物取引士

→教科書 CHAPTER01 SECTION03

問題23 宅地建物取引士の登録(以下この問において「登録」という。)及び宅地建物取引士証に関する次の記述のうち、宅地建物取引業法の規定によれば、正しいものはどれか。　　　　　　　　　　　　[R2(10月)問34]

(1) 甲県で宅地建物取引士資格試験に合格した後1年以上登録の申請をしていなかった者が宅地建物取引業者(乙県知事免許)に勤務することとなったときは、乙県知事あてに登録の申請をしなければならない。
(2) 登録を受けている者は、住所に変更があっても、登録を受けている都道府県知事に変更の登録を申請する必要はない。
(3) 宅地建物取引士は、従事先として登録している宅地建物取引業者の事務所の所在地に変更があったときは、登録を受けている都道府県知事に変更の登録を申請しなければならない。
(4) 丙県知事の登録を受けている宅地建物取引士が、丁県知事への登録の移転の申請とともに宅地建物取引士証の交付の申請をした場合は、丁県知事から、移転前の宅地建物取引士証の有効期間が経過するまでの期間を有効期間とする新たな宅地建物取引士証が交付される。

解説

(1) **誤**　　　　　　　　　　　　　　　　　　　　　　　【宅建士になるまでの流れ】

　試験に合格した者がその登録を受けようとするときは、登録申請書を当該試験を行った都道府県知事(甲県知事)に提出しなければなりません。

(2) **誤**　　　　　　　　　　　　　　　　　　　　　　　　　　　　【変更の登録】

　登録を受けている宅建士の住所や本籍に変更があった場合には、遅滞なく、変更の登録を申請しなければなりません。

(3) **誤**　　　　　　　　　　　　　　　　　　　　　　　　　　　　【変更の登録】

　宅建業者の業務に宅建士が従事している場合、当該宅建業者の商号または名称および免許証番号が資格登録簿に登載されますが、宅建業者の事務所の所在地は登載事項ではないため、変更があったとしても変更の登録を申請する必要はありません。

(4) **正**　　　　　　　　　　　　　　　　　　　　　　　　　【宅建士証の有効期間】

　登録の移転の申請とともに宅建士証の交付を申請した場合は、登録後、移転申請前の宅建士証の有効期間が経過するまでの期間(移転前の宅建士証の残存期間)を有効期間とする宅建士証が移転先の都道府県知事から交付されます。

解答…(4)

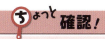

変更の登録

資格登録簿の登載事項のうち、下記の事項 が変更になった場合には、遅滞なく変更の登録を申請しなければならない

❶ 宅建士の氏名
❷ 宅建士の住所・本籍
❸ 勤務先の宅建業者の商号または名称、免許証番号

☆ 変更の登録の申請は、たとえ事務禁止処分期間中でもやらないとダメ！

難易度 A 営業保証金

→教科書 *CHAPTER01 SECTION04*

問題24 宅地建物取引業者A社の営業保証金に関する次の記述のうち、宅地建物取引業法の規定によれば、正しいものはどれか。 ［H24 問33㉑］

(1) A社が地方債証券を営業保証金に充てる場合、その価額は額面金額の100分の90である。

(2) A社は、営業保証金を本店及び支店ごとにそれぞれ最寄りの供託所に供託しなければならない。

(3) A社が本店のほかに5つの支店を設置して宅地建物取引業を営もうとする場合、供託すべき営業保証金の合計額は210万円である。

(4) A社は、自ら所有する宅地を売却するに当たっては、当該売却に係る売買契約が成立するまでの間に、その買主(宅地建物取引業者に該当する者を除く)に対して、供託している営業保証金の額を説明しなければならない。

	①	②	③	④	⑤
学 習 日					
理 解 度 (○/△/×)					

解説

(1) **正** 【営業保証金の供託】

そのとおりです。

(2) **誤** 【営業保証金の供託】

営業保証金は、「本店及び支店ごとにそれぞれ最寄りの供託所に」ではなく、「**本店最寄りの供託所に**」供託しなければなりません。

(3) **誤** 【営業保証金の供託】

営業保証金の供託額は、**本店につき1,000万円、支店1カ所につき500万円**です。A社は本店と5つの支店を設置する予定なので、供託すべき営業保証金の合計額は3,500万円となります。

供託すべき営業保証金：1,000万円 + 500万円 × 5カ所 = 3,500万円

ちなみに、問題文の210万円というのは、保証協会(SEC.05)に加入したときに納付する弁済業務保証金分担金の額だよ。
保証協会に加入した場合の分担金の納付額は本店につき60万円、支店1カ所につき30万円だから、本肢の場合、60万円 + 30万円 × 5カ所 = 210万円となるんだ。

(4) **誤** 【供託所の説明…SEC.07】

宅建業者は、相手方(宅建業者を除く)に対して、売買契約が成立するまでの間に、「営業保証金の額」ではなく、「**営業保証金を供託した供託所とその所在地**」を説明しなければなりません。

解答…**(1)**

ちょっと確認!

有価証券の評価額

有価証券の種類	評価額
❶ 国債	額面金額の100%
❷ 地方債・政府保証債	**額面金額の90%**
❸ それ以外の国土交通省令で定める有価証券	額面金額の80%

A 営業保証金

→教科書 *CHAPTER01 SECTION04*

問題25 宅地建物取引業者A（国土交通大臣免許）が、宅地建物取引業法の規定に基づき供託する営業保証金に関する次の記述のうち、正しいものはどれか。 ［H21 問30］

(1) Aは、営業保証金を主たる事務所又はその他の事務所のいずれかの最寄りの供託所に供託することができる。

(2) Aが営業保証金を供託した旨は、供託所から国土交通大臣あてに通知されることから、Aがその旨を直接国土交通大臣に届け出る必要はない。

(3) Aとの取引により生じた電気工事業者の工事代金債権について、当該電気工事業者は、営業継続中のAが供託している営業保証金から、その弁済を受ける権利を有する。

(4) 営業保証金の還付により、営業保証金の額が政令で定める額に不足することとなった場合、Aは、国土交通大臣から不足額を供託すべき旨の通知書の送付を受けた日から2週間以内にその不足額を供託しなければならない。

	①	②	③	④	⑤
学習日					
理解度 (○/△/×)					

50

解説

(1) 誤　　　【営業保証金の供託】

営業保証金は、「**本店(主たる事務所)の最寄りの供託所に**」供託しなければなりません。

(2) 誤　　　【営業保証金の供託】

営業保証金を供託した場合には、その旨を免許権者(国土交通大臣または都道府県知事)に届け出なければなりません。

❓ これはどう？ ── H23-問30②

甲県知事は、A社(甲県知事免許)が宅地建物取引業の免許を受けた日から3月以内に営業保証金を供託した旨の届出をしないときは、その届出をすべき旨の催告をしなければならず、その催告が到達した日から1月以内にA社が届出をしないときは、A社の免許を取り消すことができる。

> ⭕ 免許権者は、宅建業の免許を与えた日から**3カ月以内**に営業保証金を供託した旨の届出がないときは、催告しなければなりません。そして、その催告が到達した日から**1カ月以内**に宅建業者が届出をしないときは免許を取り消すことができます。

(3) 誤　　　【営業保証金の還付】

電気工事業者の工事は、宅建業に係る取引ではないので、当該電気工事業者は営業保証金から弁済を受けることはできません。

(4) 正　　　【営業保証金の追加供託】

宅建業者は、免許権者から**不足額供託の通知**を受けた日から**2週間以内**に不足額を供託しなければなりません。

解答…(4)

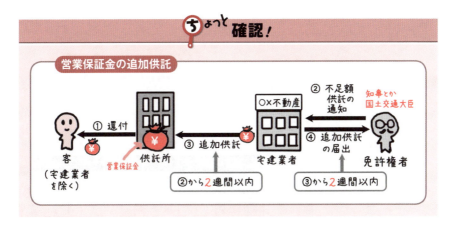

A 営業保証金

→教科書 *CHAPTER01 SECTION04*

問題26 宅地建物取引業者の営業保証金に関する次の記述のうち、宅地建物取引業法の規定によれば、誤っているものはどれか。なお、この問において、「還付請求権者」とは、同法第27条第1項の規定に基づき、営業保証金の還付を請求する権利を有する者をいう。 [H22 問31]

(1) 宅地建物取引業者は、宅地建物取引業に関し不正な行為をし、情状が特に重いとして免許を取り消されたときであっても、営業保証金を取り戻すことができる場合がある。

(2) 宅地建物取引業者は、免許の有効期間満了に伴い営業保証金を取り戻す場合は、還付請求権者に対する公告をすることなく、営業保証金を取り戻すことができる。

(3) 宅地建物取引業者は、一部の支店を廃止したことにより、営業保証金の額が政令で定める額を超えた場合は、還付請求権者に対し所定の期間内に申し出るべき旨を公告し、その期間内にその申出がなかったときに、その超過額を取り戻すことができる。

(4) 宅地建物取引業者は、宅地建物取引業保証協会の社員となった後において、社員となる前に供託していた営業保証金を取り戻す場合は、還付請求権者に対する公告をすることなく、営業保証金を取り戻すことができる。

	①	②	③	④	⑤
学 習 日					
理 解 度 (○/△/×)					

解説

(1) 正　　　　　　　　　　　　　　　　　　　　　【営業保証金の取戻し】

　免許取消処分を受けた場合でも、営業保証金を取り戻すことはできます。

(2) 誤　　　　　　　　　　　　　　　　　　　　　【営業保証金の取戻し】

　免許の有効期間満了により営業保証金を取り戻す場合は、**6カ月以上の期間**を定めて公告をする必要があります。

(3) 正　　　　　　　　　　　　　　　　　　　　　【営業保証金の取戻し】

　一部の支店を廃止したことにより営業保証金を取り戻す場合は、**6カ月以上の期間**を定めて公告をし、その期間内に還付請求の申出がなかったときに取り戻すことができます。

(4) 正　　　　　　　　　　　　　　　　　　　　　【営業保証金の取戻し】

　宅建業者が保証協会の社員になった場合には、**公告することなく**、営業保証金を取り戻すことができます。

解答…**(2)**

ちょっと確認！

営業保証金の取戻し

取戻し事由	公告の要否
免許の有効期間が満了した	6カ月以上の期間を定めて公告が必要※
廃業・破産等の届出により免許が失効した	
免許取消処分を受けた	
一部の事務所を廃止した	
（有価証券による供託をしている場合で）本店の移転により、最寄りの供託所を変更した	公告不要
保証協会の社員になった	

※ ただし、取戻し事由が発生したときから **10**年を経過したときは公告不要

営業保証金

問題27 宅地建物取引業者A（甲県知事免許）の営業保証金に関する次の記述のうち、宅地建物取引業法の規定によれば、正しいものはどれか。

[R2(10月)問35]

(1) Aから建設工事を請け負った建設業者は、Aに対する請負代金債権について、営業継続中のAが供託している営業保証金から弁済を受ける権利を有する。
(2) Aが甲県内に新たに支店を設置したときは、本店の最寄りの供託所に政令で定める額の営業保証金を供託すれば、当該支店での事業を開始することができる。
(3) Aは、営業保証金の還付により、営業保証金の額が政令で定める額に不足することとなったときは、甲県知事から不足額を供託すべき旨の通知書の送付を受けた日から2週間以内にその不足額を供託しなければならない。
(4) Aが甲県内に本店及び2つの支店を設置して宅地建物取引業を営もうとする場合、供託すべき営業保証金の合計額は1,200万円である。

解説

(1) 誤 【営業保証金の還付】

　　建設業者の建設工事は、宅建業に係る取引ではないので、建設工事を請け負った建設業者は営業保証金から弁済を受けることはできません。

(2) 誤 【宅建業者が支店を増設したとき】

　　宅建業者が支店を増設したときは、本店の最寄りの供託所に、増設した事務所の数に応じた営業保証金を供託し、免許権者にその旨の**届出**をしたあとでなければ、増設した支店で事業を開始することができません。

(3) 正 【営業保証金の追加供託】

　　宅建業者は、営業保証金の還付があったために営業保証金に不足が生じた場合において、免許権者から不足額を供託すべき旨の通知書の送付を受けたときには、その通知書の受領日から**2週間以内**にその不足額を供託する必要があります。

(4) 誤 【営業保証金の供託額】

　　営業保証金の供託額は、**本店につき 1,000万円、支店1カ所につき 500万円**です。Aは本店と2つの支店を設置する予定なので、供託すべき営業保証金の合計額は2,000万円(1,000万円 + 500万円 × 2カ所)となります。

解答…**(3)**

難易度 A 営業保証金

→教科書 *CHAPTER01 SECTION04*

問題28 宅地建物取引業者の営業保証金に関する次の記述のうち、宅地建物取引業法（以下この問において「法」という。）の規定によれば、正しいものはどれか。 ［H25 問27］

(1) 宅地建物取引業者は、不正の手段により法第3条第1項の免許を受けたことを理由に免許を取り消された場合であっても、営業保証金を取り戻すことができる。

(2) 信託業法第3条の免許を受けた信託会社で宅地建物取引業を営むものは、国土交通大臣の免許を受けた宅地建物取引業者とみなされるため、営業保証金を供託した旨の届出を国土交通大臣に行わない場合は、国土交通大臣から免許を取り消されることがある。

(3) 宅地建物取引業者は、本店を移転したためその最寄りの供託所が変更した場合、国債証券をもって営業保証金を供託しているときは、遅滞なく、従前の本店の最寄りの供託所に対し、営業保証金の保管換えを請求しなければならない。

(4) 宅地建物取引業者は、その免許を受けた国土交通大臣又は都道府県知事から、営業保証金の額が政令で定める額に不足することとなった旨の通知を受けたときは、供託額に不足を生じた日から2週間以内に、その不足額を供託しなければならない。

	①	②	③	④	⑤
学 習 日					
理 解 度 (○/△/×)					

解説

(1) **正**　　　　　　　　　　　　　　　　　　　　　【営業保証金の取戻し】

　　不正の手段によって免許を受けたことを理由に免許を取り消された場合でも、**6カ月以上の期間**を定めて公告したのち、営業保証金を取り戻すことができます。

(2) **誤**　　　　　　　　　　　　　　　　　　　　　　　　【信託会社の特例】

　信託会社は、国土交通大臣の免許を受けた宅建業者とみなされます。しかし、「みなされる」だけであって、実際に国土交通大臣から免許を受けたわけではないので、国土交通大臣から免許取消処分を受けることはありません。

(3) **誤**　　　　　　　　　　　　　　　　　　　　　【営業保証金の保管替え】

　　従前の本店最寄りの供託所に対して、保管替えの請求ができるのは、営業保証金を金銭のみで供託している場合です。**国債証券等の有価証券を供託しているときは、移転後の本店最寄りの供託所に供託したあと、従前の本店最寄りの供託所から営業保証金を取り戻します。**

(4) **誤**　　　　　　　　　　　　　　　　　　　　　【営業保証金の追加供託】

　　「供託額に不足を生じた日から2週間以内」ではなく、「**供託額の不足の通知を受けてから2週間以内**」です。

解答…**(1)**

ちょっと確認！

営業保証金の保管替え等

❶ 金銭のみで供託している場合	遅滞なく、営業保証金を供託している供託所に対し、移転後の本店最寄りの供託所への保管替えを請求しなければならない
❷ ❶以外の場合	遅滞なく、営業保証金を移転後の本店最寄りの供託所に新たに供託しなければならない（その後、移転前の本店最寄りの供託所から営業保証金を取り戻す）

A 営業保証金

→教科書 *CHAPTER01 SECTION04*

問題29 宅地建物取引業法に規定する営業保証金に関する次の記述のうち、正しいものはどれか。 [H26 問29]

(1) 新たに宅地建物取引業を営もうとする者は、営業保証金を金銭又は国土交通省令で定める有価証券により、主たる事務所の最寄りの供託所に供託した後に、国土交通大臣又は都道府県知事の免許を受けなければならない。

(2) 宅地建物取引業者は、既に供託した額面金額1,000万円の国債証券と変換するため1,000万円の金銭を新たに供託した場合、遅滞なく、その旨を免許を受けた国土交通大臣又は都道府県知事に届け出なければならない。

(3) 宅地建物取引業者は、事業の開始後新たに従たる事務所を設置したときは、その従たる事務所の最寄りの供託所に政令で定める額を供託し、その旨を免許を受けた国土交通大臣又は都道府県知事に届け出なければならない。

(4) 宅地建物取引業者が、営業保証金を金銭及び有価証券をもって供託している場合で、主たる事務所を移転したためその最寄りの供託所が変更したときは、金銭の部分に限り、移転後の主たる事務所の最寄りの供託所への営業保証金の保管替えを請求することができる。

	①	②	③	④	⑤
学 習 日					
理 解 度 (○/△/×)					

解説

(1) **誤** 　　　　　　　　　　　　　　　　　　　　　【営業保証金の供託、届出】

　宅建業を営もうとする者は、免許を取得したあと、営業保証金を供託し、その旨を届け出たあとでなければ事業を開始することができません。

免許取得 → 営業保証金の供託 → 届出 → 事業開始 の順番だよ。

(2) **正** 　　　　　　　　　　　　　　　　　　　　　【営業保証金の変換の届出】

　宅建業者は、営業保証金の変換のため新たに供託をしたときは、遅滞なく、その旨を、供託書正本の写しを添付して、免許権者に届け出なければなりません。

(3) **誤** 　　　　　　　　　　　　　　　　【事務所を新設した場合の営業保証金の供託】

　従たる事務所（支店）を新たに設置した場合の営業保証金の供託先は、「従たる事務所の最寄りの供託所」ではなく、「**主たる**事務所（**本店**）**の最寄りの供託所**」です。

(4) **誤** 　　　　　　　　　　　　　　　　　　　　　【営業保証金の保管替え】

　有価証券のみまたは金銭と有価証券で営業保証金を供託している場合、保管替えの請求をすることはできません。この場合、移転後の主たる事務所の最寄りの供託所に供託したあと、従来の主たる事務所の最寄りの供託所から営業保証金を取り戻します（保管替えの請求ができるのは、金銭のみで供託している場合です）。

解答…(2)

難易度 B 営業保証金

→教科書 *CHAPTER01 SECTION04*

問題30 宅地建物取引業者A（甲県知事免許）は、甲県内に本店Xと支店Yを設置して、額面金額1,000万円の国債証券と500万円の金銭を営業保証金として供託して営業している。この場合の営業保証金に関する次の記述のうち、宅地建物取引業法の規定によれば、正しいものはどれか。なお、本店Xと支店Yとでは、最寄りの供託所を異にする。　　　　　［H20問34］

(1) Aが新たに支店Zを甲県内に設置したときは、本店Xの最寄りの供託所に政令で定める額の営業保証金を供託すれば、支店Zでの事業を開始することができる。

(2) Aが、Yを本店とし、Xを支店としたときは、Aは、金銭の部分に限り、Yの最寄りの供託所への営業保証金の保管替えを請求することができる。

(3) Aは、額面金額1,000万円の地方債証券を新たに供託すれば、既に供託している同額の国債証券と変換することができる。その場合、遅滞なく、甲県知事に営業保証金の変換の届出をしなければならない。

(4) Aは、営業保証金の還付が行われ、営業保証金が政令で定める額に不足することになったときは、その旨の通知書の送付を受けた日から2週間以内にその不足額を供託しなければ、免許取消の処分を受けることがある。

	①	②	③	④	⑤
学 習 日					
理 解 度 (○/△/×)					

60

解説

（1）**誤**　　　　　　　　　　　　　　　　　　　　　【営業保証金の供託の届出】

❶営業保証金を供託し、❷供託した旨を免許権者に届け出た**あと**でなければ、支店Zでの事業を開始することができません。

（2）**誤**　　　　　　　　　　　　　　　　　　　　　【営業保証金の保管替え】

営業保証金を金銭のみで供託している場合には、保管替えの請求をすることができますが、それ以外（金銭のみ以外）で供託している場合には、保管替えの請求をすることができません。本問では金銭と有価証券によって供託しているので、保管替えの請求をすることはできず、新たに供託しなおさなければなりません。

（3）**誤**　　　　　　　　　　　　　　　　　　　　　　　【営業保証金の供託】

国債の評価額は額面の100％ですが、地方債の評価額は額面の**90%**です。したがって、Aは、額面金額1,000万円の地方債証券を新たに供託しても、900万円の評価額にしかならないので、すでに供託している1,000万円の国債証券と変換することはできません。

（4）**正**　　　　　　　　　　　　　　　　　　　　　【営業保証金の追加供託】

営業保証金の還付が行われ、営業保証金が政令で定める額に不足することになったときは、その旨の通知書の送付を受けた日から**2週間以内**にその不足額を供託しなければ、免許取消の処分を受けることがあります。

解答…**(4)**

問題31 宅地建物取引業保証協会(以下この問において「保証協会」という。)に関する次の記述のうち、宅地建物取引業法の規定によれば、正しいものはどれか。　　　　　　　　　　　　　　　　[H22問43改]

(1) 宅地建物取引業者が保証協会の社員となる前に、当該宅地建物取引業者と宅地建物取引に関し取引をした者(宅地建物取引業者に該当する者を除く)は、その取引により生じた債権に関し、弁済業務保証金について弁済を受ける権利を有する。
(2) 保証協会の社員である宅地建物取引業者と宅地建物取引業に関し取引をした者(宅地建物取引業者に該当する者を除く)が、その取引により生じた債権に関し、弁済業務保証金について弁済を受ける権利を実行するときは、当該保証協会の認証を受けるとともに、当該保証協会に対し、還付請求をしなければならない。
(3) 保証協会から還付充当金を納付すべきことの通知を受けた社員は、その通知を受けた日から1月以内に、その通知された額の還付充当金を当該保証協会に納付しなければならない。
(4) 保証協会は、新たに宅地建物取引業者がその社員として加入しようとするときは、あらかじめ、その旨を当該宅地建物取引業者が免許を受けた国土交通大臣又は都道府県知事に報告しなければならない。

解説

(1) **正** 【弁済業務保証金の還付】

　　宅建業者が保証協会の社員になったあとに取引した者だけでなく、社員になる前に取引した者も弁済業務保証金の弁済を受ける権利を有します。ただし、宅建業者に該当する者は除きます。

(2) **誤** 【弁済業務保証金の還付】

　　保証協会の認証が必要ですが、還付請求をするのは「保証協会」に対してではなく、「**供託所**」に対してです。

(3) **誤** 【還付充当金の納付】

　　還付充当金の納付期限は、その通知を受けた日から**2週間**以内です。

(4) **誤** 【社員が加入したときの報告】

　　保証協会は、新たに宅建業者が社員として加入したときは、「あらかじめ」ではなく、「**加入後直ちに**」免許権者に報告しなければなりません。

解答…**(1)**

これはどう? ━━━━━━━━━━━━━━ R3（10月）－問31④

還付充当金の未納により保証協会の社員がその地位を失ったときは、保証協会は、直ちにその旨を当該社員であった宅地建物取引業者が免許を受けた国土交通大臣又は都道府県知事に報告しなければならない。

○ 保証協会は、新たに社員が加入し、または社員がその地位を失ったときは、直ちに、その旨を当該社員である宅建業者の免許権者に報告しなければなりません。

ちょっと確認！

弁済業務保証金の還付

☆ 宅建業者が保証協会の社員になる前に取引した人（宅建業者を除く）も還付を受けられる

☆ 弁済業務保証金から還付を受けるには、保証協会の認証が必要。ただし、還付請求は供託所に対して行う

難易度 A 保証協会

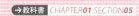

問題32 宅地建物取引業保証協会(以下この問において「保証協会」という。)に関する次の記述のうち、宅地建物取引業法の規定によれば、正しいものはどれか。　　　　　　　　　　　　　　　　　［H25問39］

(1) 保証協会は、社員の取り扱った宅地建物取引業に係る取引に関する苦情について、宅地建物取引業者の相手方等からの解決の申出及びその解決の結果を社員に周知させなければならない。

(2) 保証協会に加入した宅地建物取引業者は、直ちに、その旨を免許を受けた国土交通大臣又は都道府県知事に報告しなければならない。

(3) 保証協会は、弁済業務保証金の還付があったときは、当該還付に係る社員又は社員であった者に対し、当該還付額に相当する額の還付充当金をその主たる事務所の最寄りの供託所に供託すべきことを通知しなければならない。

(4) 宅地建物取引業者で保証協会に加入しようとする者は、その加入の日から2週間以内に、弁済業務保証金分担金を保証協会に納付しなければならない。

解説

(1) **正**　　　　　　　　　　　　　　　【保証協会の業務】

保証協会の必須業務には、❶苦情の解決、❷宅建業に関する研修、❸弁済業務(これがメイン業務)があります。

(2) **誤**　　　　　　　【保証協会に加入したときの免許権者への報告】

保証協会に加入したときの、免許権者への報告は「宅建業者」ではなく、「**保証協会**」が行います。

(3) **誤**　　　　　　　　　　　　　　　【還付充当金の納付】

保証協会は、弁済業務保証金の還付があったときは、社員に対して「主たる事務所の最寄りの供託所に供託」ではなく、「**保証協会に納付**」すべきことを通知しなければなりません。

(4) **誤**　　　　　　　　　　　　　【弁済業務保証金分担金の納付】

新たに保証協会の社員として加入する者は、**加入しようとする日**までに弁済業務保証金分担金を保証協会に納付しなければなりません。

ちなみに、新たに事務所を設置したときは、設置した日から**2週間**以内に弁済業務保証金分担金を保証協会に納付しなければなりません。

解答…(1)

保証協会が絡む場合は、社員(宅建業者)と供託所がやりとりするときは、必ず保証協会が間に入るよ。

ちょっと確認！

弁済業務保証金分担金の納付

☆ **以下の場合**には、分担金をそれぞれの期限までに**保証協会**に納付しなければならない

❶ 宅建業者が保証協会に加入しようとする場合
　→ **加入しようとする日**まで

❷ 加入後に新たに事務所を設置する場合
　→ 新たに事務所を設置した日から**2**週間以内

難易度 B 保証協会

→教科書 CHAPTER01 SECTION05

問題33 宅地建物取引業保証協会(以下この問において「保証協会」という。)又はその社員に関する次の記述のうち、宅地建物取引業法の規定によれば、正しいものはどれか。 [H20 問44改]

(1) 300万円の弁済業務保証金分担金を保証協会に納付して当該保証協会の社員となった者と宅地建物取引業に関し取引をした者(宅地建物取引業者に該当する者を除く)は、その取引により生じた債権に関し、6,000万円を限度として、当該保証協会が供託した弁済業務保証金から弁済を受ける権利を有する。

(2) 保証協会は、弁済業務保証金の還付があったときは、当該還付に係る社員又は社員であった者に対し、当該還付額に相当する額の還付充当金を主たる事務所の最寄りの供託所に供託すべきことを通知しなければならない。

(3) 保証協会の社員は、保証協会から特別弁済業務保証金分担金を納付すべき旨の通知を受けた場合で、その通知を受けた日から1か月以内にその通知された額の特別弁済業務保証金分担金を保証協会に納付しないときは、当該保証協会の社員の地位を失う。

(4) 宅地建物取引業者は、保証協会の社員の地位を失ったときは、当該地位を失った日から2週間以内に、営業保証金を主たる事務所の最寄りの供託所に供託しなければならない。

解説

(1) 誤 【弁済業務保証金の還付】

弁済業務保証金の還付額の限度は、その宅建業者が保証協会の社員でなかった場合に、その者が供託しているはずの営業保証金の額です。本肢の宅建業者は300万円の分担金を納付しているので、本店と支店8カ所があることになります。

支店の数：(300万円 − 60万円) ÷ 30万円 = 8カ所
（本店の分担金）（支店1カ所の分担金）

60万円 + 30万円 × 8カ所 = 300万円 …となるよね…
本店分　　支店分

したがって、弁済業務保証金の還付額の限度は5,000万円となります。

還付額の限度：1,000万円 + 500万円 × 8カ所 = 5,000万円
　　　　　　　本店分　　　支店分

(2) 誤 【還付充当金の納付】

保証協会は、弁済業務保証金の還付があったときは、社員に対して「主たる事務所の最寄りの供託所に供託」ではなく、「保証協会に納付」すべきことを通知しなければなりません。

(3) 正 【特別弁済業務保証金分担金…参考編CH.01 **1**】

特別弁済業務保証金分担金の納付期限は、通知を受けた日から**1カ月以内**です。

特別弁済業務保証金分担金は、弁済業務保証金準備金を取り崩してもまだ足りない場合に、社員に納付してもらうもの。「特別」なので、納付期限が通常よりも長いよ〜

(4) 誤 【社員の地位を失った場合】

保証協会の社員の地位を失った場合で、その後も宅建業を営むときには、社員の地位を失った日から「2週間以内」ではなく、「**1週間以内**」に営業保証金を主たる事務所の最寄りの供託所に供託しなければなりません。

解答…**(3)**

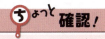

弁済業務保証金分担金の納付額	営業保証金の供託額
❶ 本店につき 60万円	❶ 本店につき 1,000万円
❷ 支店1カ所につき 30万円	❷ 支店1カ所につき 500万円
⬆ 保証協会に加入する場合	⬆ 保証協会に加入しない場合

難易度 B 保証協会

問題34 宅地建物取引業保証協会(以下この問において「保証協会」という。)に関する次の記述のうち、宅地建物取引業法(以下この問において「法」という。)の規定によれば、正しいものはどれか。　［H23 問43改］

(1) 宅地建物取引業者が保証協会に加入しようとするときは、当該保証協会に弁済業務保証金分担金を金銭又は有価証券で納付することができるが、保証協会が弁済業務保証金を供託所に供託するときは、金銭でしなければならない。

(2) 保証協会は、宅地建物取引業の業務に従事し、又は、従事しようとする者に対する研修を行わなければならないが、宅建士については、法第22条の2の規定に基づき都道府県知事が指定する講習をもって代えることができる。

(3) 保証協会に加入している宅地建物取引業者(甲県知事免許)は、甲県の区域内に新たに支店を設置する場合、その日までに当該保証協会に追加の弁済業務保証金分担金を納付しないときは、社員の地位を失う。

(4) 保証協会は、弁済業務保証金から生ずる利息又は配当金、及び、弁済業務保証金準備金を弁済業務保証金の供託に充てた後に社員から納付された還付充当金は、いずれも弁済業務保証金準備金に繰り入れなければならない。

解説

(1) 誤 【弁済業務保証金の供託】

　宅建業者が保証協会に加入しようとするときの、保証協会に対して納付する分担金は**金銭のみ**で納付しなければなりませんが、保証協会が弁済業務保証金を供託所に供託するときは、**金銭**または**有価証券**ですることができます。

(2) 誤 【保証協会の業務】

　保証協会の必須業務に「宅建業に関する研修」があり、この研修は、都道府県知事が指定する講習をもって代えることはできません。

(3) 誤 【弁済業務保証金分担金の納付】

　新たに支店を設置した場合の、分担金の追加納付の期限は、支店を設置した日から**2週間以内**です。

(4) 正 【弁済業務保証金準備金…参考編CH.01 **1**】

　弁済業務保証金から生ずる利息、配当金等は、弁済業務保証金準備金（保証協会のお金が減ってしまったときの穴埋め用として積み立てておく金額）に繰り入れなければなりません。

> **解答…(4)**

ちょっと確認！

営業保証金、弁済業務保証金分担金、弁済業務保証金

❶ 営業保証金の供託： 宅建業者 → 供託所 …SEC.04の話
　→ 金銭または有価証券

❷ 弁済業務保証金分担金の納付： 宅建業者 → 保証協会 …SEC.05の話
　→ 金銭のみ

❸ 弁済業務保証金の供託： 保証協会 → 供託所 …SEC.05の話
　→金銭または有価証券

問題35 宅地建物取引業保証協会(以下この問において「保証協会」という。)に関する次の記述のうち、宅地建物取引業法の規定によれば、誤っているものはどれか。 ［H24 問43㈱］

(1) 保証協会は、弁済業務保証金分担金の納付を受けたときは、その納付を受けた額に相当する額の弁済業務保証金を供託しなければならない。
(2) 保証協会は、弁済業務保証金の還付があったときは、当該還付額に相当する額の弁済業務保証金を供託しなければならない。
(3) 保証協会の社員との宅地建物取引業に関する取引により生じた債権を有する者(宅地建物取引業者に該当する者を除く)は、当該社員が納付した弁済業務保証金分担金の額に相当する額の範囲内で、弁済を受ける権利を有する。
(4) 保証協会の社員との宅地建物取引業に関する取引により生じた債権を有する者(宅地建物取引業者に該当する者を除く)は、弁済を受ける権利を実行しようとする場合、弁済を受けることができる額について保証協会の認証を受けなければならない。

解説

（1）**正**　　　　　　　　　　　　　　　　　　　　【弁済業務保証金の供託】

そのとおりです。

（2）**正**　　　　　　　　　　　　　　　　　　【弁済業務保証金の不足額の供託】

そのとおりです。

（3）**誤**　　　　　　　　　　　　　　　　　　　　【弁済業務保証金の還付】

「当該社員が納付した弁済業務保証金分担金の額に相当する額の範囲内」ではなく、「当該社員が保証協会に加入していなかったとしたら、その者が供託しているはずの営業保証金の範囲内」です。

（4）**正**　　　　　　　　　　　　　　　　　　　　【弁済業務保証金の還付】

弁済を受ける権利を行使しようとする者は、まずは保証協会の認証を受ける必要があります。

解答…（3）

❓これはどう？　　　　　　　　　　　　　　　　　　　　H19−問44①

保証協会に加入することは宅地建物取引業者の任意であるが、一の保証協会の社員となった後に、重ねて他の保証協会の社員となることはできない。

> **◯** 保証協会に加入するかどうかは宅建業者の任意です。また、複数の保証協会に加入することはできません。

❓これはどう？　　　　　　　　　　　　　　　　　　　　H15−問42③

保証協会に加入している宅地建物取引業者Ａが、支店を廃止し、Ａの弁済業務保証金分担金の額が政令で定める額を超えることとなった場合で、保証協会が弁済業務保証金分担金をＡに返還するときは、弁済業務保証金に係る還付請求権利者に対し、一定期間内に認証を受けるため申し出るべき旨の公告をする必要はない。

> **◯** 営業保証金を供託している場合（保証協会に加入していない場合）で、支店を廃止して営業保証金を取り戻すときは、公告が必要ですが、保証協会に加入している場合で、支店を廃止して弁済業務保証金分担金を取り戻すときは、公告は不要となります。

| 難易度 A | 営業保証金、保証協会 | →教科書 *CHAPTER01 SECTION05* |

問題36 　営業保証金を供託している宅地建物取引業者Ａと宅地建物取引業保証協会（以下この問において「保証協会」という。）の社員である宅地建物取引業者Ｂに関する次の記述のうち、宅地建物取引業法の規定によれば、正しいものはどれか。

［H 27 問42㉑］

(1) 新たに事務所を設置する場合、Ａは、主たる事務所の最寄りの供託所に供託すべき営業保証金に、Ｂは、保証協会に納付すべき弁済業務保証金分担金に、それぞれ金銭又は有価証券をもって充てることができる。

(2) 一部の事務所を廃止した場合において、営業保証金又は弁済業務保証金を取り戻すときは、Ａ、Ｂはそれぞれ還付を請求する権利を有する者に対して6か月以内に申し出るべき旨を官報に公告しなければならない。

(3) ＡとＢが、それぞれ主たる事務所の他に3か所の従たる事務所を有している場合、Ａは営業保証金として2,500万円の供託を、Ｂは弁済業務保証金分担金として150万円の納付をしなければならない。

(4) 宅地建物取引業に関する取引により生じた債権を有する者（宅地建物取引業者に該当する者を除く）は、Ａに関する債権にあってはＡが供託した営業保証金についてその額を上限として弁済を受ける権利を有し、Ｂに関する債権にあってはＢが納付した弁済業務保証金分担金についてその額を上限として弁済を受ける権利を有する。

	①	②	③	④	⑤
学 習 日					
理 解 度 (○/△/×)					

解説

(1) 誤　　　　　　　　　　　　　【営業保証金の供託、弁済業務保証金分担金の納付】

　　営業保証金の供託は**金銭**または**有価証券**で行うことができますが、保証協会に納付すべき弁済業務保証金分担金については**金銭のみ**で納付しなければなりません。

(2) 誤　　　　　　　　　　　　　　　　　【営業保証金、弁済業務保証金の取戻し】

　　一部の事務所を廃止した場合、**営業保証金**を取り戻すときには6カ月以上の期間を定めて**公告が必要**ですが、**弁済業務保証金**を取り戻すときには**公告は不要**です（ただちに取り戻すことができます）。

(3) 正　　　　　　　　　　　　【営業保証金の供託額、弁済業務保証金分担金の納付額】

　　営業保証金の供託額は、本店につき**1,000万円**、支店1カ所につき**500万円**です。したがって、Aは営業保証金として2,500万円を供託しなければなりません。

　　Aが供託する営業保証金：1,000万円 + 500万円 × 3カ所 = 2,500万円

　　一方、弁済業務保証金分担金の納付額は本店につき**60万円**、支店1カ所につき**30万円**です。したがって、Bは弁済業務保証金分担金として150万円を納付しなければなりません。

　　Bが納付する弁済業務保証金分担金：60万円 + 30万円 × 3カ所 = 150万円

(4) 誤　　　　　　　　　　　　　　　　　【営業保証金、弁済業務保証金の還付】

　　営業保証金を供託している場合の還付額は、その宅建業者(A)が供託している営業保証金の額が上限となります。また、弁済業務保証金分担金を納付している場合の還付額は、その宅建業者(B)が保証協会の社員でなかったとしたら、その者が供託しているはずの営業保証金の額が上限となります。

解答…(3)

難易度 A 専任の宅建士の設置等

→教科書 CHAPTER01 SECTION06

問題37 宅建士に関する次の記述のうち、宅地建物取引業法の規定によれば、正しいものはどれか。 ［H24問36改］

(1) 宅地建物取引業者A社は、その主たる事務所に従事する唯一の専任の宅建士が退職したときは、30日以内に、新たな専任の宅建士を設置しなければならない。

(2) 宅地建物取引業者B社は、10戸の一団の建物の分譲の代理を案内所を設置して行う場合、当該案内所に従事する者が6名であるときは、当該案内所に少なくとも2名の専任の宅建士を設置しなければならない。

(3) 宅地建物取引業者C社（甲県知事免許）の主たる事務所の専任の宅建士Dが死亡した場合、当該事務所に従事する者17名に対し、専任の宅建士4名が設置されていれば、C社が甲県知事に届出をする事項はない。

(4) 宅地建物取引業者E社（甲県知事免許）の専任の宅建士であるF（乙県知事登録）は、E社が媒介した丙県に所在する建物の売買に関する取引において宅建士として行う事務に関し著しく不当な行為をした場合、丙県知事による事務禁止処分の対象となる。

解説

（1）**誤** 　　　　　　　　　　　　　　　　　　　　　　【専任の宅建士の設置】

専任の宅建士の数が不足する場合には、「30日以内」ではなく、「**2週間以内**」に補充しなければなりません。

> **❓これはどう？** ────────────────── R1-問35②改
> 宅地建物取引業者Aはその主たる事務所に従事する唯一の専任の宅地建物取引士Dが令和5年5月15日に退職したため、同年6月10日に新たな専任の宅地建物取引士Eを置いた。これは宅地建物取引業法の規定に違反しない。
>
> ❌ 5月15日の2週間後は5月29日なので、6月10日では2週間を超えており、宅建業法の規定に違反します。

（2）**誤** 　　　　　　　　　　　　　　　　　　　　　　【専任の宅建士の設置】

申込み・契約をする案内所等では、成年者である専任の宅建士を**1人以上**設置しなければなりません（「業務に従事する者の5人に1人以上」は事務所の場合です）。

（3）**誤** 　　　　　　　　　　　　　　　　　　【宅建業者名簿の登載事項…SEC.02】

事務所ごとに置かれる**専任の宅建士の氏名**は、宅建業者名簿の登載事項です。専任の宅建士Dが死亡した場合、専任の宅建士の氏名に変更が生じたことになるため、**30日**以内に免許権者に届け出る必要があります。

（4）**正** 　　　　　　　　　　　　　　　　　　　【宅建士に対する処分…SEC.10】

事務禁止処分は、登録をしている都道府県知事のほか、宅建士が処分の対象となる行為を行った都道府県知事も行うことができます。

解答…(4)

(4)はSEC.10で学習する内容だけど、(1)〜(3)が誤りであることがわかれば、この問題も解ける…よね…？

ちょっと確認！

設置すべき成年者である専任の宅建士の数

❶ 事務所…業務に従事する者の**5人に1人以上**
❷ 申込み・契約をする案内所等…**1人以上**
❸ 申込み・契約をしない案内所等…**不要**
☆ 宅建士の数が不足するに至った場合は、**2週間以内**に補充等しなければならない

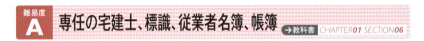

専任の宅建士、標識、従業者名簿、帳簿

問題38　次の記述のうち、宅地建物取引業法の規定によれば、正しいものはどれか。なお、この問において、「事務所」とは、同法第31条の3に規定する事務所等をいう。　［H22問29㊎］

(1) 宅地建物取引業者は、その事務所ごとに、公衆の見やすい場所に、免許証及び国土交通省令で定める標識を掲げなければならない。

(2) 宅地建物取引業者は、その事務所ごとに従業者名簿を備える義務を怠った場合、監督処分を受けることはあっても罰則の適用を受けることはない。

(3) 宅地建物取引業者は、各事務所の業務に関する帳簿を主たる事務所に備え、取引のあったつど、その年月日、その取引に係る宅地又は建物の所在及び面積等の事項を記載しなければならない。

(4) 宅地建物取引業者は、その事務所ごとに一定の数の成年者である専任の宅建士を置かなければならないが、既存の事務所がこれを満たさなくなった場合は、2週間以内に必要な措置を執らなければならない。

解説

（1）誤　　　　　　　　　　　　　　　　　　　　　　　　　　　　　【標識の掲示】

　宅建業者は、事務所ごとに、公衆の見やすい場所に標識を掲示しなければなりませんが、**免許証については掲示する必要はありません。**

（2）誤　　　　　　　　　　　　　　　　　　　　　　　　　　　　【罰則…SEC.10】

　宅建業者は、事務所ごとに従業者名簿を備えなければならず、これを備えなかった場合には、50万円以下の罰金が科されます。

（3）誤　　　　　　　　　　　　　　　　　　　　　　　　　　　　【帳簿の備付け】

　帳簿は「主たる事務所」ではなく、「**事務所**ごと（本店・各支店）」に備えなければなりません。

（4）正　　　　　　　　　　　　　　　　　　　　　　　　　　　【専任の宅建士の設置】

　専任の宅建士の数が不足するに至った場合は、**2週間以内**に補充等しなければなりません。

解答…**（4）**

ちょっと確認！

事務所・案内所等に設置すべきもの

	事 務 所	申込み・契約をする案内所等	申込み・契約をしない案内所等
専任の宅建士	○ （従業者5人につき1人以上）	○ （1人以上）	×
標　識	○	○	○
帳　簿	○	×	×
従業者名簿	○	×	×
報　酬　額	○	×	×

Step Up

H19-問30④改

宅地建物取引業者である法人Ｆの<u>取締役Ｇは宅建士</u>であり、<u>本店において専ら宅地建物取引業に関する業務に従事している。</u>この場合、Ｆは、Ｇを本店の専任の宅建士の数のうちに算入することはできない。

> ✕　宅建業者が法人で、その法人の役員が宅建士である場合、その役員が主として業務に従事する事務所等について、その役員は専任の宅建士とみなされます。したがって、本問の場合、Ｇは本店の専任の宅建士の数に算入することができます。

難易度 A 従業者名簿、標識、報酬額等 →教科書 *CHAPTER01 SECTION06*

問題39 次の記述のうち、宅地建物取引業法の規定によれば、正しいものはどれか。 ［R3（10月）問29］

(1) 宅地建物取引業者は、その事務所ごとに従業者の氏名、従業者証明書番号その他国土交通省令で定める事項を記載した従業者名簿を備えなければならず、当該名簿を最終の記載をした日から5年間保存しなければならない。

(2) 宅地建物取引業者は、一団の宅地の分譲を行う案内所において宅地の売買の契約の締結を行わない場合、その案内所には国土交通省令で定める標識を掲示しなくてもよい。

(3) 宅地建物取引業者が、一団の宅地の分譲を行う案内所において宅地の売買の契約の締結を行う場合、その案内所には国土交通大臣が定めた報酬の額を掲示しなければならない。

(4) 宅地建物取引業者は、事務所以外の継続的に業務を行うことができる施設を有する場所であっても、契約（予約を含む。）を締結せず、かつ、その申込みを受けない場合、当該場所に専任の宅地建物取引士を置く必要はない。

	①	②	③	④	⑤
学 習 日					
理 解 度 (○/△/×)					

解説

(1) **誤**　　　　　　　　　　　　　　　　　　　　　　　　　【従業者名簿】

宅建業者は、**事務所ごとに**、**従業者名簿**を備えなければなりません。そして、名簿の保存期間は**最終の記載をした日から10年間**です。

(2) **誤**　　　　　　　　　　　　　　　　　　　　　　　　　【標識の掲示】

標識は、申込み・契約をしない案内所等にも掲示する必要があります。

(3) **誤**　　　　　　　　　　　　　　　　　　　　　　　　　【報酬額の掲示】

報酬額は、事務所には掲示しなければなりませんが、案内所等には掲示する必要はありません。

(4) **正**　　　　　　　　　　　　　　　　　　　　　　　　　【専任の宅建士の設置】

申込み・契約をする案内所等では、成年者である専任の宅建士を1人以上設置しなければなりませんが、申込み・契約をしない案内所等では、設置する必要はありません。

解答…**(4)**

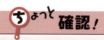

従業者名簿の備付け

☆「事務所ごと」なので、本店には本店の従業者の情報を記載した名簿を、支店には支店の従業者の情報を記載した名簿を備え付けなければならない

☆ 従業者名簿には、従業者の氏名（旧姓使用を希望する場合、旧姓を併記できる）・生年月日等のほか、その事務所の従業者となった年月日・従業者でなくなった年月日、宅建士であるか否かも記載される

☆ 保存期間は、最終の記載をした日から**10年間**

| 難易度 B | 専任の宅建士、標識等 | →教科書 *CHAPTER01 SECTION06* |

問題40 宅地建物取引業者A(甲県知事免許)が乙県内に建設したマンション(100戸)の販売について、宅地建物取引業者B(国土交通大臣免許)及び宅地建物取引業者C(甲県知事免許)に媒介を依頼し、Bが当該マンションの所在する場所の隣接地(乙県内)に、Cが甲県内にそれぞれ案内所を設置し、売買契約の申込みを受ける業務を行う場合における次の記述のうち、宅地建物取引業法(以下この問において「法」という。)の規定によれば、誤っているものはどれか。 [H26 問28改]

(1) Bは国土交通大臣及び乙県知事に、Cは甲県知事に、業務を開始する日の10日前までに法第50条第2項に定める届出をしなければならない。

(2) Aは、法第50条第2項に定める届出を甲県知事及び乙県知事へ届け出る必要はないが、当該マンションの所在する場所に法第50条第1項で定める標識を掲示しなければならない。

(3) Bは、その設置した案内所の業務に従事する者の数5人に対して1人以上の割合となる数の専任の宅建士を当該案内所に置かなければならない。

(4) Aは、Cが設置した案内所においてCと共同して契約を締結する業務を行うこととなった。この場合、Aが当該案内所に専任の宅建士を設置すれば、Cは専任の宅建士を設置する必要はない。

	①	②	③	④	⑤
学 習 日					
理 解 度 (○/△/×)					

解説

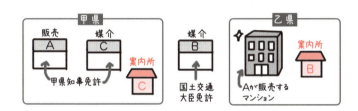

(1) **正** 【案内所等の届出】

申込み・契約をする案内所等を設ける場合には、業務を開始する**10日前**までに、**免許権者**と**案内所等の所在地を管轄する都道府県知事**の両方に届出が必要です。B（国土交通大臣免許）は、乙県内に案内所を設けるため、免許権者である国土交通大臣と乙県知事に届出が必要となります。また、C（甲県知事免許）は、甲県内に案内所を設けるため、甲県知事に届出が必要となります。

(2) **正** 【案内所等の届出、標識の掲示】

Aは案内所を設けていないため、案内所等の届出（50条2項に定める届出）は必要ありません。また、現地（マンションの所在地）には、販売者であるAの標識を掲示する必要があります。

(3) **誤** 【専任の宅建士の設置】

申込み・契約をする案内所等では、成年者である専任の宅建士を**1人以上**設置しなければなりません。

「業務に従事する者の数5人に対して1人以上」は事務所の場合だよ。

(4) **正** 【専任の宅建士の設置】

申込み・契約をする案内所等では、成年者である専任の宅建士を1人以上設置すればよいので、Aが専任の宅建士を設置すれば、Cは専任の宅建士を設置する必要はありません。

解答…(3)

難易度 B 専任の宅建士、標識

→教科書 *CHAPTER01 SECTION06*

問題41 宅地建物取引業者A社(国土交通大臣免許)が行う宅地建物取引業者B社(甲県知事免許)を売主とする分譲マンション(100戸)に係る販売代理について、A社が単独で当該マンションの所在する場所の隣地に案内所を設けて売買契約の締結をしようとする場合における次の記述のうち、宅地建物取引業法(以下この問において「法」という。)の規定によれば、正しいものの組合せはどれか。なお、当該マンション及び案内所は甲県内に所在するものとする。

[H24問42㉒]

ア　A社は、マンションの所在する場所に法第50条第1項の規定に基づく標識を掲げなければならないが、B社は、その必要がない。

イ　A社が設置した案内所について、売主であるB社が法第50条第2項の規定に基づく届出を行う場合、A社は当該届出をする必要がないが、B社による届出書については、A社の商号又は名称及び免許証番号も記載しなければならない。

ウ　A社は、成年者である専任の宅建士を当該案内所に置かなければならないが、B社は、当該案内所に成年者である専任の宅建士を置く必要がない。

エ　A社は、当該案内所に法第50条第1項の規定に基づく標識を掲げなければならないが、当該標識へは、B社の商号又は名称及び免許証番号も記載しなければならない。

(1) ア、イ　　(2) イ、ウ　　(3) ウ、エ　　(4) ア、エ

	①	②	③	④	⑤
学 習 日					
理 解 度 (○/△/×)					

解説

ア **誤** 　　　　　　　　　　　　　　　　　　　　　　　　　【標識の掲示】

現地（マンションが所在する場所）には、売主（B社）の標識が必要です。また、販売代理を行うA社が案内所を設けた場合、当該案内所にはA社の標識が必要です。

イ **誤** 　　　　　　　　　　　　　　　　　　　　　　　　　【案内所等の届出】

案内所を設置したA社が届出をする必要があります。

ウ **正** 　　　　　　　　　　　　　　　　　　　　　　　　【専任の宅建士の設置】

案内所を設置したA社は、当該案内所に成年者である専任の宅建士を置く義務があります。

エ **正** 　　　　　　　　　　　　　　　　　　　　　　　　　【標識の掲示】

他の宅建業者（B社）が扱う建物の販売代理をA社が行う場合で、A社が案内所を設置したときは、その案内所にはA社の標識が必要となります。そして、その標識には、売主（B社）の商号または名称、免許証番号等を記載する必要があります。

以上より、ウとエが正しいので答えは(3)となる〜

解答…(3)

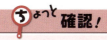

標識の掲示

☆ 宅建業者が他の宅建業者の行う一団の宅地建物の分譲の代理または媒介を案内所を設置して行う場合には、その案内所にも標識が必要

【例】宅建業者（A）が、他社（B）のマンションの分譲の代理を、案内所を設置して行う場合には、現地にBの標識、案内所にAの標識が必要

標識、帳簿、従業者証明書等

問題42 次の記述のうち、宅地建物取引業法の規定によれば、正しいものはどれか。　　　　　　　　　　　　　　　　　　　　　　［H20 問42］

(1) 宅地建物取引業者は、販売予定の戸建住宅の展示会を実施する際、会場で売買契約の締結や売買契約の申込みの受付を行わない場合であっても、当該会場内の公衆の見やすい場所に国土交通省令で定める標識を掲示しなければならない。

(2) 宅地建物取引業者は、その事務所ごとに、その業務に関する帳簿を備え、取引の関係者から請求があったときは、閲覧に供しなければならない。

(3) 宅地建物取引業者は、主たる事務所には、設置しているすべての事務所の従業者名簿を、従たる事務所には、その事務所の従業者名簿を備えなければならない。

(4) 宅地建物取引業者は、その業務に従事させる者に、従業者証明書を携帯させなければならないが、その者が非常勤の役員や単に一時的に事務の補助をする者である場合には携帯をさせなくてもよい。

解説

(1) **正**　　　　　　　　　　　　　　　　　　　　　　　【標識の掲示】
　標識は、申込み・契約をしない案内所等にも掲示する必要があります。

(2) **誤**　　　　　　　　　　　　　　　　　　　　　　　【帳簿の備付け】
　従業者名簿には閲覧制度がありますが、**帳簿には閲覧制度はありません。**

(3) **誤**　　　　　　　　　　　　　　　　　　　　　【従業者名簿の備付け】
　従業者名簿は、各事務所に備え付ける必要がありますが、主たる事務所(本店)には「すべての事務所」ではなく、「**本店**」の従業者名簿を、従たる事務所(支店)には支店の従業者名簿を備え付けます。

(4) **誤**　　　　　　　　　　　　　　　　　　　　　　　【従業者証明書】
　「従業者」には、非常勤の役員やパート、アルバイト、単に一時的に事務の補助をする者も含まれ、宅建業者は**すべての従業者に従業者証明書を携帯させなければなりません。**

解答…**(1)**

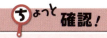

帳簿と従業者名簿
☆ いずれも事務所ごとに備え付ける
☆ 従業者名簿は、取引の関係者から請求があった場合には、閲覧させなければならない（帳簿には閲覧制度はない）

従業者証明書
☆ 「従業者」には、非常勤の役員やパート、アルバイト等も含まれる
☆ 従業者は、取引の関係者から請求があった場合には、従業者証明書を提示しなければならない
☆ 従業者証明書には、宅建士であるか否かは記載されない

難易度 A 標識、帳簿、従業者証明書 →教科書 *CHAPTER01 SECTION06*

問題43 宅地建物取引業法の規定によれば、次の記述のうち、正しいものはどれか。 ［H25問41］

(1) 宅地建物取引業者は、その事務所ごとにその業務に関する帳簿を備えなければならないが、当該帳簿の記載事項を事務所のパソコンのハードディスクに記録し、必要に応じ当該事務所においてパソコンやプリンターを用いて紙面に印刷することが可能な環境を整えていたとしても、当該帳簿への記載に代えることができない。

(2) 宅地建物取引業者は、その主たる事務所に、宅地建物取引業者免許証を掲げなくともよいが、国土交通省令で定める標識を掲げなければならない。

(3) 宅地建物取引業者は、その事務所ごとに、その業務に関する帳簿を備え、宅地建物取引業に関し取引のあった月の翌月1日までに、一定の事項を記載しなければならない。

(4) 宅地建物取引業者は、その業務に従事させる者に、従業者証明書を携帯させなければならないが、その者が宅建士で宅地建物取引士証を携帯していれば、従業者証明書は携帯させなくてもよい。

	①	②	③	④	⑤
学 習 日					
理 解 度 (○/△/×)					

86

解説

（1）**誤**　　　　　　　　　　　　　　　　　　　　　　【帳簿の備付け】

🚩 宅建業者は、事務所ごとに業務に関する帳簿を備え付けなければなりませんが、その帳簿はパソコンのハードディスクに記録する等の方法でも認められます。

（2）**正**　　　　　　　　　　　　　　　　　　　　　　【標識の掲示】

宅建業者は、事務所ごとに、公衆の見やすい場所に標識を掲示しなければなりませんが、**免許証については掲示する必要はありません。**

（3）**誤**　　　　　　　　　　　　　　　　　　　　　　【帳簿の備付け】

宅建業者は、取引があったつど、帳簿に一定の事項を記載しなければなりません。

（4）**誤**　　　　　　　　　　　　　　　　　　　　　　【従業者証明書】

宅建士証を携帯していたとしても、従業者証明書は携帯しなければなりません。

解答…**(2)**

🚩 **プラス1**ワン

業務に関する帳簿は、パソコンのハードディスクに記録する等の方法でもOK！

87

標識、帳簿、従業者名簿

問題44 次の記述のうち、宅地建物取引業法の規定によれば、正しいものはどれか。 ［R2（10月）問39］

(1) 宅地建物取引業者は、従業者名簿の閲覧の請求があったときは、取引の関係者か否かを問わず、請求した者の閲覧に供しなければならない。
(2) 宅地建物取引業者は、その業務に従事させる者に従業者証明書を携帯させなければならず、その者が宅地建物取引士であり、宅地建物取引士証を携帯していても、従業者証明書を携帯させなければならない。
(3) 宅地建物取引業者は、その事務所ごとに従業者名簿を備えなければならないが、退職した従業者に関する事項は、個人情報保護の観点から従業者名簿から消去しなければならない。
(4) 宅地建物取引業者は、その業務に従事させる者に従業者証明書を携帯させなければならないが、その者が非常勤の役員や単に一時的に事務の補助をする者である場合には携帯させなくてもよい。

解説

(1) **誤**　　　　　　　　　　　　　　　　　　　　　　【従業者名簿の閲覧】

　宅建業者は、取引の関係者から請求があったときは、従業者名簿をその者の閲覧に供しなければなりませんが、取引の関係者でなければその必要はありません。

(2) **正**　　　　　　　　　　　　　　　　　　　　　　【従業者証明書】

　宅建士証を携帯していたとしても、従業者証明書は携帯しなければなりません。

(3) **誤**　　　　　　　　　　　　　　　　　　　　　　【従業者名簿】

　従業者が退職した場合、従業者名簿に退職年月日が記載されます。また、従業者名簿は最終の記載をした日から**10年間**保存しなければならないため、保存期間内であれば、退職した従業者に関する事項を従業者名簿から消去することはできません。

> **これはどう？**　　　　　　　　　　　　　　　H24-問40エ
>
> 宅地建物取引業者は、その事務所ごとに、その業務に関する帳簿を備えなければならず、帳簿の閉鎖後5年間（当該宅地建物取引業者が自ら売主となる新築住宅に係るものにあっては10年間）当該帳簿を保存しなければならない。

　　○　帳簿は、閉鎖後5年間（一定の場合は10年間）、保存しなければなりません。

覚え方　名 刀、5 丁
　　　　　名 10 5 帳
　　　　　簿 年 年 簿

(4) **誤**　　　　　　　　　　　　　　　　　　　　　　【従業者証明書】

　「従業者」には、非常勤の役員やパート、アルバイト、単に一時的に事務の補助をする者も含まれ、宅建業者はすべての従業者に従業者証明書を携帯させなければなりません。

解答…(2)

媒介契約

問題45 宅地建物取引業者Aが、B所有の宅地の売却の媒介依頼を受け、Bと媒介契約を締結した場合に関する次の記述のうち、宅地建物取引業法の規定によれば、正しいものはいくつあるか。　[H17問36]

ア　Bの申出により、契約の有効期間を6月と定めた専任媒介契約を締結した場合、その契約はすべて無効である。

イ　AB間で専属専任媒介契約を締結した場合、AはBに対し、当該契約の業務の処理状況を2週間に1回以上報告しなければならない。

ウ　AB間で専属専任媒介契約を締結した場合、Bは、Aが探索した相手方以外の者と売買契約を締結することができない。

(1) 一つ
(2) 二つ
(3) 三つ
(4) なし

解説

ア **誤** 【媒介契約】

　専任媒介契約の有効期間は**3カ月以内**とされ、それを超える期間を定めた場合には3カ月に短縮されますが、**契約自体が無効になるものではありません**。

イ **誤** 【媒介契約】

　専属専任媒介契約では、**1週間に1回以上**業務の処理状況を報告しなければなりません。

❓これはどう？ ───────────────────── H27-問30エ

専任媒介契約の締結にあたって、当該契約に係る業務の処理状況の報告日を毎週金曜日とする旨の特約は宅建業法違反ではない。

> **○** 専任媒介では**2週間**に**1回以上**の業務処理状況の報告が必要です。

ウ **正** 【媒介契約】

　専属専任媒介契約では、依頼者(B)は、依頼先の宅建業者(A)が探した相手方以外の者と契約することはできません（自己発見取引はできません）。

解答…**(1)**

ちょっと確認！

媒介契約の種類と規制

		一般媒介契約 （明示型・非明示型）	専任 媒介契約	専属専任 媒介契約
内容	同時に複数の業者に依頼	○	×	×
	自己発見取引	○	○	×
規制	有効期間	規制なし	3カ月以内※1※2	3カ月以内※1※2
	依頼者への業務処理状況の報告義務	義務なし	2週間に1回以上 （口頭でも可）	1週間に1回以上 （口頭でも可）
	指定流通機構への登録義務	規制なし	契約日から 7日以内 （休業日を除く）	契約日から 5日以内 （休業日を除く）
	宅地・建物の売買・交換の申込みがあった場合の報告義務	遅滞なく	遅滞なく	遅滞なく

※1 3カ月超の場合は強制的に3カ月となる　※2 依頼者からの申出により、更新可能（自動更新は不可）

媒介契約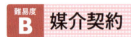

問題46 宅地建物取引業者Aは、BからB所有の宅地の売却について媒介の依頼を受けた。この場合における次の記述のうち、宅地建物取引業法（以下この問において「法」という。）の規定によれば、誤っているものはいくつあるか。なお、この問において「電磁的方法による提供」とは、政令で定めるところにより、依頼者の承諾を得て、法第34条の2第1項の書面に記載すべき事項を電磁的方法であって国土交通省令で定めるものにより提供することをいうものとする。　　　　　　　　　　　　　　　　　　　　　[H26 問32改]

ア　AがBとの間で専任媒介契約を締結し、Bから「売却を秘密にしておきたいので指定流通機構への登録をしないでほしい」旨の申出があった場合、Aは、そのことを理由に登録をしなかったとしても法に違反しない。

イ　AがBとの間で媒介契約を締結した場合、Aは、Bに対して遅滞なく法第34条の2第1項の規定に基づく書面の交付又は電磁的方法による提供をしなければならないが、Bが宅地建物取引業者であるときは、当該書面の交付も電磁的方法による提供も省略することができる。

ウ　AがBとの間で有効期間を3月とする専任媒介契約を締結した場合、期間満了前にBから当該契約の更新をしない旨の申出がない限り、当該期間は自動的に更新される。

エ　AがBとの間で一般媒介契約（専任媒介契約でない媒介契約）を締結し、当該媒介契約において、重ねて依頼する他の宅地建物取引業者を明示する義務がある場合、Aは、Bが明示していない他の宅地建物取引業者の媒介又は代理によって売買の契約を成立させたときの措置を法第34条の2第1項の規定に基づく書面（電磁的方法による提供の場合を含む）に記載しなければならない。

(1) 一つ　(2) 二つ　(3) 三つ　(4) 四つ

解説

ア 誤　　　　　　　　　　　　　　　　　　　　　　　　　　　　　　【媒介契約】

専任媒介契約の場合、依頼者(B)から「登録をしないでほしい」旨の申出があったとしても、契約日から**7日以内**に指定流通機構に登録しなければ、宅建業法違反となります。

イ 誤　　　　　　　　　　　　　　　　　　　　　　　　　　　　　【媒介契約書面】

Bが宅建業者であったとしても、媒介契約書面の交付または(承諾を得て)電磁的方法による提供を省略することはできません。

ウ 誤　　　　　　　　　　　　　　　　　　　　　　　　　　　　　　【媒介契約】

専任媒介契約の有効期間が終了したあとに、依頼者(B)からの申出があれば、契約を更新することはできますが、**自動更新はできません。**

エ 正　　　　　　　　　　　　　　　　　　　　　　　　　　　　　　【媒介契約】

一般媒介契約において、重ねて依頼する他の宅建業者を明示する義務がある場合、**明示義務に違反した場合の措置について媒介契約書**(電磁的方法により提供する場合を含む)に記載しなければなりません。

以上より、誤っているものはア、イ、ウの3つ。だから答えは(3)！

解答…(3)

?これはどう？　　　　　　　　　　　　　　　　　　　　　　　H28-問41①改

Aは、宅地建物取引業者Bから宅地の売却についての依頼を受けた場合、媒介契約を締結したときは媒介契約の内容を記載した書面の交付又は依頼者の承諾を得て電磁的方法による提供をしなければならないが、代理契約を締結したときは代理契約の内容を記載した書面の交付又は依頼者の承諾を得て電磁的方法による提供をする必要はない。

❌　宅建業者は、宅地・建物の売買または交換の媒介契約を締結したときは、媒介契約の内容を記載した書面(媒介契約書面)を依頼者に交付するか、依頼者の承諾を得て電磁的方法による提供をしなければなりません。また、代理契約を締結したときは、代理契約の内容を記載した書面(代理契約書面)を依頼者に交付するか、または依頼者の承諾を得て電磁的方法による提供をしなければなりません。

難易度 A 媒介契約

→教科書 CHAPTER*01* SECTION*07*

問題47 宅地建物取引業者A社が、Bから自己所有の宅地の売買の媒介を依頼された場合における次の記述のうち、宅地建物取引業法の規定によれば、正しいものはどれか。 ［H23 問31 改］

(1) A社は、Bとの間で締結した媒介契約が専任媒介契約であるか否かにかかわらず、所定の事項を指定流通機構に登録しなければならない。

(2) A社は、Bとの間で専任媒介契約を締結したときは、Bからの申出があれば、所定の事項を指定流通機構に登録しない旨の特約を定めることができる。

(3) A社は、Bとの間で専任媒介契約を締結し、所定の事項を指定流通機構に登録したときは、その登録を証する書面を遅滞なくBに引き渡すか、又は、政令で定めるところにより、依頼者の承諾を得て、登録を証する書面において記載されるべき事項を電磁的方法であって国土交通省令で定めるものにより提供しなければならない。

(4) A社は、Bとの間で専任媒介契約を締結した場合、当該宅地の売買契約が成立したとしても、その旨を指定流通機構に通知する必要はない。

	①	②	③	④	⑤
学 習 日					
理 解 度 (○/△/×)					

解説

(1) **誤**　　　　　　　　　　　　　　　　　　　　　　　　【媒介契約】

　一般媒介契約の場合には、指定流通機構への登録義務はありません。

(2) **誤**　　　　　　　　　　　　　　　　　　　　　　　　【媒介契約】

　専任媒介契約の場合には、指定流通機構への登録義務があり、この登録をしない旨の特約を定めることはできません。

(3) **正**　　　　　　　　　　　　　　　　　　　　　　　　【媒介契約】

　宅建業者は、指定流通機構に一定事項を登録したときは、指定流通機構が発行する登録を証する書面を、遅滞なく、依頼者に引き渡さなければなりません。なお、当該書面の引渡しに代えて、依頼者の承諾を得て、電磁的方法により提供することもできます。

(4) **誤**　　　　　　　　　　　　　　　　　　　　　　　　【媒介契約】

　宅建業者は、指定流通機構に登録した宅地・建物の売買契約が成立したときは、遅滞なく、その旨を指定流通機構に通知しなければなりません。

解答…**(3)**

ちょっと確認！

指定流通機構について

☆ 指定流通機構に登録する内容は次のとおり

- ◆ 宅地・建物の所在、規模、形質、売買すべき価額（交換の場合は評価額）
- ◆ 宅地・建物に係る都市計画法その他の法令にもとづく制限で主要なもの
- ◆ 専属専任媒介契約の場合は、その旨

☆ **指定流通機構に登録した宅建業者は、指定流通機構が発行する登録を証する書面を、遅滞なく、依頼者に引き渡さなければならない**

　↳ 書面の引渡しに代えて、依頼者の承諾を得て、電磁的方法により提供することもできる

☆ **宅建業者は、登録した宅地・建物の売買や交換の契約が成立したときは、遅滞なく、その旨を指定流通機構に通知しなければならない**

通知事項	◆ （登録を証する書面の）登録番号
	◆ 宅地・建物の取引価格
	◆ 売買または交換の契約が成立した年月日

難易度 A　媒介契約

→教科書 *CHAPTER01 SECTION07*

問題48　宅地建物取引業者Aは、BからB所有の宅地の売却について媒介の依頼を受けた。この場合における次の記述のうち、宅地建物取引業法（以下この問において「法」という。）の規定によれば、誤っているものはどれか。

[H19 問39㊥]

(1) Aは、Bとの間に媒介契約を締結したときは、当該契約が国土交通大臣が定める標準媒介契約約款に基づくものであるか否かの別を、法第34条の2第1項の規定に基づき交付すべき書面に記載（政令で定めるところにより、依頼者の承諾を得て、法第34条の2第1項の書面に記載すべき事項を電磁的方法であって国土交通省令で定めるものにより提供する場合を含む）しなければならない。

(2) Aは、Bとの間で媒介契約を締結し、Bに対して当該宅地を売却すべき価額又はその評価額について意見を述べるときは、その根拠を明らかにしなければならない。

(3) Aは、Bとの間に専属専任媒介契約を締結したときは、当該契約の締結の日から5日以内（休業日を除く。）に、所定の事項を当該宅地の所在地を含む地域を対象として登録業務を現に行っている指定流通機構に登録しなければならない。

(4) Aは、Bとの間で有効期間を2か月とする専任媒介契約を締結する際、「Bが媒介契約を更新する旨を申し出ない場合は、有効期間満了により自動更新するものとする」旨の特約を定めることができる。

	①	②	③	④	⑤
学 習 日					
理 解 度 (○/△/×)					

96

解説

(1) **正** 【媒介契約書面】

媒介契約書面(依頼者の承諾を得て電磁的方法により提供する場合を含む。以下同じ)には、媒介契約が**標準媒介契約約款にもとづくものであるか否かの別**を記載しなければなりません。

(2) **正** 【媒介契約書面】

媒介契約書面には、売買すべき価額または評価額(媒介価格)を記載し、宅建業者が**媒介価格について意見を述べるときは、その根拠**を明らかにしなければなりません。

(3) **正** 【媒介契約】

専属専任媒介契約の場合には、契約日から**5日以内**(休業日を除く)に一定事項を指定流通機構に登録しなければなりません。

(4) **誤** 【媒介契約】

専任媒介契約の有効期間は3カ月以内で、依頼者からの申出があれば、更新をすることができますが、事前に自動更新する旨の特約を定めることはできません。

解答…**(4)**

ちょっと確認！

媒介契約書面の記載事項

❶ 宅地・建物を特定するために必要な表示

❷ 売買すべき価額または評価額(媒介価格)
  ↳ 宅建業者が媒介価格に意見を述べるときは、その根拠を明らかにしなければならない

❸ 媒介契約の種類

❹ 報酬に関する事項

❺ 有効期間および解除に関する事項

❻ 契約違反があった場合の措置

❼ **媒介契約が標準媒介契約約款にもとづくものかどうか**

❽ 指定流通機構への登録に関する事項
  ↳ 一般媒介契約の場合でも省略は不可

❾ 既存の建物の場合、依頼者に対する建物状況調査(インスペクション)を実施する者のあっせんに関する事項

 媒介契約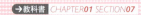

問題49 宅地建物取引業者A社が、宅地建物取引業者でないBから自己所有の土地付建物の売却の媒介を依頼された場合における次の記述のうち、宅地建物取引業法（以下この問において「法」という。）の規定によれば、誤っているものはどれか。　［H24 問29改］

(1) A社がBと専任媒介契約を締結した場合、当該土地付建物の売買契約が成立したときは、A社は、遅滞なく、登録番号、取引価格及び売買契約の成立した年月日を指定流通機構に通知しなければならない。

(2) A社がBと専属専任媒介契約を締結した場合、A社は、Bに当該媒介業務の処理状況の報告を電子メールで行うことはできない。

(3) A社が宅地建物取引業者C社から当該土地付建物の購入の媒介を依頼され、C社との間で一般媒介契約（専任媒介契約でない媒介契約）を締結した場合、A社は、C社に法第34条の2の規定に基づく書面を交付するか、又は、政令で定めるところにより、依頼者の承諾を得て、法第34条の2の書面に記載すべき事項を電磁的方法であって国土交通省令で定めるものにより提供しなければならない。

(4) A社がBと一般媒介契約（専任媒介契約でない媒介契約）を締結した場合、A社がBに対し当該土地付建物の価額又は評価額について意見を述べるときは、その根拠を明らかにしなければならない。

解説

(1) **正**　　　　　　　　　　　　　　　　　　　　　　　　　【媒介契約】

　そのとおりです。

(2) **誤**　　　　　　　　　　　　　　　　　　　　　　　　　【媒介契約】

　依頼者への業務処理状況の報告は、電子メールや口頭でも行うことができます。

(3) **正**　　　　　　　　　　　　　　　　　　　　　　　　【媒介契約書面】

　宅建業者は土地・建物の売買または交換の媒介契約を締結した場合には、遅滞なく、媒介契約書面を作成し、依頼者に交付しなければなりません。なお、当該書面の交付に代えて、依頼者の承諾を得て、電磁的方法により提供することもできます。

(4) **正**　　　　　　　　　　　　　　　　　　　　　　　　【媒介契約書面】

　媒介契約書面(依頼者の承諾を得て電磁的方法により提供する場合を含む)には、売買すべき価額または評価額(媒介価格)を記載し、宅建業者が**媒介価格について意見を述べるときは、**その根拠を明らかにしなければなりません。

解答…**(2)**

↗ Step Up

H16－問39①改

宅地建物取引業者Aが、B所有の宅地の売却の媒介依頼を受け、Bと専任媒介契約を締結した。この場合において、AがBに交付した媒介契約書(依頼者の承諾を得て電磁的方法により提供する場合を含む)が国土交通大臣が定めた標準媒介契約約款に基づかない書面であるときは、その旨の表示をしなければ、Aは業務停止処分を受けることがある。

　○　媒介契約書面(依頼者の承諾を得て電磁的方法により提供する場合を含む)には、媒介契約が標準媒介契約約款にもとづくものかどうかを記載しなければならず、この記載がないときには、宅建業者は業務停止処分を受けることがあります。

媒介契約

→教科書 CHAPTER01 SECTION07

問題50 宅地建物取引業者Aが、BからB所有の既存のマンションの売却に係る媒介を依頼され、Bと専任媒介契約(専属専任媒介契約ではないものとする。)を締結した。この場合における次の記述のうち、宅地建物取引業法の規定によれば、正しいものはいくつあるか。　　　　[R1問31]

ア　Aは、専任媒介契約の締結の日から7日以内に所定の事項を指定流通機構に登録しなければならないが、その期間の計算については、休業日数を算入しなければならない。

イ　AがBとの間で有効期間を6月とする専任媒介契約を締結した場合、その媒介契約は無効となる。

ウ　Bが宅地建物取引業者である場合、Aは、当該専任媒介契約に係る業務の処理状況の報告をする必要はない。

エ　AがBに対して建物状況調査を実施する者のあっせんを行う場合、建物状況調査を実施する者は建築士法第2条第1項に規定する建築士であって国土交通大臣が定める講習を修了した者でなければならない。

(1) 一つ
(2) 二つ
(3) 三つ
(4) 四つ

解説

ア 誤 【指定流通機構への登録期間】

　宅建業者は、専任媒介契約を締結したときは、専任媒介契約の締結の日から**休業日を除いて7日**(専属専任媒介契約の場合は**5日**)以内に、指定流通機構に登録しなければなりません。

イ 誤 【専任媒介契約の有効期間】

　専任媒介契約の有効期間は3カ月を超えることができません。これより長い期間を定めたときは、その期間は**3カ月**となります。

ウ 誤 【業務の処理状況の報告義務】

　専任媒介契約を締結した宅建業者は、**依頼者が宅建業者であるか否かにかかわらず**、依頼者に対し、その専任媒介契約に係る業務の処理状況を2週間に1回以上(専属専任媒介契約の場合は1週間に1回以上)報告しなければなりません。

エ 正 【建物状況調査を実施する者】

　宅建業者が、建物状況調査を実施する者のあっせんを行う場合、建物状況調査を実施する者は、建築士法2条1項に規定する建築士で、国土交通大臣が定める講習を修了した者でなければなりません。

以上より、正しいものは1つ！だから答えは(1)！

解答…**(1)**

❓これはどう？ H30－問33①改

宅地建物取引業者Aは、Bから、Bが所有し居住している甲住宅の売却について媒介の依頼を受けた。この場合において、Aが甲住宅について、宅地建物取引業法第34条の2第1項第4号に規定する建物状況調査の制度概要を紹介し、Bが同調査を実施する者のあっせんを希望しなかった場合、Aは同項の規定に基づき交付すべき書面(依頼者の承諾を得て電磁的方法により提供する場合を含む)に同調査を実施する者のあっせんに関する事項を記載する必要はない。

| ✕ | 既存建物の場合、依頼者に対する建物状況調査を実施する者のあっせんに関する事項を媒介契約書(依頼者の承諾を得て電磁的方法により提供する場合を含む)に記載しなければなりません。 |

A 広告に関する規制

→教科書 *CHAPTER01 SECTION07*

問題51 宅地建物取引業者がその業務に関して行う広告に関する次の記述のうち、宅地建物取引業法の規定によれば、正しいものはいくつあるか。

[R2(10月)問27]

ア 建物の売却について代理を依頼されて広告を行う場合、取引態様として、代理であることを明示しなければならないが、その後、当該物件の購入の注文を受けたときは、広告を行った時点と取引態様に変更がない場合を除き、遅滞なく、その注文者に対し取引態様を明らかにしなければならない。

イ 広告をするに当たり、実際のものよりも著しく優良又は有利であると人を誤認させるような表示をしてはならないが、誤認させる方法には限定がなく、宅地又は建物に係る現在又は将来の利用の制限の一部を表示しないことにより誤認させることも禁止されている。

ウ 複数の区画がある宅地の売買について、数回に分けて広告をする場合は、広告の都度取引態様の別を明示しなければならない。

エ 宅地の造成又は建物の建築に関する工事の完了前においては、当該工事に必要な都市計画法に基づく開発許可、建築基準法に基づく建築確認その他法令に基づく許可等の申請をした後でなければ、当該工事に係る宅地又は建物の売買その他の業務に関する広告をしてはならない。

(1) 一つ
(2) 二つ
(3) 三つ
(4) 四つ

	①	②	③	④	⑤
学習日					
理解度 (○/△/×)					

解説

ア　誤　　　　　　　　　　　　　　　　　　【取引態様の明示義務】

　広告をするさいに取引態様の別を明示していても、注文を受けたときには（広告を行った時点と取引態様に変更がない場合でも）再度、明示が必要となります。

イ　正　　　　　　　　　　　　　　　　　　【誇大広告等の禁止規定】

　広告に、実際のものよりも著しく優良・有利であると人を誤認させるような表示をしてはいけません。また、宅地・建物に係る現在・将来の利用の制限の一部を表示しないことにより誤認させることは誇大広告等の禁止規定に違反します。

ウ　正　　　　　　　　　　　　　　　　　　【数回に分けて広告をする場合】

　宅建業者が複数の区画がある宅地の売買について、数回に分けて広告するときは、広告ごとに取引態様の別を明示しなければなりません。

エ　誤　　　　　　　　　　　　　　　　　　【広告の開始時期の制限】

　「許可等の申請をした後」ではなく、「**許可等を得た後**」でなければ広告をすることはできません。

以上より、正しいものは2つ。だから答えは(2)！

解答…**(2)**

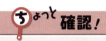

誇大広告等の禁止

- ☆　広告の手段は、新聞やチラシ、インターネット等も含む
- ☆　おとり広告も禁止されている
- ☆　誇大広告等を行った場合、取引の相手方が実際に誤認していないときや、実際に損害を受けた人がいないときでも、宅建業法違反となる

| 難易度 A | 広告に関する規制 | →教科書 *CHAPTER01 SECTION07* |

問題52 次の記述のうち、宅地建物取引業法の規定に違反しないものの組合せとして、正しいものはどれか。なお、この問において「建築確認」とは、建築基準法第6条第1項の確認をいうものとする。 [H25 問32]

ア 宅地建物取引業者A社は、建築確認の済んでいない建築工事完了前の賃貸住宅の貸主Bから当該住宅の貸借の媒介を依頼され、取引態様を媒介と明示して募集広告を行った。

イ 宅地建物取引業者C社は、建築確認の済んでいない建築工事完了前の賃貸住宅の貸主Dから当該住宅の貸借の代理を依頼され、代理人として借主Eとの間で当該住宅の賃貸借契約を締結した。

ウ 宅地建物取引業者F社は、建築確認の済んだ建築工事完了前の建売住宅の売主G社(宅地建物取引業者)との間で当該住宅の売却の専任媒介契約を締結し、媒介業務を行った。

エ 宅地建物取引業者H社は、建築確認の済んでいない建築工事完了前の建売住宅の売主I社(宅地建物取引業者)から当該住宅の売却の媒介を依頼され、取引態様を媒介と明示して当該住宅の販売広告を行った。

(1) ア、イ
(2) イ、ウ
(3) ウ、エ
(4) イ、ウ、エ

	①	②	③	④	⑤
学 習 日					
理 解 度 (○/△/×)					

解説

ア　**違反する**　　　　　　　　　　　　　　　　　　　【広告の開始時期の制限】
　建築確認が済んでいない建物の広告をすることはできません。

イ　**違反しない**　　　　　　　　　　　　　　　　　　【契約締結の時期の制限】
　建築確認が済んでいない建物について、売買や交換の契約はできませんが、貸借の代理・媒介による賃貸借契約の締結は行うことができます。

ウ　**違反しない**　　　　　　　　　　　　　　　　　　【契約締結の時期の制限】
　建築確認が済んだ建物については、広告・契約ともに行うことができます。

エ　**違反する**　　　　　　　　　　　　　　　　　　　【広告の開始時期の制限】
　建築確認が済んでいない建物の広告をすることはできません。

 以上より、違反しないものの組合せはイ、ウ。だから答えは(2)だね。

解答…(2)

難易度 A 広告に関する規制

→教科書 *CHAPTER01 SECTION07*

問題53 次の記述のうち、宅地建物取引業法の規定によれば、正しいものはどれか。 [H20 問 32]

(1) 新たに宅地建物取引業の免許を受けようとする者は、当該免許の取得に係る申請をしてから当該免許を受けるまでの間においても、免許申請中である旨を表示すれば、免許取得後の営業に備えて広告をすることができる。

(2) 宅地建物取引業者は、宅地の造成又は建物の建築に関する工事の完了前においては、当該工事に必要な都市計画法に基づく開発許可、建築基準法に基づく建築確認その他法令に基づく許可等の申請をした後でなければ、当該工事に係る宅地又は建物の売買その他の業務に関する広告をしてはならない。

(3) 宅地建物取引業者は、宅地又は建物の売買、交換又は貸借に関する広告をするときに取引態様の別を明示していれば、注文を受けたときに改めて取引態様の別を明らかにする必要はない。

(4) 宅地建物取引業者は、販売する宅地又は建物の広告に著しく事実に相違する表示をした場合、監督処分の対象となるほか、6月以下の懲役又は100万円以下の罰金に処せられることがある。

	①	②	③	④	⑤
学 習 日					
理 解 度 (○/△/×)					

解説

（1）**誤** 　　　　　　　　　　　　　　　　　　　　【広告の開始時期の制限】

宅建業の免許を取得する前に広告をすることはできません。

（2）**誤** 　　　　　　　　　　　　　　　　　　　　【広告の開始時期の制限】

「許可等の申請をした後」ではなく、「**許可等を得た後**」でなければ広告をすることはできません。

（3）**誤** 　　　　　　　　　　　　　　　　　　　　【取引態様の明示義務】

広告をするさいに取引態様の別を明示していても、注文を受けたときには再度、明示が必要となります。

（4）**正** 　　　　　　　　　　　　　　　　　　　【監督処分…SEC.10】

そのとおりです。

解答…**(4)**

ちょっと確認！

取引態様の明示義務

宅建業者は { 広告をするとき / 注文を受けたとき } に取引態様を明示しなければならない

☆ 広告をするときに取引態様を明示していても、注文を受けたときには再度明示が必要

☆ 明示の方法は口頭でもよい

誇大広告をした場合

監督処分	監督処分の対象となる
罰則	6カ月以下の懲役もしくは100万円以下の罰金（またはこれらの併科）

難易度 A 広告に関する規制

→教科書 *CHAPTER01 SECTION07*

問題54 宅地建物取引業者Aが行う広告に関する次の記述のうち、宅地建物取引業法の規定によれば、誤っているものはどれか。 [H16 問36]

(1) Aは、宅地の売買に係る広告において、当該宅地に関する都市計画法第29条の許可を受けていれば、当該造成工事に係る検査済証の交付を受けていなくても、当該広告を行うことができる。

(2) Aは、未完成の土地付建物の販売依頼を受け、その広告を行うにあたり、当該広告印刷時には取引態様の別が未定であるが、配布時には決定している場合、取引態様の別を明示しない広告を行うことができる。

(3) Aは、土地付建物の売買価格について、建物売買に係る消費税額（地方消費税額を含む。）を含む土地付建物売買価格のみを表示し、消費税額を明示しない広告を行うことができる。

(4) Aは、賃貸物件の媒介の広告を行うにあたり、実在しない低家賃の物件の広告を出した。Aは業務停止処分を受けることがある。

	①	②	③	④	⑤
学 習 日					
理 解 度 (○/△/×)					

108

解説

(1) **正** 【広告の開始時期の制限】

　開発許可（都市計画法第29条の許可）を受けていれば、検査済証の交付がなくても広告をすることができます。

(2) **誤** 【取引態様の明示義務】

　宅建業者は、宅建業に関する広告をするさいには、取引態様を広告に記載しなければなりません。そのため、取引態様を明示しない広告を行うことはできません。

(3) **正** 【広告に関する規制】

消費税を含む価格のみを表示し、消費税額を明示しない広告を行うこともできます。

(4) **正** 【誇大広告等の禁止】

　本肢の場合には、誇大広告を行ったとして、業務停止処分を受けることがあります。

解答…(2)

❓これはどう？ H19－問38④

宅地建物取引業者Aは、都市計画法第29条第1項の許可を必要とする宅地について開発行為を行いCに売却する場合、Cが宅地建物取引業者であれば、その許可を受ける前であっても当該宅地の売買の予約を締結することができる。

> ✕ 取引の相手方が宅建業者だったとしても、開発許可や建築確認を受ける前に売買契約（予約を含む）を締結することはできません。

↗ Step Up R1－問27ウ

宅地建物取引業者は、いかなる理由があっても、その業務上取り扱ったことについて知り得た秘密を他に漏らしてはならない。

> ✕ 正当な理由があれば、業務上知り得た秘密を他に開示することができます。

難易度 A 重要事項の説明（35条書面） →教科書 *CHAPTER01 SECTION07*

問題55 宅地建物取引業者A社は、自ら売主として宅地建物取引業者でない買主B社と宅地の売買について交渉したところ、大筋の合意を得て、重要事項説明を翌日に行うこととした。しかし、重要事項説明の予定日の朝、A社の唯一の宅建士である甲が交通事故に遭い、5日間入院することとなった。この場合におけるA社の行為に関する次の記述のうち、宅地建物取引業法の規定に違反しないものはどれか。 ［H23 問33㊾］

(1) A社の代表者である乙は、宅建士ではないが契約締結権限をもつ代表者であるため、甲を代理してB社の代表者丙に対し、甲の宅地建物取引士証を提示した上、重要事項説明を行った。なお、乙は宅地建物取引業に30年間携わったベテランであったこともあり、説明の内容に落ち度はなかった。

(2) A社の従業者である丁は、有効期間は満了しているが、宅地建物取引士証を持っていたため、丁がその宅地建物取引士証を提示した上、B社の代表者丙に重要事項説明を行った。

(3) 事情を知ったB社の代表者丙から、「重要事項説明は契約後でも構わない」という申出があったため、重要事項説明は契約締結後に退院した甲が行った。

(4) 事情を知ったB社と合意の上、A社は重要事項を記載した書面を交付するにとどめ、退院後、契約締結前に甲が重要事項説明を行った。

	①	②	③	④	⑤
学 習 日					
理 解 度 (○/△/×)					

解説

（1）**違反する** 【重要事項の説明】

重要事項の説明は、宅建士でなければできません。

（2）**違反する** 【重要事項の説明】

有効な宅建士証を持っていない者は、重要事項の説明を行うことはできません。

（3）**違反する** 【重要事項の説明】

たとえ相手方から申出があったとしても、重要事項の説明は**契約締結前**に行わなければなりません。

（4）**違反しない** 【重要事項の説明】

本肢では、宅建士が契約締結前に重要事項の説明を行っているので、問題はありません。

解答…**(4)**

ちょっと確認！

重要事項の説明・交付

誰が説明する？	宅建士（「専任」でなくてよい）
誰に説明する？	売買の場合…買主 貸借の場合…借主 交換の場合…両当事者 ☆ 買主、借主等が宅建業者の場合には、基本的には説明不要 （宅地・建物に係る信託で宅建業者を委託者とするものの受益権の売買のときは説明が必要）
いつ説明する？	契約が成立するまで
どのように説明・交付する？	**宅建業者以外に対しては・・・** ☆ 宅建士の記名がある35条書面を交付して説明 ☆ 35条書面の交付に代えて、説明の相手方の承諾を得て、35条書面の記載事項を、電磁的方法であって宅建士の記名に代わる一定の措置を講じたうえで提供することができる ☆ 説明のさい、宅建士証の提示が必要 　→ 相手から提示を求められなくても提示が必要 　→ 違反すると10万円以下の過料に処せられる ☆ 一定の要件を満たせば説明をテレビ会議等のITを活用して行うこと（IT重説）もできる **宅建業者に対しては・・・** ☆ 宅建士の記名がある重要事項説明書(35条書面)の交付（または電磁的方法による提供）のみでよい 　→ 宅建士が交付する必要はない
どこで説明する？	規制なし

難易度 A 重要事項の説明（35条書面）
→教科書 *CHAPTER01 SECTION07*

問題56 宅地建物取引業法第35条に規定する重要事項の説明を宅地建物取引士が行う場合における当該説明及び同条の規定により交付すべき書面（以下この問において「35条書面」という。）に関する次の記述のうち、同法の規定によれば、誤っているものはどれか。なお、この問において、「電磁的方法による提供」とは、政令で定めるところにより、法第35条に規定する者の承諾を得て、同条に規定する書面に記載すべき事項を電磁的方法であって国土交通省令で定めるものにより提供することをいうものとする。

［H26 問35㉑］

（1）宅地建物取引業者は、買主の自宅で35条書面を交付するか、又は、電磁的方法による提供をして説明を行うことができる。

（2）宅地建物取引業者は、宅地建物取引業者でない相手方と中古マンションの売買を行う場合、抵当権が設定されているときは、契約日までにその登記が抹消される予定であっても、当該抵当権の内容について説明しなければならない。

（3）宅建士は、宅地建物取引士証の有効期間が満了している場合、35条書面（電磁的方法による提供の場合を含む）に記名することはできるが、取引の相手方に対し説明はできない。

（4）宅地建物取引業者は、土地の割賦販売の媒介を行う場合、割賦販売価格のみならず、現金販売価格についても説明しなければならない。

	①	②	③	④	⑤
学習日					
理解度 (○/△/×)					

解説

(1) **正**　　　　　　　　　　　　　　　　　　　　　　　　　　　【重要事項の説明】

重要事項を説明する場所については規定がないので、買主の自宅で35条書面を交付（または、説明の相手方の承諾を得て、電磁的方法による提供）して説明することができます。

(2) **正**　　　　　　　　　　　　　　　　　　　　　　　　　　　【重要事項の説明】

当該物件に登記された権利の種類・内容は重要事項として説明しなければなりません（相手方が宅建業者である場合を除く）。そのため、契約日までに抵当権の登記が抹消される予定であっても、当該抵当権の内容について説明しなければなりません。

	売買・交換		貸　借	
	宅　地	建　物	宅　地	建　物
❶ 登記された権利の種類・内容等	●	●	●	●

●…説明が必要な事項
この表は『宅建士の教科書』からの抜粋だよ。
『教科書』に戻って一覧表を確認しておこう！

(3) **誤**　　　　　　　　　　　　　　　　　　　　　　　　　　　【重要事項の説明】

35条書面（相手方の承諾を得て電磁的方法により提供する場合を含む）の記名と相手方（宅建業者を除く）への説明は宅建士が行わなければなりません。したがって、宅建士証の有効期間が満了している場合には、35条書面の記名も、相手方に対する説明も行うことはできません。

(4) **正**　　　　　　　　　　　　　　　　　　　　　　　　　　　【重要事項の説明】

宅建業者は、土地または建物の割賦販売を行う場合、相手方（宅建業者を除く）に対して、**❶現金販売価格、❷割賦販売価格、❸宅地または建物の引渡しまでに支払う金銭の額および賦払金**などについて、説明しなければなりません。

解答…**(3)**

難易度 B 重要事項の説明（35条書面） →教科書 *CHAPTER01 SECTION07*

問題57 宅地建物取引業者が行う宅地建物取引業法第35条に規定する重要事項の説明（以下この問において「重要事項説明」という。）及び同条の規定により交付すべき書面（以下この問において「35条書面」という。）に関する次の記述のうち、正しいものはどれか。 [H25 問30㉝]

(1) 宅地建物取引業者は、宅地又は建物の売買について売主となる場合、買主が宅地建物取引業者であっても、重要事項説明は行わなければならないが、35条書面の交付（相手方の承諾を得て電磁的方法により提供する場合を含む）は省略してよい。

(2) 宅地建物取引業者が、宅建士をして宅地建物取引業者でない相手方に対し重要事項説明をさせる場合、当該宅建士は、相手方から請求がなくても、宅地建物取引士証を相手方に提示しなければならず、提示しなかったときは、20万円以下の罰金に処せられることがある。

(3) 宅地建物取引業者は、貸借の媒介の対象となる建物（昭和56年〈1981年〉5月31日以前に新築）が、指定確認検査機関、建築士、登録住宅性能評価機関又は地方公共団体による耐震診断を受けたものであっても、宅地建物取引業者でない相手方に対してその内容を重要事項説明において説明しなくてもよい。

(4) 宅地建物取引業者は、重要事項説明において、取引の対象となる宅地又は建物が、津波防災地域づくりに関する法律の規定により指定された津波災害警戒区域内にあるときは、宅地建物取引業者でない相手方に対してその旨を説明しなければならない。

	①	②	③	④	⑤
学 習 日					
理 解 度 (○/△/×)					

解説

（1）誤　　　　　　　　　　　　　　　　　　　【重要事項の説明】

　　買主が宅建業者であった場合、重要事項の説明を省略することはできるのが原則ですが、35条書面の交付（または、説明の相手方の承諾を得て、電磁的方法による提供）は省略できません。

📝 Step Up　　　　　　　　　　　　　　　　　R2（10月）−問44③改

　　自らを委託者とする宅地又は建物に係る信託の受益権の売主となる場合、取引の相手方が宅地建物取引業者であっても、重要事項説明書の交付（又は承諾を得て、電磁的方法による提供）をして説明をしなければならない。

　　　　　　　　⭕ 自らを委託者とする宅地または建物に係る信託の受益権の売主となる場合は、売買の相手方が宅建業者であったとしても、重要事項の説明をしなければなりません。

（2）誤　　　　　　　　　　　　　　　　　　　【罰則…SEC.10】

　　重要事項の説明をするときには、宅建士証の提示が必要です。提示しなかった場合には「20万円以下の罰金」ではなく、「**10万円以下の過料**」に処せられます。

（3）誤　　　　　　　　　　　　　　　　　　　【重要事項の説明】

　　耐震診断の内容（昭和56年〈1981年〉6月1日以降に新築工事に着工した建物は除く）は、貸借の場合でも説明が必要です。

　　ちなみに、住宅性能評価を受けた新築住宅である旨については、貸借の場合には説明が不要です。

	売買・交換		貸　借	
	宅　地	建　物	宅　地	建　物
❶⓬ 耐震診断の内容		●		●
❶⓭ 住宅性能評価を受けた新築住宅		●		

（4）正　　　　　　　　　　　　　　　　　　　【重要事項の説明】

　　そのとおりです。

	売買・交換		貸　借	
	宅　地	建　物	宅　地	建　物
❶❾ 津波災害警戒区域内か否か	●	●	●	●

解答…（4）

難易度 B 重要事項の説明（35条書面） →教科書 CHAPTER01 SECTION07

問題58 宅地建物取引業者が宅地建物取引業法第35条に規定する重要事項の説明を行う場合における次の記述のうち、正しいものはどれか。

[H23問32㉒]

(1) 建物の貸借の媒介を行う場合、借賃以外に授受される金銭の額については説明しなければならないが、当該金銭の授受の目的については説明する必要はない。

(2) 昭和60年〈1985年〉10月1日に新築の工事に着手し、完成した建物の売買の媒介を行う場合、当該建物が指定確認検査機関による耐震診断を受けたものであっても、その内容は説明する必要はない。

(3) 建物の売買の媒介を行う場合、当該建物が宅地造成等規制法の規定により指定された造成宅地防災区域内にあるときは、その旨を説明しなければならないが、当該建物の貸借の媒介を行う場合においては、説明する必要はない。

(4) 自ら売主となって建物の売買契約を締結する場合、買主が宅地建物取引業者でないときは、当該建物の引渡時期を説明する必要がある。

	①	②	③	④	⑤
学 習 日					
理 解 度 (○/△/×)					

解説

(1) **誤** 　　　　　　　　　　　　　　　　　　　　【重要事項の説明】

当該金銭の授受の目的についても説明する必要があります。

3❶ 代金、交換差金、借賃以外に授受される金銭	代金、交換差金、借賃以外に授受される金銭の額および当該金銭の授受の**目的**　↑ 手付金、敷金、礼金など

(2) **正** 　　　　　　　　　　　　　　　　　　　　【重要事項の説明】

耐震診断の内容については説明が必要ですが、昭和56年〈1981年〉6月1日以降に新築工事に着工した建物の場合には、説明が不要となります。

1⓬ 耐震診断の内容	当該建物（昭和56年〈1981年〉6月1日以降に新築工事に着工したものを除く）が、耐震改修促進法に規定する一定の耐震診断を受けたものであるときは、その内容

(3) **誤** 　　　　　　　　　　　　　　　　　　　　【重要事項の説明】

貸借の場合も、造成宅地防災区域内か否かの説明は必要です。

	売買・交換		貸借	
	宅 地	建 物	宅 地	建 物
1❼ 造成宅地防災区域内か否か	●	●	●	●

「土砂災害警戒区域内か否か」など、「○○区域内か否か」の説明は貸借の場合でも説明が必要となる〜

(4) **誤** 　　　　　　　　　　　　　　　　　　　　【重要事項の説明】

物件の引渡時期は、重要事項として説明する必要はありません。

物件の引渡時期は、37条書面（契約書面）の記載事項だよ。

解答…**(2)**

難易度 B 重要事項の説明（35条書面）→教科書 *CHAPTER01 SECTION07*

問題59 宅地建物取引業者Aが宅地建物取引業法第35条に規定する重要事項の説明を行う場合における次の記述のうち、誤っているものはどれか。

［H21 問33㉑］

（1）建物の売買の媒介を行う場合、当該建物が地域における歴史的風致の維持及び向上に関する法律第12条第1項の規定に基づく歴史的風致形成建造物であるときは、Aは、その増築に際し市町村長への届出が必要である旨を説明しなければならない。

（2）建物の売買の媒介を行う場合、当該建物について石綿の使用の有無の調査の結果が記録されていないときは、Aは、自ら石綿の使用の有無の調査を行った上で、その結果の内容を説明しなければならない。

（3）建物の貸借の媒介を行う場合、当該貸借の契約が借地借家法第38条第1項の規定に基づく定期建物賃貸借契約であるときは、Aは、その旨を説明しなければならない。

（4）建物の貸借の媒介を行う場合、Aは、当該貸借に係る契約の終了時において精算することとされている敷金の精算に関する事項について、説明しなければならない。

	①	②	③	④	⑤
学 習 日					
理 解 度 (○/△/×)					

解説

(1) **正** 【重要事項の説明】

売買の場合において、法令上の制限がある場合には、その旨を説明しなければなりません。

	売買・交換		貸借	
	宅　地	建　物	宅　地	建　物
1❷ 法令上の制限	●	●	●※1	※2

※1　土地所有者に限って適用されるものは説明事項とされない
※2　建物の賃借人に適用されるものが説明事項とされる

(2) **誤** 【重要事項の説明】

石綿の使用の有無の調査の結果が記録されていないときは、記録がない旨の説明をすればよく、調査を実施して説明しなければならないわけではありません。

1⓫ 石綿使用の調査の内容	当該建物に、石綿（アスベスト）の使用の有無の調査結果が記録されているときは、その内容

☆ あくまでも「石綿の使用の有無の調査結果が記録されているとき」に、その内容を説明すればよいだけ。調査結果の記録がない場合に、わざわざ調査をする必要はない

(3) **正** 【重要事項の説明】

そのとおりです。

	貸借	
	宅　地	建　物
4❼ 定期建物賃貸借である場合はその旨		●

(4) **正** 【重要事項の説明】

そのとおりです。

	貸借	
	宅　地	建　物
4❺ 敷金その他契約終了時に精算されることとされている金銭の精算に関する事項	●	●

解答…(2)

難易度 B 重要事項の説明（35条書面）

→教科書 *CHAPTER01 SECTION07*

問題60 宅地建物取引業法（以下この問において「法」という。）に関する次の記述のうち、正しいものはどれか。 ［H25 問29改］

(1) 宅地建物取引業者でない売主と宅地建物取引業者である買主が、媒介業者を介さず宅地の売買契約を締結する場合、法第35条の規定に基づく重要事項の説明義務を負うのは買主の宅地建物取引業者である。

(2) 建物の管理が管理会社に委託されている当該建物につき、宅地建物取引業者でない者を借主とする賃貸借契約の媒介をする宅地建物取引業者は、当該建物が区分所有建物であるか否かにかかわらず、その管理会社の商号又は名称及びその主たる事務所の所在地を、借主に説明しなければならない。

(3) 区分所有建物の売買において、売主が宅地建物取引業者である場合、当該売主は宅地建物取引業者でない買主に対し、当該一棟の建物に係る計画的な維持修繕のための修繕積立金積立総額及び売買の対象となる専有部分に係る修繕積立金額の説明をすれば、滞納があることについては説明をしなくてもよい。

(4) 区分所有建物の売買において、売主及び買主が宅地建物取引業者である場合であっても、当該売主は当該買主に対し、法第35条の2に規定する供託所等の説明をする必要がある。

	①	②	③	④	⑤
学 習 日					
理 解 度 (○/△/×)					

解説

(1) 誤　　　　　　　　　　　　　　　　　　　　　　　　　　　　　【重要事項の説明】

　宅建業者による重要事項の説明は、宅建業者でない買主（売買の場合）や借主（貸借の場合）に対して行います。したがって、本肢のように買主が売主に重要事項の説明をする必要はありません。

(2) 正　　　　　　　　　　　　　　　　　　　　　　　　　　　　　【重要事項の説明】

　建物の貸借の場合で、その建物の管理が委託されているときは、管理者の商号または名称、主たる事務所の所在地を説明しなければなりません。

	貸　借	
	宅　地	建　物
4❹ 当該宅地・建物の**管理が委託**されているときは、**委託先の氏名**（法人の場合は商号または名称）および**住所**（法人の場合は主たる事務所の所在地）	●	●

(3) 誤　　　　　　　　　　　　　　　　　　　　　　　　　　　　　【重要事項の説明】

　当該一棟の建物の計画的な維持修繕のための費用の積立てを行う旨の規約の定め（「案」を含む）があるときは、修繕積立金の内容およびすでに積み立てられている額について、説明が必要です。また、滞納がある場合には、その旨も説明しなければなりません。

(4) 誤　　　　　　　　　　　　　　　　　　　　　　　　　　　　　【供託所等の説明】

　宅建業者は、契約が成立するまでに、供託所等に関する事項について説明しなければなりませんが、相手方が宅建業者である場合には供託所等に関する事項について説明をする必要はありません。

解答…(2)

❓これはどう？　　　　　　　　　　　　　　　　　　　　　　　　　R1－問39③

<u>宅地の貸借の媒介</u>を行う場合、借地権の存続期間を50年とする賃貸借契約において、契約終了時における<u>当該宅地の上の建物の取壊しに関する事項</u>を定めようとするときは、その内容を<u>説明</u>しなければならない。

　　　○　宅地の貸借の場合、契約終了時における当該宅地の上の建物の取壊しに関する事項を定めようとするときは、その内容を相手方（宅建業者ではない）に説明しなければなりません。

| 難易度 B | 重要事項の説明（35条書面） | →教科書 CHAPTER01 SECTION07 |

問題61 宅地建物取引業者が宅地建物取引業者でない者を契約当事者とする建物の賃貸借契約の媒介を行う場合、次の記述のうち、宅地建物取引業法第35条の規定により重要事項としての説明が義務付けられていないものはどれか。 ［H18 問33 ㊟]

(1) 当該建物が土砂災害警戒区域等における土砂災害防止対策の推進に関する法律第7条第1項により指定された土砂災害警戒区域内にあるときは、その旨

(2) 当該建物が住宅の品質確保の促進等に関する法律第5条第1項に規定する住宅性能評価を受けた新築住宅であるときは、その旨

(3) 台所、浴室、便所その他の当該建物の設備の整備の状況

(4) 敷金その他いかなる名義をもって授受されるかを問わず、契約終了時において精算することとされている金銭の精算に関する事項

	①	②	③	④	⑤
学 習 日					
理 解 度 (○/△/×)					

解説

（1）説明が義務付けられている

【重要事項の説明】

	売買・交換		貸借	
	宅　地	建　物	宅　地	建　物
1 ⑧ 土砂災害警戒区域内か否か	●	●	●	●

（2）説明が義務付けられていない

【重要事項の説明】

	売買・交換		貸借	
	宅　地	建　物	宅　地	建　物
1 ⑬ 住宅性能評価を受けた新築住宅		●		

（3）説明が義務付けられている

【重要事項の説明】

	貸借	
	宅　地	建　物
4 ❶ 台所、浴室、便所その他の当該建物の設備の整備状況		●

（4）説明が義務付けられている

【重要事項の説明】

	貸借	
	宅　地	建　物
4 ❺ 敷金その他契約終了時に精算することとされている金銭の精算に関する事項	●	●

解答…**（2）**

❓ これはどう？ ──────────── H27−問32④改

宅地建物取引業者でない者に対して建物の貸借の媒介を行う場合、契約の期間については宅地建物取引業法第35条の規定により説明する必要があるが、契約の更新については、同法第37条の規定により交付すべき書面（承諾を得て、電磁的方法により提供する場合を含む）への記載事項であり、説明する必要はない。

> ✕ 　建物の貸借の媒介を行う場合、契約期間のほか、契約の更新に関する事項も説明する必要があります（ちなみに、「契約の更新」は37条書面に記載すべき事項ではありません）。

難易度 B 重要事項の説明（35条書面） →教科書 CHAPTER01 SECTION07

問題62 宅地建物取引業者が宅地建物取引業法第35条に規定する重要事項の説明を行う場合における次の記述のうち、誤っているものはどれか。

[H17 問37 改]

(1) 宅地の売買の媒介において、当該宅地に係る移転登記の申請の予定時期については、説明しなくてもよい。

(2) 宅地の売買の媒介において、当該宅地が造成に関する工事の完了前のものであるときは、その完了時における形状、構造並びに宅地に接する道路の構造及び幅員を説明しなければならない。

(3) 宅地の売買の媒介において、天災その他不可抗力による損害の負担を定めようとする場合は、その内容を説明しなければならない。

(4) 宅地の貸借の媒介において、借地借家法第22条で定める定期借地権を設定しようとするときは、その旨を説明しなければならない。

	①	②	③	④	⑤
学 習 日					
理 解 度 (○/△/×)					

解説

(1) **正**　　　　　　　　　　　　　　　　　　　　　　　　　【重要事項の説明】

　移転登記の申請の予定時期は、重要事項の説明事項とされていません（37条書面の記載事項です）。

(2) **正**　　　　　　　　　　　　　　　　　　　　　　　　　【重要事項の説明】

　未完成物件の場合、工事完了時における形状、構造、宅地に接する道路の構造および幅員を説明しなければなりません。

■**⑥** 未完成物件の場合、完了時の形状・構造等	当該宅地または建物が宅地の造成または建築に関する工事の完了前のものであるときは、その完了時における形状、構造等

(3) **誤**　　　　　　　　　　　　　　　　　　　　　　　　　【重要事項の説明】

　天災その他不可抗力による損害の負担の内容は、重要事項の説明事項とされていません（37条書面の記載事項です）。

(4) **正**　　　　　　　　　　　　　　　　　　　　　　　　　【重要事項の説明】

　そのとおりです。

	貸　借	
	宅　地	建　物
■**⑥** 定期借地権である場合はその旨	●	

解答…(3)

↗ Step Up
H15－問36③改

賃貸借契約の対象となる建物について、<u>高齢者の居住の安定確保に関する法律第52条で定める終身建物賃貸借の媒介</u>をしようとする場合、A（宅建業者）は、相手方（宅建業者ではない）にその旨を説明しなければならない。

O　そのとおりです。

難易度 B 重要事項の説明（35条書面）
→教科書 *CHAPTER01 SECTION07*

問題63 宅地建物取引業法（以下この問において「法」という。）第35条に規定する重要事項の説明に関する次の記述のうち、同条の規定に違反しないものはどれか。

[H18 問35㉒]

(1) 自ら売主として宅地の売買をする場合において、買主が宅地建物取引業者であるため、重要事項を記載した書面を交付しなかった。なお、政令で定めるところにより、買主の承諾を得て、35条書面に記載すべき事項を電磁的方法であって国土交通省令で定めるものによる提供もしなかった。

(2) 建物の貸借の媒介において、重要事項の説明を宅建士が行う際に、水道、電気及び下水道は完備、都市ガスは未整備である旨説明したが、その整備の見通しまでは説明しなかった。

(3) 宅地の売買の媒介において、当該宅地の一部が私道の敷地となっていたが、重要事項の説明を宅建士が行う際に、買主に対して私道の負担に関する事項を説明しなかった。

(4) 建物の貸借の媒介において、建物の区分所有等に関する法律に規定する専有部分の用途その他の利用の制限に関する規約の定め（その案を含む。）がなかったので、重要事項の説明を宅建士が行う際に、そのことについては説明しなかった。

	①	②	③	④	⑤
学 習 日					
理 解 度 (○/△/×)					

解説

(1) 違反する 【重要事項の説明】

買主が宅建業者であった場合、重要事項の説明は省略することができるのが原則ですが、35条書面の交付（または、説明の相手方の承諾を得て、電磁的方法による提供）を省略することはできません。

(2) 違反する 【重要事項の説明】

水道、電気、ガス等の設備が未整備の場合でも、「見通し」と「整備についての特別の負担」については説明しなければなりません。

❶❹ 電気、ガス、水道等の供給施設、排水施設の整備状況	飲用水・電気・ガスの供給施設、排水施設の整備の状況（これらの施設が整備されていない場合においては、その整備の見通しおよびその整備についての特別の負担に関する事項）

☆ これらの設備が未整備の場合でも、「見通し」と「整備についての特別の負担」について説明が必要

(3) 違反する 【重要事項の説明】

宅地の売買の場合で、私道負担があるときには、その内容を説明しなければなりません。

❶❸ 私道負担に関する事項	当該契約が建物の貸借の契約以外のものであるときは、私道に関する負担に関する事項

☆ 私道負担がない場合にも、「私道負担がない旨」を説明しないといけない
☆ 建物の貸借の場合には、説明不要

(4) 違反しない 【重要事項の説明】

専有部分の用途その他の利用の制限に関する規約の定め（「案」を含む）があるときは、その内容の説明が必要ですが、定めがない場合には説明は不要です。

❷❸ 専有部分の用途その他の利用の制限に関する規約	専有部分の用途その他の利用の制限に関する規約の定め（「案」を含む）があるときは、その内容 【例】 ペットの飼育禁止など

解答…(4)

難易度 B 重要事項の説明（35条書面）　→教科書 *CHAPTER01 SECTION07*

問題64　宅地建物取引業法第35条に規定する重要事項の説明を宅建士が行う場合における次の記述のうち、誤っているものはどれか。

［H22 問35㉜］

(1) 建物の売買の媒介の場合は、建築基準法に規定する建蔽率及び容積率に関する制限があるときはその概要を説明しなければならないが、建物の貸借の媒介の場合は説明する必要はない。

(2) 宅地の売買の媒介の場合は、土砂災害警戒区域等における土砂災害防止対策の推進に関する法律第7条第1項により指定された土砂災害警戒区域内にあるときはその旨を説明しなければならないが、建物の貸借の媒介の場合は説明する必要はない。

(3) 建物の売買の媒介の場合は、住宅の品質確保の促進等に関する法律第5条第1項に規定する住宅性能評価を受けた新築住宅であるときはその旨を説明しなければならないが、建物の貸借の媒介の場合は説明する必要はない。

(4) 宅地の売買の媒介の場合は、私道に関する負担について説明しなければならないが、建物の貸借の媒介の場合は説明する必要はない。

	①	②	③	④	⑤
学 習 日					
理 解 度 (○/△/×)					

解説

(1) **正** 　　　　　　　　　　　　　　　　　　　　　【重要事項の説明】

建物の貸借の場合には、建蔽率および容積率の制限は説明する必要はありません（売買、交換の媒介の場合には説明する必要があります）。

 容積率や建蔽率が問題となるのは、建物を建てるとき。完成した建物を借りている人には、建蔽率や容積率なんて関係ないよね。

(2) **誤** 　　　　　　　　　　　　　　　　　　　　　【重要事項の説明】

建物の貸借の場合でも、土砂災害警戒区域内か否かの説明は必要です。

	売買・交換		貸　借	
	宅　地	建　物	宅　地	建　物
１❽ 土砂災害警戒区域内か否か	●	●	●	●

(3) **正** 　　　　　　　　　　　　　　　　　　　　　【重要事項の説明】

そのとおりです。

	売買・交換		貸　借	
	宅　地	建　物	宅　地	建　物
１⓭ 住宅性能評価を受けた新築住宅		●		

(4) **正** 　　　　　　　　　　　　　　　　　　　　　【重要事項の説明】

そのとおりです。

	売買・交換		貸　借	
	宅　地	建　物	宅　地	建　物
１❸ 私道負担に関する事項	●	●	●	

解答…(2)

| 難易度 B | 重要事項の説明（35条書面） | →教科書 *CHAPTER01* SECTION07 |

問題65 宅地建物取引業者Aが、マンションの分譲に際して宅地建物取引業法第35条の規定に基づく重要事項の説明を行う場合における次の記述のうち、正しいものはどれか。 ［H20 問37㉒］

(1) 当該マンションの建物又はその敷地の一部を特定の者にのみ使用を許す旨の規約の定めがある場合、Aは、その内容だけでなく、その使用者の氏名及び住所について説明しなければならない。

(2) 建物の区分所有等に関する法律第2条第4項に規定する共用部分に関する規約がまだ案の段階である場合、Aは、規約の設定を待ってから、その内容を説明しなければならない。

(3) 当該マンションの建物の計画的な維持修繕のための費用の積立を行う旨の規約の定めがある場合、Aは、その内容を説明すれば足り、既に積み立てられている額については説明する必要はない。

(4) 当該マンションの建物の計画的な維持修繕のための費用を特定の者にのみ減免する旨の規約の定めがある場合、Aは、買主が当該減免対象者であるか否かにかかわらず、その内容を説明しなければならない。

	①	②	③	④	⑤
学 習 日					
理 解 度 (○/△/×)					

解説

(1) 誤　　　　　　　　　　　　　　　　　　　　　　　　【重要事項の説明】

　マンションの建物またはその敷地の一部を特定の者にのみ使用を許す旨の規約の定めがある場合、宅建業者はその内容を説明しなければなりませんが、その使用者の氏名および住所については説明は不要です。

❷❹ 専用使用権に関する規約	当該一棟の建物または敷地の一部を特定の者にのみ使用を許す旨の規約（「案」を含む）があるときは、その内容
☆ 専用で使用している者（特定の者）の名前等は説明不要	

(2) 誤　　　　　　　　　　　　　　　　　　　　　　　　【重要事項の説明】

　規約が「案」の段階でも、説明が必要です。

❷❷ 共用部分に関する規約 ↳ エレベーター、集会室など	共用部分に関する規約の定め（「案」を含む）があるときは、その内容
☆ 規約が「案」の段階でも、説明が必要	

(3) 誤　　　　　　　　　　　　　　　　　　　　　　　　【重要事項の説明】

　修繕積立金について、すでに積み立てられている額についても説明が必要です。

❷❻ 修繕積立金の内容、すでに積み立てられている額	当該一棟の建物の計画的な維持修繕のための費用の積立てを行う旨の規約の定め（「案」を含む）があるときは、その内容およびすでに積み立てられている額

(4) 正　　　　　　　　　　　　　　　　　　　　　　　　【重要事項の説明】

　そのとおりです。

❷❺ 建物の所有者が負担すべき費用を特定の者にのみ減免する旨の規約	当該一棟の建物の計画的な維持修繕のための費用、通常の管理費用その他の当該建物の所有者が負担しなければならない費用を特定の者にのみ減免する旨の規約の定め（「案」を含む）があるときは、その内容
☆ 減免される者（特定の者）の名前等は説明不要	

解答…(4)

難易度 B 重要事項の説明（35条書面） →教科書 CHAPTER01 SECTION07

問題66 宅地建物取引業者がマンションの一室の貸借の媒介に際して、宅地建物取引業法第35条に規定する重要事項の説明を行う場合における次の記述のうち、正しいものはどれか。 ［H17 問38㊥］

(1) 当該マンションの管理が委託されているときは、その委託を受けている者の氏名（法人にあっては、その商号又は名称）、住所（法人にあっては、その主たる事務所の所在地）及び委託された業務の内容を説明しなければならない。

(2) 建築基準法に規定する容積率及び建蔽率に関する制限があるときは、その制限内容を説明しなければならない。

(3) 建物の区分所有等に関する法律第2条第3項に規定する専有部分の用途その他の利用の制限に関する規約の定めがあるときは、その内容を説明しなければならない。

(4) 敷金の授受の定めがあるときは、その敷金の額、契約終了時の敷金の精算に関する事項及び金銭の保管方法を説明しなければならない。

	①	②	③	④	⑤
学 習 日					
理 解 度 (○/△/×)					

解説

（1）誤　　　　　　　　　　　　　　　　　　　　　　　【重要事項の説明】

建物の管理が委託されているときは、管理の委託先の**氏名**（法人の場合は商号または名称）と**住所**（法人の場合は主たる事務所の所在地）は説明しなければなりませんが、**委託された業務の内容は説明する必要はありません。**

❷❽ 管理の委託先	当該一棟の建物およびその敷地の管理が委託されているときは、その委託を受けている者の氏名（法人の場合は商号または名称）および住所（法人の場合は主たる事務所の所在地）

☆ 管理の委託先の「氏名」と「住所」について、説明が必要

（2）誤　　　　　　　　　　　　　　　　　　　　　　　【重要事項の説明】

建物の貸借の場合には、容積率および建蔽率の制限は説明する必要はありません（売買、交換の場合には説明する必要があります）。

（3）正　　　　　　　　　　　　　　　　　　　　　　　【重要事項の説明】

そのとおりです。

❷❸ 専有部分の用途その他の利用の制限に関する規約	専有部分の用途その他の利用の制限に関する規約の定め（「案」を含む）があるときは、その内容 【例】ペットの飼育禁止など

（4）誤　　　　　　　　　　　　　　　　　　　　　　　【重要事項の説明】

敷金の授受の定めがあるときは、敷金の額、契約終了時の敷金の精算に関する事項は説明しなければなりませんが、金銭の保管方法は説明する必要はありません。

解答…**(3)**

▶ Step Up

H24－問32③改

> B（宅建業者ではない買主）は、宅地を購入するに当たり、A社（宅建業者である売主）のあっせんを受けて金融機関から融資を受けることとした。この際、A社は、重要事項説明において当該あっせんが不調に終わるなどして融資が受けられなくなった場合の措置について説明をし、37条書面へも当該措置について記載することとしたが、融資額や返済方法等のあっせんの内容については、37条書面に記載するので、重要事項説明に係る書面への記載は省略することとした。この行為は宅建業法に違反しない。

✖　金銭の貸借のあっせんの内容、貸借不成立時の措置は35条書面（説明の相手方の承諾を得て、電磁的方法により提供する場合を含む）の記載事項です。

難易度 A 契約書（37条書面）

→教科書 *CHAPTER01 SECTION07*

問題67 宅地建物取引業者Ａが、自ら売主として宅地の売買契約を締結した場合に関する次の記述のうち、宅地建物取引業法の規定によれば、正しいものはいくつあるか。なお、この問において「37条書面」とは、同法第37条の規定に基づき交付すべき書面をいうものとする。また、この問において、「電磁的方法による提供」とは、政令で定めるところにより、同法第37条に定める者の承諾を得て、37条書面に記載すべき事項を電磁的方法であって国土交通省令で定めるものにより提供することをいうものとする。 ［R2（10月）問37㉑］

ア　Ａは、専任の宅地建物取引士をして、37条書面（電磁的方法による提供の場合を含む）の内容を当該契約の買主に説明させなければならない。

イ　Ａは、供託所等に関する事項を37条書面（電磁的方法による提供の場合を含む）に記載しなければならない。

ウ　Ａは、買主が宅地建物取引業者であっても、37条書面を遅滞なく交付するか、又は電磁的方法による提供をしなければならない。

エ　Ａは、買主が宅地建物取引業者であるときは、当該宅地の引渡しの時期及び移転登記の申請の時期を37条書面（電磁的方法による提供の場合を含む）に記載しなくてもよい。

(1) 一つ
(2) 二つ
(3) 三つ
(4) なし

	①	②	③	④	⑤
学習日					
理解度 (○/△/×)					

解説

ア 誤 　　　　　　　　　　　　　　　【37条書面の内容の説明】

35条書面(電磁的方法により提供する場合を含む)については、宅建士がその内容を原則として説明しなければなりませんが、37条書面(電磁的方法により提供する場合を含む)についてはその内容を説明する必要はありません。

イ 誤 　　　　　【営業保証金を供託している供託所およびその所在地の説明】

供託所等の説明は、契約が成立するまでにしなければなりませんので(相手方が宅建業者である場合を除く)、37条書面(電磁的方法により提供する場合を含む)に記載は不要です。

ウ 正 　　　　　　　　　　　　　　　　　　　　　【37条書面の交付】

相手方が宅建業者であったとしても、37条書面の交付(または、承諾を得て、電磁的方法による提供)を省略することはできません。

エ 誤 　　　　　　　　　　　　【引渡しの時期・移転登記の申請時期】

売買の場合、引渡しの時期および移転登記の申請時期は37条書面(電磁的方法により提供する場合を含む)に記載しなければなりません。相手方が宅建業者であったとしても同様です。

以上より、正しいものは1つ！　だから答えは(1)！

解答…(1)

ちょっと確認！

契約書面(37条書面)の交付

	37条書面は…		35条書面は…
説明は？	不要	違う ↔	宅建士による説明が原則必要
誰が交付する？	宅建業者 ☆「宅建士」ではない	同じ ↔	宅建業者
誰に交付する？	契約の両当事者	違う ↔	売買の場合…買主 賃借の場合…借主 交換の場合…両当事者
いつ交付する？	契約が成立したあと(遅滞なく)	違う ↔	契約が成立するまで
何を交付する？	宅建士の記名がある 37条書面※	同じ ↔	宅建士の記名がある 35条書面※

※一定の場合に、電磁的方法による提供ができる

難易度 A 契約書（37条書面）

→教科書 *CHAPTER01 SECTION07*

問題68 宅地建物取引業法（以下この問において「法」という。）第37条の規定により交付すべき書面（以下この問において「37条書面」という。）に関する次の記述のうち、法の規定に違反しないものはどれか。また、この問において、「電磁的方法による提供」とは、政令で定めるところにより、同法第37条に定める者の承諾を得て、37条書面に記載すべき事項を電磁的方法であって国土交通省令で定めるものにより提供することをいうものとする。

[H29 問40改]

(1) 宅地建物取引業者Aは、中古マンションの売買の媒介において、当該マンションの代金の支払の時期及び引渡しの時期について、重要事項説明書に記載して説明を行ったので、37条書面（電磁的方法による提供の場合を含む）には記載しなかった。

(2) 宅地建物取引業者である売主Bは、宅地建物取引業者Cの媒介により、宅地建物取引業者ではない買主Dと宅地の売買契約を締結した。Bは、Cと共同で作成した37条書面（電磁的方法により提供する場合を含む）にCの宅地建物取引士の記名がなされていたため、その書面に、Bの宅地建物取引士をして記名をさせなかった。

(3) 売主である宅地建物取引業者Eの宅地建物取引士Fは、宅地建物取引業者ではない買主Gに37条書面を交付する際、Gから求められなかったので、宅地建物取引士証をGに提示せずに当該書面を交付した。

(4) 宅地建物取引業者Hは、宅地建物取引業者ではない売主Iから中古住宅を購入する契約を締結したが、Iが売主であるためIに37条書面を交付せず、電磁的方法による提供もしなかった。

	①	②	③	④	⑤
学 習 日					
理 解 度 (○/△/×)					

136

解説

(1) 違反する 　　　　　　　　　　　　　　　　　【契約書(37条書面)】

売買の媒介において、**代金の支払時期や引渡しの時期**はいずれも**37条書面**(電磁的方法により提供する場合を含む)の**記載事項**です。そして、重要事項説明書に記載して説明を行ったときであっても、37条書面に記載しなければなりません。

代金の支払時期や引渡しの時期は、重要事項説明での説明・記載事項ではないよ！

	35条書面	37条書面
代金等の額、支払時期、支払方法	×	●
宅地・建物の引渡時期	×	●

(2) 違反する 　　　　　　　　　　　　　　　　　【契約書(37条書面)】

宅建業者を売主(B)とする売買の媒介を宅建業者(C)が行った場合、BとCは双方とも買主(D)に対して37条書面の交付、または、本来なら書面を交付すべき相手の承諾を得て、電磁的方法による提供をしなければなりません。したがって、Cの宅建士の記名に加え、Bの宅建士の記名も必要です。

(3) 違反しない 　　　　　　　　　　　　　　　　　【宅建士証の提示】

宅建士は、37条書面を交付するさい、請求がない場合には、宅建士証を買主に提示する義務はありません。

重要事項説明をするときは、宅建士証の提示が必要！

(4) 違反する 　　　　　　　　　　　　　　　　　【契約書(37条書面)】

宅建業者は、宅地・建物の売買に関し、自ら当事者(買主H)として契約を締結したときは、その相手方(売主I)に37条書面の交付(または、承諾を得て、電磁的方法による提供)をしなければなりません。

解答…(3)

難易度 A 契約書(37条書面)

→教科書 *CHAPTER01 SECTION07*

問題69 宅地建物取引業者Aが、甲建物の売買の媒介を行う場合において、宅地建物取引業法第37条の規定により交付すべき書面(以下この問において「37条書面」という。)に関する次の記述のうち、宅地建物取引業法の規定に違反しないものはどれか。なお、この問において、「電磁的方法による提供」とは、政令で定めるところにより、同法第37条に定める者の承諾を得て、37条書面に記載すべき事項を電磁的方法であって国土交通省令で定めるものにより提供することをいうものとする。　　　[H21 問36㉘]

(1) Aは、宅地建物取引士をして、37条書面を作成させ、かつ当該書面に記名させたが、買主への37条書面の交付は、宅地建物取引士ではないAの従業者に行わせた。

(2) 甲建物の買主が宅地建物取引業者であったため、Aは売買契約の成立後における買主への37条書面の交付も電磁的方法による提供も省略した。

(3) Aは、37条書面(電磁的方法による提供の場合を含む)に甲建物の所在、代金の額及び引渡しの時期は記載したが、移転登記の申請の時期は記載しなかった。

(4) Aは、あらかじめ売主からの承諾を得ていたため、売買契約の成立後における売主への37条書面の交付も電磁的方法による提供も省略した。

	①	②	③	④	⑤
学習日					
理解度 (○/△/×)					

138

解説

(1) 違反しない　　　　　　　　　　　　　　　　　　　【契約書（37条書面）】

　37条書面への記名は宅建士が行いますが、交付は宅建士が行う必要はありません。

(2) 違反する　　　　　　　　　　　　　　　　　　　　【契約書（37条書面）】

　相手方が宅建業者であっても、37条書面の交付（電磁的方法により提供する場合を含む）を省略することはできません。

(3) 違反する　　　　　　　　　　　　　　　　　　　　【契約書（37条書面）】

　売買の場合、移転登記の申請時期は37条書面に記載しなければなりません（電磁的方法により提供する場合も同様です）。

(4) 違反する　　　　　　　　　　　　　　　　　　　　【契約書（37条書面）】

　売主の承諾があっても、買主および売主の両方に交付または提供しなければなりません。

解答…**(1)**

		売買交換	貸借
必ず記載する事項	❶ 当事者の**氏名**（法人の場合は名称）および住所	●	●
	❷ 宅地・建物を特定するのに必要な表示 （宅地…所在、地番等／建物…所在、種類、構造等）	●	●
	❸ 代金・交換差金・借賃の額、その支払時期、支払方法	●	●
	❹ 宅地・建物の**引渡時期**	●	●
	❺ **移転登記の申請の時期**	●	
	❻ 既存の建物の構造耐力上主要な部分等の状況について当事者の双方が確認した事項	●	

難易度 B 契約書（37条書面）

→教科書 *CHAPTER01 SECTION07*

問題70 宅地建物取引業者が建物の貸借の媒介を行う場合、宅地建物取引業法(以下この問において「法」という。)第37条に規定する書面に必ず記載しなければならないとされている事項の組合せとして、正しいものはどれか。なお、この問において37条書面には、政令で定めるところにより、法第37条に定める者の承諾を得て、37条書面に記載すべき事項を電磁的方法であって国土交通省令で定めるものにより提供する場合を含むものとする。

[H18 問37㉑]

ア 当該建物が種類又は品質に関して契約の内容に適合しない場合におけるその不適合を担保すべき責任についての定めがあるときは、その内容
イ 損害賠償額の予定又は違約金に関する定めがあるときは、その内容
ウ 天災その他不可抗力による損害の負担に関する定めがあるときは、その内容

(1) ア、イ
(2) ア、ウ
(3) イ、ウ
(4) ア、イ、ウ

	①	②	③	④	⑤
学 習 日					
理 解 度 (○/△/×)					

140

解説

ア　必ず記載すべき事項ではない　　　　　　　　　　【契約書（37条書面）】

当該宅地・建物が種類・品質に関して契約の内容に適合しない場合におけるその不適合を担保すべき責任は、売買では37条書面（電磁的方法により提供する場合を含む）に記載が必要ですが、貸借では記載不要です。

イ　必ず記載すべき事項である　　　　　　　　　　【契約書（37条書面）】

損害賠償額の予定等は、売買の場合も貸借の場合も、37条書面（電磁的方法により提供する場合を含む）に記載が必要です。

ウ　必ず記載すべき事項である　　　　　　　　　　【契約書（37条書面）】

天災その他不可抗力による損害の負担に関する定めは、売買の場合も貸借の場合も、37条書面（電磁的方法により提供する場合を含む）に記載が必要です。

以上より、37条書面に必ず記載しなければならない事項の組合せはイとウ。だから答えは(3)！

　　　　　　　　　　　　　　　　　　　　　　　　　　　解答…(3)

？これはどう？　　　　　　　　　　　　　　　　　　R1−問34②改

宅地建物取引業者が既存住宅の<u>売買</u>の媒介を行う場合、37条書面（承諾を得て、電磁的方法により提供する場合を含む）に当該建物の<u>構造耐力上主要な部分等の状況について当事者の双方が確認した事項</u>を記載しなければならない。

〇　既存建物の売買において、建物の構造耐力上主要な部分等の状況について当事者の双方が確認した事項は37条書面（電磁的方法により提供する場合を含む）の記載事項です。

？これはどう？　　　　　　　　　　　　　　　　　　R1−問34③改

宅地建物取引業者は、その媒介により<u>売買契約</u>を成立させた場合、当該宅地又は建物に係る<u>租税その他の公課の負担に関する定め</u>について、37条書面（承諾を得て、電磁的方法により提供する場合を含む）に<u>その内容</u>を記載する必要はない。

✗　売買の場合、当該宅地・建物に係る租税その他の公課の負担に関する定めがあるときは、その内容を37条書面（電磁的方法により提供する場合を含む）に記載しなければなりません。

難易度 B 契約書（37条書面）

→教科書 *CHAPTER01 SECTION07*

問題71 宅地建物取引業者Aが宅地建物取引業法（以下この問において「法」という。）第37条の規定により交付すべき書面（以下この問において「37条書面」という。）に関する次の記述のうち、法の規定によれば、正しいものはいくつあるか。なお、この問において、「電磁的方法により提供」とは、政令で定めるところにより、同法第37条に定める者の承諾を得て、37条書面に記載すべき事項を電磁的方法であって国土交通省令で定めるものにより提供することをいうものとする。　　　　　　　　　　　　　　［R1問36改］

ア　Aは、その媒介により建築工事完了前の建物の売買契約を成立させ、当該建物を特定するために必要な表示について37条書面で交付する際、法第35条の規定に基づく重要事項の説明において使用した図書の交付により行った。

イ　Aが自ら貸主として宅地の定期賃貸借契約を締結した場合において、借賃の支払方法についての定めがあるときは、Aは、その内容を37条書面（電磁的方法により提供する場合を含む）に記載しなければならず、借主が宅地建物取引業者であっても、当該書面を交付又は提供しなければならない。

ウ　土地付建物の売主Aは、買主が金融機関から住宅ローンの承認を得られなかったときは契約を無条件で解除できるという取決めをしたが、自ら住宅ローンのあっせんをする予定がなかったので、37条書面（電磁的方法により提供する場合を含む）にその取決めの内容を記載しなかった。

エ　Aがその媒介により契約を成立させた場合において、契約の解除に関する定めがあるときは、当該契約が売買、貸借のいずれに係るものであるかを問わず、37条書面（電磁的方法により提供する場合を含む）にその内容を記載しなければならない。

(1) 一つ　(2) 二つ　(3) 三つ　(4) 四つ

	①	②	③	④	⑤
学 習 日					
理 解 度 (○/△/×)					

解説

ア　正　　　　　　　　　　【建築工事完了前の建物の売買を媒介し、当該売買契約を成立させた場合】

37条書面（電磁的方法により提供する場合を含む）には、当該建物を特定するために必要な表示を記載しなければなりませんが、この建物を特定するために必要な表示は、工事完了前の建物については、重要事項の説明において使用した図書を交付して行います。

イ　誤　　　　　　　　　　　　　　　　　　　　　　　　【「自ら貸借」の場合】

「自ら貸借」の場合には、宅建業法は適用されないので、37条書面を作成・交付する必要も承諾を得て電磁的方法により提供する必要もありません。

ウ　誤　　　　　　　　　　　　　　　【契約の解除に関する定めがあるとき】

契約の解除に関する定めがある場合、その内容を37条書面（電磁的方法により提供する場合を含む）に記載しなければなりません。したがって、「買主が金融機関から住宅ローンの承認を得られなかったときは契約を無条件で解除できる」という取決めをした場合には、宅建業者自ら住宅ローンのあっせんをする予定がなくても、37条書面にその取決めの内容を記載する必要があります。

エ　正　　　　　　　　　　　　　　　【契約の解除に関する定めがあるとき】

宅建業者が媒介により契約を成立させた場合、その契約が売買、貸借のいずれであっても、契約の解除に関する定めがあるときは、その内容を37条書面（電磁的方法により提供する場合を含む）に記載しなければなりません。

以上より、正しいものは2つ！だから答えは(2)！

解答…(2)

難易度 B 契約書（37条書面）

→教科書 *CHAPTER01 SECTION07*

問題72 宅地建物取引業者Aが宅地建物取引業法第37条の規定により交付すべき書面（以下この問において「37条書面」という。）に関する次の記述のうち、同法の規定によれば、誤っているものの組合せはどれか。なお、この問において、「電磁的方法により提供」とは、政令で定めるところにより、同法第37条に定める者の承諾を得て、37条書面に記載すべき事項を電磁的方法であって国土交通省令で定めるものにより提供することをいうものとする。

[H26 問42㉎]

ア Aが売主として宅地建物取引業者Bの媒介により、土地付建物の売買契約を締結した場合、Bが37条書面（電磁的方法により提供する場合を含む）を作成し、その宅建士をして当該書面に記名させれば、Aは、宅建士による37条書面（電磁的方法により提供する場合を含む）への記名を省略することができる。

イ Aがその媒介により、事業用宅地の定期賃貸借契約を公正証書によって成立させた場合、当該公正証書とは別に37条書面を作成して交付又は電磁的方法により提供するに当たって、宅建士をして記名させる必要はない。

ウ Aが売主としてCとの間で売買契約を成立させた場合（Cは自宅を売却して購入代金に充てる予定である。）、AC間の売買契約に「Cは、自宅を一定の金額以上で売却できなかった場合、本件売買契約を無条件で解除できる」旨の定めがあるときは、Aは、37条書面（電磁的方法により提供する場合を含む）にその内容を記載しなければならない。

(1) ア、イ
(2) ア、ウ
(3) イ、ウ
(4) ア、イ、ウ

	①	②	③	④	⑤
学 習 日					
理 解 度 (○/△/×)					

> **解説**

ア　誤　　　　　　　　　　　　　　　　　　　　　　【契約書(37条書面)】

売主が宅建業者(A)である売買の媒介を宅建業者(B)が行った場合、AとBは双方とも買主に対して契約書(37条書面)の交付義務(または承諾を得て電磁的方法により提供する義務)を負います。したがって、Aも宅建士による37条書面への記名をする必要があります。

イ　誤　　　　　　　　　　　　　　　　　　　　　　【契約書(37条書面)】

事業用宅地の定期賃貸借契約を公正証書によって行った場合でも、37条書面(電磁的方法により提供する場合を含む)には宅建士の記名が必要です。

ウ　正　　　　　　　　　　　　　　　　　　　　　　【契約書(37条書面)】

契約の解除の定めがある場合には、37条書面(電磁的方法により提供する場合を含む)にその内容を記載しなければなりません。

		売買交換	貸借
その定めがあるときに記載が必要な事項	⑦ **代金・交換差金・借賃以外**の金銭(手付金、敷金礼金など)の授受に関する定めがあるとき　➡その額、金銭の授受の時期、目的	●	●
	⑧ **契約の解除**に関する定めがあるとき➡その内容	●	●
	⑨ **損害賠償額の予定、違約金**に関する定めがあるとき➡その内容	●	●
	⑩ **天災その他不可抗力による損害の負担**に関する定めがあるとき　➡その内容	●	●
	⑪ **代金・交換差金についての金銭の貸借(ローン)のあっせん**に関する定めがある場合➡当該あっせんに係る**金銭の貸借が成立しないときの措置**	●	
	⑫ **一定の担保責任**(当該宅地・建物が種類・品質に関して契約の内容に適合しない場合におけるその不適合を担保すべき責任)または当該責任の履行に関して講ずべき保証保険契約の締結その他の措置についての定めがあるとき➡その内容	●	
	⑬ 当該宅地・建物に係る**租税その他の公課の負担**に関する定めがあるとき➡その内容	●	

以上より、誤っているものの組合せはアとイ。だから答えは(1)！

解答…(1)

難易度 C 契約書（37条書面）

→教科書 *CHAPTER01 SECTION07*

問題73 宅地建物取引業者が媒介により建物の貸借の契約を成立させた場合、宅地建物取引業法第37条の規定により当該貸借の契約当事者に対して交付すべき書面（以下この問において「37条書面」という。）に必ず記載しなければならない事項の組合せとして、正しいものはどれか。なお、この問において、「37条書面」には、政令で定めるところにより、同法第37条に定める者の承諾を得て、37条書面に記載すべき事項を電磁的方法であって国土交通省令で定めるものにより提供する場合を含むものとする。

［H25 問35㋹］

ア　保証人の氏名及び住所
イ　建物の引渡しの時期
ウ　借賃の額並びにその支払の時期及び方法
エ　媒介に関する報酬の額
オ　借賃以外の金銭の授受の方法

（1）ア、イ
（2）イ、ウ
（3）ウ、エ、オ
（4）ア、エ、オ

	①	②	③	④	⑤
学 習 日					
理 解 度 (○/△/×)					

> **解説**

ア **必ず記載すべき事項ではない** 　　　　　　　　　　【契約書(37条書面)】

保証人の氏名および住所は、必ず記載すべき事項ではありません。

ちなみに、「取引の当事者の氏名および住所」は、37条書面の必ず記載すべき事項だよ。

イ **必ず記載すべき事項である** 　　　　　　　　　　【契約書(37条書面)】

建物の引渡しの時期は、必ず記載すべき事項です。

ウ **必ず記載すべき事項である** 　　　　　　　　　　【契約書(37条書面)】

借賃の額ならびにその支払いの時期および方法は、必ず記載すべき事項です。

エ **必ず記載すべき事項ではない** 　　　　　　　　　　【契約書(37条書面)】

媒介に関する報酬の額は、必ず記載すべき事項ではありません。

媒介に関する報酬の額は媒介契約書に記載すべきもの〜

オ **必ず記載すべき事項ではない** 　　　　　　　　　　【契約書(37条書面)】

借賃以外の金銭の授受の方法は、必ず記載すべき事項ではありません。

以上より、37条書面(電磁的方法により提供する場合を含む)に必ず記載しなければならない事項の組合せはイとウ。
だから答えは(2)！

解答…(2)

		売買交換	貸借
必ず記載する事項	❶ 当事者の**氏名**(法人の場合は名称)および住所	●	●
	❷ 宅地・建物を特定するのに必要な表示 (宅地…所在、地番等／建物…所在、種類、構造等)	●	●
	❸ 代金・交換差金・借賃の額、その支払時期、支払方法	●	●
	❹ 宅地・建物の**引渡時期**	●	●
	❺ 移転登記の申請の時期	●	
	❻ 既存の建物の構造耐力上主要な部分等の状況について当事者の双方が確認した事項	●	

35条書面と37条書面の記載事項はいろいろあって大変だけど、問題を解きながら、ひとつひとつ確認していこう

難易度 B 35条書面と契約書（37条書面） →教科書 *CHAPTER01 SECTION07*

問題74　宅地建物取引業法に関する次の記述のうち、誤っているものはどれか。なお、この問において、「35条書面」とは、同法第35条の規定に基づく重要事項を記載した書面を、「37条書面」とは、同法第37条の規定に基づく契約の内容を記載した書面をいうものとする。また、この問においては、必要な承諾を得て、一定の事項を電磁的方法（電子情報処理組織を使用する方法その他の情報通信の技術を利用する方法をいう。）により提供する場合を考慮しないこととする。

[H23 問34⑫]

(1) 宅地建物取引業者は、抵当権に基づく差押えの登記がされている建物の貸借の媒介をするにあたり、貸主から当該登記について告げられなかった場合であっても、35条書面及び37条書面に当該登記について記載しなければならない。

(2) 宅地建物取引業者は、37条書面の作成を宅建士でない従業者に行わせることができる。

(3) 宅地建物取引業者は、その媒介により建物の貸借の契約が成立した場合、天災その他不可抗力による損害の負担に関する定めがあるときには、その内容を37条書面に記載しなければならない。

(4) 37条書面に記名する宅建士は、35条書面に記名した宅建士と必ずしも同じ者である必要はない。

	①	②	③	④	⑤
学 習 日					
理 解 度 (○/△/×)					

解説

(1) **誤** 　　　　　　　　　　　　　　　　　【35条書面と契約書(37条書面)】

登記された権利の内容は35条書面の記載事項ですが、37条書面の記載事項ではありません。

(2) **正** 　　　　　　　　　　　　　　　　　　　　　　　【契約書(37条書面)】

37条書面への記名は宅建士が行いますが、37条書面の作成や交付は宅建士が行う必要はありません。

(3) **正** 　　　　　　　　　　　　　　　　　　　　　　　【契約書(37条書面)】

貸借の場合でも、天災その他不可抗力による損害の負担に関する定めがある場合は、その内容を37条書面に記載しなければなりません。

(4) **正** 　　　　　　　　　　　　　　　　　【35条書面と契約書(37条書面)】

35条書面に記名した宅建士と37条書面に記名する宅建士は同じである必要はありません。

解答…**(1)**

❓**これはどう?** ──────────────── H28-問39①改

宅地建物取引業者が媒介により区分所有建物の貸借の契約を成立させた場合、専有部分の用途その他の利用の制限に関する規約において、ペットの飼育が禁止されている場合は、重要事項説明書にその旨記載し内容を説明したときも、37条書面(承諾を得て、電磁的方法により提供する場合を含む)に記載しなければならない。

❌　ペットの飼育が禁止されている場合は、35条書面にその旨記載し、内容を説明しなければなりません(相手方が宅建業者に該当する場合を除く)が、37条書面の記載事項ではありません。承諾を得て、電磁的方法により提供する場合も同様です。

難易度 B　35条書面と契約書（37条書面）　→教科書 CHAPTER01 SECTION07

問題75　宅地建物取引業者Aが売主Bと買主Cの間の建物の売買について媒介を行う場合に交付する「35条書面」又は「37条書面」に関する次の記述のうち、宅地建物取引業法の規定によれば、正しいものはどれか。なお、35条書面とは、同法第35条の規定に基づく重要事項を記載した書面を、37条書面とは、同法第37条の規定に基づく契約の内容を記載した書面をいうものとする。また、この問においては、必要な承諾を得て、一定の事項を電磁的方法（電子情報処理組織を使用する方法その他の情報通信の技術を利用する方法をいう。）により提供する場合を考慮しないこととする。

[H19 問40㉑]

(1) Aは、35条書面及び37条書面のいずれの交付に際しても、宅建士をして、当該書面への記名及びその内容の説明をさせなければならない。

(2) Bが宅地建物取引業者でその承諾がある場合、Aは、Bに対し、35条書面及び37条書面のいずれの交付も省略することができる。

(3) Cが宅地建物取引業者でその承諾がある場合、Aは、Cに対し、35条書面の交付を省略することができるが、37条書面の交付を省略することはできない。

(4) Aが、宅地建物取引業者Dと共同で媒介を行う場合、35条書面にAが調査して記入した内容に誤りがあったときは、Aだけでなく、Dも業務停止処分を受けることがある。

	①	②	③	④	⑤
学 習 日					
理 解 度 (○/△/×)					

解説

(1) **誤** 　　　　　　　　　　　　　　　　　　【35条書面と契約書(37条書面)】

35条書面および37条書面のいずれも宅建士の記名が必要です。また、35条書面については、原則として宅建士がその内容を説明しなければなりません。しかし、**37条書面についてはその内容を説明する必要はありません。**

(2) **誤** 　　　　　　　　　　　　　　　　　　【35条書面と契約書(37条書面)】

取引の相手方が宅建業者であっても、35条書面、37条書面ともに交付を省略することはできません。なお、Bは売主であるため、AはBに対して35条書面を交付する必要はありません(37条書面は交付する必要があります)。

(3) **誤** 　　　　　　　　　　　　　　　　　　【35条書面と契約書(37条書面)】

取引の相手方が宅建業者であったとしても、35条書面、37条書面ともに交付を省略することはできません。Cは買主であるため、AはCに対して35条書面も37条書面も交付しなければなりません。

(4) **正** 　　　　　　　　　　　　　　　　　　【35条書面と契約書(37条書面)】

AとDで共同して責任を負うため、35条書面に誤りがあったときは、AもDも業務停止処分を受けることがあります。

解答…**(4)**

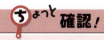

監督処分…SEC.10

☆ 重要事項の説明義務違反や37条書面の交付（または電磁的方法による提供）義務違反があった場合には、業務停止処分（情状が特に重いときは免許取消処分）を受けることがある

難易度 A　その他の業務上の規制

→教科書 *CHAPTER01 SECTION07*

問題76　宅地建物取引業者A社が行う業務に関する次の記述のうち、宅地建物取引業法の規定に違反するものはいくつあるか。　　［H23 問41］

ア　A社は、建物の販売に際して、買主が手付として必要な額を持ち合わせていなかったため、手付を貸し付けることにより、契約の締結を誘引した。

イ　A社は、建物の販売に際して、短時間であったが、私生活の平穏を害するような方法により電話勧誘を行い、相手方を困惑させた。

ウ　A社は、建物の販売に際して、売買契約の締結後、買主から手付放棄による契約解除の申出を受けたが、正当な理由なく、これを拒んだ。

エ　A社は、建物の売買の媒介に際して、売買契約の締結後、買主に対して不当に高額の報酬を要求したが、買主がこれを拒んだため、その要求を取り下げた。

(1)　一つ
(2)　二つ
(3)　三つ
(4)　四つ

	①	②	③	④	⑤
学 習 日					
理 解 度 (○/△/×)					

解説

ア　違反する　　　　　　　　　　　　　　　　　　　　　【手付貸与等の禁止】

宅建業者が手付を貸し付けたり、立て替えたりすることによって、契約の締結を誘引してはいけません。

イ　違反する　　　　　　　　　　　　　　　　　　　　　　　　　　【その他】

短時間であったとしても、相手方が迷惑を覚えるような行為をしてはいけません。

❓これはどう？　　　　　　　　　　　　　　　　　　　　　　H24-問41エ

宅地建物取引業者A社の従業員は、勧誘の相手方から、「午後3時に訪問されるのは迷惑である。」と事前に聞いていたが、深夜でなければ迷惑にはならないだろうと判断し、午後3時に当該相手方を訪問して勧誘を行った。この行為は宅建業法違反とはならない。

> ✗　相手方が「午後3時に訪問されるのは迷惑である」と言っているので、その時間に訪問することは宅建業法違反となります。

ウ　違反する　　　　　　　　　　　　　　　　　　　　　　　　　【その他】

相手方が手付を放棄して契約を解除しようとしているのに、正当な理由なく、拒むことはできません。

エ　違反する　　　　　　　　　　　　　【不当に高額な報酬を要求する行為の禁止】

宅建業者は、不当に高額な報酬を要求することはできません。たとえ実際には受け取っていなくても、請求した時点で宅建業法違反となります。

以上より、違反するのは4つ。だから答えは(4)だよ〜

解答…(4)

難易度 B　その他の業務上の規制

→教科書 *CHAPTER01 SECTION07*

問題77　宅地建物取引業者が行う業務に関する次の記述のうち、宅地建物取引業法の規定に違反しないものはどれか。　　　　　　　　　[H18問40]

(1) 建物の販売に際して、利益を生ずることが確実であると誤解させる断定的判断を提供する行為をしたが、実際に売買契約の成立には至らなかった。

(2) 建物の販売に際して、不当に高額の報酬を要求したが、実際には国土交通大臣が定める額を超えない報酬を受け取った。

(3) 建物の販売に際して、手付について貸付けをすることにより売買契約の締結の誘引を行ったが、契約の成立には至らなかった。

(4) 建物の販売に際して、当該建物の売買契約の締結後、既に購入者に対する建物引渡債務の履行に着手していたため、当該売買契約の手付放棄による解除を拒んだ。

	①	②	③	④	⑤
学習日					
理解度 (○/△/×)					

解説

(1) 違反する　　　　　　　　　　　　　　【断定的判断の提供の禁止】

宅建業者は、契約の締結にさいし、利益が生じることが確実であると誤解されるような断定的判断の提供をしてはいけません。

実際に売買契約の成立に至らなくても、ダメ！

(2) 違反する　　　　　　　　　【不当に高額な報酬を要求する行為の禁止】

宅建業者は、不当に高額な報酬を要求することはできません。たとえ実際には受け取っていなくても、要求した時点で宅建業法違反となります。

(3) 違反する　　　　　　　　　　　　　　　　　【手付貸与等の禁止】

契約の成立に至らなかったとしても、手付の貸付けによる契約締結の誘引は禁止されています。

(4) 違反しない　　　　　　　　　　　　　　　【手付…SEC.08 5】

手付金が交付された場合、相手方が履行に着手していなければ、買主は**手付金を放棄**することによって、売主は**手付金**の**倍額**を現実に**提供**することによって、契約を解除することができます。

本肢の場合、すでに売主(宅建業者)が履行に着手しているため、売主(宅建業者)は、買主の手付放棄による解除を拒むことができます。

解答…**(4)**

これはどう？　　　　　　　　　　　　　　　R3（10月）－問40④

宅地建物取引業者は、業務上取り扱ったことについて知り得た秘密に関し、税務署の職員から質問検査権の規定に基づき質問を受けたときであっても、回答してはならない。

> ✗　宅建業者は、正当な理由がある場合でなければ、その業務上取り扱ったことについて知り得た秘密を他に漏らしてはなりません。税務署の職員から質問検査権の規定にもとづき質問を受けた場合は、正当な理由があるといえるため、それに回答することができます。

難易度 A　その他の業務上の規制

→教科書 *CHAPTER01 SECTION07*

問題78　宅地建物取引業者の業務に関する次の記述のうち、宅地建物取引業法の規定に違反するものはいくつあるか。　　　　　　［R3（10月）問43］

ア　マンションの販売に際して、買主が手付として必要な額を持ち合わせていなかったため、手付を分割受領することにより、契約の締結を誘引した。

イ　宅地の売買に際して、相手方が「契約の締結をするかどうか明日まで考えさせてほしい」と申し出たのに対し、事実を歪めて「明日では契約締結できなくなるので、今日しか待てない」と告げた。

ウ　マンション販売の勧誘を電話で行った際に、勧誘に先立って電話口で宅地建物取引業者の商号又は名称を名乗らずに勧誘を行った。

エ　建物の貸借の媒介に際して、賃貸借契約の申込みをした者がその撤回を申し出たが、物件案内等に経費がかかったため、預り金を返還しなかった。

(1) 一つ

(2) 二つ

(3) 三つ

(4) 四つ

	①	②	③	④	⑤
学 習 日					
理 解 度 (○/△/×)					

156

解説

ア　違反する　　　　　　　　　　　　　　　　　【手付の分割払い】

　宅建業者が手付を貸し付けたり、手付の後払い・手付の分割払いを認めること等信用の供与をすることによって契約の締結を誘引することは宅建業法に違反します。

イ　違反する　　　　　　　　　　　　　【必要な時間を与えることを拒むこと】

　宅建業者が契約の締結の勧誘をするさいして、正当な理由なく、当該契約を締結するかどうかを判断するために必要な時間を与えることを拒むことは宅建業法に違反します。

ウ　違反する　　　　　　　　　　　【勧誘前に告げるべき内容を告げないこと】

　宅建業者が相手方に対し、勧誘に先立って当該宅建業者の**商号・名称、当該勧誘を行う者の氏名**および**契約の締結について勧誘をする目的である旨**を告げずに勧誘を行うことは宅建業法に違反します。

エ　違反する　　　　　　　　　　　　　　　　　【預り金等の返還拒否】

　相手方が契約の申込みの撤回を行うにさいし、すでに受け取っている預り金(申込証拠金など)の返還を拒むことは宅建業法に違反します。

以上より、違反するものは4つ！だから答えは(4)！

解答…(4)

難易度 A 8種制限（クーリング・オフ制度）　→教科書 *CHAPTER01 SECTION08*

問題79　宅地建物取引業者A社が、自ら売主として宅地建物取引業者でない買主Bとの間で締結した投資用マンションの売買契約について、Bが宅地建物取引業法第37条の2の規定に基づき、いわゆるクーリング・オフによる契約の解除をする場合における次の記述のうち、誤っているものの組合せはどれか。　　　　　　　　　　　　　　　　　　　　[H23 問35]

ア　A社は、契約解除に伴う違約金の定めがある場合、クーリング・オフによる契約の解除が行われたときであっても、違約金の支払を請求することができる。

イ　A社は、クーリング・オフによる契約の解除が行われた場合、買受けの申込み又は売買契約の締結に際し受領した手付金その他の金銭の倍額をBに償還しなければならない。

ウ　Bは、投資用マンションに関する説明を受ける旨を申し出た上で、喫茶店で買受けの申込みをした場合、その5日後、A社の事務所で売買契約を締結したときであっても、クーリング・オフによる契約の解除をすることができる。

(1) ア、イ
(2) ア、ウ
(3) イ、ウ
(4) ア、イ、ウ

	①	②	③	④	⑤
学 習 日					
理 解 度 (○/△/×)					

158

解説

ア 誤 　　　　　　　　　　　　　　　　　　　　　【クーリング・オフ制度】

クーリング・オフによって契約が解除された場合には、違約金や損害賠償の支払いの請求はできません。

イ 誤 　　　　　　　　　　　　　　　　　　　　　【クーリング・オフ制度】

クーリング・オフによって契約が解除された場合には、宅建業者は、すでに受け取った手付金や代金等をすべて返さなければなりませんが、倍額を返す必要はありません。

ウ 正 　　　　　　　　　　　　　　　　　　　　　【クーリング・オフ制度】

クーリング・オフができる場所かどうかは、買受けの申込みをした場所で判断します。本肢では、喫茶店で買受けの申込みをしていますが、喫茶店はクーリング・オフができる場所に該当します。したがって、Bはクーリング・オフによる契約の解除をすることができます。

以上より、誤っているものの組合せはアとイ。だから答えは(1)！

解答…(1)

ちょっと確認！

申込みの場所と契約締結の場所が異なる場合

☆ 申込みの場所と契約締結の場所が異なる場合、クーリング・オフが適用されるかどうかは**申込み**の場所で判断する

クーリング・オフの効果

☆ 適正にクーリング・オフがされた場合、売主（宅建業者）は、すでに受け取った手付金や代金等をすべて返さなければならない

☆ 宅建業者はクーリング・オフに伴う損害賠償や違約金の支払いを請求することはできない

A 8種制限（クーリング・オフ制度） →教科書 CHAPTER01 SECTION08

問題80 宅地建物取引業者Aが、自ら売主となり、宅地建物取引業者でない買主との間で締結した宅地の売買契約について、買主が宅地建物取引業法第37条の2の規定に基づき、いわゆるクーリング・オフによる契約の解除をする場合に関する次の記述のうち、正しいものはどれか。 ［H20問39］

(1) 買主Bは自らの希望により勤務先で売買契約に関する説明を受けて買受けの申込みをし、その際にAからクーリング・オフについて何も告げられずに契約を締結した。この場合、Bは、当該契約の締結の日から8日を経過するまでは、契約の解除をすることができる。

(2) 買主Cは喫茶店において買受けの申込みをし、その際にAからクーリング・オフについて何も告げられずに契約を締結した。この場合、Cは、当該契約の締結をした日の10日後においては、契約の解除をすることができない。

(3) 買主Dはレストランにおいて買受けの申込みをし、その際にAからクーリング・オフについて書面で告げられ、契約を締結した。この場合、Dは、当該契約の締結をした日の5日後においては、書面を発しなくても契約の解除をすることができる。

(4) 買主Eはホテルのロビーにおいて買受けの申込みをし、その際にAからクーリング・オフについて書面で告げられ、契約を締結した。この場合、Eは、当該宅地の代金の80％を支払っていたが、当該契約の締結の日から8日を経過するまでは、契約の解除をすることができる。

	①	②	③	④	⑤
学習日					
理解度 (○/△/×)					

160

解説

（1）**誤**　　　　　　　　　　　　　　　　　【クーリング・オフ制度】

　　買主が自ら申し出た場合の自宅や勤務先は、クーリング・オフができない場所に該当するので、本肢の場合、Bはクーリング・オフによって契約を解除することはできません。

（2）**誤**　　　　　　　　　　　　　　　　　【クーリング・オフ制度】

　　宅建業者からクーリング・オフができる旨、方法を**書面**で告げられた日から起算して**8日**を経過した場合、クーリング・オフができなくなりますが、本肢では、買主Cはクーリング・オフについて何も告げられていないので、いつまでも（契約をした日の10日後でも）、クーリング・オフによって契約を解除することができます。

（3）**誤**　　　　　　　　　　　　　　　　　【クーリング・オフ制度】

　　クーリング・オフは必ず**書面**によって行わなければなりません。

❓これはどう？━━━━━━━━━━━━━━━━━━━H16－問42③改

クーリング・オフによる契約の解除は、<u>国土交通大臣が定める書式の書面をもって</u>行わなければならない。

> ✕　クーリング・オフは書面をもって行わなければなりませんが、国土交通大臣が定める書式の書面である必要はありません。

（4）**正**　　　　　　　　　　　　　　　　　【クーリング・オフ制度】

　　買主が宅地・建物の引渡しを受け、かつ代金の全額を支払った場合には、クーリング・オフができなくなりますが、本肢の場合、買主Eは、代金の80％しか支払っていないため、契約の締結の日から8日を経過するまでは、クーリング・オフによって契約を解除することができます。

解答…(4)

ちょっと確認！

クーリング・オフができなくなる場合

❶ クーリング・オフができる旨、方法を宅建業者から**書面**で告げられた日から起算して**8日**を経過した場合

❷ 買主が　宅地・建物の引渡しを受け　かつ　代金の**全額**を支払った　場合

難易度		
B	**8種制限（クーリング・オフ制度）**	→教科書 *CHAPTER01 SECTION08*

問題81　宅地建物取引業者Ａが、自ら売主となり、宅地建物取引業者でない買主Ｂとの間で締結した宅地の売買契約について、Ｂが宅地建物取引業法第37条の2の規定に基づき、いわゆるクーリング・オフによる契約の解除をする場合における次の記述のうち、正しいものはどれか。　[H22問38]

(1) Ｂが、自ら指定したホテルのロビーで買受けの申込みをし、その際にＡからクーリング・オフについて何も告げられず、その3日後、Ａのモデルルームで契約を締結した場合、Ｂは売買契約を解除することができる。

(2) Ｂは、テント張りの案内所で買受けの申込みをし、その際にＡからクーリング・オフについて書面で告げられ、契約を締結した。その5日後、代金の全部を支払い、翌日に宅地の引渡しを受けた。この場合、Ｂは売買契約を解除することができる。

(3) Ｂは、喫茶店で買受けの申込みをし、その際にＡからクーリング・オフについて書面で告げられ、翌日、喫茶店で契約を締結した。その5日後、契約解除の書面をＡに発送し、その3日後に到達した。この場合、Ｂは売買契約を解除することができない。

(4) Ｂは、自ら指定した知人の宅地建物取引業者Ｃ（ＣはＡから当該宅地の売却について代理又は媒介の依頼を受けていない。）の事務所で買受けの申込みをし、その際にＡからクーリング・オフについて何も告げられず、翌日、Ｃの事務所で契約を締結した場合、Ｂは売買契約を解除することができない。

	①	②	③	④	⑤
学 習 日					
理 解 度 （○/△/×）					

解説

クーリング・オフができる場所かどうかは、買受けの申込みの場所で判断します。

(1) 正　　　　　　　　　　　　　　　　　　　　　【クーリング・オフ制度】

　買主が自ら申し出た場合の自宅や勤務先は、クーリング・オフができない場所ですが、買主が自ら申し出た場合でも、ホテルのロビーはクーリング・オフができる場所です。したがって、Bはクーリング・オフをすることができます。

(2) 誤　　　　　　　　　　　　　　　　　　　　　【クーリング・オフ制度】

　本肢では、Bは代金の全額を支払い、かつ、宅地の引渡しを受けているため、クーリング・オフができなくなります。

(3) 誤　　　　　　　　　　　　　　　　　　　　　【クーリング・オフ制度】

　クーリング・オフの効果は、契約解除の**書面を発した**ときに生じます。本肢では、クーリング・オフについて書面で告げられてから8日を経過する前に契約解除の書面を発送しているため、クーリング・オフをすることができます。

(4) 誤　　　　　　　　　　　　　　　　　　　　　【クーリング・オフ制度】

　宅建業者CがA（売主である宅建業者）から宅地の売却について代理または媒介の依頼を受けていた場合には、Cの事務所はクーリング・オフができない場所となりますが、本肢では「CはAから当該宅地の売却について代理又は媒介の依頼を受けていない」とあるため、Bはクーリング・オフをすることができます。

解答…**(1)**

ちょっと確認！

クーリング・オフができない場所

❶ 事務所
❷ 以下の場所 で専任の宅建士を設置する義務がある場所

> a. 事務所以外で、継続的に業務を行うことができる施設を有する場所
> b. 一団の宅地建物の分譲を行う、土地に定着する案内所
> 　→ モデルルーム、モデルハウスなど…クーリング・オフできない
> 　→ テント張りの案内所…クーリング・オフできる
> **c. 宅建業者(A)が売主となり、他の宅建業者(B)に媒介または代理の依頼をしたときは、他の宅建業者(B)の❶、❷a.b.に該当する場所**

❸ 買主が自ら申し出た場合の自宅、勤務先
> → 宅建業者が申し出た場合の買主の自宅や勤務先…クーリング・オフできる
> → **買主が自ら申し出た場合の喫茶店やホテルのロビー**
> 　　　　　　　　　　　　　　**…クーリング・オフできる**

難易度 B 8種制限（クーリング・オフ制度）
→教科書 *CHAPTER01 SECTION08*

問題82 宅地建物取引業者Aが、自ら売主として、宅地建物取引業者B の媒介により、宅地建物取引業者ではないCを買主とするマンションの売買契約を締結した場合における宅地建物取引業法第37条の2の規定に基づくいわゆるクーリング・オフについて告げるときに交付すべき書面（以下この問において「告知書面」という。）に関する次の記述のうち、正しいものはどれか。　　　　　　　　　　　　　　　　　　　　　[R3(10月)問39]

(1) 告知書面には、クーリング・オフによる買受けの申込みの撤回又は売買契約の解除があったときは、Aは、その買受けの申込みの撤回又は売買契約の解除に伴う損害賠償又は違約金の支払を請求することができないことを記載しなければならない。

(2) 告知書面には、クーリング・オフについて告げられた日から起算して8日を経過するまでの間は、Cが当該マンションの引渡しを受け又は代金の全部を支払った場合を除き、書面によりクーリング・オフによる買受けの申込みの撤回又は売買契約の解除を行うことができることを記載しなければならない。

(3) 告知書面には、Cがクーリング・オフによる売買契約の解除をするときは、その旨を記載した書面がAに到達した時点で、その効力が発生することを記載しなければならない。

(4) 告知書面には、A及びBの商号又は名称及び住所並びに免許証番号を記載しなければならない。

	①	②	③	④	⑤
学 習 日					
理 解 度 (○/△/×)					

解説

(1) **正**　　　　　　　　　　【クーリング・オフを告げるときに交付する書面】

　　告知書面には、クーリング・オフによる買受けの申込みの撤回または売買契約の解除があった場合、宅建業者は、それに伴う損害賠償または違約金の支払いを請求できないことが記載されていなければなりません。

(2) **誤**　　　　　　　　　　【クーリング・オフを告げるときに交付する書面】

　　告知書面には、クーリング・オフを告げられた日から起算して8日を経過する日までの間は、**宅地または建物の引渡しを受け、かつ、その代金の全部を支払った場合を除き**、書面により買受けの申込みの撤回または売買契約の解除を行うことができることが記載されていなければなりません。

(3) **誤**　　　　　　　　　　【クーリング・オフを告げるときに交付する書面】

　　告知書面には、クーリング・オフによる買受けの申込みの撤回または売買契約の解除は、買受けの申込みの撤回または売買契約の解除を行う旨を記載した書面を**発した時**に、効力を生ずることが記載されていなければなりません。

(4) **誤**　　　　　　　　　　【クーリング・オフを告げるときに交付する書面】

　　告知書面には、売主である宅建業者Aの商号または名称および住所、免許証番号が記載されていなければなりませんが、媒介を行う宅建業者Bについての記載は必要ありません。

解答…**(1)**

難易度 B 8種制限（一定の担保責任の特約の制限）　→教科書 CHAPTER01 SECTION08

問題83 宅地建物取引業者A社が、自ら売主として建物の売買契約を締結する際の特約に関する次の記述のうち、宅地建物取引業法の規定に違反するものはどれか。なお、本問において「担保責任」とは、種類又は品質に関して契約の内容に適合しない場合におけるその不適合を担保すべき責任をいうものとする。

[H24 問39⑫]

（1）当該建物が新築戸建住宅である場合、宅地建物取引業者でない買主Bの売買を代理する宅地建物取引業者C社との間で当該契約締結を行うに際して、A社が当該住宅の担保責任を負う期間についての特約を定めないこと。

（2）当該建物が中古建物である場合、宅地建物取引業者である買主Dとの間で、「中古建物であるため、A社は、当該建物について担保責任を負わない」旨の特約を定めること。

（3）当該建物が中古建物である場合、宅地建物取引業者でない買主Eとの間で、「A社が当該建物について担保責任を負うのは、Eが売買契約締結の日にかかわらず引渡しの日から2年以内にA社に不適合の事実を通知したときとする。ただし、A社が引渡しの時にその不適合を知り、又は重大な過失によって知らなかったときを除く」旨の特約を定めること。

（4）当該建物が新築戸建住宅である場合、宅地建物取引業者でない買主Fとの間で、「Fは、A社が当該建物について担保責任を負う期間内であれば、損害賠償の請求をすることはできるが、契約の解除をすることはできない」旨の特約を定めること。

	①	②	③	④	⑤
学 習 日					
理 解 度 (○/△/×)					

> **解説**

(1) **違反しない**　　　　　　　　　　　　　　　　【一定の担保責任の特約の制限】

　売買における担保責任の責任追及期間を定めなくてもなんら問題はありません。この場合には、民法の規定に従います。

(2) **違反しない**　　　　　　　　　　　　　　　　【一定の担保責任の特約の制限】

　「宅建業者自ら売主となる場合の8つの制限(8種制限)」は、**売主が宅建業者で買主が宅建業者以外の人**となる場合に適用されます。本肢の買主Dは宅建業者なので、8種制限は適用されません。したがって、本肢の特約(買主が不利になる特約)を定めることができます。

(3) **違反しない**　　　　　　　　　　　　　　　　【一定の担保責任の特約の制限】

　民法の規定では、種類・品質に関して契約の内容に適合しない目的物を買主に引き渡した場合、売主が引渡しの時にその不適合を知り、または重大な過失によって知らなかったときを除き、買主が**その不適合を知った時から1年以内**にその旨を売主に通知しなければ、その不適合を理由として、売買における担保責任を追及することができなくなります。

　しかし、民法の「買主がその不適合を知った時から**1年以内**にその旨を売主に通知」という期間制限の部分について、目的物の**引渡しの日から2年以上の期間**とする特約を定めることは民法の規定より不利なものの、例外的にできます。

　したがって、本肢の特約を定めることができます。

(4) **違反する**　　　　　　　　　　　　　　　　【一定の担保責任の特約の制限】

　民法の規定では、売買における担保責任について、買主は売主に対して損害賠償請求も契約解除もできます。したがって、本肢の「契約の解除をすることはできない」旨の特約は、民法の規定よりも買主に不利となるため、無効となります。

解答…**(4)**

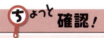

特約の制限

【原則】
宅建業者が自ら売主となる宅地・建物の売買契約において、その目的物が種類・品質に関して契約の内容に適合しない場合におけるその不適合を担保すべき責任については、民法の規定より買主に不利な特約をしてはいけない

【例外】
民法で規定する「買主がその不適合を知った時から1年以内にその旨を売主に通知」という期間制限の部分については、引渡しの時から2年以上の期間となる特約を定めることができる

8種制限（損害賠償額の予定等の制限）

問題84 宅地建物取引業者Aが自ら売主としてマンション（販売価額3,000万円）の売買契約を締結した場合における次の記述のうち、民法及び宅地建物取引業法の規定によれば、正しいものはどれか。　[H17問43]

(1) Aは、宅地建物取引業者であるBとの売買契約の締結に際して、当事者の債務不履行を理由とする契約の解除に伴う損害賠償の予定額を1,200万円とする特約を定めた。この特約は無効である。

(2) Aは、宅地建物取引業者でないCとの売買契約の締結に際して、当事者の債務不履行を理由とする契約の解除に伴う損害賠償の予定額を1,200万円とする特約を定めることができる。

(3) Aは、宅地建物取引業者であるDとの売買契約の締結に際して、当事者の債務不履行を理由とする契約の解除に伴う損害賠償の予定額の定めをしなかった場合、実際に生じた損害額1,000万円を立証により請求することができる。

(4) Aは、宅地建物取引業者でないEとの売買契約の締結に際して、当事者の債務不履行を理由とする契約の解除に伴う損害賠償の予定額を600万円、それとは別に違約金を600万円とする特約を定めた。これらの特約はすべて無効である。

解説

損害賠償額の予定または違約金を定める場合には、その合算額が代金の**20%**を超えてはいけません。本問の場合、販売価額が3,000万円なので、損害賠償の予定額と違約金の合計額が600万円(3,000万円×20%)を超える特約を定めることはできません。

(1) **誤**　　　　　　　　　　　　　　　　　【損害賠償額の予定等の制限】

「宅建業者自ら売主となる場合の8つの制限(8種制限)」は、**売主が宅建業者で買主が宅建業者以外の人**となる場合に適用されます。本肢の買主Bは宅建業者なので、8種制限は適用されません。したがって、本肢の特約(買主が不利になる特約)は有効となります。

(2) **誤**　　　　　　　　　　　　　　　　　【損害賠償額の予定等の制限】

買主Cは宅建業者以外の人なので、損害賠償の予定額が600万円(販売価額の20%)を超える特約を定めることはできません。

(3) **正**　　　　　　　　　　　　　　　　　【損害賠償額の予定等の制限】

損害賠償の予定額を定めなかった場合、債務不履行が生じたときは、実損額を請求することができます。

(4) **誤**　　　　　　　　　　　　　　　　　【損害賠償額の予定等の制限】

損害賠償の予定額と違約金の合算額が代金の**20%**を超える特約をした場合、「特約がすべて無効」になるのではなく、「**その超える部分だけが無効**」となります。

解答…**(3)**

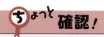

損害賠償額の予定等の制限

損害賠償額の予定または違約金の定めをする場合
→ 損害賠償の予定額と違約金の合計額は代金の20%を超えてはならない
☆ それを超える場合は、超える部分について無効

損害賠償額の予定または違約金の定めがない場合
→ 債務不履行が生じた場合、実損額を請求できる

難易度 A 8種制限（手付金等の保全措置）

→教科書 *CHAPTER01 SECTION08*

問題85 宅地建物取引業者Aが、自ら売主となって宅地建物取引業者でない買主Bに建築工事完了前のマンションを1億円で販売する場合において、AがBから受領する手付金等に関する次の記述のうち、宅地建物取引業法の規定によれば、誤っているものはどれか。なお、この問において「保全措置」とは、同法第41条第1項の規定による手付金等の保全措置をいう。

[H19 問34㉒]

(1) Aが当該マンションの売買契約締結時に、手付金として500万円をBから受領している場合において、Bが契約の履行に着手していないときは、Aは、Bに500万円を現実に提供すれば、当該売買契約を解除することができる。

(2) AがBから手付金として1,500万円を受領するに当たって保全措置を講ずる場合、Aは、当該マンションの売買契約を締結するまでの間に、Bに対して、当該保全措置の概要を説明しなければならない。

(3) AがBから手付金として1,500万円を受領しようとする場合において、当該マンションについてBへの所有権移転の登記がされたときは、Aは、保全措置を講じなくてもよい。

(4) Aが1,000万円の手付金について銀行との間に保全措置を講じている場合において、Aが資金調達に困り工事請負代金を支払うことができず、当該マンションの引渡しが不可能となったときは、Bは、手付金の全額の返還を当該銀行に請求することができる。

	①	②	③	④	⑤
学 習 日					
理 解 度 (○/△/×)					

解説

（1）**誤** 【手付の性質】

宅建業法では、どの種類の手付でも解約手付とされます。解約手付が交付された場合、相手方が履行に着手するまでは、**買主は手付を放棄**することによって、**売主は手付の倍額を現実に提供**することによって、契約を解除することができます。

本肢では、売主Aから契約を解除するため、AはBに1,000万円（500万円×2）を現実に提供しなければ、契約を解除することができません。

（2）**正** 【手付金等の保全措置】

手付金の保全措置の概要は重要事項として説明すべき内容です。したがって、AはBに対して、売買契約を締結するまでの間に、保全措置の概要を説明しなければなりません。

（3）**正** 【手付金等の保全措置】

買主への所有権の移転登記がされた場合や買主が所有権の登記をした場合には、手付金について保全措置を講ずる必要はありません。

（4）**正** 【手付金等の保全措置】

宅建業者が銀行との間で保全措置を講じている場合、宅建業者が手付金を買主に返せなくなったときに、銀行が宅建業者に代わって手付金を買主に返します。したがって、本肢の場合には、買主Bは手付金の全額の返還を銀行に請求することができます。

解答…**(1)**

ちょっと**確認！**

手付の性質

☆ 宅建業法では、どの種類の手付でも解約手付とされる

☆ 買主は、売主が履行に着手するまでは、手付を放棄して契約を解除できる

☆ 売主は、買主が履行に着手するまでは、手付の倍額を現実に提供して契約を解除できる

手付の額の制限

☆ 手付の額は代金の20％まで

☆ 20％を超える定めをした場合は、超える部分につき無効

8種制限（手付金等の保全措置）

問題86 宅地建物取引業者Aが自ら売主として、買主Bとの間で締結した売買契約に関して行う次に記述する行為のうち、宅地建物取引業法（以下この問において「法」という。）の規定に違反するものはどれか。[H20 問41]

(1) Aは、宅地建物取引業者でないBとの間で建築工事完了前の建物を5,000万円で販売する契約を締結し、法第41条に規定する手付金等の保全措置を講じずに、200万円を手付金として受領した。

(2) Aは、宅地建物取引業者でないBとの間で建築工事が完了した建物を5,000万円で販売する契約を締結し、法第41条の2に規定する手付金等の保全措置を講じずに、当該建物の引渡し前に700万円を手付金として受領した。

(3) Aは、宅地建物取引業者でないBとの間で建築工事完了前の建物を1億円で販売する契約を締結し、法第41条に規定する手付金等の保全措置を講じた上で、1,500万円を手付金として受領した。

(4) Aは、宅地建物取引業者であるBとの間で建築工事が完了した建物を1億円で販売する契約を締結し、法第41条の2に規定する手付金等の保全措置を講じずに、当該建物の引渡し前に2,500万円を手付金として受領した。

解説

(1) 違反しない 　　　　　　　　　　　　　　　　　　　　　　【手付金等の保全措置】

未完成物件の場合、手付金等の額が代金の**5%以下**（5,000万円×5%＝250万円以下）かつ**1,000万円以下**の場合には、保全措置は不要です。

本肢では、手付金の額が200万円（250万円以下）のため、保全措置を講じなくても手付金を受領することができます。

(2) 違反する 　　　　　　　　　　　　　　　　　　　　　　　【手付金等の保全措置】

完成物件の場合、手付金等の額が代金の**10%以下**（5,000万円×10%＝500万円以下）かつ**1,000万円以下**の場合には、保全措置は不要です。

本肢では、手付金の額が700万円（500万円超）のため、手付金を受け取る前に保全措置が必要です。

(3) 違反しない 　　　　　　　　　　　　　　　　　　　　　　【手付金等の保全措置】

Aは手付金を受け取る前に保全措置を講じているので、なんら問題はありません。また、手付金1,500万円は代金の20%（1億円×20%＝2,000万円）を超えていないため、手付金の額についてもなんら問題はありません。

(4) 違反しない 　　　　　　　　　　　　　　　　　　　　　　【手付金等の保全措置】

「宅建業者自ら売主となる場合の8つの制限（8種制限）」は、**売主が宅建業者**で**買主が宅建業者以外の者**となる場合に適用されます。本肢の買主Bは宅建業者なので、8種制限は適用されません。したがって、手付金の額が代金の20%を超えていても有効です。また、保全措置を講じなくても手付金を受領することができます。

解答…**(2)**

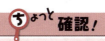

手付金等の保全措置

☆ 宅建業者は、保全措置をしたあとでなければ手付金等を受け取ることはできないが、以下の場合には保全措置は不要となる

未完成物件の場合	完成物件の場合
❶ 買主への所有権移転登記がされたとき（または買主が所有権の登記をしたとき）	
❷ 手付金等の額が｛代金の**5%以下** かつ **1,000万円以下**｝	❷ 手付金等の額が｛代金の**10%以下** かつ **1,000万円以下**｝

B 8種制限（手付金等の保全措置）

→教科書 *CHAPTER01 SECTION08*

問題87 宅地建物取引業者Aが、自ら売主として買主との間で締結する売買契約に関する次の記述のうち、宅地建物取引業法（以下この問において「法」という。）の規定によれば、正しいものはどれか。なお、この問において「保全措置」とは、法第41条に規定する手付金等の保全措置をいうものとする。

[H25 問40]

(1) Aは、宅地建物取引業者でない買主Bとの間で建築工事完了前の建物を4,000万円で売却する契約を締結し300万円の手付金を受領する場合、銀行等による連帯保証、保険事業者による保証保険又は指定保管機関による保管により保全措置を講じなければならない。

(2) Aは、宅地建物取引業者Cに販売代理の依頼をし、宅地建物取引業者でない買主Dと建築工事完了前のマンションを3,500万円で売却する契約を締結した。この場合、A又はCのいずれかが保全措置を講ずることにより、Aは、代金の額の5％を超える手付金を受領することができる。

(3) Aは、宅地建物取引業者である買主Eとの間で建築工事完了前の建物を5,000万円で売却する契約を締結した場合、保全措置を講じずに、当該建物の引渡前に500万円を手付金として受領することができる。

(4) Aは、宅地建物取引業者でない買主Fと建築工事完了前のマンションを4,000万円で売却する契約を締結する際、100万円の手付金を受領し、さらに200万円の中間金を受領する場合であっても、手付金が代金の5％以内であれば保全措置を講ずる必要はない。

	①	②	③	④	⑤
学 習 日					
理 解 度 (○/△/×)					

解説

(1) 誤　　　　　　　　　　　　　　　　　【手付金等の保全措置】

　未完成物件の場合には、指定保管機関（保証協会）による手付金等の保全措置を講じることはできません。

(2) 誤　　　　　　　　　　　　　　　　　【手付金等の保全措置】

　手付金等の保全措置を講じなければならないのは、売主であるAです。

(3) 正　　　　　　　　　　　　　　　　　【手付金等の保全措置】

　「宅建業者自ら売主となる場合の8つの制限（8種制限）」は、**売主が宅建業者で買主が宅建業者以外の者**となる場合に適用されます。本肢の買主Eは宅建業者なので、8種制限は適用されません。したがって、保全措置を講じなくても手付金を受領することができます。

(4) 誤　　　　　　　　　　　　　　　　　【手付金等の保全措置】

　手付金等とは、契約締結後、物件の引渡前に支払われる金銭をいい、手付金のほか中間金も含まれます。

　未完成物件の場合、手付金等の額が代金の**5%以下**（4,000万円×5% = 200万円以下）かつ**1,000万円以下**の場合には、保全措置は不要です。

　本肢では、手付金等の額が300万円（100万円＋200万円）で、200万円を超えるため、中間金を受領する前に保全措置を講じる必要があります。

解答…(3)

ちょっと確認！

手付金等の保全措置の方法

未完成物件の場合	完成物件の場合
❶ 銀行等との保証委託契約 ❷ 保険会社との保証保険契約	❶ 銀行等との保証委託契約 ❷ 保険会社との保証保険契約 ❸ **指定保管機関（保証協会）による保全措置**

難易度 B **8種制限（手付金等の保全措置）** →教科書 *CHAPTER01 SECTION08*

問題88 宅地建物取引業者Aが、自ら売主として、宅地建物取引業者でないBと建築工事完了前のマンション（代金3,000万円）の売買契約を締結した場合、宅地建物取引業法第41条の規定に基づく手付金等の保全措置（以下この問において「保全措置」という。）に関する次の記述のうち、正しいものはいくつあるか。 [H28問43]

ア　Aが、Bから手付金600万円を受領する場合において、その手付金の保全措置を講じていないときは、Bは、この手付金の支払を拒否することができる。

イ　Aが、保全措置を講じて、Bから手付金300万円を受領した場合、Bから媒介を依頼されていた宅地建物取引業者Cは、Bから媒介報酬を受領するに当たり、Aと同様、あらかじめ保全措置を講じなければ媒介報酬を受領することができない。

ウ　Aは、Bから手付金150万円を保全措置を講じないで受領し、その後引渡し前に、中間金350万円を受領する場合は、すでに受領した手付金と中間金の合計額500万円について保全措置を講じなければならない。

エ　Aは、保全措置を講じないで、Bから手付金150万円を受領した場合、その後、建築工事が完了しBに引き渡す前に中間金150万円を受領するときは、建物についてBへの所有権移転の登記がなされるまで、保全措置を講じる必要がない。

(1) 一つ
(2) 二つ
(3) 三つ
(4) 四つ

	①	②	③	④	⑤
学 習 日					
理 解 度 (○/△/×)					

176

解説

未完成物件の場合、手付金等の額が代金の **5％以下**（3,000万円×5％＝150万円以下）かつ **1,000万円以下** の場合には保全措置が不要です。

ア 正　　　　　　　　　　　　　　　　　　　　　　　　【手付金等の保全措置】

手付金等の保全措置が必要にもかかわらず、保全措置を講じていない場合には、買主は、手付金の支払いを拒否することができます。

イ 誤　　　　　　　　　　　　　　　　　　　　　　　　【手付金等の保全措置】

「手付金等の保全措置」は8種制限の1つです。8種制限は、宅建業者が自ら売主となる場合に適用されます。本肢において宅建業者Cは「自ら売主」ではないので、8種制限は適用されません。

ウ 正　　　　　　　　　　　　　　　　　　　　　　　　【手付金等の保全措置】

手付金150万円（150万円以下）の受領時には保全措置は不要ですが、その後、中間金350万円を受領すると合計500万円（150万円超）となるので、保全措置が必要です。この場合、すでに受領した手付金と中間金の合計額500万円について保全措置を講じることになります。

エ 誤　　　　　　　　　　　　　　　　　　　　　　　　【手付金等の保全措置】

完成物件と未完成物件の区別は、**売買契約時** において判断します。本問では売買契約時においては未完成物件であるため、手付金等（手付金や中間金など）の額が代金の **5％以下**（3,000万円×5％＝150万円以下）かつ **1,000万円以下** の場合には保全措置が不要です。本肢では中間金150万円を受領すると合計300万円（150万円超）となるので、保全措置が必要です。

以上より、正しいものはアとウの2つ。だから答えは(2)！

解答…(2)

8種制限（他人物売買の制限）

問題89 宅地建物取引業者Aが自ら売主となって宅地建物の売買契約を締結した場合に関する次の記述のうち、宅地建物取引業法の規定に違反するものはどれか。

なお、この問において、AとC以外の者は宅地建物取引業者でないものとする。　　　　　　　　　　　　　　　　　　　　　　　[H17問35]

(1) Bの所有する宅地について、BとCが売買契約を締結し、所有権の移転登記がなされる前に、CはAに転売し、Aは更にDに転売した。
(2) Aの所有する土地付建物について、Eが賃借していたが、Aは当該土地付建物を停止条件付でFに売却した。
(3) Gの所有する宅地について、AはGと売買契約の予約をし、Aは当該宅地をHに転売した。
(4) Iの所有する宅地について、AはIと停止条件付で取得する売買契約を締結し、その条件が成就する前に当該物件についてJと売買契約を締結した。

解説

(1) 違反しない 　　　　　　　　　　　　　　　　　　　　　【他人物売買の制限】

宅建業法では、原則として他人物売買は禁止されていますが、現在の所有者との間で物件を取得する契約を締結している場合には、その他人物について、売買契約をすることができるとしています。本肢では、BとCが売買契約を締結しており、CはAに宅地を転売しているため、所有権の移転登記がなされる前に、A（宅建業者）がD（宅建業者以外の者）に転売することができます。

(2) 違反しない 　　　　　　　　　　　　　　　　　　　　　【他人物売買の制限】

本肢の宅地は、Aが自分で所有するものであるため、他人物売買には該当しません。したがって、本肢の取引は宅建業法に違反しません。

(3) 違反しない 　　　　　　　　　　　　　　　　　　　　　【他人物売買の制限】

宅建業者が、他人物を取得する契約（予約契約を含む）を締結している場合には、当該他人物を売買することができます。

「今は自分（宅建業者）のものではないけど、確実に自分のものになるなら、他人物でも売ってもいいよ」ということ！

(4) 違反する 　　　　　　　　　　　　　　　　　　　　　　【他人物売買の制限】

停止条件付契約で他人物を取得する契約を締結している場合には、（条件が成就するまでの間は）当該他人物を宅建業者以外の者に売ることはできません。

「停止条件付契約」とは、「転勤が決まったら売る」とか、そういう契約をいう。この場合、転勤が決まらなかったら宅建業者は物件を取得できないため、その物件が宅建業者のものになるとは限らないよね。だから、停止条件付契約の場合には、他人物売買をすることはできない…

解答…**(4)**

ちょっと確認！

他人物売買の制限

■**原則**■
宅建業者は、自ら売主として、自己の所有に属しない物件の売買契約を締結してはいけない

■**例外**■ ← 確実に自分のものになるなら、他人のものでも売っていい！
自己の所有に属しない物件であっても、現在の所有者との間で、宅建業者が物件を 取得する契約 を締結している場合には、売買契約（売買予約契約を含む）を締結してもよい

❶ 物件を取得する契約は予約契約でもよい
❷ 物件を取得する契約は 停止条件付契約 ではダメ

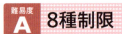

8種制限

→教科書 CHAPTER01 SECTION08

問題90 宅地建物取引業者Aが、自ら売主として、宅地建物取引業者でないBと建物の売買契約を締結しようとし、又は締結した場合に関する次の記述のうち、宅地建物取引業法(以下この問において「法」という。)の規定によれば、正しいものはどれか。　　　　　　　　　　　[H19 問41改]

(1) Aは、自己の所有に属しない建物を売買する場合、Aが当該建物を取得する契約を締結している場合であっても、その契約が停止条件付きであるときは、当該建物の売買契約を締結してはならない。

(2) 売買契約の締結に際し、当事者の債務の不履行を理由とする契約の解除に伴う損害賠償の額を予定し、又は違約金を定める場合において、これらを合算した額が売買代金の2割を超える特約をしたときは、その特約はすべて無効となる。

(3) 「建物の種類又は品質に関して契約不適合があった場合、その不適合がAの責に帰すことのできるものでないときは、Aはその不適合について担保責任を負わない」とする特約は有効である。

(4) Bがホテルのロビーで買受けの申込みをし、3日後にBの自宅で売買契約を締結した場合、Bは、当該建物の引渡しを受け、かつ、その代金の全部を支払っているときでも、当該売買契約の解除をすることができる。

	①	②	③	④	⑤
学習日					
理解度 (○/△/×)					

解説

（1） **正**　　　　　　　　　　　　　　　　　　　　　【他人物売買の制限】

　現在の所有者との間で物件を取得する契約を締結している場合には、他人物売買（自己の所有に属さない物件の売買）が認められますが、その契約が停止条件付きであるときは、他人物売買は認められません。

（2） **誤**　　　　　　　　　　　　　　　　　　　【損害賠償額の予定等の制限】

　「その特約のすべて」が無効になるのではなく、「**2割を超える部分**」が無効となるだけです。

（3） **誤**　　　　　　　　　　　　　　　　　　【一定の担保責任の特約の制限】

　民法では、売買における担保責任のうち、買主が追完請求、代金減額請求、契約解除をするのに売主の帰責事由を必要としませんが、損害賠償請求をするには売主の帰責事由が必要です。

　本肢の特約のうち、建物の種類・品質に関して契約不適合があった場合、追完請求、代金減額請求、契約解除について売主Aに帰責事由がないときは、Aはその不適合について責任を負わないとする部分が、民法の規定より買主に不利となりますので、この部分については無効となります。

（4） **誤**　　　　　　　　　　　　　　　　　　　　【クーリング・オフ制度】

　建物の引渡しを受け、かつ、代金の全額を支払った場合には、買主はクーリング・オフをすることができなくなります。

解答…**(1)**

8種制限

問題91 宅地建物取引業者Aが、自ら売主として宅地建物取引業者でないBとの間で宅地（代金2,000万円）の売買契約を締結する場合における次の記述のうち、宅地建物取引業法の規定によれば、正しいものはどれか。

[H22 問40改]

(1) Aは、当該宅地が種類又は品質に関して契約の内容に適合しない場合におけるその不適合についてAが担保の責任を負う場合を当該宅地の引渡しの日から3年以内にBがその不適合の事実をAに通知したときに限る（ただし、Aが引渡しの時にその不適合を知り、又は重大な過失によって知らなかったときを除く）とする特約をすることができる。
(2) Aは、当事者の債務不履行を理由とする契約の解除に伴う損害賠償の予定額を300万円とし、かつ、違約金を300万円とする特約をすることができる。
(3) Aは、Bの承諾がある場合においても、「Aが契約の履行に着手した後であっても、Bは手付を放棄して、当該売買契約を解除することができる」旨の特約をすることができない。
(4) 当該宅地が、Aの所有に属しない場合、Aは、当該宅地を取得する契約を締結し、その効力が発生している場合においても、当該宅地の引渡しを受けるまでは、Bとの間で売買契約を締結することができない。

解説

(1) **正**   【一定の担保責任の特約の制限】

　宅建業法上、宅建業者が自ら売主となる宅地・建物の売買契約において、その目的物が種類・品質に関して契約の内容に適合しない場合におけるその不適合を担保すべき責任については、原則として、民法の規定より買主に不利となる特約は無効となります。

　ただし、売主が引渡しの時にその不適合を知り、または重大な過失によって知らなかった時を除いて、買主が売主にその不適合について通知する期間として、当該宅地・建物の**引渡しの日から2年以上**の期間を定めたときは、その特約は有効となります。したがって、本肢の特約は有効となります。

(2) **誤**   【損害賠償額の予定等の制限】

　損害賠償額の予定または違約金を定める場合には、その合算額が代金の**20%**を超えてはいけません。本肢の場合、損害賠償の予定額と違約金の合算額が600万円で、代金の20%（2,000万円×20%＝400万円）を超えるので、当該特約をすることはできません。

(3) **誤**   【手付の放棄による契約の解除】

　民法の規定よりも買主に不利になる特約は無効ですが、「A（宅建業者）が契約の履行に着手した後であっても、B（買主）は手付を放棄して、当該売買契約を解除することができる」旨は、B（買主）にとって有利となる特約です（原則的には、相手方が履行に着手した後は、手付による契約の解除はできないため）。

　したがって、本肢の特約をすることはできます。

(4) **誤**   【他人物売買の制限】

　宅建業法では、原則として他人物売買は禁止されていますが、現在の所有者との間で物件を取得する契約を締結している場合には、その他人物について、売買契約をすることができるとしています。本肢では、宅建業者Aは当該宅地を取得する契約を締結して、その効力が発生しているため、当該宅地の引渡しを受ける前でも、Bとの間で売買契約を締結することができます。

解答…**(1)**

8種制限

問題92 宅地建物取引業者A社が、自ら売主として行う宅地(代金3,000万円)の売買に関する次の記述のうち、宅地建物取引業法の規定に違反するものはどれか。

[H23 問39改]

(1) A社は、宅地建物取引業者である買主B社との間で売買契約を締結したが、B社は支払期日までに代金を支払うことができなかった。A社は、B社の債務不履行を理由とする契約解除を行い、契約書の違約金の定めに基づき、B社から1,000万円の違約金を受け取った。

(2) A社は、宅地建物取引業者でない買主Cとの間で、割賦販売の契約を締結したが、Cが賦払金の支払を遅延した。A社は20日の期間を定めて書面にて支払を催告したが、Cがその期間内に賦払金を支払わなかったため、契約を解除した。

(3) A社は、宅地建物取引業者でない買主Dとの間で、割賦販売の契約を締結し、引渡しを終えたが、Dは300万円しか支払わなかったため、宅地の所有権の登記をA社名義のままにしておいた。

(4) A社は、宅地建物取引業者である買主E社との間で、売買契約を締結したが、「宅地の種類又は品質に関して契約の内容に適合しない場合におけるその不適合を理由とする契約の解除又は損害賠償の請求は、契約対象物件である宅地の引渡しの日から1年を経過したときはできない」とする旨の特約を定めていた。

解説

（1）違反しない　【損害賠償額の予定等の制限】

　「宅建業者自ら売主となる場合の8つの制限（8種制限）」は、**売主が宅建業者**で**買主が宅建業者以外の者**となる場合に適用されます。本肢の買主B社は宅建業者なので、8種制限は適用されません。したがって、契約書に定めた違約金1,000万円が宅地の代金の20%（3,000万円×20%＝600万円）を超えていても、宅建業法違反とはなりません。

（2）違反する　【割賦販売契約の解除等の制限…参考編CH.01 **2**】

　宅建業者が自ら売主となる割賦販売の契約において、賦払金（各回ごとの支払金額）の支払いが遅れた場合には、❶**30日以上**の期間を定めて、❷その支払いを**書面**で催告し、その期間内に支払いがないときでなければ契約の解除や残りの賦払金の支払いを請求することができません。

　本肢では、20日の期間しか定めていないため、宅建業法違反となります。

（3）違反しない　【所有権留保等の禁止…参考編CH.01 **2**】

　宅建業者は、原則として、物件の引渡までに登記の移転をしなければなりませんが、宅建業者が受け取った金額が代金の額の**10分の3以下（30%以下）**であるとき等は、登記の移転をしなくてもよくなります。

　本肢では、買主Dが支払った金額300万円は、代金の額の30%以下（3,000万円×30%＝900万円以下）であるため、所有権の登記の移転をしなくても宅建業法違反とはなりません。

（4）違反しない　【一定の担保責任の特約の制限】

　「宅建業者自ら売主となる場合の8つの制限（8種制限）」は、**売主が宅建業者**で**買主が宅建業者以外の人**となる場合に適用されます。本肢の買主E社は宅建業者なので、8種制限は適用されません。したがって、民法の規定よりも買主に不利な特約をしても宅建業法違反とはなりません。

解答…（2）

ちょっと確認！

割賦販売契約の解除等の制限

宅建業者が自ら売主となる割賦販売の契約において、賦払金の支払いが遅れた場合には、❶30日以上の期間を定めて、❷書面で催告し、その期間内に支払いがないときでなければ契約の解除や残りの賦払金の支払い請求をすることができない

難易度 B 報酬に関する制限

→教科書 *CHAPTER01 SECTION09*

問題93　宅地建物取引業者A（消費税課税事業者）が売主B（消費税課税事業者）からB所有の土地付建物の媒介の依頼を受け、買主Cとの間で売買契約を成立させた場合、AがBから受領できる報酬の上限額は、次のうちどれか。なお、土地付建物の代金は6,600万円（うち、土地代金は4,400万円）で、消費税額及び地方消費税額を含むものとする。　［H21 問41㉑］

（1）1,860,000円

（2）2,046,000円

（3）2,178,000円

（4）2,244,000円

	①	②	③	④	⑤
学 習 日					
理 解 度 (○/△/×)					

解説

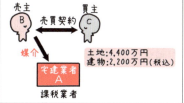

【売買・交換の媒介の報酬限度額】

土地の売買は非課税取引（消費税がかからない取引）。だから土地代金4,400万円は税抜価格だよ。

売買の媒介の場合、下記の式によって報酬限度額を計算します。

① 土地：4,400万円
　建物（税抜き）：2,200万円 ÷ 1.1 = 2,000万円
　合計（税抜き）：4,400万円 + 2,000万円 = 6,400万円
② 基本公式 の額：6,400万円 × 3% + 6万円 = 198万円
③ 報酬限度額（税込み）：198万円 × 1.1 = 217万8,000円

解答…(3)

ちょっと確認！

報酬限度額を計算するさいのもととなる基本公式

代金額※	報酬の限度額
1 200万円以下	代金額※ × 5%
2 200万円超～400万円以下	代金額※ × 4% + 2万円
3 400万円超	代金額※ × 3% + 6万円

※ 代金額とは？
　売買の場合…売買の代金額から消費税額を除いた価額（税抜き価額）
　交換の場合…交換の評価額から消費税額を除いた価額（税抜き価額）
　　→ 交換する2つの物件の価額に差がある場合は、いずれか高い価額

難易度 B 報酬に関する制限

→教科書 *CHAPTER01 SECTION09*

問題94 宅地建物取引業者A（消費税課税事業者）が、宅地建物取引業に関して報酬を受領した場合に関する次の記述のうち、宅地建物取引業法の規定に違反しないものの組合せとして、正しいものはどれか。なお、この場合の取引の関係者は、A、B及びCのみとする。 [H18 問43]

ア　Aは、BからB所有の宅地の売却について代理の依頼を受け、Cを買主として代金3,000万円で売買契約を成立させた。その際、Bから報酬として、126万円を受領した。

イ　Aは、BからB所有の宅地の売却について媒介の依頼を受け、Cを買主として代金1,000万円で売買契約を成立させた。その際、Bから報酬30万円のほかに、Bの特別の依頼による広告に要した実費10万円を受領した。

ウ　Aは、貸主B及び借主Cとの間で建物の貸借の媒介契約を締結し、その1か月後にBC間の建物の貸借契約を成立させたことの報酬として、B及びCそれぞれから建物の借賃の1月分ずつを受領した。

(1) ア、イ
(2) ア、ウ
(3) イ、ウ
(4) ア、イ、ウ

	①	②	③	④	⑤
学 習 日					
理 解 度 (○/△/×)					

解説

ア **違反しない** 　【売買・交換の代理の報酬限度額】

売買の代理の場合、下記の式によって報酬限度額を計算します。

① 基本公式の額：3,000万円 × 3% + 6万円 = 96万円
② 報酬限度額(税込み)：96万円 × 2 × 1.1 = 211万2,000円

AがBから受け取った報酬は126万円(限度額以下)のため、宅建業法に違反しません。

イ **違反しない** 　【売買・交換の媒介の報酬限度額】

売買の媒介の場合、下記の式によって報酬限度額を計算します。

① 基本公式の額：1,000万円 × 3% + 6万円 = 36万円
② 報酬限度額(税込み)：36万円 × 1.1 = 39万6,000円

AがBから受け取った報酬は30万円(限度額以下)のため、宅建業法に違反しません。また、依頼者の特別の依頼によって広告を行った場合、それに要した実費を報酬のほかに受け取ることができます。したがって、本肢は宅建業法に違反しません。

ウ **違反する** 　【貸借の媒介の報酬限度額】

貸借の媒介の場合、貸主・借主から受け取ることができる報酬額の合計は、**借賃の1カ月分**(プラス消費税分)です。したがって、貸主Bおよび借主Cからそれぞれ借賃の1カ月分(合計2カ月分)を受け取ることはできません。

 以上より、違反しないものの組合せはア、イ。だから答えは(1)！

解答…(1)

難易度 B 報酬に関する制限

→教科書 CHAPTER01 SECTION09

問題95 宅地建物取引業者(消費税課税事業者)の媒介により建物の賃貸借契約が成立した場合における次の記述のうち、宅地建物取引業法の規定によれば、正しいものはどれか。なお、借賃及び権利金(権利設定の対価として支払われる金銭であって返還されないものをいう。)には、消費税相当額を含まないものとする。

[H22 問42㉔]

(1) 依頼者と宅地建物取引業者との間であらかじめ報酬の額を定めていなかったときは、当該依頼者は宅地建物取引業者に対して国土交通大臣が定めた報酬の限度額を報酬として支払わなければならない。

(2) 宅地建物取引業者は、国土交通大臣の定める限度額を超えて報酬を受領してはならないが、相手方が好意で支払う謝金は、この限度額とは別に受領することができる。

(3) 宅地建物取引業者が居住用建物の貸主及び借主の双方から媒介の依頼を受けるに当たって借主から承諾を得ていなければ、借主から借賃の1.1月分の報酬を受領することはできない。

(4) 宅地建物取引業者が居住用建物以外の建物の貸借の媒介を行う場合において、権利金の授受があるときは、当該宅地建物取引業者が受領できる報酬額は、借賃の1.1月分又は権利金の額を売買代金の額とみなして算出した金額のいずれか低い方の額を上限としなければならない。

	①	②	③	④	⑤
学 習 日					
理 解 度 (○/△/×)					

190

解説

(1) 誤　　　　　　　　　　　　　　　　　　　　　　　【報酬の制限】

　報酬の額をあらかじめ定めていない場合でも、国土交通大臣が定めた報酬の限度額が報酬額となるわけではありません。

(2) 誤　　　　　　　　　　　　　　　　　　　　　　　【報酬の制限】

　相手方が好意で支払う謝金だとしても、報酬の限度額と別に受け取ることはできません。

(3) 正　　　　　　　　　　　　　　　　　【貸借の媒介における報酬限度額】

　居住用建物の貸借の場合には、報酬額について、依頼者の**承諾を得ていないとき**は、依頼者の一方から受け取れる報酬額は借賃の$\frac{1}{2}$**カ月分**が上限となります。

(4) 誤　　　　　　　　　　　　　　　　　【貸借の媒介における報酬限度額】

　居住用以外の建物の貸借の媒介を行う場合において、権利金の授受があるときは、「借賃の1.1月分（税込み）」と「権利金の額を売買代金の額とみなして算出した金額」のいずれか高い方の額を報酬額の上限とすることができます。

解答…**(3)**

ちょっと確認！

貸借の媒介の報酬限度額

貸借の媒介の報酬限度額（貸主・借主から受け取れる合計額） ＝ **1**カ月分の借賃 × { **1.1**（課税業者の場合） または **1.04**（免税業者の場合） }

居住用建物の貸借の特例

居住用建物の貸借の媒介において、報酬額について、依頼者の承諾を得ていない場合、依頼者の一方から受け取れる報酬額は借賃の$\frac{1}{2}$カ月分が上限となる

権利金の授受がある場合

居住用以外の建物の貸借の媒介において、権利金の設定があるときは、当該権利金を売買代金とみなして報酬額を計算することができる

　→「借賃の1月分（税抜き。税込みの場合は1.1月分）」と「権利金の額を売買代金の額とみなして算出した金額」のいずれか高い金額が報酬額の上限となる

| 難易度 A | 報酬に関する制限 | →教科書 *CHAPTER01 SECTION09* |

問題96 宅地建物取引業者A及び宅地建物取引業者B（ともに消費税課税事業者）が受領する報酬に関する次の記述のうち、宅地建物取引業法の規定によれば、正しいものはどれか。なお、借賃には消費税等相当額を含まないものとする。

[R2（10月）問30]

(1) Aは売主から代理の依頼を、Bは買主から媒介の依頼を、それぞれ受けて、代金5,000万円の宅地の売買契約を成立させた場合、Aは売主から343万2,000円、Bは買主から171万6,000円、合計で514万8,000円の報酬を受けることができる。

(2) Aが単独で行う居住用建物の貸借の媒介に関して、Aが依頼者の一方から受けることができる報酬の上限額は、当該媒介の依頼者から報酬請求時までに承諾を得ている場合には、借賃の1.1か月分である。

(3) Aが単独で貸主と借主の双方から店舗用建物の貸借の媒介の依頼を受け、1か月の借賃25万円、権利金330万円（権利設定の対価として支払われるもので、返還されないものをいい、消費税等相当額を含む。）の賃貸借契約を成立させた場合、Aが依頼者の一方から受けることができる報酬の上限額は、30万8,000円である。

(4) Aが単独で行う事務所用建物の貸借の媒介に関し、Aが受ける報酬の合計額が借賃の1.1か月分以内であれば、Aは依頼者の双方からどのような割合で報酬を受けてもよく、また、依頼者の一方のみから報酬を受けることもできる。

	①	②	③	④	⑤
学 習 日					
理 解 度 (○/△/×)					

解説

（1）**誤** 　　　　　　　　　　　　　　　　　　　　　　　【複数の宅建業者が関与する場合】

　同一の取引において、複数の宅建業者が関与した場合、これらの宅建業者が受け取る報酬の合計額は、1つの宅建業者が関与した場合の報酬限度額以内でなければなりません。また、各宅建業者が受領できる報酬額は、各宅建業者が受領できる報酬限度額以下でなければなりません。

　　①土地：5,000万円

　　②報酬の額：5,000万円×3％＋6万円＝156万円

　　③報酬限度額：A（代理）156万円×2×1.1＝343万2,000円

　　　　　　　　　 B（媒介）156万円×1.1＝171万6,000円

　したがって、AとBは合計で343万2,000円以内でしか受け取れません。

（2）**誤** 　　　　　　　　　　　　　　　　　　　　　　　【貸借の媒介の場合の報酬限度額】

　居住用建物の貸借の媒介の場合には、報酬額について、依頼者の承諾を得ていないときは、依頼者の一方から受け取れる報酬額は借賃の$\frac{1}{2}$**カ月分**が上限となりますが、依頼者の承諾があるときは、（報酬額の合計が限度額以下であれば）どのような割合で貸主および借主から報酬を受け取ってもかまいません。ただし、この承諾は、「報酬請求時まで」ではなく「**媒介の依頼を受けるまで**」に得ておく必要があります。

（3）**誤** 　　　　　　　　　　　　　　　　　　　　　　　【権利金の授受がある場合】

　居住用以外の建物の貸借については、権利金の授受（返還されないものに限る）があるときは、権利金の額を売買代金とみなして報酬限度額を計算することができます。

【通常の貸借の媒介として計算した場合の報酬限度額】

　25万円×1.1＝27万5,000円（依頼者の双方から受け取れる報酬限度額）

【権利金を売買代金とみなして計算した場合の報酬限度額】

　330万円÷1.1＝300万円

　300万円×4％＋2万円＝14万円

　14万円×1.1＝15万4,000円（依頼者の一方から受け取れる報酬限度額）

　以上より、依頼者の一方から、本肢の報酬額（308,000円）を受け取ることはできません。

（4）**正** 　　　　　　　　　　　　　　　　　【事務所用建物の貸借の媒介の場合の報酬限度額】

　居住用以外の建物の貸借については、報酬限度額（合計）以下であれば、貸主および借主からどのような割合で報酬を受け取ってもかまいません。

解答…(4)

難易度 C 報酬に関する制限

→教科書 *CHAPTER01 SECTION09*

問題97 宅地建物取引業者A社（消費税課税事業者）は売主Bから土地付中古別荘の売却の代理の依頼を受け、宅地建物取引業者C社（消費税課税事業者）は買主Dから別荘用物件の購入に係る媒介の依頼を受け、BとDの間で当該土地付中古別荘の売買契約を成立させた。この場合における次の記述のうち、宅地建物取引業法の規定によれば、正しいものの組合せはどれか。なお、当該土地付中古別荘の売買代金は320万円（うち、土地代金は100万円）で、消費税額及び地方消費税額を含むものとする。〔H24 問35㉕〕

ア　A社がBから受領する報酬の額によっては、C社はDから報酬を受領することができない場合がある。

イ　A社はBから、少なくとも154,000円を上限とする報酬を受領することができる。

ウ　A社がBから100,000円の報酬を受領した場合、C社がDから受領できる報酬の上限額は208,000円である。

エ　A社は、代理報酬のほかに、Bからの依頼の有無にかかわらず、通常の広告の料金に相当する額についても、Bから受け取ることができる。

（1）ア、イ
（2）イ、ウ
（3）ウ、エ
（4）ア、イ、ウ

	①	②	③	④	⑤
学 習 日					
理 解 度 （○/△/×）					

解説

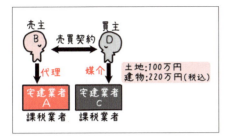

同一の取引において、複数の宅建業者が関与した場合、これらの宅建業者が受け取る報酬の合計額は、1つの宅建業者が関与した場合の報酬限度額以内でなければなりません。…ⓐ

また、各宅建業者が受領できる報酬額は、各宅建業者が受領できる報酬限度額以下でなければなりません。…ⓑ

	A社がBから受け取れる報酬限度額【代理】	C社がDから受け取れる報酬限度額【媒介】
① 土地＋建物(税抜き)	土地：100万円 建物(税抜き)：220万円÷1.1＝200万円 合計(税抜き)：100万円＋200万円＝300万円	
② 基本公式 の額	300万円×**4**％＋**2**万円＝14万円	
③ 報酬限度額(税込み)	14万円×2×1.1 ＝30万8,000円	14万円×1.1 ＝**15万4,000円**

ただし！	同一の取引なので、A社とC社は合計で **30万8,000円** 以内でしか受け取れない…ⓐ
しかも！	C社の上限は **15万4,000円** となる…ⓑ

ア　正　A社が、たとえば **30万8,000円** を受け取ってしまったら、C社は報酬を受け取れなくなります。

イ　正　A社とC社が受け取れる報酬の上限は **30万8,000円** で、C社は上限 **15万4,000円** を受け取ることができます。したがって、C社が15万4,000円を受け取った場合、A社は上限15万4,000円(30万8,000円－15万4,000円)を受け取ることができます。

ウ　誤　A社とC社が受け取れる報酬の上限は **30万8,000円** です。そのため、A社が10万円を受け取った場合、上限額の残りは20万8,000円となりますが、C社の上限は **15万4,000円** なので、本肢の場合のC社が受け取れる報酬の上限額は15万4,000円となります。

エ　誤　依頼者から依頼されて行った広告の料金については、報酬とは別に受け取ることができますが、依頼がない場合には受け取ることはできません。

解答…(1)

B 報酬に関する制限

→教科書 *CHAPTER01 SECTION09*

問題98 宅地建物取引業者A（消費税課税事業者）は貸主Bから建物の貸借の媒介の依頼を受け、宅地建物取引業者C（消費税課税事業者）は借主Dから建物の貸借の媒介の依頼を受け、BとDの間での賃貸借契約を成立させた。この場合における次の記述のうち、宅地建物取引業法（以下この問において「法」という。）の規定によれば、正しいものはどれか。なお、1か月分の借賃は9万円（消費税等相当額を含まない。）である。 ［H29 問26⊠］

(1) 建物を店舗として貸借する場合、当該賃貸借契約において200万円の権利金（権利設定の対価として支払われる金銭であって返還されないものをいい、消費税等相当額を含まない。）の授受があるときは、A及びCが受領できる報酬の限度額の合計は220,000円である。

(2) AがBから49,500円の報酬を受領し、CがDから49,500円の報酬を受領した場合、AはBの依頼によって行った広告の料金に相当する額を別途受領することができない。

(3) Cは、Dから報酬をその限度額まで受領できるほかに、法第35条の規定に基づく重要事項の説明を行った対価として、報酬を受領することができる。

(4) 建物を居住用として貸借する場合、当該賃貸借契約において100万円の保証金（Dの退去時にDに全額返還されるものとする。）の授受があるときは、A及びCが受領できる報酬の限度額の合計は110,000円である。

	①	②	③	④	⑤
学 習 日					
理 解 度 (○/△/×)					

解説

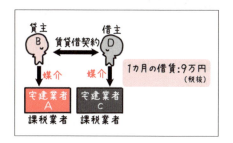

(1) 正 　　　　　　　　　　　　　　　　　　　　　　【権利金の授受がある場合】

居住用以外の建物の貸借については、権利金の授受（返還されないものに限ります）があるときは、権利金の額を売買代金とみなして報酬限度額を計算することができます。

　【通常の貸借の媒介として計算した場合の報酬限度額】
　　報酬限度額：9万円×1.1 = 99,000円
　【権利金を売買代金とみなして計算した場合の報酬限度額】
　　200万円×5%×1.1×2(A・C2人分) = 220,000円

(2) 誤 　　　　　　　　　　　　　　　　　　【依頼者の依頼にもとづいて広告をした場合】

依頼者から依頼されて行った広告の料金については、報酬とは別に受け取ることができます。

(3) 誤 　　　　　　　　　　　　　　　　　　　　　　【重要事項説明を行った対価】

重要事項の説明を行った対価として、別途報酬を受領することはできません。

(4) 誤 　　　　　　　　　　　　　　　　　　　　【貸借の媒介における報酬限度額】

本肢は、**居住用建物の貸借**であり、また、Dの**退去の時に全額返還される保証金**なので、これを売買代金とみなして報酬限度額を計算することができません。

本肢では、原則どおり、9万円×1.1 = 99,000円となります。

解答…**(1)**

難易度 B 報酬に関する制限

→教科書 *CHAPTER01 SECTION09*

問題99 宅地建物取引業者A（消費税課税事業者）が受け取ることのできる報酬の上限額に関する次の記述のうち、宅地建物取引業法の規定によれば、正しいものはどれか。 ［H30 問31改］

（1）土地付中古住宅（代金500万円。消費税等相当額を含まない。）の売買について、Aが売主Bから媒介を依頼され、現地調査等の費用が通常の売買の媒介に比べ5万円（消費税等相当額を含まない。）多く要する場合、その旨をBに対し説明した上で、AがBから受け取ることができる報酬の上限額は286,000円である。

（2）土地付中古住宅（代金300万円。消費税等相当額を含まない。）の売買について、Aが買主Cから媒介を依頼され、現地調査等の費用が通常の売買の媒介に比べ4万円（消費税等相当額を含まない。）多く要する場合、その旨をCに対し説明した上で、AがCから受け取ることができる報酬の上限額は198,000円である。

（3）土地（代金350万円。消費税等相当額を含まない。）の売買について、Aが売主Dから媒介を依頼され、現地調査等の費用が通常の売買の媒介に比べ2万円（消費税等相当額を含まない。）多く要する場合、その旨をDに対し説明した上で、AがDから受け取ることができる報酬の上限額は198,000円である。

（4）中古住宅（1か月分の借賃15万円。消費税等相当額を含まない。）の貸借について、Aが貸主Eから媒介を依頼され、現地調査等の費用が通常の貸借の媒介に比べ3万円（消費税等相当額を含まない。）多く要する場合、その旨をEに対し説明した上で、AがEから受け取ることができる報酬の上限額は198,000円である。

	①	②	③	④	⑤
学 習 日					
理 解 度 (○/△/×)					

解説

（1）**誤**　　　　　　　　　　　　　　　　　　　　【空家等の特例が適用される代金額】

　空家等の売買・交換の媒介・代理の特例が適用されるには、代金が**400万円以下**（消費税抜き）でなければなりません。

　500万円 × 3% + 6万円 = 21万円

　21万円 × 1.1〔Aは消費税課税事業者〕= 231,000円

　AがBから受け取ることができる報酬の上限額は、231,000円です。

（2）**誤**　　　　　　　　　　　　　　　　　　　　【空家等の特例が適用される依頼者】

　空家等の売買・交換の媒介・代理の特例が適用されるには、**売買の場合、依頼者が売主**でなければなりません。

　300万円 × 4% + 2万円 = 14万円

　14万円 × 1.1 = 154,000円

　AがCから受け取ることができる報酬の上限額は、154,000円です。

（3）**正**　　　　　　　　　　　　　　　　　【空家等の特例が適用される場合の報酬限度額】

　現地調査等の費用が通常の売買の媒介に比べ**2万円**（消費税抜き）多く必要な場合です。

　空家等の売買・交換の媒介・代理の特例が適用されますので、通常の報酬上限額に加算できます。

　350万円 × 4% + 2万円 = 16万円

　16万円 + 2万円 = 18万円

　18万円 × 1.1 = 198,000円

　AがDから受け取ることができる報酬の上限額は、198,000円です。

（4）**誤**　　　　　　　　　　　　　　　　　　　【空家等の特例が適用される契約の種類】

　空家等の売買・交換の媒介・代理の特例が適用されるには、**売買か交換**でなければなりません。

　15万円 × 1.1 = 165,000円

　165,000円 × $\frac{1}{2}$〔居住用建物賃貸借〕= 82,500円

　AがEから受け取ることができる報酬の上限額は、82,500円です。

　もし、Eの承諾がある場合や居住用ではなかった場合は、165,000円です。

解答…**(3)**

難易度 A 監督処分（宅建業者）

→教科書 *CHAPTER01 SECTION10*

問題100 宅地建物取引業法の規定に基づく監督処分に関する次の記述のうち、誤っているものはどれか。 ［H23 問44㊋］

(1) 国土交通大臣は、すべての宅地建物取引業者に対して、宅地建物取引業の適正な運営を確保するため必要な指導、助言及び勧告をすることができる。

(2) 国土交通大臣又は都道府県知事は、宅地建物取引業者に対し、業務の停止を命じ、又は必要な指示をしようとするときは聴聞を行わなければならない。

(3) 宅地建物取引業者は、宅地建物取引業法に違反した場合に限り、監督処分の対象となる。

(4) 宅地建物取引業者は、宅地建物取引業法第31条の3に規定する専任の宅建士の設置要件を欠くこととなった場合、2週間以内に当該要件を満たす措置を執らなければ監督処分の対象となる。

	①	②	③	④	⑤
学 習 日					
理 解 度 (○/△/×)					

解説

（1）**正** 　　　　　　　　　　　　　　　　　　【監督処分（宅建業者）】

国土交通大臣は、すべての宅建業者に対して、必要な指導・助言・勧告を行うことができます。

（2）**正** 　　　　　　　　　　　　　　　　　　【監督処分（宅建業者）】

国土交通大臣または都道府県知事は、宅建業者に対して指示処分、業務停止処分、免許取消処分をしようとするときは、聴聞を行わなければなりません。

（3）**誤** 　　　　　　　　　　　　　　　　　　【監督処分（宅建業者）】

宅建業法違反だけでなく、宅建業法以外の法令に違反し、宅建業者として不適切と認められるときにも監督処分の対象となります。

（4）**正** 　　　　　　　　　　　　　　　　　　【専任の宅建士の設置…SEC.06】

宅建業者は、専任の宅建士の設置要件を欠くことになった場合、2週間以内に必要な措置をとらなければ監督処分の対象となります。

解答…（3）

監督処分、罰則については、なんとな〜く問題を解いてみて、間違えたら『教科書』に戻って確認しておけばいい…

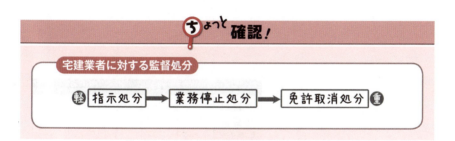

A 監督処分（宅建業者）

→教科書 *CHAPTER01 SECTION10*

問題101 宅地建物取引業法（以下この問において「法」という。）の規定に基づく監督処分に関する次の記述のうち、誤っているものはいくつあるか。

［H26 問44㉑］

ア 宅地建物取引業者A（甲県知事免許）が乙県内において法第32条違反となる広告を行った。この場合、乙県知事から業務停止の処分を受けることがある。

イ 宅地建物取引業者B（甲県知事免許）は、法第50条第2項の届出をし、乙県内にマンション分譲の案内所を設置して業務を行っていたが、当該案内所について法第31条の3第3項に違反している事実が判明した。この場合、乙県知事から指示処分を受けることがある。

ウ 宅地建物取引業者C（甲県知事免許）の事務所の所在地を確知できないため、甲県知事は確知できない旨を公告した。この場合、その公告の日から30日以内にCから申出がなければ、甲県知事は法第67条第1項により免許を取り消すことができる。

エ 宅地建物取引業者D（国土交通大臣免許）は、甲県知事から業務停止の処分を受けた。この場合、Dが当該処分に違反したとしても、国土交通大臣から免許を取り消されることはない。

(1) 一つ　(2) 二つ　(3) 三つ　(4) なし

	①	②	③	④	⑤
学 習 日					
理 解 度 (○/△/×)					

解説

ア **正** 【監督処分（宅建業者）】

業務停止処分は、免許権者(甲県知事)のほか、宅建業者が処分の対象となる行為を行った都道府県の知事(乙県知事)も行うことができます。

イ **正** 【監督処分（宅建業者）】

指示処分は、免許権者(甲県知事)のほか、宅建業者が処分の対象となる行為を行った都道府県の知事(乙県知事)も行うことができます。

ウ **正** 【監督処分（宅建業者）】

国土交通大臣または都道府県知事は、その免許を受けた宅建業者の事務所の所在地を確知できないときは、官報等で公告し、公告の日から30日を経過しても宅建業者から申出がない場合には、免許を取り消すことができます。

エ **誤** 【監督処分（宅建業者）】

宅建業者が業務停止処分に違反した場合、免許権者はその免許を取り消さなければなりません。本肢の場合、免許権者である国土交通大臣はDの免許を取り消さなければなりません。

以上より、誤っているものはエの1つ。だから答えは(1)！

解答…(1)

難易度	
B	## 監督処分（宅建業者）

→教科書 CHAPTER01 SECTION10

問題102 　宅地建物取引業法の規定に基づく監督処分等に関する次の記述のうち、誤っているものはどれか。　　　　　　　　　　［H27 問43⊗］

(1) 宅地建物取引業者A（甲県知事免許）は、自ら売主となる乙県内に所在する中古住宅の売買の業務に関し、当該売買の契約においてその目的物の種類又は品質に関して契約の内容に適合しない場合におけるその不適合を担保すべき責任を負わない旨の特約を付した。この場合、Aは、乙県知事から指示処分を受けることがある。

(2) 甲県に本店、乙県に支店を設置する宅地建物取引業者B（国土交通大臣免許）は、自ら売主となる乙県内におけるマンションの売買の業務に関し、乙県の支店において当該売買の契約を締結するに際して、代金の30％の手付金を受領した。この場合、Bは、甲県知事から著しく不当な行為をしたとして、業務停止の処分を受けることがある。

(3) 宅地建物取引業者C（甲県知事免許）は、乙県内に所在する土地の売買の媒介業務に関し、契約の相手方の自宅において相手を威迫し、契約締結を強要していたことが判明した。この場合、甲県知事は、情状が特に重いと判断したときは、Cの宅地建物取引業の免許を取り消さなければならない。

(4) 宅地建物取引業者D（国土交通大臣免許）は、甲県内に所在する事務所について、業務に関する帳簿を備えていないことが判明した。この場合、Dは、甲県知事から必要な報告を求められ、かつ、指導を受けることがある。

	①	②	③	④	⑤
学 習 日					
理 解 度 (○/△/×)					

解説

(1) **正** 【監督処分（宅建業者）】

　　本肢の行為は宅建業法に違反する行為であり、指示処分の対象となります。指示処分は、免許権者（甲県知事）のほか、宅建業者が処分の対象となる行為を行った都道府県の知事（乙県知事）も行うことができます。

(2) **誤** 【監督処分（宅建業者）】

　　業務停止処分は、免許権者（国土交通大臣）のほか、宅建業者が処分の対象となる行為を行った都道府県の知事（乙県知事）も行うことができますが、本肢では「甲県知事から業務停止の処分を受けることがある」となっているので、誤りの記述です。

(3) **正** 【監督処分（宅建業者）】

　　業務停止処分事由に該当し、情状が特に重いときは、必要的免許取消処分（必ず免許を取り消さなければならないもの）となります。

(4) **正** 【監督処分（宅建業者）】

　　国土交通大臣または都道府県知事は、宅建業者に対して、必要な指導、助言、勧告を行うことができます。また、報告を受けることもできます。

解答…**(2)**

❓ これはどう？ ──────────────── H28−問26④

宅地建物取引業者Ａ（甲県知事免許）は、自ら所有している物件について、直接賃借人Ｂと賃貸借契約を締結するに当たり、法第35条に規定する重要事項の説明を行わなかった。この場合、Ａは、甲県知事から業務停止を命じられることがある。

　　✕ 「自ら貸借」は、宅建業に該当しません。そのため、重要事項の説明を行わなくても宅建業法違反とはならず、業務停止処分を命じられることはありません。

❓ これはどう？ ──────────────── H28−問26③

宅地建物取引業者Ａ（甲県知事免許）は、甲県知事から指示処分を受けたが、その指示処分に従わなかった。この場合、甲県知事は、Ａに対し、1年を超える期間を定めて、業務停止を命ずることができる。

　　✕ 「1年を超える期間」ではなく、「**1年以内の期間**」を定めて、その業務の全部または一部の停止を命ずることができます（業務停止処分）。

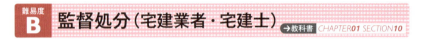

監督処分（宅建業者・宅建士）

問題103 宅地建物取引業法の規定に基づく監督処分に関する次の記述のうち、正しいものはどれか。　　　　　　　　　　　　　　　[H22問44㋹]

(1) 国土交通大臣は、宅地建物取引業者A（甲県知事免許）に対し、宅地建物取引業の適正な運営を確保するため必要な勧告をしたときは、遅滞なく、その旨を甲県知事に通知しなければならない。

(2) 甲県知事は、乙県知事の登録を受けている宅建士に対し、甲県の区域内において宅建士として行う事務に関し不正な行為をしたことを理由として指示処分をしようとするときは、あらかじめ、乙県知事に協議しなければならない。

(3) 宅地建物取引業者A（甲県知事免許）が、乙県の区域内における業務に関し乙県知事から指示処分を受けたときは、甲県に備えられる宅地建物取引業者名簿には、当該指示の年月日及び内容が記載される。

(4) 甲県知事は、宅地建物取引業者B（国土交通大臣免許）に対し、甲県の区域内における業務に関し取引の関係者に損害を与えたことを理由として指示処分をしたときは、その旨を甲県の公報等により公告しなければならない。

> **解説**

(1) **誤** 　　　　　　　　　　　　　　　　　　　　　【監督処分（宅建業者）】

　国土交通大臣は、すべての宅建業者に対して、必要な指導・助言・勧告を行うことができますが、それらをした旨を都道府県知事に通知する必要はありません。

(2) **誤** 　　　　　　　　　　　　　　　　　　　　　　【監督処分（宅建士）】

　都道府県知事（甲県知事）は、他の都道府県知事（乙県知事）の登録を受けている宅建士に対し、指示処分や事務禁止処分をしたときには、遅滞なく、他の都道府県知事（乙県知事）に通知しなければなりませんが、あらかじめ協議する必要はありません。

(3) **正** 　　　　　　　　　　　　　　　　　　　　　【監督処分（宅建業者）】

　指示処分や業務停止処分を受けたときは、宅建業者名簿に、処分の年月日、内容が記載されます。

(4) **誤** 　　　　　　　　　　　　　　　　　　　　　【監督処分（宅建業者）】

　業務停止処分と免許取消処分をしたときは公告が必要ですが、指示処分の場合は公告は不要です。

解答…(3)

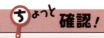

公告される処分と公告されない処分

宅建業者に対する監督処分	宅建士に対する監督処分
・指示処分 ……… ×	・指示処分 ……… ×
・業務停止処分 …… ○	・事務禁止処分 …… ×
・免許取消処分 …… ○	・登録消除処分 …… ×

○…公告される　　×…公告する必要はない

通知・報告

都道府県知事が指示処分や業務停止処分をしたときは、遅滞なく、その旨を、宅建業者が国土交通大臣の免許を受けている場合には、国土交通大臣に報告し、宅建業者が他の都道府県知事の免許を受けている場合には、その都道府県知事に通知しなければならない

難易度 A 監督処分（宅建士）

→教科書 *CHAPTER01 SECTION10*

問題104 甲県知事の宅地建物取引士資格登録（以下この問において「登録」という。）を受けている宅建士Aへの監督処分に関する次の記述のうち、宅地建物取引業法の規定によれば、正しいものはどれか。　　［H25問42改］

(1) Aは、乙県内の業務に関し、他人に自己の名義の使用を許し、当該他人がその名義を使用して宅建士である旨の表示をした場合、乙県知事から必要な指示を受けることはあるが、宅建士として行う事務の禁止の処分を受けることはない。

(2) Aは、乙県内において業務を行う際に提示した宅地建物取引士証が、不正の手段により交付を受けたものであるとしても、乙県知事から登録を消除されることはない。

(3) Aは、乙県内の業務に関し、乙県知事から宅建士として行う事務の禁止の処分を受け、当該処分に違反したとしても、甲県知事から登録を消除されることはない。

(4) Aは、乙県内の業務に関し、甲県知事又は乙県知事から報告を求められることはあるが、乙県知事から必要な指示を受けることはない。

	①	②	③	④	⑤
学 習 日					
理 解 度 (○/△/×)					

解説

（1）**誤**　　　　　　　　　　　　　　　　　　　　【監督処分（宅建士）】

　　登録をしている都道府県以外の都道府県の知事でも、その都道府県内において宅建士が処分の対象となる行為を行った場合には、指示処分、事務禁止処分を行うことができます。

（2）**正**　　　　　　　　　　　　　　　　　　　　【監督処分（宅建士）】

　　登録消除処分は、**登録をしている都道府県知事のみ**が行うことができます。

（3）**誤**　　　　　　　　　　　　　　　　　　　　【監督処分（宅建士）】

　　事務禁止処分に違反したときは登録消除処分の対象となります。そして、登録消除処分は、登録をしている都道府県知事のみが行うことができるため、本肢の場合、Aは甲県知事から登録を消除されます。

（4）**誤**　　　　　　　　　　　　　　　　　　　　【監督処分（宅建士）】

　　登録をしている都道府県以外の都道府県の知事でも、その都道府県内において宅建士が処分の対象となる行為を行った場合には、指示処分、事務禁止処分を行うことができます。

解答…**(2)**

ちょっと確認！

宅建士に対する監督処分

	指示処分	事務禁止処分	登録消除処分
処分権者	登 他	登 他	登
「できる」？「しなければならない」？	指示することができる	事務禁止を命ずることができる	登録を消除しなければならない

登…登録をしている都道府県知事
他…登録をしている都道府県以外の都道府県知事
（取引士が業務を行った都道府県の知事）

プラス1ワン

☆ 国土交通大臣は、すべての宅建士に対して業務に関する報告を求めることができる

☆ 都道府県知事は、その都道府県で登録している宅建士、その都道府県で業務をしている宅建士に対して、業務に関する報告を求めることができる

難易度 A 監督処分、罰則

→教科書 CHAPTER01 SECTION10

問題105 法人である宅地建物取引業者A（甲県知事免許）に関する監督処分及び罰則に関する次の記述のうち、宅地建物取引業法の規定によれば、誤っているものはどれか。 ［H19問36］

(1) Aが、建物の売買において、当該建物の将来の利用の制限について著しく事実と異なる内容の広告をした場合、Aは、甲県知事から指示処分を受けることがあり、その指示に従わなかったときは、業務停止処分を受けることがある。

(2) Aが、乙県内で行う建物の売買に関し、取引の関係者に損害を与えるおそれが大であるときは、Aは、甲県知事から指示処分を受けることはあるが、乙県知事から指示処分を受けることはない。

(3) Aが、正当な理由なく、その業務上取り扱ったことについて知り得た秘密を他人に漏らした場合、Aは、甲県知事から業務停止処分を受けることがあるほか、罰則の適用を受けることもある。

(4) Aの従業者Bが、建物の売買の契約の締結について勧誘をするに際し、当該建物の利用の制限に関する事項で買主の判断に重要な影響を及ぼすものを故意に告げなかった場合、Aに対して1億円以下の罰金刑が科せられることがある。

	①	②	③	④	⑤
学 習 日					
理 解 度 (○/△/×)					

210

解説

(1) **正**　　　　　　　　　　　　　　　　　　　　　　　【監督処分（宅建業者）】

　　指示処分に従わないときは、業務停止処分を受けることがあります。

(2) **誤**　　　　　　　　　　　　　　　　　　　　　　　【監督処分（宅建業者）】

　　指示処分は、免許を与えた都道府県知事（甲県知事）だけでなく、宅建業者が処分の
対象となる行為を行った都道府県知事（乙県知事）も行うことができます。

❓ これはどう？　　　　　　　　　　　　　　　　　　　　　　　　H18−問45①

宅地建物取引業者A（甲県知事免許）が、乙県の区域内の業務に関し乙県知事から受
けた業務停止処分に違反した場合でも、乙県知事は、Aの免許を取り消すことはで
きない。

　　⭕ 免許取消処分ができるのは、免許権者だけです。

(3) **正**　　　　　　　　　　　　　　　　　　　　　【監督処分（宅建業者）、罰則】

　　守秘義務に違反した場合、業務停止処分の対象となり、また、50万円以下の罰金
刑が科されることがあります。

(4) **正**　　　　　　　　　　　　　　　　　　　　　　　　　　　【両罰規定】

　　そのとおりです（下記 **🚩 プラス1** ワン 参照）。

　　　　　　　　　　　　　　　　　　　　　　　　　　　　　　　解答…(2)

🚩 プラス1 ワン

【 両罰規定 】

宅建業者である❶法人の代表者、❷法人・個人の代理人、❸法人・個人の使用
人その他の従業員が、その法人等の業務に関して、一定の違反行為をしたときは、そ
の行為をした者を罰するほか、その法人等に対しても罰金刑が科される

→ 本肢(4)の「契約の勧誘のさい、重要な事実を故意に告げなかった場合」は、

法人等…1億円以下の罰金

その行為をした者…2年以下の懲役もしくは300万円以下の罰金またはこれらの併科

難易度 B 監督処分、罰則

→教科書 *CHAPTER01 SECTION10*

問題106 宅地建物取引業法(以下この問において「法」という。)の規定に基づく監督処分及び罰則に関する次の記述のうち、正しいものはいくつあるか。

[R1問29㊼]

ア 宅地建物取引業者A(国土交通大臣免許)が甲県内における業務に関し、法第37条に規定する書面を交付(電磁的方法による提供を含む)していなかったことを理由に、甲県知事がAに対して業務停止処分をしようとするときは、あらかじめ、内閣総理大臣に協議しなければならない。

イ 乙県知事は、宅地建物取引業者B(乙県知事免許)に対して指示処分をしようとするときは、聴聞を行わなければならず、聴聞の期日における審理は、公開により行わなければならない。

ウ 丙県知事は、宅地建物取引業者C(丙県知事免許)が免許を受けてから1年以内に事業を開始しないときは、免許を取り消さなければならない。

エ 宅地建物取引業者D(丁県知事免許)は、法第72条第1項の規定に基づき、丁県知事から業務について必要な報告を求められたが、これを怠った。この場合、Dは50万円以下の罰金に処せられることがある。

(1) 一つ
(2) 二つ
(3) 三つ
(4) 四つ

	①	②	③	④	⑤
学 習 日					
理 解 度 (○/△/×)					

解説

ア　**誤**　　　　　　　　　　　　　　　　　　　　【内閣総理大臣との協議】

　国土交通大臣が国土交通大臣免許の宅建業者に対して一定の監督処分をしようとするときには、あらかじめ、内閣総理大臣に協議しなければなりませんが、都道府県知事が国土交通大臣免許の宅建業者に対して一定の監督処分をしようとするときには、内閣総理大臣に協議する必要はありません。

イ　**正**　　　　　　　　　　　　　　　　　　　　【指示処分をしようとするとき】

　免許権者が宅建業者に対して指示処分をしようとするときは**聴聞**を行わなければなりません。そして、その聴聞の期日における審理は、**公開**により行わなければなりません。

ウ　**正**　　　　　　　　　　　　　　　　　　　　　　　　【免許の取消し】

　免許権者は、宅建業者が免許を受けてから**1年以内に事業を開始しない**ときは、その免許を取り消さなければなりません。

エ　**正**　　　　　　　　　　　　　　　　　　　　【業務についてする必要な報告】

　都道府県知事は、その都道府県の区域内で宅建業を営む者に対して、宅建業の適正な運営を確保するため必要があると認めるときは、その業務について必要な報告を求めることができます。そして、この報告を怠った者は、**50万円以下**の罰金に処せられることがあります。

以上より、正しいものは3つ！だから答えは(3)！

解答…**(3)**

難易度 B 監督処分、罰則

→教科書 CHAPTER01 SECTION10

問題107 次の記述のうち、宅地建物取引業法(以下この問において「法」という。)の規定によれば、正しいものはどれか。 [H29問29]

(1) 宅地建物取引業者A(甲県知事免許)は、マンション管理業に関し、不正又は著しく不当な行為をしたとして、マンションの管理の適正化の推進に関する法律に基づき、国土交通大臣から業務の停止を命じられた。この場合、Aは、甲県知事から法に基づく指示処分を受けることがある。

(2) 国土交通大臣は、宅地建物取引業者B(乙県知事免許)の事務所の所在地を確知できない場合、その旨を官報及び乙県の公報で公告し、その公告の日から30日を経過してもBから申出がないときは、Bの免許を取り消すことができる。

(3) 国土交通大臣は、宅地建物取引業者C(国土交通大臣免許)に対し、法第35条の規定に基づく重要事項の説明を行わなかったことを理由に業務停止を命じた場合は、遅滞なく、その旨を内閣総理大臣に通知しなければならない。

(4) 宅地建物取引業者D(丙県知事免許)は、法第72条第1項に基づく丙県職員による事務所への立入検査を拒んだ。この場合、Dは、50万円以下の罰金に処せられることがある。

	①	②	③	④	⑤
学習日					
理解度 (○/△/×)					

解説

(1) 誤   【指示処分の対象業務】

　マンション管理業は、宅建業(宅地・建物の売買・交換または宅地・建物の売買・交換・貸借の代理・媒介をする行為で業として行うもの)ではないので、宅建業者の業務とはいえません。

　したがって、マンション管理業に関し、不正または著しく不当な行為をしたとして、マンションの管理の適正化の推進に関する法律に基づき、国土交通大臣から業務の停止を命じられたとしても、指示処分を受けることはありません。

(2) 誤   【免許の取消権者】

　国土交通大臣または都道府県知事は、その免許を受けた宅建業者の事務所の所在地を確知できない場合、官報または当該都道府県の公報でその事実を公告し、その公告の日から30日を経過してもその宅建業者から申出がないときは、当該宅建業者の免許を取り消すことができます。

　本肢では、宅建業者Bは、乙県知事免許なので、国土交通大臣がBの免許を取り消すことはできません。

(3) 誤   【国土交通大臣が業務停止処分をしようとするときの協議】

　国土交通大臣が、国土交通大臣免許の宅建業者に対して一定の監督処分をしようとするときは、あらかじめ**内閣総理大臣**に協議しなければなりませんが、監督処分(本肢では業務停止処分)を命じた場合に、その旨を内閣総理大臣に通知する義務はありません。

(4) 正   【立入検査を拒んだ場合の罰金】

　都道府県知事は、当該都道府県の区域内で宅建業を営む者に対して、宅建業の適正な運営を確保するため必要があると認めるときは、その業務について必要な報告を求め、またはその職員に事務所その他その業務を行なう場所に立ち入り、帳簿、書類その他業務に関係のある物件を検査させることができます(法72条1項に基づく都道府県職員による事務所への立入検査)。

　そして、この検査を拒んだ者は、50万円以下の罰金に処せられる場合があります。

解答…(4)

難易度 A 住宅瑕疵担保履行法

→教科書 *CHAPTER01 SECTION11*

問題108 特定住宅瑕疵担保責任の履行の確保等に関する法律に基づく住宅販売瑕疵担保保証金の供託又は住宅販売瑕疵担保責任保険契約の締結（以下この問において「資力確保措置」という。）に関する次の記述のうち、正しいものはどれか。

[H22問45改]

(1) 宅地建物取引業者は、自ら売主として宅地建物取引業者である買主との間で新築住宅の売買契約を締結し、当該住宅を引き渡す場合、資力確保措置を講ずる義務を負う。

(2) 自ら売主として新築住宅を販売する宅地建物取引業者は、住宅販売瑕疵担保保証金の供託をする場合、宅地建物取引業者でない買主に対して供託所の所在地等について記載した書面の交付（買主の承諾を得て電磁的方法により提供する場合を含む）及び説明を、新築住宅を引き渡すまでに行えばよい。

(3) 宅地建物取引業者は、自ら売主として新築住宅を販売する場合だけでなく、新築住宅の売買の媒介をする場合においても、資力確保措置を講ずる義務を負う。

(4) 自ら売主として新築住宅を宅地建物取引業者でない買主に引き渡した宅地建物取引業者は、基準日ごとに、当該基準日に係る資力確保措置の状況について、その免許を受けた国土交通大臣又は都道府県知事に届け出なければならない。

	①	②	③	④	⑤
学 習 日					
理 解 度 (○/△/×)					

解説

(1) **誤** 　　　　　　　　　　　　　　【資力確保措置が義務付けられる者】

　宅建業者が自ら売主となり、宅建業者以外の者（買主）に新築住宅を引き渡す場合には、資力確保措置が義務付けられますが、**買主が宅建業者の場合には、資力確保措置を講じる必要はありません。**

(2) **誤** 　　　　　　　　　　　　　　　【供託所の所在地等の説明】

　供託所の所在地等の説明は、「新築住宅を引き渡すまで」ではなく、「**新築住宅の売買契約を締結する**まで」に行わなければなりません。また、原則として、書面を交付して説明しますが、買主の承諾を得た場合は、書面の交付に代えて、電磁的方法により提供することもできます。

(3) **誤** 　　　　　　　　　　　　　　【資力確保措置が義務付けられる者】

　資力確保措置が義務付けられるのは、宅建業者が自ら売主となって新築住宅を販売する場合です。新築住宅の売買の「**媒介**」をする場合には、資力確保措置を講じる必要はありません。

(4) **正** 　　　　　　　　　　　　　　【資力確保措置の状況に関する届出】

　そのとおりです。

解答…**(4)**

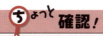

資力確保措置が義務付けられる者

資力確保措置が義務付けられるのは、❶宅建業者が自ら売主となり、❷宅建業者以外の者（買主）に、❸新築住宅を引き渡す場合
→ 宅建業者が売買の媒介・代理をする場合には不要
→ 買主が宅建業者の場合には不要

供託所の所在地等の説明

☆ 新築住宅の売主である宅建業者が、保証金（住宅販売瑕疵担保保証金）の供託をしている場合には、**売買契約を締結する**までに、買主（宅建業者以外）に対して、供託所の名称や所在地等を**書面**を交付して説明しなければならない
☆ 書面の交付に代えて買主の承諾を得て電磁的方法により提供することもできる

難易度 B　住宅瑕疵担保履行法

→教科書 *CHAPTER01 SECTION11*

問題109　宅地建物取引業者Aが自ら売主として、宅地建物取引業者でない買主Bに新築住宅を販売する場合における次の記述のうち、特定住宅瑕疵担保責任の履行の確保等に関する法律の規定によれば、正しいものはどれか。

[H29問45改]

(1) Aは、住宅販売瑕疵担保保証金の供託をする場合、Bに対し、当該住宅を引き渡すまでに、供託所の所在地等について記載した書面(買主の承諾を得て電磁的方法により提供する場合を含む)を交付して説明しなければならない。

(2) 自ら売主として新築住宅をBに引き渡したAが、住宅販売瑕疵担保保証金を供託する場合、その住宅の床面積が55㎡以下であるときは、新築住宅の合計戸数の算定に当たって、床面積55㎡以下の住宅2戸をもって1戸と数えることになる。

(3) Aは、基準日に係る住宅販売瑕疵担保保証金の供託及び住宅販売瑕疵担保責任保険契約の締結の状況についての届出をしなければ、当該基準日から1月を経過した日以後においては、新たに自ら売主となる新築住宅の売買契約を締結してはならない。

(4) Aは、住宅販売瑕疵担保責任保険契約の締結をした場合、当該住宅を引き渡した時から10年間、当該住宅の給水設備又はガス設備の瑕疵によって生じた損害について保険金の支払を受けることができる。

	①	②	③	④	⑤
学 習 日					
理 解 度 (○/△/×)					

解説

(1) 誤　　　　　　　　　　　　　　　　　　　　　　　【供託所の所在地等の説明】

　　供託所の所在地等の説明は、「当該住宅を引き渡すまで」ではなく、「**当該住宅の売買契約を締結するまで**」に行わなければなりません。また、原則として、書面を交付して説明しますが、買主の承諾を得た場合は、書面の交付に代えて、電磁的方法により提供することもできます。

(2) 正　　　　　　　　　　　　　　　　　　　　　　　【新築住宅の合計戸数の算定】

　　住宅販売瑕疵担保保証金を供託する場合、新築住宅の床面積が**55㎡以下**であるときは、新築住宅の合計戸数の算定にあたって、**2戸をもって1戸と数える**ことになります。

(3) 誤　　　　　　　　　　　　　　　　　　　　　　　【資力確保措置の状況に関する届出】

　　資力確保措置の状況について基準日（3月31日）から3週間以内に届出をしなかった場合には、**基準日の翌日から50日を経過した日以後**は、新たに自ら売主となる新築住宅の売買契約の締結はできません。

(4) 誤　　　　　　　　　　　　　　　　　　　　　　　【住宅販売瑕疵担保責任保険契約】

　　住宅販売瑕疵担保責任保険契約は、新築住宅の買主が新築住宅の**引渡しを受けた時から10年以上の期間**にわたって有効でなければなりません。

　　また、保険金の支払いを受けることができる瑕疵は、**住宅の構造耐力上主要な部分**または**雨水の浸入を防止する部分**として政令で定めるものの**瑕疵**（構造耐力または雨水の浸入に影響のないものを除く）です。したがって、住宅の給水設備またはガス設備の瑕疵によって生じた損害について保険金の支払を受けることはできません。

　　　　　　　　　　　　　　　　　　　　　　　　　　　　　　　解答…(2)

ちょっと確認！

住宅販売瑕疵担保責任保険契約となる保険契約の主な要件

❶ 宅建業者（売主）が保険料を支払うものであること

❷ 宅建業者が瑕疵担保責任を履行したことによって生じた当該宅建業者の損害を填補するものであること

❸ 宅建業者が相当の期間を経過しても瑕疵担保責任を履行しない場合には、買主（宅建業者以外の者）の請求により損害を填補するものであること

❹ 損害を填補するための保険金額が 2,000 万円以上であること

❺ 有効期間が 10 年以上（買主が新築住宅の引渡しを受けた時から 10 年以上）であること

❻ 国土交通大臣の承認を受けた場合を除き、変更・解除をすることができないこと

memo

2023年度版
みんなが欲しかった！　宅建士の問題集　本試験論点別

第2分冊

CHAPTER 02
権利関係

CHAPTER 02 権利関係

本試験での出題数…14問　目標点…8～10点

「民法」「借地借家法」「区分所有法」「不動産登記法」から出題されるよ。
はっきり言って、難しいから、高得点を狙おうとムキになって勉強しすぎないほうがいいよ。基本的なことだけおさえよう。
他の科目で得点できていないなら、まずは他の科目の勉強に力を注ぐべき！

論点	問題番号	『教科書』との対応
制限行為能力者	問題1 ～ 問題3	CH.02 SEC.01
意思表示	問題4 ～ 問題8	CH.02 SEC.02
代　理	問題9 ～ 問題14	CH.02 SEC.03
時　効	問題15 ～ 問題17	CH.02 SEC.04
債務不履行、解除	問題18 ～ 問題21	CH.02 SEC.05
危険負担	問題22	CH.02 SEC.06
弁済、相殺、債権譲渡	問題23 ～ 問題27	CH.02 SEC.07
売　買	問題28 ～ 問題32	CH.02 SEC.08
物権変動	問題33 ～ 問題37	CH.02 SEC.09
抵当権、根抵当権、担保物権	問題38 ～ 問題46	CH.02 SEC.10 参考編
連帯債務、保証、連帯債権	問題47 ～ 問題50	CH.02 SEC.11
賃貸借	問題51 ～ 問題54	CH.02 SEC.12
借地借家法（借地）	問題55 ～ 問題60	CH.02 SEC.13
借地借家法（借家）	問題61 ～ 問題68	CH.02 SEC.14
請　負	問題69 ～ 問題70	CH.02 SEC.15
不法行為	問題71 ～ 問題74	CH.02 SEC.16
相　続	問題75 ～ 問題80	CH.02 SEC.17
共　有	問題81 ～ 問題82	CH.02 SEC.18
区分所有法	問題83 ～ 問題87	CH.02 SEC.19
不動産登記法	問題88 ～ 問題92	CH.02 SEC.20
委任、相隣関係、条件	問題93 ～ 問題95	参考編

制限行為能力者

難易度 A

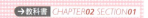

問題1 行為能力に関する次の記述のうち、民法の規定によれば、正しいものはどれか。　　　　　　　　　　　　　　　　［H20問1改］

（1）成年被後見人が行った法律行為は、事理を弁識する能力がある状態で行われたものであっても、取り消すことができる。ただし、日用品の購入その他日常生活に関する行為については、この限りではない。

（2）未成年者が、その法定代理人の同意を得ずに贈与を受けた場合、その贈与契約が負担付のものでないときでも、その贈与契約を取り消すことができる。

（3）精神上の障害により事理を弁識する能力が不十分である者につき、4親等内の親族から補助開始の審判の請求があった場合、家庭裁判所はその事実が認められるときは、本人の同意がないときであっても同審判をすることができる。

（4）被保佐人が、保佐人の同意又はこれに代わる家庭裁判所の許可を得ないでした土地の売却は、被保佐人が行為能力者であることを相手方に信じさせるため詐術を用いたときであっても、取り消すことができる。

解説

(1) **正** 　　　　　　　　　　　　　　　　　　　　　　　　　　　【成年被後見人】

　成年被後見人が単独で法律行為を行った場合には、たとえ事理弁識能力（ものごとを判断できる力）がある状態で行ったものだとしても、取り消すことができます。ただし、日用品の購入など、日常生活に関する行為については取り消すことはできません。

(2) **誤** 　　　　　　　　　　　　　　　　　　　　　　　　　　　　【未成年者】

　未成年者が法律行為をするには、その法定代理人の同意を得なければなりませんが、単に権利を得、または義務を免れる法律行為については、この限りではありません。そして、負担のない贈与契約については、単に権利を得るだけの法律行為と考えられるので、法定代理人の同意を要する行為には該当しません。そのため、当該贈与契約は取り消すことができません。

未成年者＝18歳未満の人だよ！

(3) **誤** 　　　　　　　　　　　　　　　　　　　　　　　　　　　　【被補助人】

　本人以外の者の請求によって補助開始の審判を行うときには、**本人の同意が必要**です。

(4) **誤** 　　　　　　　　　　　　　　　　　　　　　　　　　　　　【被保佐人】

　制限行為能力者が「自分は行為能力者である」と相手方に信じさせるために詐術を用いたときは、法律行為を取り消すことはできません。

そんな人を保護する必要はないよね…

解答…(1)

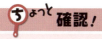

成年被後見人の保護

【原則】
　成年被後見人が、成年後見人の代理によらずに行った行為は取り消すことができる

【例外】
　成年被後見人が、成年後見人の代理によらずに行った行為でも、日常生活に関する行為については取り消すことができない

難易度 A 制限行為能力者

→教科書 *CHAPTER02 SECTION01*

問題2 制限行為能力者に関する次の記述のうち、民法の規定及び判例によれば、正しいものはどれか。 ［H 28 問2］

(1) 古着の仕入販売に関する営業を許された未成年者は、成年者と同一の行為能力を有するので、法定代理人の同意を得ないで、自己が居住するために建物を第三者から購入したとしても、その法定代理人は当該売買契約を取り消すことができない。

(2) 被保佐人が、不動産を売却する場合には、保佐人の同意が必要であるが、贈与の申し出を拒絶する場合には、保佐人の同意は不要である。

(3) 成年後見人が、成年被後見人に代わって、成年被後見人が居住している建物を売却する際、後見監督人がいる場合には、後見監督人の許可があれば足り、家庭裁判所の許可は不要である。

(4) 被補助人が、補助人の同意を得なければならない行為について、同意を得ていないにもかかわらず、詐術を用いて相手方に補助人の同意を得たと信じさせていたときは、被補助人は当該行為を取り消すことができない。

	①	②	③	④	⑤
学 習 日					
理 解 度 (○/△/×)					

解説

(1) 誤　　　　　　　　　　　　　　　　　　　　　　　　　　　　　　【未成年者】

　法定代理人から営業を許可された未成年者は、**その営業（古着の仕入販売）に関して、**法定代理人からの同意を得なくても、**行うことができます**。しかし、本肢の自己が居住するために建物を第三者から購入する行為は、その営業に関するものではないため、法定代理人は当該契約を取り消すことができます。

(2) 誤　　　　　　　　　　　　　　　　　　　　　　　　　　　　　　　【被保佐人】

　被保佐人が不動産を売却する行為も、贈与の申し出を拒絶する行為も、民法13条1項に規定される保佐人の同意が必要な行為に該当します。

(3) 誤　　　　　　　　　　　　　　　　　　　　　　　　　　　　　【成年被後見人】

🚩 成年後見人が、成年被後見人に代わってその居住の用に供する建物の売却をするさいには、後見監督人がいる場合でも家庭裁判所の許可が必要です。

❓ これはどう?　　　　　　　　　　　　　　　　　　　　　　── R3（12月）－問3③改

成年後見人が、成年被後見人を代理して、成年被後見人が所有するオフィスビルへの第三者の抵当権を設定するには、家庭裁判所の許可を得なければならない。

> ❌　オフィスビルは、成年被後見人の居住の用に供する建物にあたらないので、本問の場合は、家庭裁判所の許可を得る必要はありません。

---

(4) 正　　　　　　　　　　　　　　　　　　　　　【制限行為能力者が詐術を用いた場合】

　制限行為能力者（被補助人）が「補助人の同意を得た」と相手方に信じさせるために**詐術**を用いたときは、当該行為を取り消すことはできません。

解答…(4)

難易度 **B** 制限行為能力者　　　　　　→教科書 CHAPTER*02* SECTION*01*

問題3　　制限行為能力者に関する次の記述のうち、民法の規定によれば、正しいものはどれか。

［H22問1改］

(1) 土地を売却すると、土地の管理義務を免れることになるので、未成年者が土地を売却するに当たっては、その法定代理人の同意は必要ない。

(2) 成年後見人が、成年被後見人に代わって、成年被後見人が居住している建物を売却するためには、家庭裁判所の許可が必要である。

(3) 被保佐人については、不動産を売却する場合だけではなく、日用品を購入する場合も、保佐人の同意が必要である。

(4) 被補助人が法律行為を行うためには、常に補助人の同意が必要である。

	①	②	③	④	⑤
学 習 日					
理 解 度 (○/△/×)					

226

解説

（1）誤 　　　　　　　　　　　　　　　　　　　　　　　　　【未成年者】

　未成年者が法律行為をするには、法定代理人の同意が必要です。ただし、単に権利を得、または義務を免れる法律行為については、法定代理人の同意は不要です。土地を売却するという法律行為は、土地の所有権を失うので、義務を免れる法律行為には該当せず、法定代理人の同意が必要となります。

（2）正 　　　　　　　　　　　　　　　　　　　　　　　　【成年被後見人】

　成年後見人が勝手に、成年被後見人が住んでいる建物を売ってしまったら、成年被後見人は住む家をなくしてしまいます。したがって、このような場合（成年後見人が、成年被後見人に代わって、成年被後見人が居住している建物を売却や賃貸等する場合）には、家庭裁判所の許可が必要とされています。

（3）誤 　　　　　　　　　　　　　　　　　　　　　　　　　【被保佐人】

　被保佐人は、重要な財産上の行為をする場合、保佐人の同意が必要となります。日用品を購入する場合には保佐人の同意は不要です。

　なお、被保佐人が重要な財産上の行為を制限行為能力者の法定代理人としてする場合も、保佐人の同意が必要になります。

（4）誤 　　　　　　　　　　　　　　　　　　　　　　　　　【被補助人】

　被補助人は、重要な財産上の行為のうち、家庭裁判所の補助人の同意を要する旨の審判によって、補助人の同意を得なければならないとされた行為を行う場合にのみ、補助人の同意が必要です。

> 被補助人は「ほとんどのことは自分でできる」という人！

解答…**(2)**

意思表示

→教科書 CHAPTER02 SECTION02

問題4 A所有の土地につき、AとBとの間で売買契約を締結し、Bが当該土地につき第三者との間で売買契約を締結していない場合に関する次の記述のうち、民法の規定によれば、正しいものはどれか。　　［H16問1］

(1) Aの売渡し申込みの意思は真意ではなく、BもAの意思が真意ではないことを知っていた場合、AとBとの意思は合致しているので、売買契約は有効である。

(2) Aが、強制執行を逃れるために、実際には売り渡す意思はないのにBと通謀して売買契約の締結をしたかのように装った場合、売買契約は無効である。

(3) Aが、Cの詐欺によってBとの間で売買契約を締結した場合、Cの詐欺をBが知っているか否かにかかわらず、Aは売買契約を取り消すことはできない。

(4) Aが、Cの強迫によってBとの間で売買契約を締結した場合、Cの強迫をBが知らなければ、Aは売買契約を取り消すことができない。

解説

(1) 誤　　　　　　　　　　　　　　　　　　　　　　　　　　　　【心裡留保】

本肢のAは、自分の意思が真意でないことをわかって意思表示しているため、心裡留保に該当します。心裡留保による意思表示は、原則として有効となりますが、本肢のBはAの意思表示が真意でないことを知っています(Bは悪意)。このような場合には、無効となります。

(2) 正　　　　　　　　　　　　　　　　　　　　　　　　　　　　【虚偽表示】

通謀して虚偽表示をした場合、その契約は無効となります。

(3) 誤　　　　　　　　　　　　　　　　　　　　　　　　　　　　【詐欺】

第三者(C)の詐欺によって意思表示をした場合、表意者(A)は相手方(B)が善意無過失だった(相当の注意を払っても詐欺だと知らなかった)場合には、取り消すことはできませんが、相手方(B)が悪意(詐欺だと知っていた)または有過失だった(相当の注意を払っていなかった)場合には、取り消すことができます。

「詐欺にあった人にも落ち度はあるよね」ということで、取引の相手方が善意無過失のときには表意者は取り消すことができないんだ。

(4) 誤　　　　　　　　　　　　　　　　　　　　　　　　　　　　【強迫】

第三者(C)の強迫による意思表示は、**相手方の善意・悪意、過失の有無にかかわらず、取り消すことができます。**

強迫の場合、「どう考えても強迫された人がかわいそうだよね」ということで、相手方が善意無過失だとしても、取り消すことができるよ。

解答…(2)

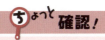

契約の有効性

☆ 詐欺による意思表示は→原則として取り消すことができる
☆ 強迫による意思表示は→取り消すことができる
☆ 虚偽表示による意思表示は→当事者間では無効
　　　　　　　　　　　　善意の第三者にはその無効を主張できない
☆ 錯誤による意思表示は→原則として取り消すことができる
☆ 心裡留保による意思表示は→原則として有効

難易度 A 意思表示

→教科書 CHAPTER02 SECTION02

問題5 Aは、その所有する甲土地を譲渡する意思がないのに、Bと通謀して、Aを売主、Bを買主とする甲土地の仮装の売買契約を締結した。この場合に関する次の記述のうち、民法の規定及び判例によれば、誤っているものはどれか。なお、この問において「善意」又は「悪意」とは、虚偽表示の事実についての善意又は悪意とする。　［H27問2］

(1) 善意のCがBから甲土地を買い受けた場合、Cがいまだ登記を備えていなくても、AはAB間の売買契約の無効をCに主張することができない。

(2) 善意のCが、Bとの間で、Bが甲土地上に建てた乙建物の賃貸借契約（貸主B、借主C）を締結した場合、AはAB間の売買契約の無効をCに主張することができない。

(3) Bの債権者である善意のCが、甲土地を差し押さえた場合、AはAB間の売買契約の無効をCに主張することができない。

(4) 甲土地がBから悪意のCへ、Cから善意のDへと譲渡された場合、AはAB間の売買契約の無効をDに主張することができない。

解説

(1) **正**　　　　　　　　　　　　　　　　　　　　　　　　　　　【虚偽表示】

　　相手方と通じて行った虚偽の意思表示は**無効**ですが、この無効は**善意の第三者**に対抗することはできません。なお、虚偽表示の「第三者」とは、虚偽の意思表示の当事者またはその一般承継人以外の者であって、その表示の目的につき**法律上利害関係を有するに至った者**をいいます。そして、この「第三者」は善意であればよく、登記を備える必要はありません。したがって、Ｃが登記を備えていなくても、ＡはＡＢ間の売買契約の無効をＣに主張することができません。

(2) **誤**　　　　　　　　　　　　　　　　　　　　　　　　　　　【虚偽表示】

　　Ｂが甲土地上に建てた乙建物の借主Ｃは、虚偽表示の善意の第三者に該当しません(Ｃは仮装売買された甲土地については法律上利害関係を有しないため)。したがって、ＡはＡＢ間の売買契約の無効をＣに主張することができます。

(3) **正**　　　　　　　　　　　　　　　　　　　　　　　　　　　【虚偽表示】

　　差押債権者のＣは、虚偽表示の善意の第三者に該当します。したがって、ＡはＡＢ間の売買契約の無効をＣに主張することができません。

(4) **正**　　　　　　　　　　　　　　　　　　　　　　　　　　　【虚偽表示】

　　悪意のＣから甲土地を譲り受けた善意のＤは、虚偽表示の善意の第三者に該当します。したがって、ＡはＡＢ間の売買契約の無効をＤに主張することができません。

解答…(2)

231

意思表示

→教科書 CHAPTER02 SECTION02

問題6 A所有の甲土地につき、AとBとの間で売買契約が締結された場合における次の記述のうち、民法の規定及び判例によれば、正しいものはどれか。　　　　　　　　　　　　　　　　　　　　　　　　［H23問1］

(1) Bは、甲土地は将来地価が高騰すると勝手に思い込んで売買契約を締結したところ、実際には高騰しなかった場合、動機の錯誤を理由に本件売買契約を取り消すことができる。
(2) Bは、第三者であるCから甲土地がリゾート開発される地域内になるとだまされて売買契約をした場合、AがCによる詐欺の事実を知っていたとしても、Bは本件売買契約を詐欺を理由に取り消すことはできない。
(3) AがBにだまされたとして詐欺を理由にAB間の売買契約を取り消した後、Bが甲土地をAに返還せずにDに転売してDが所有権移転登記を備えても、AはDから甲土地を取り戻すことができる。
(4) BがEに甲土地を転売した後に、AがBの強迫を理由にAB間の売買契約を取り消した場合には、EがBによる強迫につき知らなかったときであっても、AはEから甲土地を取り戻すことができる。

	①	②	③	④	⑤
学 習 日					
理 解 度 (〇/△/×)					

解説

(1) **誤** 【錯誤】

本肢のように動機の錯誤の場合（表意者が法律行為の基礎とした事情についてのその認識が事実に反する錯誤の場合）、その取消しが認められるためには、少なくとも、動機となった事情が法律行為の基礎とされていることが表示されている必要があります。

(2) **誤** 【詐欺】

第三者（C）の詐欺によって意思表示をした場合、表意者（B）は相手方（A）が善意無過失だった（相当の注意を払っても詐欺だと知らなかった）場合には取り消すことはできませんが、相手方（A）が悪意（詐欺だと知っていた）または有過失だった（相当の注意を払っていなかった）場合には取り消すことができます。

(3) **誤** 【取消しと登記…SEC.09】

詐欺を理由に契約が取り消された場合、詐欺にあった人（A）と取消後の転得者（D）では、**先に所有権を登記したほうが所有権を対抗できます**。本肢の場合、転得者Dのほうが先に登記をしているので、AはDから甲土地を取り戻すことはできません。

(4) **正** 【強迫】

強迫による意思表示の取消しは、第三者の善意・悪意、過失の有無にかかわらず対抗することができます。したがって、A（強迫された人）はE（善意の転得者）から甲土地を取り戻すことができます。

解答…**(4)**

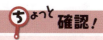

取消しと善意の第三者

☆ 錯誤・詐欺による意思表示の取消しは➡善意無過失の第三者には対抗できない
☆ 強迫による意思表示の取消しは➡善意無過失の第三者にも対抗できる

難易度 B　意思表示　→教科書 CHAPTER02 SECTION02

問題7　AとBとの間で締結された売買契約に関する次の記述のうち、民法の規定によれば、売買契約締結後、AがBに対し、錯誤による取消しができるものはどれか。　［R2(10月)問6改］

(1) Aは、自己所有の自動車を100万円で売却するつもりであったが、重大な過失によりBに対し「10万円で売却する」と言ってしまい、Bが過失なく「Aは本当に10万円で売るつもりだ」と信じて購入を申し込み、AB間に売買契約が成立した場合

(2) Aは、自己所有の時価100万円の壺を10万円程度であると思い込み、Bに対し「手元にお金がないので、10万円で売却したい」と言ったところ、BはAの言葉を信じ「それなら10万円で購入する」と言って、AB間に売買契約が成立した場合

(3) Aは、自己所有の時価100万円の名匠の絵画を贋作だと思い込み、Bに対し「贋作であるので、10万円で売却する」と言ったところ、Bも同様に贋作だと思い込み「贋作なら10万円で購入する」と言って、AB間に売買契約が成立した場合

(4) Aは、自己所有の腕時計を100万円で外国人Bに売却する際、当日の正しい為替レート（1ドル100円）を重大な過失により1ドル125円で計算して「8,000ドルで売却する」と言ってしまい、Aの錯誤について過失なく知らなかったBが「8,000ドルなら買いたい」と言って、AB間に売買契約が成立した場合

	①	②	③	④	⑤
学習日					
理解度 (○/△/×)					

解説

(1) 錯誤による取消しができない 　　　　　　　　　　【表意者の重過失による錯誤】

　錯誤が表意者の重大な過失によるものであった場合には、❶相手方が表意者に錯誤があることを知りまたは重大な過失によって知らなかったとき、または、❷相手方が表意者と同一の錯誤に陥っていたときを除き、意思表示の取消しをすることができません。本肢においてAは、自己所有の自動車をBに100万円で売却するつもりであったところを「重大な過失により」誤って10万円で売却する旨の意思を表示しており(意思表示に対応する意思を欠く錯誤＝表示の錯誤)、かつ、Bは「過失なく」信じて購入を申し込んだとありますので、Aは錯誤による取消しができません。

(2) 錯誤による取消しができない 　　　　　　　　　　　　　　　　【動機の錯誤】

　Aは自己所有の時価100万円の壺の価値を誤信し、当該壺をBに10万円で売却する旨の申込みをしているため、**法律行為の目的および取引上の社会通念に照らして重要な点に表意者が法律行為の基礎とした事情についてのその認識が真実に反する錯誤**(動機の錯誤)があったといえますが、動機の錯誤については、**その事情が法律行為の基礎とされていることが表示されていたときに限り意思表示を取り消すことができます**。本肢からは、Aの動機が、明示にまたは黙示に表示されたことがうかがわれないので、Aは錯誤による取消しができません。

(3) 錯誤による取消しができる 　　　　　　　　　　　　　　　　【動機の錯誤】

　Aは時価100万円の名匠の絵画を贋作だと誤信したうえで、Bに対し、「贋作であるので、10万円で売却する」旨の意思表示をしているため、法律行為の目的および取引上の社会通念に照らして重要な点に表意者が法律行為の基礎とした事情についてのその認識が真実に反する錯誤(動機の錯誤)があり、かつ、その事情が法律行為の基礎とされていることが表示されていたといえます。したがって、Aは錯誤による取消しができます。なお、Aの錯誤が重大な過失によるものであったか否かは本肢からは判明しませんが、Bも「同様に贋作だと思い込んでいた」ことから、錯誤がAの重大な過失によるものであったとしても、相手方Bが表意者Aと同一の錯誤に陥っていたため、やはりAは錯誤による取消しができます。

(4) 錯誤による取消しができない 　　　　　　　　　　【表意者の重過失による錯誤】

　本肢おいてAは、「重大な過失により」売却する旨の意思表示をしており、Bは「Aの錯誤について過失なく知らなかった」とありますので、Aは錯誤による取消しができません。

解答…**(3)**

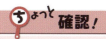

錯誤

【原則】　錯誤による意思表示は取り消すことができる

【例外】　表意者に重大な過失があった場合には、次の場合を除いて表意者は取消しをすることができない

① 相手方が表意者に錯誤があることを知り、または重大な過失によって知らなかったとき

② 相手方が表意者と同一の錯誤に陥っていたとき

意思表示

→教科書 CHAPTER02 SECTION02

問題8 A所有の甲土地についてのAB間の売買契約に関する次の記述のうち、民法の規定及び判例によれば、正しいものはどれか。　[H19問1]

(1) Aは甲土地を「1,000万円で売却する」という意思表示を行ったが当該意思表示はAの真意ではなく、Bもその旨を知っていた。この場合、Bが「1,000万円で購入する」という意思表示をすれば、AB間の売買契約は有効に成立する。

(2) AB間の売買契約が、AとBとで意を通じた仮装のものであったとしても、Aの売買契約の動機が債権者からの差押えを逃れるというものであることをBが知っていた場合には、AB間の売買契約は有効に成立する。

(3) Aが第三者Cの強迫によりBとの間で売買契約を締結した場合、Bがその強迫の事実を知っていたか否かにかかわらず、AはAB間の売買契約に関する意思表示を取り消すことができる。

(4) AB間の売買契約が、Aが泥酔して意思無能力である間になされたものである場合、Aは、酔いから覚めて売買契約を追認するまではいつでも売買契約を取り消すことができ、追認を拒絶すれば、その時点から売買契約は無効となる。

解説

(1) 誤　　　　　　　　　　　　　　　　　　　　　　　　　【心裡留保】

　　本肢のAは、自分の意思が真意でないことをわかって意思表示しているため、**心裡留保**に該当します。心裡留保による意思表示は、原則として**有効**となりますが、本肢のBはAの意思表示が真意でないことを知っています（Bは悪意）。このような場合には、**無効**となります。

(2) 誤　　　　　　　　　　　　　　　　　　　　　　　　　【虚偽表示】

　　本肢のAとBは通謀してウソの意思表示をしているため、**虚偽表示**に該当します。通謀して虚偽表示をした場合、その契約は**無効**となります。

(3) 正　　　　　　　　　　　　　　　　　　　　　　　　　　【強迫】

　　第三者（C）の強迫による意思表示の場合には、相手方の善意・悪意、過失の有無にかかわらず、取り消すことができます。

(4) 誤　　　　　　　　　　　　　　　　　　　　　　　　　【意思能力】

　　泥酔して意思無能力である間にされた契約（意思無能力者が行った契約）は、そもそもはじめから無効です。

解答…**(3)**

代理

問題9 AがA所有の土地の売却に関する代理権をBに与えた場合における次の記述のうち、民法の規定によれば、正しいものはどれか。[H21問2]

(1) Bが自らを「売主Aの代理人B」ではなく、「売主B」と表示して、買主Cとの間で売買契約を締結した場合には、Bは売主Aの代理人として契約しているとCが知っていても、売買契約はBC間に成立する。
(2) Bが自らを「売主Aの代理人B」と表示して買主Dとの間で締結した売買契約について、Bが未成年であったとしても、AはBが未成年であることを理由に取り消すことはできない。
(3) Bは、自らが選任及び監督するのであれば、Aの意向にかかわらず、いつでもEを復代理人として選任して売買契約を締結させることができる。
(4) Bは、Aに損失が発生しないのであれば、Aの意向にかかわらず、買主Fの代理人にもなって、売買契約を締結することができる。

解説

(1) **誤** 　　　　　　　　　　　　　　　　　　　　　　　【代理行為の効果】

代理人が顕名（「売主Aの代理人B」と表示）せずに契約した場合には、代理人自身が契約したものとみなされますが、相手方が悪意だった（BがAの代理人であったと知っていた）場合には、有効な代理行為となります。したがって、本肢の場合には、売買契約は「BC間」ではなく、「AC間」で成立します。

(2) **正** 　　　　　　　　　　　　　　　　　　　　　【制限行為能力者と代理】

本人は未成年者を代理人として選任することができます。この場合、本人は代理人が未成年者であることを理由に契約を取り消すことはできません。

未成年者を代理人に選んだのは本人なので、その代理人がした行為で本人が損をしても、本人の責任だよね…

(3) **誤** 　　　　　　　　　　　　　　　　　　　　　　　　　　【復代理人】

任意代理人が復代理人を選任できるのは、❶**本人の許諾**があるとき、または、❷**やむを得ない事由があるとき**に限られます。

(4) **誤** 　　　　　　　　　　　　　　　　　　　　　　　　　　【双方代理】

双方代理は原則として無権代理人がした行為とみなされます。例外的に、❶**本人の許諾**があるとき、❷**債務の履行をするとき**には、有効に効果が帰属しますが、本肢は「Aの意向にかかわらず」とあるので、Bによる売買契約の締結は無権代理人のした行為とみなされます。

解答…(2)

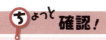

制限行為能力者と代理

☆ 未成年者等の制限行為能力者も代理人とすることができる
→この場合、本人は代理人が制限行為能力者であることを理由に、契約を取り消すことはできない（ただし、制限行為能力者が他の制限行為能力者の法定代理人としてした行為については、一定の要件を満たしていれば、取り消すことができる）

 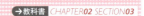

代 理

問題10 AがA所有の甲土地の売却に関する代理権をBに与えた場合における次の記述のうち、民法の規定によれば、正しいものはどれか。なお、表見代理は成立しないものとする。　　　　　　　　　　　［H22問2改］

(1) Aが死亡した後であっても、BがAの死亡の事実を知らず、かつ、知らないことにつき過失がない場合には、BはAの代理人として有効に甲土地を売却することができる。
(2) Bが死亡しても、Bの相続人はAの代理人として有効に甲土地を売却することができる。
(3) 未成年者であるBがAの代理人として甲土地をCに売却した後で、Bが未成年者であることをCが知った場合には、CはBが未成年者であることを理由に売買契約を取り消すことができる。
(4) Bが売主Aの代理人であると同時に買主Dの代理人としてAD間で売買契約を締結しても、あらかじめ、A及びDの承諾を受けていれば、この売買契約は有効である。

解説

(1) **誤** 　　　　　　　　　　　　　　　　　　　　　　　　　【代理権の消滅】

　本人(A)の死亡によって、代理人(B)の代理権は消滅します。したがって、BはAが死亡した後に、Aの代理人として有効に甲土地を売却することはできません。

(2) **誤** 　　　　　　　　　　　　　　　　　　　　　　　　　【代理権の消滅】

　代理人(B)の死亡によって、代理権は消滅します。したがって、Bの相続人はAの代理人として有効に甲土地を売却することはできません。

(3) **誤** 　　　　　　　　　　　　　　　　　　　　　　　【制限行為能力者と代理】

　任意代理人は未成年者でもなることができます。したがって、相手方は代理人が未成年者であることを理由に契約を取り消すことはできません。

(4) **正** 　　　　　　　　　　　　　　　　　　　　　　　　　　　　【双方代理】

　双方代理は原則として無権代理人がした行為とみなされますが、例外的に、❶**本人の許諾**があるとき、❷**債務の履行**をするときには、有効に効果が帰属します。本肢は「あらかじめA（売主）及びD（買主）の承諾を受けている」ため、双方代理によって締結した契約は有効に効果が帰属します。

解答…(4)

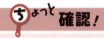

代理権の消滅

	任意代理	法定代理
本　人	☆ 死亡 ☆ 破産手続開始の決定	☆ 死亡
代理人	☆ 死亡 ☆ 破産手続開始の決定 ☆ 後見開始の審判	

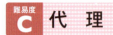 代 理

問題11 代理に関する次の記述のうち、民法の規定及び判例によれば、誤っているものはどれか。　　　　　　　　　　　　　　　　[H29 問1]

(1) 売買契約を締結する権限を与えられた代理人は、特段の事情がない限り、相手方からその売買契約を取り消す旨の意思表示を受領する権限を有する。
(2) 委任による代理人は、本人の許諾を得たときのほか、やむを得ない事由があるときにも、復代理人を選任することができる。
(3) 復代理人が委任事務を処理するに当たり金銭を受領し、これを代理人に引き渡したときは、特段の事情がない限り、代理人に対する受領物引渡義務は消滅するが、本人に対する受領物引渡義務は消滅しない。
(4) 夫婦の一方は、個別に代理権の授権がなくとも、日常家事に関する事項について、他の一方を代理して法律行為をすることができる。

	①	②	③	④	⑤
学 習 日					
理 解 度 (○/△/×)					

解説

(1) **正** 　　　　　　　　　　　　　　　　　　　　　【代理人の権限の範囲】
　売買契約を締結する権限を与えられた代理人は、特段の事情がない限り、相手方からその売買契約を取り消す旨の意思表示を受領することができます。

(2) **正** 　　　　　　　　　　　　　　　【復代理人を選任することができる場合】
　任意代理人は、❶**本人の許諾**があるとき、または、❷**やむを得ない事由**があるときには復代理人を選任することができます。

(3) **誤** 　　　　　　　　　　　　　　　　　　　【復代理人の受領物引渡義務】
　復代理人が委任事務を処理するにあたり、物を受領したときは、特別の事情がない限り、本人に対して受領物を引き渡す義務を負うほか、代理人に対してもこれを引き渡す義務を負います。そして、復代理人が代理人に受領物を引き渡したときは、代理人に対する受領物引渡義務は消滅し、それとともに、本人に対する受領物引渡義務も消滅します。

(4) **正** 　　　　　　　　　　　　　　　　　　【日常家事債務に関する代理権】
　夫婦の一方は、個別に代理権の授権がなくとも、日常家事に関する事項について、他の一方を代理して法律行為をすることができます。

解答…(3)

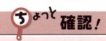

復代理人を選任できる場合（任意代理の場合）
❶ 本人の許諾があるとき
❷ やむを得ない事由があるとき

復代理人を選任したときの代理人の責任（任意代理の場合）
債務不履行責任の要件を満たす場合に、その責任を負う

難易度 B　代理

→教科書 CHAPTER02 SECTION03

問題12　AがBの代理人としてB所有の甲土地について売買契約を締結した場合に関する次の記述のうち、民法の規定及び判例によれば、正しいものはどれか。
［H20問3］

(1) Aが甲土地の売却を代理する権限をBから書面で与えられている場合、A自らが買主となって売買契約を締結したときは、Aは甲土地の所有権を当然に取得する。

(2) Aが甲土地の売却を代理する権限をBから書面で与えられている場合、AがCの代理人となってBC間の売買契約を締結したときは、Cは甲土地の所有権を当然に取得する。

(3) Aが無権代理人であってDとの間で売買契約を締結した後に、Bの死亡によりAが単独でBを相続した場合、Dは甲土地の所有権を当然に取得する。

(4) Aが無権代理人であってEとの間で売買契約を締結した後に、Aの死亡によりBが単独でAを相続した場合、Eは甲土地の所有権を当然に取得する。

解説

(1) **誤**

代理人(A)が自ら買主として売買契約を締結することを**自己契約**といいます。自己契約は原則として無権代理人がした行為とみなされるため、Aは甲土地の所有権を当然には取得することができません。

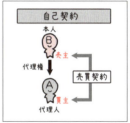

【自己契約】

ただし、本人の許諾があるとき等は、例外的に有効に効果が帰属するよ〜

(2) **誤**

代理人(A)が売主(B)および買主(C)の両方の代理人となることを**双方代理**といいます。双方代理は原則として無権代理人がした行為とみなされるため、Cは甲土地の所有権を当然には取得することはできません。

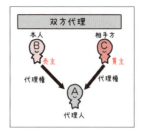

【双方代理】

ただし、本人の許諾があるとき等は、例外的に有効に効果が帰属するよ〜

(3) **正**

本人(B)が死亡し、無権代理人(A)が本人(B)を単独で相続した場合、無権代理行為は有効となります。したがって、Dは甲土地の所有権を当然に取得します。

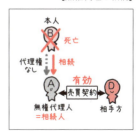

【無権代理と相続】

(4) **誤**

無権代理人(A)が死亡し、本人(B)が無権代理人(A)を単独で相続した場合、本人(B)は相手方(E)からの催告に対し、追認を拒絶することができます。したがって、Eは甲土地の所有権を当然には取得することはできません。

【無権代理と相続】

解答…**(3)**

表見代理等

問題13 AはBの代理人として、B所有の甲土地をCに売り渡す売買契約をCと締結した。しかし、Aは甲土地を売り渡す代理権は有していなかった。この場合に関する次の記述のうち、民法の規定及び判例によれば、誤っているものはどれか。

[H18問2]

(1) BがCに対し、Aは甲土地の売却に関する代理人であると表示していた場合、Aに甲土地を売り渡す具体的な代理権はないことをCが過失により知らなかったときは、BC間の本件売買契約は有効となる。

(2) BがAに対し、甲土地に抵当権を設定する代理権を与えているが、Aの売買契約締結行為は権限外の行為となる場合、甲土地を売り渡す具体的な代理権がAにあるとCが信ずべき正当な理由があるときは、BC間の本件売買契約は有効となる。

(3) Bが本件売買契約を追認しない間は、Cはこの契約を取り消すことができる。ただし、Cが契約の時において、Aに甲土地を売り渡す具体的な代理権がないことを知っていた場合は取り消せない。

(4) Bが本件売買契約を追認しない場合、Aは、Cの選択に従い、Cに対して契約履行又は損害賠償の責任を負う。ただし、Cが契約の時において、Aに甲土地を売り渡す具体的な代理権はないことを知っていた場合は責任を負わない。

解説

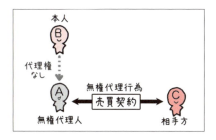

(1) **誤**　　　　　　　　　　　　　　　　　　　　　　　　【表見代理】

　本人(B)が実際には代理権を与えていないのに相手方(C)に対し、「代理人(A)に代理権を与えたよ」といった表示をした場合で、相手方(C)が善意無過失のときは、表見代理が成立し、有効な代理行為となります。

　しかし本肢の場合は、相手方(C)に過失がある(善意無過失ではない)ため、表見代理は成立せず、売買契約は無効となります。

(2) **正**　　　　　　　　　　　　　　　　　　　　　　　　【表見代理】

　本人(B)から代理権を与えられているが、その代理権の範囲を超えて代理人(A)が代理行為をした場合で、相手方(C)が善意無過失のときは、表見代理が成立し、有効な代理行為となります。

　本肢の場合、「甲土地を売り渡す具体的な代理権がAにあるとCが信ずべき正当な理由がある(善意無過失である)」ため、表見代理が成立し、売買契約は有効となります。

(3) **正**　　　　　　　　　　　　　　　　　　　　　　　　【無権代理】

　無権代理人(A)と契約した善意の(Aに代理権がないことを知らなかった)相手方(C)は、本人(B)が追認しない間は契約を取り消すことができます。

(4) **正**　　　　　　　　　　　　　　　　　　　　　　　　【無権代理】

　無権代理人(A)は、相手方(C)の選択に従って、契約の履行または損害賠償の責任を負います。ただし、①相手方(C)が善意無過失(Aに代理権がないことを過失なく知らなかった)であるか、または、②相手方(C)が善意・有過失(Aに代理権がないことを過失によって知らなかった)であるが、無権代理人が悪意(Aが自己に代理権のないことを知っていた)であることが必要です。

解答…**(1)**

難易度 B 代理、表見代理

問題14 代理に関する次の記述のうち、民法の規定及び判例によれば、誤っているものはいくつあるか。 [H26問2改]

ア 代理権を有しない者がした契約を本人が追認する場合、その契約の効力は、別段の意思表示がない限り、追認をした時から将来に向かって生ずる。

イ 不動産を担保に金員を借り入れる代理権を与えられた代理人が、本人の名において当該不動産を売却した場合、相手方において本人自身の行為であると信じたことについて正当な理由があるときは、表見代理の規定を類推適用することができる。

ウ 代理人は、行為能力者であることを要しないが、代理人が後見開始の審判を受けたときは、代理権が消滅する。

エ 代理人が相手方にした意思表示の効力が意思の不存在、錯誤、詐欺、強迫又はある事情を知っていたこと若しくは知らなかったことにつき過失があったことによって影響を受けるべき場合には、その事実の有無は、本人の選択に従い、本人又は代理人のいずれかについて決する。

(1) 一つ
(2) 二つ
(3) 三つ
(4) 四つ

解説

ア 誤　　　　　　　　　　　　　　　　　　　　　【無権代理】

無権代理人がした契約を本人が追認する場合、その契約の効力は、別段の意思表示がない限り、「追認をした時から将来に向かって」ではなく、「契約の時にさかのぼって」生じます。

イ 正　　　　　　　　　　　　　　　　　　　　　【表見代理】

代理人が、本人の名において、代理権を与えられた範囲外の行為をした場合、相手方が本人自身の行為であると信じたことについて正当な理由があるときは、表見代理の規定を類推適用することができます。

ウ 正　　　　　　　　　　　　　　　　　　　　【代理権の消滅】

代理人は、行為能力者であることを要しませんが、代理人が後見開始の審判を受けたときは、代理権が消滅します。

エ 誤　　　　　　　　　　　　　　　【代理行為に瑕疵があった場合】

本肢のような場合には、民法上、その事実の有無は、**代理人**を基準として決します。

以上より、誤っているものはアとエの2つ。だから正解は(2)だね!

解答…(2)

❓これはどう？　　　　　　　　　　　　　R3（12月）-問5①

AがBの代理人として第三者の利益を図る目的で代理権の範囲内の行為をした場合、相手方Cがその目的を知っていたとしても、AC間の法律行為の効果はBに帰属する。

✗　代理人(A)が自己または第三者の利益を図る目的で代理権の範囲内の行為をした場合において、相手方(C)がその目的を知り、または知ることができたときは、その行為は、代理権を有しない者がした行為（無権代理）とみなされます。したがって、本問では、Bが無権代理行為の追認をしない限り、AC間の法律行為の効果はBに帰属しません。

時効

→教科書 CHAPTER02 SECTION04

問題15 Aが甲土地を所有している場合の時効に関する次の記述のうち、民法の規定及び判例によれば、誤っているものはどれか。　[R2(10月)問10]

(1) Bが甲土地を所有の意思をもって平穏かつ公然に17年間占有した後、CがBを相続し甲土地を所有の意思をもって平穏かつ公然に3年間占有した場合、Cは甲土地の所有権を時効取得することができる。

(2) Dが、所有者と称するEから、Eが無権利者であることについて善意無過失で甲土地を買い受け、所有の意思をもって平穏かつ公然に3年間占有した後、甲土地がAの所有であることに気付いた場合、そのままさらに7年間甲土地の占有を継続したとしても、Dは、甲土地の所有権を時効取得することはできない。

(3) Dが、所有者と称するEから、Eが無権利者であることについて善意無過失で甲土地を買い受け、所有の意思をもって平穏かつ公然に3年間占有した後、甲土地がAの所有であることを知っているFに売却し、Fが所有の意思をもって平穏かつ公然に甲土地を7年間占有した場合、Fは甲土地の所有権を時効取得することができる。

(4) Aが甲土地を使用しないで20年以上放置していたとしても、Aの有する甲土地の所有権が消滅時効にかかることはない。

解説

(1) 正　　　　　　　　　　　　　　　　　　　　　　　　【所有権の時効取得】

　　占有者の承継人は、その選択にしたがい、自己の占有のみを主張し、または自己の占有に前の占有者の占有をあわせて主張することができます。したがって、Cは、自己の占有（3年間）に前の占有者であるBの占有（17年間）をあわせて主張することができ、甲土地の所有権を時効取得することができます。

(2) 誤　　　　　　　　　　　　　　　　　　　　　　　　【所有権の時効取得】

　　10年の取得時効の要件としての占有者の善意・無過失の存否については、占有開始の時点で判断され、時効期間中に他人の物であることに気が付いたとしても影響を受けません。したがって、10年の取得時効の要件を満たせば、Dは甲土地の所有権を時効取得することができます。

(3) 正　　　　　　　　　　　　　　　　　　　　　　　　【所有権の時効取得】

　　10年の取得時効の要件としての占有者の善意・無過失の存否については、占有開始の時点で判断されます。したがって、Dが占有開始の時点において善意・無過失であれば、その占有を承継したFは、10年の取得時効の要件を満たして、甲土地の所有権を時効取得することができます。

(4) 正　　　　　　　　　　　　　　　　　　　　　　　　【所有権の消滅時効】

　　所有権は消滅時効にかかりません。

解答…**(2)**

ちょっと確認！

取得時効が完成するための要件

下記の期間、所有の意思をもって、平穏かつ公然に他人のものを占有すれば、その所有権を取得することができる

占有の開始時に	**善意・無過失** であった場合 ・・・ 10年間
	善意・有過失 であった場合 ・・・ 20年間
	悪意 であった場合 ・・・・・・・・・・・・ 20年間

☆「善意・悪意」「有過失・無過失」は、占有の開始時で判定する

時 効

問題16 Aは、Bに対し建物を賃貸し、月額10万円の賃料債権を有している。この賃料債権の消滅時効に関する次の記述のうち、民法の規定及び判例によれば、誤っているものはどれか。 ［H21問3改］

(1) Aが、Bに対する賃料債権につき支払督促の申立てをし、さらに期間内に適法に仮執行の宣言の申立てをしたときは、消滅時効の完成は猶予される。

(2) Bが、Aとの建物賃貸借契約締結時に、賃料債権につき消滅時効の利益はあらかじめ放棄する旨約定したとしても、その約定に法的効力は認められない。

(3) Aが、Bに対する賃料債権につき消滅時効の期間が満了する6カ月以内に内容証明郵便により支払を請求したときであっても、その請求により消滅時効の完成は猶予されない。

(4) Bが、賃料債権の消滅時効が完成した後にその賃料債権を承認したときは、消滅時効の完成を知らなかったときでも、その完成した消滅時効の援用をすることは許されない。

解説

(1) **正** 【時効の完成猶予】

　支払督促は、その事由が終了する（確定判決または確定判決と同一の効力を有するものによって権利が確定することなくその事由が終了した場合は、その終了の時から6カ月を経過する）までの間は、時効は完成せず、猶予されます。

(2) **正** 【時効の利益の放棄】

　時効の利益はあらかじめ放棄することはできません。したがって、時効の利益をあらかじめ放棄する旨の契約は無効となります。

(3) **誤** 【時効の完成猶予】

　催告があったときは、その時から6カ月を経過するまでの間は、時効は完成しません。そして、内容証明郵便による支払いの請求は催告に該当します。したがって、内容証明郵便による支払いの請求があった時から**6カ月を経過するまでの間**は、時効は完成せず、猶予されます。

(4) **正** 【時効の援用】

消滅時効が完成したあとに、債務を承認した場合、消滅時効の完成を知らなかったときでも、**消滅時効を援用することはできません**。

解答…**(3)**

ちょっと確認！

主な時効の完成猶予・更新事由

❶裁判上の請求、支払督促など　`完成猶予`　`更新`
　↳督促手続で、裁判所書記官が債務者の言い分を聞かずに金銭等の支払いを命じる

❷強制執行等、財産開示手続など　`完成猶予`　`更新`

❸仮差押え、仮処分　`完成猶予`

❹催告　`完成猶予`
　↳「あなたの義務を履行して！」と言うこと

❺権利についての協議を行う旨の合意　`完成猶予`

❻権利の承認　`更新`

難易度 B 時　効

→教科書 *CHAPTER02 SECTION04*

問題17　AがBに対して金銭の支払を求めて訴えを提起した場合の時効の更新に関する次の記述のうち、民法の規定及び判例によれば、誤っているものはどれか。

［R1問9㊺］

(1) 訴えの提起後に当該訴えが取り下げられた場合には、特段の事情がない限り、時効の更新の効力は生じない。

(2) 訴えの提起後に当該訴えの却下の判決が確定した場合には、時効の更新の効力は生じない。

(3) 訴えの提起後に請求棄却の判決が確定した場合には、時効の更新の効力は生じない。

(4) 訴えの提起後に裁判上の和解が成立した場合には、時効の更新の効力は生じない。

	①	②	③	④	⑤
学 習 日					
理 解 度 (○/△/×)					

254

解説

　裁判上の請求がされた場合、**確定判決または確定判決と同一の効力を有するものによって権利が確定**したときは、時効はその事由が終了した時から新たにその進行を始めます（時効の更新）。

(1) **正**　　　　　　　　　　　　　　　　　　　　　　　　【時効の更新事由】

　訴えが取り下げられた場合には、権利が確定しないので、時効の更新は生じません。

(2) **正**　　　　　　　　　　　　　　　　　　　　　　　　【時効の更新事由】

　訴えが却下された場合には、権利が確定しないので、時効の更新は生じません。

(3) **正**　　　　　　　　　　　　　　　　　　　　　　　　【時効の更新事由】

　請求棄却の判決とは、原告（A）の請求に理由がないとして、A敗訴の判決をすることです。Aが主張する金銭支払請求権はないとされたわけですから、時効の更新は生じません。

(4) **誤**　　　　　　　　　　　　　　　　　　　　　　　　【時効の更新事由】

　裁判上の和解は、確定判決と同一の効力を有するものなので、時効の更新が生じます。

解答…(4)

債務不履行

問題18 債務不履行に基づく損害賠償請求権に関する次の記述のうち、民法の規定及び判例によれば、誤っているものはどれか。 [H24問8改]

(1) AがBと契約を締結する前に、信義則上の説明義務に違反して契約締結の判断に重要な影響を与える情報をBに提供しなかった場合、Bが契約を締結したことにより被った損害につき、Aは、不法行為による賠償責任を負うことはあっても、債務不履行による賠償責任を負うことはない。
(2) AB間の利息付金銭消費貸借契約において、利率に関する定めがない場合、借主Bが債務不履行に陥ったことによりAがBに対して請求することができる遅延損害金は、債務者が遅滞の責任を負った最初の時点における法定利率である年3分の利率により算出する。
(3) AB間でB所有の甲不動産の売買契約を締結した後、Bが甲不動産をCに二重譲渡してCが登記を具備した場合、AはBに対して債務不履行に基づく損害賠償請求をすることができる。
(4) AB間の金銭消費貸借契約において、借主Bは当該契約に基づく金銭の返済をCからBに支払われる売掛代金で予定していたが、その入金がなかった(Bの責めに帰すべき事由はない。)ため、返済期限が経過してしまった場合、Bは債務不履行には陥らず、Aに対して遅延損害金の支払義務を負わない。

解説

(1) **正** 【債務不履行】

債務不履行が生じるのは、契約締結後です。したがって、契約締結前に説明義務違反があって、Bが損害を被った場合でも、Aは債務不履行による賠償責任を負うことはありません(不法行為による賠償責任を負うことはあります)。

(2) **正** 【金銭債務の特則】

金銭債務の不履行については、損害賠償の額は債務者が遅滞の責任を負った最初の時点における法定利率(年3%)によって計算します。なお、利率に定めがある場合(約定利率がある場合)で、約定利率が法定利率を超えるときは、損害賠償の額は約定利率によって計算します。

(3) **正** 【履行不能、二重譲渡と登記…SEC.09】

二重譲渡の場合、先に登記をしたほうが所有権を主張できます。本肢の場合、Cが登記をしているため、Aは甲不動産を手に入れることができません(履行不能)。したがって、AはBに対して債務不履行(履行不能)にもとづく損害賠償請求をすることができます。

(4) **誤** 【金銭債務の特則】

金銭債務の場合、たとえ債務者に責任がなくても、債務不履行が成立します。

解答…**(4)**

ちょっと確認!

金銭債務の特則

❶ 金銭債務には、履行不能はあり得ないので、債務不履行=履行遅滞となる

❷ 金銭債務については、債務者に責めに帰すべき事由がなくても債務不履行が成立する

❸ 債権者は損害の証明をせずに、損害賠償を請求できる

❹ 損害賠償の額は、債務者が遅滞の責任を負った最初の時点における法定利率(年3%)によって計算する(ただし、約定利率が法定利率を超えるときは、約定利率によって計算する)

債務不履行、損害賠償の請求

問題19 共に宅地建物取引業者であるAB間でA所有の土地について、×6年9月1日に売買代金3,000万円（うち、手付金200万円は同年9月1日に、残代金は同年10月31日に支払う。）とする売買契約を締結した場合に関する次の記述のうち、民法の規定及び判例によれば、正しいものはどれか。

[H16問4改]

(1) 本件売買契約において、弁済をするについて正当な利益を有する者でない第三者Cは、同年10月31日を経過すれば、Bの意思に反しても残代金をAに対して支払うことができる。

(2) 同年10月31日までにAが契約の履行に着手した場合には、手付が解約手付の性格を有していても、Bが履行に着手したかどうかにかかわらず、Aは、売買契約を解除できなくなる。

(3) Bの債務不履行によりAが売買契約を解除する場合、手付金相当額を損害賠償の予定とする旨を売買契約で定めていた場合には、特約がない限り、Aの損害が200万円を超えていても、Aは手付金相当額以上に損害賠償請求はできない。

(4) Aが残代金の受領を拒絶することを明確にしている場合であっても、Bは同年10月31日には2,800万円をAに対して現実に提供しなければ、Bも履行遅滞の責任を負わなければならない。

解説

(1) **誤** 　　　　　　　　　　　　　　　　　　　　　　【弁済…SEC.07】

　当該契約において、弁済をするについて正当な利益を有する第三者は、債務者(B)の意思に反しても残代金を支払うことができますが、その利益を有しない第三者(C)は、原則として、債務者(B)の意思に反して残代金を支払うことはできません。

(2) **誤** 　　　　　　　　　　　　　　　　　　　　　　【手付…SEC.08】

　手付(解約手付)が交付された場合、相手方(B)が履行に着手したときは、手付による解除はできませんが、**相手方が履行に着手するまでは、手付による解除ができます**。

(3) **正** 　　　　　　　　　　　　　　　　　　　【損害賠償額の予定】

　損害賠償額の予定がされると、実際の損害額がいくらであれ、予定した金額が損害賠償額となります。

(4) **誤** 　　　　　　　　　　　　　　　　　　　　　　【履行遅滞】

　Aが残代金の受領をあらかじめ拒んだ場合(「その日は旅行に行っているから受け取れない」などの連絡があった場合)、Bは口頭の提供(「支払いの準備をしたので、受け取ってください」と通知すること)をすれば、Aに対して残代金を現実に提供しなくても履行遅滞とはなりません。また、Aが代金の受領を明確に拒絶している場合(「あなたとは契約した覚えがないから、受け取らないよ！」など)には、Bは口頭の提供も不要となります。

　　　　　　　　　　　　　　　　　　　　　　　　　　解答…**(3)**

CH 02　権利関係

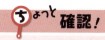

損害賠償額の予定

❶ 損害賠償額の予定がされると、実際の損害額がいくらであれ、予定した金額が損害賠償額となる

❷ 損害賠償額の予定は、契約と同時に行う必要はないが、すでに損害が発生したあとに予定することはできない

❸ 違約金は、債務不履行による損害賠償額の予定と推定する

解 除

→教科書 CHAPTER02 SECTION05

問題20 売主Aは、買主Bとの間で甲土地の売買契約を締結し、代金の3分の2の支払と引換えに所有権移転登記手続と引渡しを行った。その後、Bが残代金を支払わないので、Aは適法に甲土地の売買契約を解除した。この場合に関する次の記述のうち、民法の規定及び判例によれば、正しいものはどれか。　　　　　　　　　　　　　　　　　　　　　　[H21問8]

(1) Aの解除前に、BがCに甲土地を売却し、BからCに対する所有権移転登記がなされているときは、BのAに対する代金債務につき不履行があることをCが知っていた場合においても、Aは解除に基づく甲土地の所有権をCに対して主張できない。
(2) Bは、甲土地を現状有姿の状態でAに返還し、かつ、移転登記を抹消すれば、引渡しを受けていた間に甲土地を貸駐車場として収益を上げていたときでも、Aに対してその利益を償還すべき義務はない。
(3) Bは、自らの債務不履行で解除されたので、Bの原状回復義務を先に履行しなければならず、Aの受領済み代金返還義務との同時履行の抗弁権を主張することはできない。
(4) Aは、Bが契約解除後遅滞なく原状回復義務を履行すれば、契約締結後原状回復義務履行時までの間に甲土地の価格が下落して損害を被った場合でも、Bに対して損害賠償を請求することはできない。

解説

(1) **正** 　　　　　　　　　　　　　　　　　　　　　【解除と登記…SEC.09】

契約が解除された場合、解除権者(A)と第三者(C)は、先に登記をしたほうが所有権を主張することができます。本肢では、Cがすでに登記しているため、AはCに対して所有権を主張できません。

(2) **誤** 　　　　　　　　　　　　　　　　　　　　　　　　　【解除の効果】

契約が解除されたときは、各当事者は原状回復義務を負います。原状回復が不動産の返還の場合には、使用料相当額(貸駐車場として収益をあげていた場合はその利益)を相手方(A)に対して償還する義務を負います。

(3) **誤** 　　　　　　　　　　　　　　　　　　　　　　　　　【解除の効果】

原状回復義務は同時履行の関係にあります。

(4) **誤** 　　　　　　　　　　　　　　　　　　　　　　　　　【解除の効果】

契約を解除した場合であっても、損害が発生していれば、解除権者(A)は債務者(B)に対して損害賠償を請求することができます。

解答…(1)

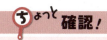

解除の効果

契約が解除されたときは、各当事者は原状回復義務(契約前の状態に戻す義務)を負う

☆ 原状回復が金銭の返還のときは、金銭を受領した時からの利息をつけて返す必要がある

☆ 金銭以外の物を返還する場合、受領の時以後に生じた果実をも返す必要がある。また、使用利益(たとえば、不動産の使用料)の返還も必要

☆ 各当事者の原状回復義務は同時履行の関係にある

問題21 契約の解除に関する次の(1)から(4)までの記述のうち、民法の規定及び下記判決文によれば、誤っているものはどれか。　[H22問9]

（判決文）
　同一当事者間の債権債務関係がその形式は甲契約及び乙契約といった2個以上の契約から成る場合であっても、それらの目的とするところが相互に密接に関連付けられていて、社会通念上、甲契約又は乙契約のいずれかが履行されるだけでは契約を締結した目的が全体としては達成されないと認められる場合には、甲契約上の債務の不履行を理由に、その債権者が法定解除権の行使として甲契約と併せて乙契約をも解除することができる。

(1) 同一当事者間で甲契約と乙契約がなされても、それらの契約の目的が相互に密接に関連付けられていないのであれば、甲契約上の債務の不履行を理由に甲契約と併せて乙契約をも解除できるわけではない。
(2) 同一当事者間で甲契約と乙契約がなされた場合、甲契約の債務が履行されることが乙契約の目的の達成に必須であると乙契約の契約書に表示されていたときに限り、甲契約上の債務の不履行を理由に甲契約と併せて乙契約をも解除することができる。
(3) 同一当事者間で甲契約と乙契約がなされ、それらの契約の目的が相互に密接に関連付けられていても、そもそも甲契約を解除することができないような付随的義務の不履行があるだけでは、乙契約も解除することはできない。
(4) 同一当事者間で甲契約（スポーツクラブ会員権契約）と同時に乙契約（リゾートマンションの区分所有権の売買契約）が締結された場合に、甲契約の内容たる屋内プールの完成及び供用に遅延があると、この履行遅延を理由として乙契約を民法第541条により解除できる場合がある。

解説

(1) **正** 【解除】

判決文に「それらの目的とするところが相互に密接に関連付けられていて、…と認められる場合には、甲契約上の債務の不履行を理由に、…甲契約と併せて乙契約をも解除することができる」とあるので、本肢の「それらの契約の目的が相互に密接に関連付けられていないのであれば、甲契約上の債務の不履行を理由に甲契約と併せて乙契約をも解除できるわけではない」は正しいと判断できます。

(2) **誤** 【解除】

判決文では「…契約書に表示されていたときに限り…解除することができる」といった契約書の表示までは要求していません。したがって、本肢は誤りです。

(3) **正** 【解除】

判決文に、「甲契約上の債務の不履行を理由に…法定解除権の行使として甲契約と併せて乙契約をも解除することができる」とあるので、甲契約を解除することができないくらいの小さな不履行(付随的義務の不履行)があるだけでは、乙契約も解除することはできません。

(4) **正** 【解除】

判決文に、「甲契約又は乙契約のいずれかが履行されるだけでは契約を締結した目的が全体としては達成されないと認められる場合には、甲契約上の債務の不履行を理由に…甲契約と併せて乙契約をも解除することができる」とあるので、甲契約の内容に遅延があって、乙契約のみの履行では目的が全体として達成されないと認められる場合には、甲契約上の債務不履行を理由に乙契約を解除できます。

解答…(2)

このような問題が頻繁に出題される…
一見、難しそうに見えるけど、判決文と選択肢をじっくり読み比べれば(答えは判決文の中にあることが多いので)、解答できるよ。
どちらかというと、国語の問題だね…

難易度 B 危険負担等

→教科書 CHAPTER02 SECTION06

問題22 ×6年9月1日にA所有の甲建物につきAB間で売買契約が成立し、当該売買契約において同年9月30日をもってBの代金支払と引換えにAは甲建物をBに引き渡す旨合意されていた。この場合に関する次の記述のうち、民法の規定によれば、正しいものはどれか。 [H19問10改]

(1) 甲建物が同年8月31日時点でAB両者の責に帰すことができない火災により滅失していた場合、甲建物の売買契約は無効となる。

(2) 甲建物が同年9月15日時点でAの責に帰すべき火災により滅失した場合、有効に成立していた売買契約は、Aの債務不履行によって無効となる。

(3) 甲建物が同年9月15日時点でBの責に帰すべき火災により滅失した場合、Aの甲建物引渡し債務も、Bの代金支払債務も共に消滅する。

(4) 甲建物が同年9月15日時点で自然災害により滅失しても、Bの代金支払債務は存続するが、その履行を拒絶することができる。

	①	②	③	④	⑤
学習日					
理解度 (○/△/×)					

解説

(1) **誤** 【原始的不能】

売買契約の成立前に目的物が滅失していた場合でも、契約は有効となります。

(2) **誤** 【債務不履行…SEC.05】

売買契約の成立後に 売主(A)の責めに帰すべき火災により目的物が滅失した場合には、売主(A)の債務不履行となります。債務不履行の場合、債権者(買主B)は損害賠償の請求や契約の解除をすることができます(契約が無効になるわけではありません)。

(3) **誤** 【危険負担】

甲建物の売買契約の成立後、引渡し前に買主(B)の責めに帰すべき火災により目的物が滅失した場合、売主(A)の建物引渡債務は消滅しますが、買主(B)の代金支払債務は消滅しません。

(4) **正** 【危険負担】

危険負担では、特定の不動産の売買契約の成立後、引渡し前に、当事者双方の責めに帰することができない事由によって債務の履行ができなくなった場合には、買主の債務は消滅しませんが、反対給付の履行を拒む(代金の支払いを拒む)ことができます。

解答…**(4)**

 弁済

問題23 Aは、土地所有者Bから土地を賃借し、その土地上に建物を所有してCに賃貸している。AのBに対する借賃の支払債務に関する次の記述のうち、民法の規定及び判例によれば、正しいものはどれか。[H17問7改]

(1) Cは、借賃の支払債務に関して法律上の利害関係を有しないので、Aの意思に反して、債務を弁済することはできない。

(2) Aが、Bの代理人と称して借賃の請求をしてきた無権限者に対し債務を弁済した場合、その者に弁済受領権限があるかのような外観があり、Aがその権限があることについて善意、かつ、無過失であるときは、その弁済は有効である。

(3) Aが、当該借賃を額面とするA振出しに係る小切手(銀行振出しではないもの)をBに提供した場合、債務の本旨に従った適法な弁済の提供となる。

(4) Aは、特段の理由がなくとも、借賃の支払債務の弁済に代えて、Bのために弁済の目的物を供託し、その債権を消滅させることができる。

解説

(1) **誤** 　　　　　　　　　　　　　　　　　【債務者に代わって弁済できる第三者】

借地上の建物賃借人(C)は、その借地の地代支払債務の弁済をするについて正当な利益を有する第三者に該当します。その第三者(C)は、債務者(A)の意思に反しても債務を弁済することができます。

(2) **正** 　　　　　　　　　　　　　　　　　【受領権者としての外観を有する者】

受領権者以外の者であって取引上の社会通念に照らして受領権者としての外観を有するものに対して、弁済者が善意無過失で弁済した場合は、その弁済は有効となります。

(3) **誤** 　　　　　　　　　　　　　　　　　　　　　　　　　　　　【弁済・その他】

銀行振出しではない小切手の提供は、特別の意思表示または慣習がない限り適法な弁済の提供とはなりません。

> 個人が勝手に振り出した小切手は、信頼性が低いよね。だから、個人振出小切手の提供は、特別の意思表示または慣習がない限り適法な弁済の提供とはならないよ。
> その点、銀行さんが振り出した小切手ならば、信頼性が高いから、銀行振出小切手の提供は適法な弁済の提供となる！

(4) **誤** 　　　　　　　　　　　　　　　　　　　　　　　　　　　　【弁済・その他】

債権者が弁済の受領を拒んだときなど、一定の事由がある場合には、弁済者は弁済の目的物を供託することができ、供託をした時にその債権は消滅します。本肢では「特段の理由がなくとも」とあるので、誤りです。

解答…(2)

ちょっと確認！

【受領権者以外の者に行われた弁済】

【原則】
受領権者以外の者に行われた弁済 ➡ 無効 ✗

【例外】
受領権者以外の者で、取引上の社会通念に照らして受領権者としての外観を有するものに、**善意無過失**で弁済した場合は… ➡ 有効 ○

難易度 B 弁済 →教科書 CHAPTER02 SECTION07

問題24 Aを売主、Bを買主として甲建物の売買契約が締結された場合におけるBのAに対する代金債務(以下「本件代金債務」という。)に関する次の記述のうち、民法の規定及び判例によれば、誤っているものはどれか。

[R1問7]

(1) Bが、本件代金債務につき受領権限のないCに対して弁済した場合、Cに受領権限がないことを知らないことにつきBに過失があれば、Cが受領した代金をAに引き渡したとしても、Bの弁済は有効にならない。
(2) Bが、Aの代理人と称するDに対して本件代金債務を弁済した場合、Dに受領権限がないことにつきBが善意かつ無過失であれば、Bの弁済は有効となる。
(3) Bが、Aの相続人と称するEに対して本件代金債務を弁済した場合、Eに受領権限がないことにつきBが善意かつ無過失であれば、Bの弁済は有効となる。
(4) Bは、本件代金債務の履行期が過ぎた場合であっても、特段の事情がない限り、甲建物の引渡しに係る履行の提供を受けていないことを理由として、Aに対して代金の支払を拒むことができる。

解説

債権者(A)や法令の規定・当事者の意思表示によって弁済を受領する権限を付与された第三者を**受領権者**といいます。**受領権者以外の者**であって、取引上の社会通念に照らして**受領権者としての外観**を有するもの（詐称代理人、表見相続人など）に対してした弁済は、その弁済をした者(B)が**善意無過失**のときに限り、その効力を有します。

（1）**誤**   【受領権者以外の者に対する弁済】

　弁済をしたBに過失があるため、Cが受領権者としての外観を有する者であったとしても、有効な弁済にはなりません。ただし、この場合でも、**債権者(A)が利益を受けた**のであれば、その限度において、受領権者以外の者に対する弁済も有効となります。

（2）**正**   【受領権者としての外観を有する者に対する弁済】

　上記のとおり、正しい記述です。

（3）**正**   【受領権者としての外観を有する者に対する弁済】

　上記のとおり、正しい記述です。

（4）**正**   【同時履行の抗弁権】

　Bは、代金債務の履行期が過ぎた場合であっても、特段の事情がない限り、甲建物の引渡しに係る**履行の提供を受けていない**ときは、同時履行の抗弁権を主張して、Aに対して代金の支払いを拒むことができます。

解答…**(1)**

難易度 C　相　殺

→教科書 CHAPTER02 SECTION07

問題25　Aは、B所有の建物を賃借し、毎月末日までに翌月分の賃料50万円を支払う約定をした。またAは敷金300万円をBに預託し、敷金は賃貸借終了後明渡し完了後にBがAに支払うと約定された。AのBに対するこの賃料債務に関する相殺についての次の記述のうち、民法の規定及び判例によれば、正しいものはどれか。

[H16問8㊎]

(1) Aは、Bが支払不能に陥った場合は、特段の合意がなくても、Bに対する敷金返還請求権を自働債権として、弁済期が到来した賃料債務と対当額で相殺することができる。

(2) AがBから受けた悪意による不法行為に基づく損害賠償請求権を有した場合、Aは、このBに対する損害賠償請求権を自働債権として、弁済期が到来した賃料債務と対当額で相殺することはできない。

(3) AがBに対して商品の売買代金請求権を有しており、それが×6年9月1日をもって時効により消滅した場合、Aは、同年9月2日に、このBに対する代金請求権を自働債権として、同年8月31日に弁済期が到来した賃料債務と対当額で相殺することはできない。

(4) AがBに対してこの賃貸借契約締結以前から貸付金債権を有しており、その弁済期が×6年8月31日に到来する場合、同年8月20日にBのAに対するこの賃料債務に対する差押があったとしても、Aは、同年8月31日に、このBに対する貸付金債権を自働債権として、弁済期が到来した賃料債務と対当額で相殺することができる。

	①	②	③	④	⑤
学 習 日					
理 解 度 (○/△/×)					

270

解説

(1) 誤　　　　　　　　　　　　　　　　　　　　　　【相殺適状、敷金…SEC.12】

　　A（借主）がB（貸主）に対して敷金の返還を請求できるのは、**建物の明渡し後**となります。したがって、AのBに対する敷金返還請求権は弁済期にないため、これを自働債権として、弁済期が到来した賃料債務と相殺することはできません。

(2) 誤　　　　　　　　　　　　　　　　　　　　　　　　　　【相殺できない場合】

　　「AがBから受けた悪意による不法行為に基づく損害賠償請求権を有した場合」とあるので、A＝被害者(損害賠償請求できる人)、B＝加害者(損害賠償しなければならない人)の関係となります。

　　この場合、加害者(B)から相殺を主張することはできませんが、被害者(A)から相殺を主張することはできます。

(3) 誤　　　　　　　　　　　　　　　　　　　　　　　　　　　　　【相殺適状】

　　自働債権が時効によって消滅していたとしても、時効完成以前に相殺適状にあった場合には、相殺することができます。

(4) 正　　　　　　　　　　　　　　　　　　　　　　　　　　【相殺できる場合】

　　自働債権が受働債権の差押え後に取得したものである場合には、原則として相殺することはできませんが、自働債権が受働債権の差押え前に取得したものである場合には、弁済期の前後を問わず、相殺適状に達すれば相殺することができます。

　　本肢の場合、自働債権であるAの債権(貸付金債権)は、受働債権であるBの債権(賃料債権)の差押え前に取得しているものなので、相殺することができます。

解答…**(4)**

ちょっと確認！

相殺できない場合

❶ 当事者間で相殺を禁止・制限する特約がある場合
　☆ 第三者に対抗するには、第三者が悪意・重過失でなければならない

❷ 悪意による不法行為や、それ以外の人の生命・身体の侵害によって生じた損害賠償請求権が受働債権である場合
　☆ この受働債権が他人から譲り受けたものであるときは相殺できる

❸ 原則として自働債権が受働債権の差押え後に取得したものである場合
　☆ 差押え後に取得した債権であっても、差押え前の原因に基づいて生じたものであるときは相殺できる

難易度 **B** 債権譲渡

→教科書 *CHAPTER02 SECTION07*

問題26 AがBに対して1,000万円の代金債権を有しており、Aがこの代金債権をCに譲渡した場合における次の記述のうち、民法の規定及び判例によれば、誤っているものはどれか。 ［H23問5改］

(1) AB間の代金債権について譲渡制限の意思表示をしていたが、Cがその特約の存在を知らないことにつき重大な過失がある場合であっても、Cはこの代金債権を取得することができる。

(2) AがBに対して債権譲渡の通知をすれば、その譲渡通知が確定日付によるものでなくても、CはBに対して自らに弁済するように主張することができる。

(3) BがAに対して期限が到来した1,000万円の貸金債権を有していても、AがBに対して確定日付のある譲渡通知をした場合には、BはCに譲渡された代金債権の請求に対して貸金債権による相殺を主張することができない。

(4) AがBに対する代金債権をDに対しても譲渡し、Cに対する債権譲渡もDに対する債権譲渡も確定日付のある証書でBに通知した場合には、CとDの優劣は、確定日付の先後ではなく、確定日付のある通知がBに到着した日時の先後で決まる。

	①	②	③	④	⑤
学 習 日					
理 解 度 (○/△/×)					

解説

(1) 正 　　　　　　　　　　　　　　　　　　　　　　　　　　　　【債権譲渡】

　当事者間において譲渡制限の意思表示がされている債権が譲渡された場合、譲渡制限の意思表示について譲受人に悪意または重過失があっても、その債権譲渡は有効となります。なお、本肢では、譲受人(C)は譲渡制限の意思表示につき重大な過失があるため、原則として、債務者(B)は、譲受人(C)に対して債務の履行を拒むことができ、さらに、譲渡人(A)に対する弁済その他の債務を消滅させる事由をもって、譲受人(C)に対抗することができます。

(2) 正 　　　　　　　　　　　　　　　　　　　　【債権譲渡を債務者に対抗するための要件】

　譲渡人(A)が債務者(B)に対して通知(口頭でもOK)をすれば、譲受人(C)は、債務者(B)に対して自らに弁済するように主張することができます。

(3) 誤 　　　　　　　　　　　　　　　　　　　　　　　　【債権譲渡における相殺権】

　債務者は対抗要件具備時より前に取得した譲渡人に対する債権による相殺を譲受人に主張することができます。本肢では、Aによる確定日付のある譲渡通知がされたときには、すでにBは1,000万円の貸金債権を有しています。また、この貸金債権は相殺適状にある(弁済期が到来している)ので、BはCに対して主張することができます。

(4) 正 　　　　　　　　　　　　　　　　　　　　【債権譲渡を第三者に対抗するための要件】

　二重譲渡の場合で、両方の譲渡について確定日付のある証書があるときは、確定日付の先後ではなく、その**通知の到達**または承諾の日時が早いほうが優先して権利を行使することができます。

解答…**(3)**

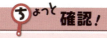
ちょっと確認!

債務者に対して債権譲渡を対抗するための要件(下記のいずれか)
❶ 譲渡人から債務者に対する**通知** ←口頭による通知も○
❷ 債務者の**承諾** ←承諾は譲渡人、譲受人のいずれにしても○

第三者に対して債権譲渡を対抗するための要件(下記のいずれか)
❶ 確定日付のある証書による譲渡人から債務者への通知
❷ 確定日付のある証書による債務者の承諾

ポイント
☆ 二重譲渡の場合で、両方の譲渡について確定日付のある証書があるときには、通知の**到達**または承諾の日時が早いほうが優先される

B 債権譲渡

問題27 Aは、Bに対して貸付金債権を有しており、Aはこの貸付金債権をCに対して譲渡した。この場合、民法の規定及び判例によれば、次の記述のうち誤っているものはどれか。　　　　　　　　　　[H15問8㉑]

(1) 貸付金債権について当事者で譲渡制限の意思表示がされている場合で、Cが譲渡制限の意思表示の存在を知っていたとき、BはCに対して債権譲渡が無効であると主張することができない。
(2) Bが債権譲渡を承諾しない場合、CがBに対して債権譲渡を通知するだけでは、CはBに対して自分が債権者であることを主張することができない。
(3) Aが貸付金債権をDに対しても譲渡し、Cへは確定日付のない証書、Dへは確定日付のある証書によってBに通知した場合で、いずれの通知もBによる弁済前に到達したとき、Bへの通知の到達の先後にかかわらず、DがCに優先して権利を行使することができる。
(4) Aが貸付金債権をEに対しても譲渡し、Cへは×6年10月10日付、Eへは同月9日付のそれぞれ確定日付のある証書によってBに通知した場合で、いずれの通知もBによる弁済前に到達したとき、Bへの通知の到達の先後にかかわらず、EがCに優先して権利を行使することができる。

解説

(1) 正　　　　　　　　　　　　　　　　　　　　　　　【債権譲渡】

当事者間において譲渡制限の意思表示がされている債権が譲渡された場合、譲渡制限の意思表示について譲受人に悪意または重過失があっても、その債権譲渡は有効となります。なお、本肢では、譲受人(C)は譲渡制限の意思表示につき悪意であるため、原則として、債務者(B)は、譲受人(C)に対して債務の履行を拒むことができ、さらに、譲渡人(A)に対する弁済その他の債務を消滅させる事由をもって、譲受人(C)に対抗することができます。

(2) 正　　　　　　　　　　　　　　　【債権譲渡を債務者に対抗するための要件】

譲受人(C)が債務者(B)に対して自分が債権者であることを主張するためには、❶譲渡人(A)から債務者(B)に対する通知または❷債務者(B)の承諾が必要です。本肢では「C（譲受人）がB（債務者）に対して債権譲渡を通知」とあるので、この場合には、譲受人(C)が債務者(B)に対して自分が債権者であることを主張することはできません。

(3) 正　　　　　　　　　　　　　　　【債権譲渡を第三者に対抗するための要件】

譲受人(C、D)が第三者に対して自分が債権者であることを主張するためには、❶確定日付のある証書による譲渡人から債務者への通知または❷確定日付のある証書による債務者の承諾が必要です。本肢では、Cへは確定日付のない証書、Dへは確定日付のある証書によってB（債務者）に通知しているので、DがCに優先して権利を行使することができます。

(4) 誤　　　　　　　　　　　　　　　【債権譲渡を第三者に対抗するための要件】

二重譲渡の場合で、両方の譲渡について確定日付のある証書があるときは、その通知の到達の早いほうが優先して権利を行使することができます。

解答…(4)

？これはどう？　　　　　　　　　　　　　　　　　　　　 H28－問5②改

Aが、Bに対する債権をCに譲渡した場合において、AがBに債権譲渡の通知を発送し、その通知がBに到達していなかったときは、Bが抗弁の放棄をしていなかったとしても、BはCに対して当該債権に係る債務の弁済について対抗することができない。

> ✕　債務者(B)への通知は未達であり、抗弁の放棄もしていないため、その通知が債務者(B)に到達する時までに譲渡人(A)に対して生じた事由(相殺・弁済・消滅時効など)をもって、譲受人(C)に対抗することができます。

難易度 A　買主の救済（売主の担保責任）

→教科書 *CHAPTER02 SECTION08*

問題28　買主Aが商人でない売主Bと売買契約を締結し、その目的物が引き渡されたところ、当該売買契約の目的物は、各選択肢に掲げる点に関して契約の内容に適合しないものであった。この場合、民法の規定によれば、次の記述のうち誤っているものはどれか。なお、この不適合はAの責めに帰すべき事由によるものではないものとする。　　　　　［オリジナル問題］

(1) 当該契約の不適合が数量に関するものであった場合、Aは、その不適合を知った時から1年以内にその旨を売主に通知していなくても、当該不適合を理由とする履行の追完の請求をすることができる。

(2) 当該契約の不適合が品質に関するものであった場合、Bは、Aに不相当な負担を課するものでないときは、Aが代替物を引き渡す方法での契約の追完を請求していたとしても、目的物を修補する方法での追完をすることができる。

(3) 当該契約の不適合が品質に関するものであり、Bの責めに帰すべき事由による不適合であった場合、BがAの請求に応じてした目的物の修補が不十分であり、なおもAに当該不適合を原因とする損害が生じているときは、Aは、別途、損害の賠償を請求することができる。

(4) 当該契約の不適合が種類に関するものであった場合、履行の追完が不能であったとしても、Aは、Bに対して、履行の追完の催告をしなければ、売買代金の減額を請求することができない。

	①	②	③	④	⑤
学 習 日					
理 解 度 (○/△/×)					

解説

(1) **正** 　　　　　　　　　　　　　　　　　　　　　　　　　　　【担保責任の期間の制限】

　原則として、買主(A)が契約の内容に適合しないことを知った時から1年以内に売主に通知をしなければならないのは、「種類または品質に関して」契約の内容に適合していないときです（数量に関する不適合があった場合には、期間の制限はありません）。

(2) **正** 　　　　　　　　　　　　　　　　　　　　　　　　　　　　　【買主の追完請求権】

　売主(B)は、買主(A)に**不相当な負担を課するものでないとき**は、買主(A)が請求した方法と異なる方法による履行の追完をすることができます。

履行の追完の方法として、民法には、❶目的物の修補、❷代替物の引渡し、❸不足分の引渡しが挙げられているよ！

(3) **正** 　　　　　　　　　　　　　　　　　　　　　　　　　　　　　【損害賠償請求権】

　債務不履行にもとづく損害賠償請求は、その要件に該当している場合には、別途、請求することができます。

(4) **誤** 　　　　　　　　　　　　　　　　　　　　　　　　　　　【買主の代金減額請求権】

　代金減額請求権が認められるのは、原則として、買主が相当の期間を定めて履行の追完の催告をし、その期間内に履行の追完がないときに限られます。例外的に**履行の追完が不能**であるときなど、一定の場合には、そうした催告をすることなく直ちに代金減額を請求することができます。

解答…**(4)**

難易度 A 買主の救済（売主の担保責任） →教科書 *CHAPTER02 SECTION08*

問題29 宅地建物取引業者でも事業者でもないAB間で、A所有の甲不動産につき、売買契約が締結されたが、AからBに移転した権利が契約の内容に適合しないものであり、かつ、この不適合はBの責めに帰すべき事由によるものではなかった。この場合に関する次の記述のうち、民法の規定によれば、誤っているものはどれか。　　　　　　［オリジナル問題］

(1) BがAに履行の追完を求めた場合、Aは、Bに不相当な負担を課するものでないときは、Bが請求した方法と異なる方法による履行の追完をすることができる。

(2) Bが相当の期間を定めて履行の追完の催告をしたが、その期間内に履行の追完がなかった場合、Bは、その不適合の程度に応じて代金の減額を請求することができる。

(3) Bは、AからBに移転した権利がその契約の内容に適合しないことを知った時から1年以内に何らの対応をしなかった場合、その不適合を知った時から1年を経過した時点で、その不適合を理由として、担保責任を追及することができなくなる。

(4) 本件売買契約において、AからBに移転した権利が契約の内容に適合しないものであるときでも、Aがその担保責任を負わない旨の特約がされていた場合、Aは、知りながらBに告げなかった事実については、担保責任を免れることはできない。

	①	②	③	④	⑤
学習日					
理解度 （○/△/×）					

解説

(1) 正 　　　　　　　　　　　　　　　　　　　　　　　　　　【履行の追完】

　まず、売主が買主に移転した権利が契約の内容に適合しないものである場合、買主(B)は、売主(A)に対し、原則として、履行の追完を請求することができます。ただし、その不適合が買主の責めに帰すべき事由によるものであるときは、買主は、この履行の追完の請求をすることができません。

　そして、買主がこの履行の追完を請求することができる場合、売主は、買主に**不相当な負担を課すものでないとき**は、買主が請求した方法と異なる方法による履行の追完をすることができます。

(2) 正 　　　　　　　　　　　　　　　　　　　　　　　【買主の代金減額請求権】

　売主が買主に移転した権利が契約の内容に適合しないものである場合、原則として、買主(B)が相当の期間を定めて履行の追完の催告をし、その期間内に履行の追完がないときは、買主は、その不適合の程度に応じて代金の減額を請求することができます。ただし、その不適合が買主の責めに帰すべき事由によるものであるときは、買主は、この代金の減額の請求をすることができません。なお、一定の場合には、買主は、その催告をすることなく、直ちにこの代金の減額を請求することができます。

(3) 誤 　　　　　　　　　　　　　　　　　　　　　　　【担保責任の期間の制限】

　売主が**種類**または**品質**に関して契約の内容に適合しない目的物を買主に引き渡した場合に生じた担保責任(追完請求・代金減額請求・損害賠償請求・解除)について、買主は、その不適合を知った時から1年以内にその旨を売主に通知しないときは、原則として、その不適合を理由として担保責任を追及することができなくなります。

　しかし、売主(A)が買主(B)に**移転した権利**が契約の内容に適合しないものである場合には、この期間の制限はありません(本肢では、不適合を知った時から1年を経過した時点で、その不適合を理由として、担保責任を追及することができなくなるわけではありません)。

(4) 正 　　　　　　　　　　　　　　　　　　　　　　【担保責任を負わない旨の特約】

　売主(宅建業者でない)が買主に移転した権利が契約の内容に適合しないものである場合に負う担保責任について、その責任を負わない旨の特約をすることもできます。ただし、この特約をつけた場合であっても、売主(A)が知っていながら、買主(B)に告げなかった事実については、売主は担保責任を免れることはできません。

解答…**(3)**

難易度 A 買主の救済(売主の担保責任等) →教科書 CHAPTER02 SECTION08

問題30 Aを売主、Bを買主として、A所有の甲自動車を50万円で売却する契約(以下この問において「本件契約」という。)が締結された場合に関する次の記述のうち、民法の規定によれば、誤っているものはどれか。

[R3(10月)問7改]

(1) Bが甲自動車の引渡しを受けたが、甲自動車のエンジンに契約の内容に適合しない欠陥があることが判明した場合、BはAに対して、甲自動車の修理を請求することができる。

(2) Bが甲自動車の引渡しを受けたが、甲自動車に契約の内容に適合しない修理不能な損傷があることが判明した場合、BはAに対して、売買代金の減額を請求することができる。

(3) Bが引渡しを受けた甲自動車が故障を起こしたときは、修理が可能か否かにかかわらず、BはAに対して、修理を請求することなく、本件契約の解除をすることができる。

(4) 甲自動車について、第三者CがA所有ではなくC所有の自動車であると主張しており、Bが所有権を取得できないおそれがある場合、Aが相当の担保を供したときを除き、BはAに対して、売買代金の支払を拒絶することができる。

解説

(1) 正　　　　　　　　　　　　　　　　　　　　　　　　　　　　　　【追完請求】

　売買契約にもとづいて売主から引き渡された目的物が種類、品質または数量に関して契約の内容に適合しないものであるときは、当該不適合が買主の責めに帰すべき事由によるものであるときを除いて、買主は、売主に対し、目的物の修補、代替物の引渡しまたは不足分の引渡しによる履行の追完を請求することができます。したがって、BはAに対して、甲自動車の修理を請求することができます。

(2) 正　　　　　　　　　　　　　　　　　　　　　　　　　　　　　【代金減額請求】

　引き渡された目的物に種類、品質または数量に関して契約の内容に適合しない不適合がある場合において、買主が相当の期間を定めて履行の追完の催告をし、その期間内に履行の追完がないときは、当該不適合が買主の責めに帰すべき事由によるものであるときを除いて、買主は、その不適合の程度に応じて代金の減額を請求することができます。ただし、履行の追完が不能であるときには、この催告をすることなく、直ちに代金の減額を請求することができるので、引き渡された甲自動車に修理不能な損傷があることが判明した場合は、BはAに対して、直ちに売買代金の減額を請求することができます。

(3) 誤　　　　　　　　　　　　　　　　　　　　　　　　　　　　　　　　【解除】

　引き渡された目的物に種類、品質または数量に関して契約の内容に適合しない不適合がある場合において、買主が相当の期間を定めて履行の追完の催告をし、その期間内に履行の追完がないときは、その期間を経過した時における債務の不履行がその契約および取引上の社会通念に照らして軽微であるときを除いて、買主は契約を解除することができます。

　ただし、債務の全部の履行が不能である場合などに、この催告をすることなく契約を解除することができるにとどまるため、修理が可能か否かにかかわらず、BはAに対して、修理を請求することなく解除ができるとする本肢は誤りです。

(4) 正　　　　　　　　　　　　　　　　　　　　　　　　　　　　　【代金の支払拒絶】

　売買の目的について権利を主張する者があることその他の事由により、買主がその買い受けた権利の全部もしくは一部を取得することができず、または失うおそれがあるときは、買主は、売主が相当の担保を供したときを除き、その危険の程度に応じて、代金の全部または一部の支払いを拒むことができます。

解答…**(3)**

難易度 **B** 買主の救済（売主の担保責任）
→教科書 *CHAPTER02 SECTION08*

問題31 　宅地建物取引業者であるAが、自らが所有している甲土地を宅地建物取引業者でないBに売却した場合のAの責任に関する次の記述のうち、民法及び宅地建物取引業法の規定並びに判例によれば、誤っているものはどれか。

[H20問9㊾]

(1) 売買契約で、Aが一切の担保責任を負わない旨を合意したとしても、Aは甲土地の引渡しの日から2年間は、担保責任を負わなければならない。

(2) 甲土地に抵当権が設定されている場合、Bが甲土地に抵当権が設定されていることを知っていたとしても、その抵当権の設定が売買契約の内容に適合するときには、BはAB間の売買契約を解除することができない。

(3) Bが担保責任を追及する場合には、契約の内容に適合しないことを知った時から1年以内に訴訟を提起して担保責任を追及するまでの必要はない。

(4) Aが宅地建物取引業者ではなかった場合、売買契約で、Aは甲土地の引渡しの日から2年間だけ担保責任を負う旨を合意したとしても、Aが知っていたのにBに告げなかった事実については、担保責任に基づく損害賠償請求権が時効で消滅するまで、Bは当該損害賠償を請求できる。

	①	②	③	④	⑤
学 習 日					
理 解 度 (○/△/×)					

282

解説

(1) 誤   【担保責任、8種制限…CH.01 SEC.08】

　民法上、売主が担保責任を負わない旨の特約は有効ですが、宅建業法では、売主：宅建業者、買主：一般人という場合には、売主が担保責任を一切負わない旨の特約は、無効となります(8種制限)。本肢では、売主(A)は宅建業者、買主(B)は一般人なので、売主が担保責任を負わない旨の特約は無効です。この場合、民法の規定に戻って、買主(B)は、売主(A)に対して担保責任を追及することができます。

(2) 正   【担保責任】

　売買の目的物に契約の内容に適合しない抵当権の負担があった場合、買主(B)が**悪意**だったとしても、**契約を解除**することができます。本肢は、売買契約の内容に適合するので、解除することはできません。

(3) 正   【担保責任】

　担保責任の追及は、訴えを提起する必要はありません。

(4) 正   【担保責任を負わない旨の特約】

　担保責任を引渡しの日から2年だけ負う旨の特約は、少なくとも民法上は有効です。ただし、この場合でも、売主(A)が知っていながら、買主(B)に告げなかった事実については、担保責任にもとづく損害賠償請求権が時効で消滅するまで、買主(B)は当該損害賠償を請求できます。

解答…**(1)**

B 買主の救済（売主の担保責任）、手付等 →教科書 *CHAPTER02 SECTION08*

問題32 Aを売主、Bを買主として甲土地の売買契約を締結した場合における次の記述のうち、民法の規定及び判例によれば、正しいものはどれか。

[H21問10㉒]

(1) A所有の甲土地にAが気付かなかった契約の内容に適合しない事実があり、その事実については、Bの責めに帰すべき事由により生じたものではないような場合には、Aは担保責任を負う必要はない。

(2) BがAに解約手付を交付している場合、Aが契約の履行に着手していない場合であっても、Bが自ら履行に着手していれば、Bは手付を放棄して売買契約を解除することができない。

(3) 甲土地がAの所有地ではなく、他人の所有地であった場合には、AB間の売買契約は無効である。

(4) A所有の甲土地に契約の内容に適合しない抵当権の登記があり、Bが当該土地の抵当権消滅請求をした場合には、Bは当該請求の手続が終わるまで、Aに対して売買代金の支払を拒むことができる。

	①	②	③	④	⑤
学 習 日					
理 解 度 (○/△/×)					

解説

(1) 誤 【担保責任】

引き渡された目的物(甲土地)に契約の内容に適合しない事実があり、その事実について、買主(B)の責めに帰すべき事由がない場合は、売主(A)は担保責任を負わなければなりません(損害賠償請求には、売主(A)の責めに帰すべき事由が必要です)。

(2) 誤 【手付】

手付による契約の解除は、「相手方が履行に着手していない場合」に行うことができます。本肢では、A(売主)は履行に着手してないため、B(買主)は手付の放棄によって売買契約を解除できます。

自分(B)が履行に着手していても、相手方(A)が着手していなければ、契約を解除できる!

(3) 誤 【他人物売買】

民法上、他人物売買は有効です。

(4) 正 【契約不適合】

買い受けた不動産に契約の内容に適合しない抵当権の登記があり、買主(B)が抵当権消滅請求をした場合には、買主(B)は当該請求の手続が終わるまで、売主(A)に対して売買代金の支払いを拒むことができます。

解答…**(4)**

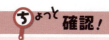

手付による契約の解除

❶ 手付による契約の解除ができるのは、相手方が履行に着手するまでの間
❷ 買主は手付を放棄すれば契約を解除できる。売主は手付の**倍額**を現実に提供すれば契約を解除できる
❸ 手付によって契約が解除されたときは、損害賠償請求はできない

 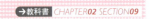

問題33　Aが所有者として登記されている甲土地の売買契約に関する次の記述のうち、民法の規定及び判例によれば、正しいものはどれか。

[H19問3]

(1) Aと売買契約を締結したBが、平穏かつ公然と甲土地の占有を始め、善意無過失であれば、甲土地がAの土地ではなく第三者の土地であったとしても、Bは即時に所有権を取得することができる。
(2) Aと売買契約を締結したCが、登記を信頼して売買契約を行った場合、甲土地がAの土地ではなく第三者Dの土地であったとしても、Dの過失の有無にかかわらず、Cは所有権を取得することができる。
(3) Aと売買契約を締結して所有権を取得したEは、所有権の移転登記を備えていない場合であっても、正当な権原なく甲土地を占有しているFに対し、所有権を主張して甲土地の明渡しを請求することができる。
(4) Aを所有者とする甲土地につき、AがGとの間で10月1日に、Hとの間で10月10日に、それぞれ売買契約を締結した場合、G、H共に登記を備えていないときには、先に売買契約を締結したGがHに対して所有権を主張することができる。

解説

(1) 誤　　　　　　　　　　　　　　　　【即時取得、取得時効…SEC.04】

　不動産を即時に取得することはできません。なお、Bが善意無過失ならば、甲土地がAの土地ではなかったとしても、Bが**10年間**占有し続ければ所有権を取得することはできます。

(2) 誤　　　　　　　　　　　　　　　　　　　　　　【物権変動と登記】

　登記には公信力がないため、その登記を信頼して売買契約を行った場合でも、必ずしもCが保護される(所有権を取得できる)わけではありません。また、真の所有者Dに過失があった場合(DがAの名義の登記を知りながら、放置していたという場合)には、善意の第三者(買主C)は所有権を取得することができる場合がありますが、本肢は「Dの過失の有無にかかわらず、Cは所有権を取得することができる」としているので、誤りです。

(3) 正　　　　　　　　　　　　　　　　　　　　　　【物権変動と登記】

　不動産に関する物権の変動は、原則として登記がなければ第三者に対抗することはできません。しかし、本肢の不法占拠者のように、明らかな悪者に対しては**登記がなくても**対抗することができます。

(4) 誤　　　　　　　　　　　　　　　　　　　　　　【物権変動と登記】

　二重譲渡の場合には、売買契約の前後ではなく、**先に登記**をしたほうが所有権を主張することができます。本肢の場合、いずれも登記をしていないので、GもHも、相手に対して所有権を主張することはできません。

解答…**(3)**

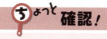

物権変動と登記

【原則】
不動産に関する物権の変動は、登記がなければ第三者に対抗することができない

【例外】
下記の者 には、登記がなくても所有権を対抗できる
❶ 詐欺・強迫によって登記を妨げた者
❷ 他人のために登記の申請をする義務がある者
❸ 背信的悪意者
❹ 無権利者
❺ **不法占有者**

物権変動

問題34 所有権がAからBに移転している旨が登記されている甲土地の売買契約に関する次の記述のうち、民法の規定及び判例によれば、正しいものはどれか。　　　　　　　　　　　　　　　　　　　　　［H20問2］

(1) CはBとの間で売買契約を締結して所有権移転登記をしたが、甲土地の真の所有者はAであって、Bが各種の書類を偽造して自らに登記を移していた場合、Aは所有者であることをCに対して主張できる。

(2) DはBとの間で売買契約を締結したが、AB間の所有権移転登記はAとBが通じてした仮装の売買契約に基づくものであった場合、DがAB間の売買契約が仮装であることを知らず、知らないことに無過失であっても、Dが所有権移転登記を備えていなければ、Aは所有者であることをDに対して主張できる。

(3) EはBとの間で売買契約を締結したが、BE間の売買契約締結の前にAがBの債務不履行を理由にAB間の売買契約を解除していた場合、Aが解除した旨の登記をしたか否かにかかわらず、Aは所有者であることをEに対して主張できる。

(4) FはBとの間で売買契約を締結して所有権移転登記をしたが、その後AはBの強迫を理由にAB間の売買契約を取り消した場合、FがBによる強迫を知っていたときに限り、Aは所有者であることをFに対して主張できる。

解説

(1) 正 【物権変動と登記】

　Bは文書を偽造しているため、甲土地について無権利者です。また、無権利者(B)の承継人(C)も無権利者となります。したがって、真の所有者であるAは、所有者であることをCに対して主張することができます。

(2) 誤 【物権変動と登記】

　AB間の売買契約は虚偽表示によるものなので無効ですが、この無効は善意の第三者であるDに対しては対抗できません。したがって、Aは所有者であることをDに対して主張することはできません。

(3) 誤 【解除と登記】

　解除の場合、解除権者と解除後の第三者では、登記を先にしたほうが所有者であることを主張することができます。本肢は「登記をしたか否かにかかわらず」とあるので、誤りです。

(4) 誤 【取消しと登記】

　強迫による取消しの場合、取消権者は、取消前の第三者(善意・悪意、過失の有無にかかわらず)に対抗することができます。本肢では、「FがBによる強迫を知っていたときに限り…主張できる」とあるので、誤りです。

　なお、錯誤・詐欺による取消しの場合には、取消権者は善意無過失の第三者には所有権を対抗できません。

解答…(1)

❓ これはどう? ─────────────── R3(12月)-問6②

土地の賃借人として当該土地上に登記ある建物を所有する者は、当該土地の所有権を新たに取得した者と対抗関係にある第三者に該当する。

> **O** 借地借家法による借地権の対抗要件を備えた場合に、借地権の目的となっている土地が譲渡されたときは、土地の賃貸人たる地位(借地権設定者)は、譲受人に移転します。ただし、賃貸人たる地位の移転は、賃貸物である土地について所有権の移転の登記をしなければ、賃借人に対抗することができません。したがって、本問は正しい記述です。

難易度 A 物権変動

問題35　AがBから甲土地を購入したところ、甲土地の所有者を名のるCがAに対して連絡してきた。この場合における次の記述のうち、民法の規定及び判例によれば、正しいものはどれか。　［H22問4］

(1) CもBから甲土地を購入しており、その売買契約書の日付とBA間の売買契約書の日付が同じである場合、登記がなくても、契約締結の時刻が早い方が所有権を主張することができる。
(2) 甲土地はCからB、BからAと売却されており、CB間の売買契約がBの強迫により締結されたことを理由として取り消された場合には、BA間の売買契約締結の時期にかかわらず、Cは登記がなくてもAに対して所有権を主張することができる。
(3) Cが時効により甲土地の所有権を取得した旨主張している場合、取得時効の進行中にBA間で売買契約及び所有権移転登記がなされ、その後に時効が完成しているときには、Cは登記がなくてもAに対して所有権を主張することができる。
(4) Cは債権者の追及を逃れるために売買契約の実態はないのに登記だけBに移し、Bがそれに乗じてAとの間で売買契約を締結した場合には、CB間の売買契約が存在しない以上、Aは所有権を主張することができない。

解説

(1) **誤**

【物権変動と登記】

二重譲渡の場合、**先に登記**をしたほうが所有権を主張できます。本肢は「登記がなくても、契約締結の時刻が早い方が所有権を主張することができる」とあるので、誤りです。

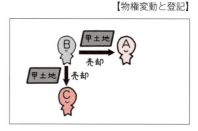

(2) **誤**

【取消しと登記】

強迫による取消しの場合、取消権者は、取消前の第三者(善意・悪意、過失の有無にかかわらず)に対しては、登記がなくても所有権を対抗することができますが、取消後の第三者に対しては、登記がなければ所有権を対抗することはできません。

(3) **正**

【取得時効と登記】

時効取得者は、時効完成前に所有権を取得した第三者に対し、登記がなくても、所有権を主張することができます。

(4) **誤**

【虚偽表示…SEC.02】

Aが善意であれば、Aは保護され、所有権を主張することができます。

解答…(3)

❓ これはどう？ ── R3（12月）－問6①

不動産の所有権がAからB、BからC、CからDと転々譲渡された場合、Aは、Dと対抗関係にある第三者に該当する。

> ✗ 本問の不動産の所有権は、A→B→C→Dと移転しています。つまり、AとDは、当該不動産について前主・後主の関係にあり、所有権を争う対抗関係にあるわけではありません。

物権変動

問題36 AがBに甲土地を売却し、Bが所有権移転登記を備えた場合に関する次の記述のうち、民法の規定及び判例によれば、誤っているものはどれか。

[R1問2改]

(1) AがBとの売買契約をBの詐欺を理由に取り消した後、CがBから甲土地を買い受けて所有権移転登記を備えた場合、AC間の関係は対抗問題となり、Aは、いわゆる背信的悪意者ではないCに対して、登記なくして甲土地の返還を請求することができない。

(2) AがBとの売買契約をBの詐欺を理由に取り消す前に、Bの詐欺について悪意のCが、Bから甲土地を買い受けて所有権移転登記を備えていた場合、AはCに対して、甲土地の返還を請求することができる。

(3) Aの売却の意思表示に対応する意思を欠く錯誤で、その錯誤が売買契約の目的及び取引上の社会通念に照らして重要なものである場合、Aに重大な過失がなければ、Aは、錯誤による当該意思表示の取消しをする前に、Bから甲土地を買い受けた悪意のCに対して、錯誤による当該意思表示の取消しを主張して、甲土地の返還を請求することができる。

(4) Aの売却の意思表示に対応する意思を欠く錯誤で、その錯誤が売買契約の目的及び取引上の社会通念に照らして重要なものである場合、Aに重大な過失があったとしても、AはBに対して、錯誤による当該意思表示の取消しを主張して、甲土地の返還を請求することができる。

解説

(1) 正 　　　　　　　　　　　　　　　　　　　　　　　【取消しと登記】

詐欺取消し「**後**」の詐欺にあった人(A)と転得者(C)の関係は**対抗問題**となり、いずれの当事者も、登記なくして(背信的悪意者でない)他方の当事者に対して甲土地の所有権を主張することはできません。

(2) 正 　　　　　　　　　　　　　　　　　　　　　　　【取消しと登記】

(1)とは異なり、**詐欺取消し「前」**の詐欺にあった人(A)と転得者(C)の関係は対抗問題とはならず、**Cが悪意または有過失**の場合には、Aは登記がなくても甲土地の所有権を主張することができます。

(3) 正 　　　　　　　　　　　　　　　　　　　　　【錯誤による取消しの可否】

意思表示に対応する意思を欠く錯誤で、その錯誤が法律行為の目的・取引上の社会通念に照らして重要なものであるときは、錯誤にかかる意思表示を取り消すことができます(ただし、錯誤が表意者の重過失によるものであった場合には、原則として取り消すことができません)。

この錯誤による取消しは、**善意無過失**の第三者(錯誤による取消し前の第三者)に**対抗することができません**(悪意の第三者Cに対しては、Aは甲土地の返還を請求することができます)。

(4) 誤 　　　　　　　　　　　　　　　　　　　　　【錯誤による取消しの可否】

錯誤が**表意者の重過失**によるものであった場合には、原則として取り消すことができません。

❶相手方が表意者に錯誤があることを知り、または重過失により知らなかったときや、❷相手方が表意者と同一の錯誤に陥っていたときには、例外的に取り消すことができる。(4)は常に取り消すことができるように書いているからダメ～

解答…(4)

ちょっと確認！

強迫による取消し

☆ 取消し前に第三者が登場していた場合には、取消権者(強迫された人)は、第三者に対して所有権を対抗できる

☆ 取消し後に第三者が登場した場合には、取消権者と第三者は先に**登記**をしたほうが所有権を対抗できる

難易度 B 物権変動

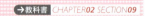

問題37 不動産の物権変動の対抗要件に関する次の記述のうち、民法の規定及び判例によれば、誤っているものはどれか。なお、この問において、第三者とはいわゆる背信的悪意者を含まないものとする。　　[H19問6]

(1) 不動産売買契約に基づく所有権移転登記がなされた後に、売主が当該契約に係る意思表示を詐欺によるものとして適法に取り消した場合、売主は、その旨の登記をしなければ、当該取消後に当該不動産を買主から取得して所有権移転登記を経た第三者に所有権を対抗できない。

(2) 不動産売買契約に基づく所有権移転登記がなされた後に、売主が当該契約を適法に解除した場合、売主は、その旨の登記をしなければ、当該契約の解除後に当該不動産を買主から取得して所有権移転登記を経た第三者に所有権を対抗できない。

(3) 甲不動産につき兄と弟が各自2分の1の共有持分で共同相続した後に、兄が弟に断ることなく単独で所有権を相続取得した旨の登記をした場合、弟は、その共同相続の登記をしなければ、共同相続後に甲不動産を兄から取得して所有権移転登記を経た第三者に自己の持分権を対抗できない。

(4) 取得時効の完成により乙不動産の所有権を適法に取得した者は、その旨を登記しなければ、時効完成後に乙不動産を旧所有者から取得して所有権移転登記を経た第三者に所有権を対抗できない。

解説

(1) **正** 【取消しと登記】

　本肢は、取消後に第三者が登場するパターンです。取消後に第三者が登場する場合、取消権者と第三者は**先に登記**をしたほうが所有権を主張できます。したがって、取消権者である売主は、取消後に所有権移転登記をした第三者に対して所有権を対抗できません。

(2) **正** 【解除と登記】

　解除の場合、解除の前に第三者が登場した場合でも、解除の後に第三者が登場した場合でも、解除権者と第三者は**先に登記**をしたほうが所有権を主張できます。

(3) **誤** 【相続と登記】

　不動産を共同相続したあと、兄が弟に無断で、単独で所有権を相続取得した旨の登記をして第三者に売却した場合、兄は弟の持分について**無権利者**なのに、弟の持分まで第三者に売却したことになります。したがって、弟はその共同相続の登記がなくても、自分の法定相続分については第三者に所有権を対抗できます。

(4) **正** 【取得時効と登記】

　時効完成後に第三者が登場した場合、時効取得者と第三者は**先に登記**をしたほうが所有権を対抗できます。

解答…(3)

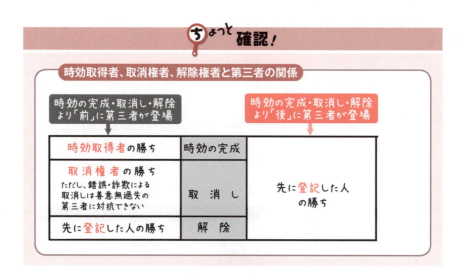

抵当権

→教科書 CHAPTER*02* SECTION*10*

問題38 AはBから2,000万円を借り入れて土地とその上の建物を購入し、Bを抵当権者として当該土地及び建物に2,000万円を被担保債権とする抵当権を設定し、登記した。この場合における次の記述のうち、民法の規定及び判例によれば、誤っているものはどれか。 　　　　　　　　　　　　　　　　　　　　　　　　　　　　　　［H22問5］

(1) AがBとは別にCから500万円を借り入れていた場合、Bとの抵当権設定契約がCとの抵当権設定契約より先であっても、Cを抵当権者とする抵当権設定登記の方がBを抵当権者とする抵当権設定登記より先であるときには、Cを抵当権者とする抵当権が第1順位となる。

(2) 当該建物に火災保険が付されていて、当該建物が火災によって焼失してしまった場合、Bの抵当権は、その火災保険契約に基づく損害保険金請求権に対しても行使することができる。

(3) Bの抵当権設定登記後にAがDに対して当該建物を賃貸し、当該建物をDが使用している状態で抵当権が実行され当該建物が競売された場合、Dは競落人に対して直ちに当該建物を明け渡す必要はない。

(4) AがBとは別に事業資金としてEから500万円を借り入れる場合、当該土地及び建物の購入代金が2,000万円であったときには、Bに対して500万円以上の返済をした後でなければ、当該土地及び建物にEのために2番抵当権を設定することはできない。

解説

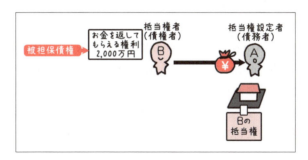

（1）**正** 　　　　　　　　　　　　　　　　　　　　　　　　　【抵当権の順位】

抵当権の順位は、契約の前後ではなく、**登記**の**前後**で決まります。したがって、Cを抵当権者とする登記のほうが、Bを抵当権者とする登記よりも先であるときは、Cが第1順位の抵当権者となります。

（2）**正** 　　　　　　　　　　　　　　　　　　　　　　　　　【抵当権の性質】

抵当権は、抵当不動産が売却されたり、滅失等してしまった場合、抵当不動産の所有者が受け取るべき金銭等について行使することができます(物上代位性)。したがって、Bの抵当権は、当該建物に係る損害保険金についても行使することができます。

 ただし、この場合、抵当権者(B)は、抵当権設定者(A)が損害保険金を受け取る前に差押えをしなければならないよ〜

（3）**正** 　　　　　　　　　　　　　　　　　　　　　　　　　【抵当権と賃借権】

抵当権設定登記後に賃借権が設定された場合、原則として賃借人は抵当権者等に賃借権を対抗することはできません。ただし、競売手続開始前から建物を使用収益している場合、賃借人(D)は、競落人が建物を買い受けたときから**6カ月**を経過するまでは、その建物を明け渡さなくてもよいことになっています。

 「すぐに出て行け！」というのは、酷だから…

（4）**誤** 　　　　　　　　　　　　　　　　　　　　　　　　　　　　【抵当権】

被担保債権の額が抵当不動産の価格を超えるような抵当権の設定はできないという規定はありません。AはBに対して500万円以上の返済をしたあとでなくても、Eのために2番抵当権を設定することができます。

解答…**(4)**

問題39　Aは、Bから借り入れた2,000万円の担保として抵当権が設定されている甲建物を所有しており、抵当権設定の後である×6年4月1日に、甲建物を賃借人Cに対して賃貸した。Cは甲建物に住んでいるが、賃借権の登記はされていない。この場合に関する次の記述のうち、民法及び借地借家法の規定並びに判例によれば、正しいものはどれか。　　　［H20問4改］

(1) AがBに対する借入金の返済につき債務不履行となった場合、Bは抵当権の実行を申し立てて、AのCに対する賃料債権に物上代位することも、AC間の建物賃貸借契約を解除することもできる。
(2) 抵当権が実行されて、Dが甲建物の新たな所有者となった場合であっても、Cは民法第602条に規定されている短期賃貸借期間の限度で、Dに対して甲建物を賃借する権利があると主張することができる。
(3) AがEからさらに1,000万円を借り入れる場合、甲建物の担保価値が1,500万円だとすれば、甲建物に抵当権を設定しても、EがBに優先して甲建物から債権全額の回収を図る方法はない。
(4) Aが借入金の返済のために甲建物をFに任意に売却してFが新たな所有者となった場合であっても、Cは、FはAC間の賃貸借契約を承継したとして、Fに対して甲建物を賃借する権利があると主張することができる。

解説

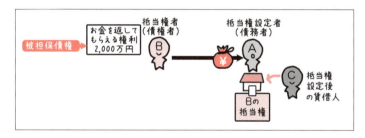

(1) **誤** 【抵当権の性質】

　抵当権は、抵当不動産の賃料に対しても行使することができます（物上代位性）。したがって、Bは、Aの賃料債権を差し押さえることができます。しかし、**AC間の建物賃貸借契約を解除することはできません**。

(2) **誤** 【抵当権と賃借権】

　抵当権設定登記後に賃借権が設定された場合、原則として賃借人は抵当権者等に賃借権を対抗することはできませんが、建物の賃借権で一定の要件を満たす場合、賃借人（C）は、Dが建物を買い受けたときから**6カ月**を経過するまでは、その建物を明け渡さなくてもよいことなっています。本肢の「短期賃貸借期間の限度で…賃借する権利があると主張することができる」わけではありません。

(3) **誤** 【抵当権の順位】

　EがBから抵当権の順位の譲渡をしてもらうなど、EがBに優先して甲建物から債権全額の回収を図る方法はあります。

(4) **正** 【借地借家法（借家）…SEC.14】

　借地借家法では、建物の賃貸借においては建物の引渡し（鍵の引渡しなど）があれば、賃借人は賃借権を対抗できるとしています。本肢では、Cは建物の引渡しを受けているので、新たな所有者Fに対して、賃借権を対抗することができます。

解答…**(4)**

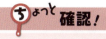

抵当権と賃借権

☆ 抵当権設定登記後に設定された賃借権は、原則として抵当権者、競売による買受人に対抗することができない

☆ 建物の賃借権で、競売手続の開始前から建物を使用収益している賃借人は、買受人が建物を買い受けたときから**6カ月**を経過するまでは、その建物を買受人に引き渡さなくてもよい

難易度 B 抵当権

問題40 抵当権に関する次の記述のうち、民法の規定及び判例によれば、正しいものはどれか。　［H25問5］

(1) 債権者が抵当権の実行として担保不動産の競売手続をする場合には、被担保債権の弁済期が到来している必要があるが、対象不動産に関して発生した賃料債権に対して物上代位をしようとする場合には、被担保債権の弁済期が到来している必要はない。
(2) 抵当権の対象不動産が借地上の建物であった場合、特段の事情がない限り、抵当権の効力は当該建物のみならず借地権についても及ぶ。
(3) 対象不動産について第三者が不法に占有している場合、抵当権は、抵当権設定者から抵当権者に対して占有を移転させるものではないので、事情にかかわらず抵当権者が当該占有者に対して妨害排除請求をすることはできない。
(4) 抵当権について登記がされた後は、抵当権の順位を変更することはできない。

解説

(1) **誤** 【抵当権の性質】

抵当不動産に関して発生した賃料債権に対して物上代位しようとする場合でも、被担保債権の弁済期が到来している必要があります。

被担保債権の弁済期がきていないのに、「賃料債権、差し押さえるぜ」なんて、横暴な話だよ…

(2) **正** 【抵当権】

抵当不動産が借地上の建物であった場合には、特段の事情がない限り、**抵当権の効力は建物のみならず借地権にも及びます**。

抵当権の効力が借地権には及ばなかったら、抵当権を実行して建物を買い受けた人は、建物は手に入るけど、その土地は使えない、ってことになっちゃうね…

(3) **誤** 【抵当権・その他】

たとえば、抵当不動産を不法占拠する者がいて、それにより抵当不動産の価値が下がり、抵当権者の優先弁済権の行使が困難になるような状態となった場合には、抵当権者は妨害排除請求をすることができます。

(4) **誤** 【抵当権の順位】

抵当権の順位の変更は、登記した抵当権の順位を変更することなので、抵当権の登記がされたあとでも順位を変更できるのは当然のことです。

解答…(2)

プラス1

【 抵当権者の妨害排除請求 】

■原則■
抵当権者は、抵当権設定者の行う抵当不動産の使用・収益・処分には、原則として干渉できない

■例外■
☆ 抵当権設定者が抵当不動産の価値を減少させるような行為をしたときは、抵当権者は抵当権設定者に対して、「その行為をやめて」ということができる
☆ 抵当不動産に不法占拠者がいて、それによって抵当不動産の価値が下がり、抵当権者の優先弁済権の行使が困難となる状態のときは、抵当権者は不法占拠者に「そこ、どいて」ということができる

抵当権

問題41 民法第379条は、「抵当不動産の第三取得者は、第383条の定めるところにより、抵当権消滅請求をすることができる。」と定めている。これに関する次の記述のうち、民法の規定によれば、正しいものはどれか。

[H21問6]

(1) 抵当権の被担保債権につき保証人となっている者は、抵当不動産を買い受けて第三取得者になれば、抵当権消滅請求をすることができる。
(2) 抵当不動産の第三取得者は、当該抵当権の実行としての競売による差押えの効力が発生した後でも、売却の許可の決定が確定するまでは、抵当権消滅請求をすることができる。
(3) 抵当不動産の第三取得者が抵当権消滅請求をするときは、登記をした各債権者に民法第383条所定の書面を送付すれば足り、その送付書面につき事前に裁判所の許可を受ける必要はない。
(4) 抵当不動産の第三取得者から抵当権消滅請求にかかる民法第383条所定の書面の送付を受けた抵当権者が、同書面の送付を受けた後2か月以内に、承諾できない旨を確定日付のある書面にて第三取得者に通知すれば、同請求に基づく抵当権消滅の効果は生じない。

解説

(1) 誤　　　　　　　　　　　　　　　　　　　　　　　　【抵当権消滅請求】

　　債務者や保証人は、たとえ第三取得者となったとしても、抵当権消滅請求をすることはできません。

(2) 誤　　　　　　　　　　　　　　　　　　　　　　　　【抵当権消滅請求】

　　抵当権消滅請求は、抵当権の実行としての**競売による差押えの効力発生前**に行わなければなりません。

(3) 正　　　　　　　　　　　　　　　　　　　　　　　　【抵当権消滅請求】

　　抵当不動産の第三取得者が抵当権消滅請求をするときは、登記をした各債権者に一定の書面を送付する必要がありますが、その書面について、事前に裁判所の許可を受ける必要はありません。

(4) 誤　　　　　　　　　　　　　　　　　　　　　　　　【抵当権消滅請求】

　　抵当権者が抵当権消滅請求を承諾したくないときは、書面の送付を受けてから**2カ月以内に抵当権**を実行して**競売**の申立てをすれば、抵当権消滅請求の効果は生じません。本肢は、「承諾できない旨を確定日付のある書面にて第三取得者に通知すれば」という点が誤りです。

解答…**(3)**

ちょっと確認！

抵当権消滅請求

第三取得者が抵当権者に対して「一定の金額を支払う代わりに抵当権を消滅して」と請求し、抵当権者がそれを承諾した場合は、抵当権は消滅する

請求できる期限は？

　→抵当権の実行としての**競売による差押えの効力発生前**に請求しなければならない

抵当権者が承諾したくないときは？

　→抵当権者は、抵当権消滅請求を承諾しないときは、**第三取得者から請求を受けた後2カ月以内に、抵当権を実行して、競売の申立てをすれば、**抵当権消滅請求の効果は生じない

ポイント

☆　債務者の同意・承諾は不要

☆　登記をした各債権者に対し、必要事項を記載した書面を送付する必要がある

☆　**債務者や保証人は抵当権消滅請求をすることができない**

| 難易度 A | 抵当権（法定地上権） | →教科書 *CHAPTER02 SECTION10* |

問題42 法定地上権に関する次の(1)から(4)までの記述のうち、民法の規定、判例及び判決文によれば、誤っているものはどれか。 [H21問7]

（判決文）

土地について1番抵当権が設定された当時、土地と地上建物の所有者が異なり、法定地上権成立の要件が充足されていなかった場合には、土地と地上建物を同一人が所有するに至った後に後順位抵当権が設定されたとしても、その後に抵当権が実行され、土地が競落されたことにより1番抵当権が消滅するときには、地上建物のための法定地上権は成立しないものと解するのが相当である。

(1) 土地及びその地上建物の所有者が同一である状態で、土地に1番抵当権が設定され、その実行により土地と地上建物の所有者が異なるに至ったときは、地上建物について法定地上権が成立する。

(2) 更地である土地の抵当権者が抵当権設定後に地上建物が建築されることを承認した場合であっても、土地の抵当権設定時に土地と所有者を同じくする地上建物が存在していない以上、地上建物について法定地上権は成立しない。

(3) 土地に1番抵当権が設定された当時、土地と地上建物の所有者が異なっていたとしても、2番抵当権設定時に土地と地上建物の所有者が同一人となれば、土地の抵当権の実行により土地と地上建物の所有者が異なるに至ったときは、地上建物について法定地上権が成立する。

(4) 土地の所有者が、当該土地の借地人から抵当権が設定されていない地上建物を購入した後、建物の所有権移転登記をする前に土地に抵当権を設定した場合、当該抵当権の実行により土地と地上建物の所有者が異なるに至ったときは、地上建物について法定地上権が成立する。

	①	②	③	④	⑤
学 習 日					
理 解 度 (○/△/×)					

304

解説

法定地上権は、次の要件をすべて満たしたときに成立します。

> **法定地上権の成立要件**
> ❶ 抵当権設定当時、土地の上に建物が存在すること(登記の有無は問わない)
> ❷ 抵当権設定当時、土地の所有者と建物の所有者が 同一 であること
> ❸ 土地・建物の一方または双方に抵当権が設定されていること
> ❹ 抵当権の実行(競売)により、土地の所有者と建物の所有者が 別々 になること

(1) **正** 【法定地上権】
　本肢は上記の要件をすべて満たすので、法定地上権が成立します。

(2) **正** 【法定地上権】
　本肢は、更地→抵当権の設定→建物の建築 なので、抵当権の設定当時、土地の上に建物が存在しません。したがって、上記の要件❶を満たさないので、法定地上権は成立しません。

(3) **誤** 【法定地上権】
　本肢は「1番抵当権が設定された当時、土地と地上建物の所有者が異なって」いるので、上記の要件❷を満たしていません。したがって、法定地上権は成立しません。

(4) **正** 【法定地上権】
　本肢は、土地の所有→建物の購入→抵当権の設定→抵当権の実行(土地の所有者と建物の所有者が別々になった) なので、上記の要件をすべて満たします(所有権の移転登記はされていなくてもよい)。したがって、法定地上権が成立します。

解答…(3)

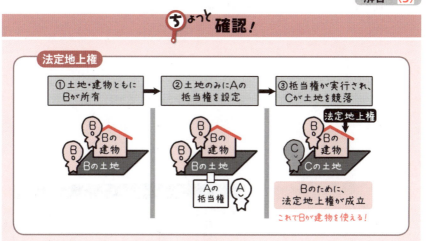

抵当権

問題43 Aは、Bから借り入れた2,400万円の担保として第一順位の抵当権が設定されている甲土地を所有している。Aは、さらにCから1,600万円の金銭を借り入れ、その借入金全額の担保として甲土地に第二順位の抵当権を設定した。この場合に関する次の記述のうち、民法の規定及び判例によれば、正しいものはどれか。
[H18問5]

(1) 抵当権の実行により甲土地が競売され3,000万円の配当がなされる場合、BがCに抵当権の順位を譲渡していたときは、Bに1,400万円、Cに1,600万円が配当され、BがCに抵当権の順位を放棄していたときは、Bに1,800万円、Cに1,200万円が配当される。

(2) Aが抵当権によって担保されている2,400万円の借入金全額をBに返済しても、第一順位の抵当権を抹消する前であれば、Cの同意の有無にかかわらず、AはBから新たに2,400万円を借り入れて、第一順位の抵当権を設定することができる。

(3) Bの抵当権設定後、Cの抵当権設定前に甲土地上に乙建物が建築され、Cが抵当権を実行した場合には、乙建物について法定地上権が成立する。

(4) Bの抵当権設定後、Cの抵当権設定前にAとの間で期間を2年とする甲土地の賃貸借契約を締結した借主Dは、Bの同意の有無にかかわらず、2年間の範囲で、Bに対しても賃借権を対抗することができる。

	①	②	③	④	⑤
学 習 日					
理 解 度 (○/△/×)					

解説

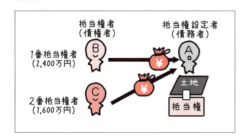

(1) **正** 【抵当権・その他】

BがCに抵当権の順位の譲渡をしていた場合、Cが1番抵当権者、Bが2番抵当権者となります。したがって、3,000万円からCが1,600万円を受け取り、残りの1,400万円をBが受け取ることになります。

また、Bが抵当権の順位を放棄した場合には、BとCは同順位となります。この場合、3,000万円をBとCで2,400万円：1,600万円の割合で按分します。

Bの配当分：$3,000万円 \times \dfrac{2,400万円}{2,400万円 + 1,600万円} = 1,800万円$

Cの配当分：$3,000万円 \times \dfrac{1,600万円}{2,400万円 + 1,600万円} = 1,200万円$

(2) **誤** 【抵当権の性質】

AがBに借入金を全額返済した場合、被担保債権が消滅するので、それに従って抵当権も消滅します(付従性)。Bの抵当権が消滅すると、2番抵当権者のCが1番抵当権者となります。そして、その後、Cの同意なく、新たに第一順位の抵当権を設定することはできません。

(3) **誤** 【法定地上権】

法定地上権が成立するためには、1番抵当権が設定された当時、土地と建物が存在してなければなりません。本肢では、1番抵当権の設定時には、建物は存在していないため、法定地上権は成立しません。

(4) **誤** 【抵当権と賃借権】

抵当権設定後の賃借権は、原則として抵当権者等に対抗することはできません。ただし、登記をした賃借権について、(その登記前に登記をした)**すべての抵当権者が同意**し、その**同意の登記**がある場合には、賃借人(D)は抵当権者(B)に賃借権を対抗することができます。本肢では「B(抵当権者)の同意の有無にかかわらず」とあるので、誤りです。

解答…**(1)**

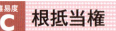 

問題44 根抵当権に関する次の記述のうち、民法の規定によれば、正しいものはどれか。　［H23問4］

(1) 根抵当権者は、総額が極度額の範囲内であっても、被担保債権の範囲に属する利息の請求権については、その満期となった最後の2年分についてのみ、その根抵当権を行使することができる。

(2) 元本の確定前に根抵当権者から被担保債権の範囲に属する債権を取得した者は、その債権について根抵当権を行使することができない。

(3) 根抵当権設定者は、担保すべき元本の確定すべき期日の定めがないときは、一定期間が経過した後であっても、担保すべき元本の確定を請求することはできない。

(4) 根抵当権設定者は、元本の確定後であっても、その根抵当権の極度額を、減額することを請求することはできない。

解説

(1) 誤　　　　　　　　　　　　　　　【根抵当権…参考編CH.02 ❸】

普通の抵当権の場合、後順位の抵当権者がいるときは、利息については最後の2年分についてのみ権利行使することができますが、根抵当権は、極度額の範囲内ならば、「利息について最後の2年分」に限られません。

(2) 正　　　　　　　　　　　　　　　【根抵当権…参考編CH.02 ❸】

元本の確定前の根抵当権には、随伴性（被担保債権が移転すると、それに伴って根抵当権等の担保物権も移転するという性質）はありません。したがって、元本の確定前に、根抵当権者から債権を取得した者は、その債権について根抵当権を行使することはできません。

(3) 誤　　　　　　　　　　　　　　　【根抵当権…参考編CH.02 ❸】

元本を確定すべき期日を定めなかったとき、根抵当権設定者は、根抵当権を設定したときから**3年**を経過すれば、元本の確定を請求することができます（根抵当権者はいつでも元本の確定を請求できます）。

(4) 誤　　　　　　　　　　　　　　　【根抵当権…参考編CH.02 ❸】

元本の確定後は、根抵当権設定者は、その根抵当権の極度額を「現在残っている債務の額＋以後2年間に生ずべき利息等」まで減額することを請求できます。

解答…(2)

余裕がない人はこの問題はとばして！

プラス1ワン

【 根抵当権 】

☆ 元本確定前の根抵当権には随伴性はないが、元本確定後の根抵当権には随伴性がある
☆ 優先弁済を受けられる額は極度額まで

担保物権

問題45 担保物権に関する次の記述のうち、民法の規定によれば、正しいものはどれか。 [H21問5]

(1) 抵当権者も先取特権者も、その目的物が火災により焼失して債務者が火災保険金請求権を取得した場合には、その火災保険金請求権に物上代位することができる。
(2) 先取特権も質権も、債権者と債務者との間の契約により成立する。
(3) 留置権は動産についても不動産についても成立するのに対し、先取特権は動産については成立するが不動産については成立しない。
(4) 留置権者は、善良な管理者の注意をもって、留置物を占有する必要があるのに対し、質権者は、自己の財産に対するのと同一の注意をもって、質物を占有する必要がある。

解説

（1）**正**　　　　　　　　　　　　　　　　　　【担保物権の性質…参考編CH.02 **1**】

　抵当権も先取特権も、**物上代位性**（目的物が売却されたり、滅失等してしまった場合に、債務者が受け取るべき金銭等についても行使できるという性質）があります。

（2）**誤**　　　　　　　　　　　　　　　　　　【担保物権の分類…参考編CH.02 **1**】

　質権と**抵当権**は、当事者間の契約によって成立するもの（約定担保物権）ですが、**留置権**と**先取特権**は法律上当然に成立するもの（法定担保物権）です。

（3）**誤**　　　　　　　　　　　　　　　　　　【担保物権…参考編CH.02 **2**】

　留置権・先取特権ともに、動産についても不動産についても成立します。

（4）**誤**　　　　　　　　　　　　　　　　　　【担保物権…参考編CH.02 **2**】

　留置権者も質権者も、**善良な管理者の注意**をもって、留置物や質物を占有する必要があります。

解答…**(1)**

ちょっと確認！

担保物権の分類

法定担保物権	法律上当然に成立するもの →留置権、先取特権
約定担保物権	当事者間の契約によって成立するもの →質権、抵当権

担保物権の性質

	留置権	先取特権	質　権	抵当権
付従性	あり	あり	あり	あり※
随伴性	あり	あり	あり	あり※
不可分性	あり	あり	あり	あり
物上代位性	なし	あり	あり	あり

※ 元本確定前の根抵当権は「なし」

担保物権（留置権）

難易度 C

問題46 留置権に関する次の記述のうち、民法の規定及び判例によれば、正しいものはどれか。　　　　　　　　　　　　　　　　　　　　　［H25問4］

(1) 建物の賃借人が賃貸人の承諾を得て建物に付加した造作の買取請求をした場合、賃借人は、造作買取代金の支払を受けるまで、当該建物を留置することができる。

(2) 不動産が二重に売買され、第2の買主が先に所有権移転登記を備えたため、第1の買主が所有権を取得できなくなった場合、第1の買主は、損害賠償を受けるまで当該不動産を留置することができる。

(3) 建物の賃貸借契約が賃借人の債務不履行により解除された後に、賃借人が建物に関して有益費を支出した場合、賃借人は、有益費の償還を受けるまで当該建物を留置することができる。

(4) 建物の賃借人が建物に関して必要費を支出した場合、賃借人は、建物所有者ではない第三者が所有する敷地を留置することはできない。

解説

(1) 誤 【留置権…参考編CH.02 2】

造作買取請求権は、造作について生じた債権であって、建物について生じた債権ではありません。したがって、賃借人は賃貸人に対し、「造作買取代金の支払いを受けるまで建物を引き渡さない(留置する)」ということはできません。

(2) 誤 【留置権…参考編CH.02 2】

不動産の二重譲渡によって、第1の買主が所有権を取得できなくなった場合には、第1の買主は売主に対して債務不履行による損害賠償の請求をすることはできますが、不動産を留置することはできません。

(3) 誤 【留置権…参考編CH.02 2】

建物の賃貸借契約が賃借人の債務不履行により解除された後に、賃借人が建物に関して有益費を支出した場合、賃借人は、「有益費の償還を受けるまで建物を明け渡さない(留置する)」ということはできません。

(4) 正 【留置権…参考編CH.02 2】

建物の賃借人が「建物」に関して必要費を支出した場合、賃借人は、その必要費の償還を受けるまで「建物」を明け渡さないという(留置する)ことはできますが、建物所有者ではない第三者が所有する「敷地」を留置することはできません。

解答…**(4)**

「こんな問題も出るんだね」くらいにおさえておけばOK。

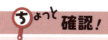

留置権のポイント

- ☆ 物上代位性はない
- ☆ 動産も不動産もいずれも対象となる
- ☆ 目的物から優先弁済を受けることはできない
- ☆ 留置権者は、善良な管理者の注意をもって目的物を占有する必要がある
- ☆ 占有が不法行為によってはじまった場合には、留置権は成立しない
- ☆ 留置している物に必要な修繕をした場合、その修繕費の支払いを受けるまでその物を留置しておくことができる

保　証

問題47　Aは、Aの所有する土地をBに売却し、Bの売買代金の支払債務についてCがAとの間で保証契約を締結した。この場合、民法の規定によれば、次の記述のうち誤っているものはどれか。なお、当事者間において、民法第458条において準用する同法第441条ただし書に規定する別段の合意はないものとする。

［H15問7改］

(1) Cの保証債務がBとの連帯保証債務である場合、AがCに対して保証債務の履行を請求してきても、CはAに対して、まずBに請求するよう主張できる。

(2) Cの保証債務にBと連帯して債務を負担する特約がない場合、AがCに対して保証債務の履行を請求してきても、Cは、Bに弁済の資力があり、かつ、執行が容易であることを証明することによって、Aの請求を拒むことができる。

(3) Cの保証債務がBとの連帯保証債務である場合、Cに対する履行の請求による時効の完成猶予及び更新は、Bに対してその効力を生じない。

(4) Cの保証債務にBと連帯して債務を負担する特約がない場合、Bに対する履行の請求その他時効の完成猶予及び更新は、Cに対してもその効力を生ずる。

解説

(1) **誤** 　　　　　　　　　　　　　　　　　　　　　　　　【催告の抗弁権】

連帯保証人には**催告の抗弁権**が認められないため、債権者から債務の履行を請求されても、「まずはあの人(主たる債務者)に請求して」ということができません。

(2) **正** 　　　　　　　　　　　　　　　　　　　　　　　　【検索の抗弁権】

一般の保証人には**検索の抗弁権**が認められるため、債権者から債務の履行を請求されても、❶**主たる債務者に弁済する資力があること**、❷**容易に執行できること**を証明すれば、「あの人(主たる債務者)、お金を持っているから、まずはあの人の財産から弁済してもらって」ということができます。

(3) **正** 　　　　　　　　　　　　　　　　　　　　　　　　【連帯保証】

連帯保証人(C)に対する履行の請求による時効の完成猶予・更新は、主たる債務者(B)に対してその効力を生じません。

(4) **正** 　　　　　　　　　　　　　　　　　　　　　　　　【保証債務】

主たる債務者(B)に対する履行の請求等は、保証人(C)に対しても効力を生じます。

解答…(1)

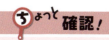

連帯保証のポイント

連帯保証人には、催告の抗弁権がない
→債権者がいきなり連帯保証人に請求してきた場合、「まずはあっち(主たる債務者)に請求して」といえない

連帯保証人には、検索の抗弁権がない
→債権者が主たる債務者に請求したうえで、連帯保証人にも請求してきた場合、一定のことを証明しても、「あの人(主たる債務者)、お金を持っているから、まずはあの人の財産から弁済してもらって」といえない

連帯保証人には、分別の利益がない
→債権者は、連帯保証人の誰に対しても、どういう順番でも、債権の全額を請求できる

問題48 下記ケース①及びケース②の保証契約を締結した場合に関する次の1から4までの記述のうち、民法の規定によれば、正しいものはどれか。

[R2(10月)問2改]

（ケース①）　個人Aが金融機関Bから事業資金として1,000万円を借り入れ、CがBとの間で当該債務に係る保証契約を締結した場合

（ケース②）　個人Aが建物所有者Dと居住目的の建物賃貸借契約を締結し、EがDとの間で当該賃貸借契約に基づくAの一切の債務に係る保証契約を締結した場合

(1) ケース①の保証契約は、口頭による合意でも有効であるが、ケース②の保証契約は、書面でしなければ効力を生じない。

(2) ケース①の保証契約は、Cが個人でも法人でも極度額を定める必要はないが、ケース②の保証契約は、Eが個人でも法人でも極度額を定めなければ効力を生じない。

(3) ケース①及びケース②の保証契約がいずれも連帯保証契約である場合、BがCに債務の履行を請求したときはCは催告の抗弁を主張することができるが、DがEに債務の履行を請求したときはEは催告の抗弁を主張することができない。

(4) 保証人が保証契約締結の日前1箇月以内に公正証書で保証債務を履行する意思を表示していない場合、ケース①のCがAの事業に関与しない個人であるときはケース①の保証契約は効力を生じないが、ケース②の保証契約は有効である。

解説

(1) **誤**　【保証契約の成立】

　　ケース①…×　ケース②…○

　　保証契約は**書面**や**電磁的記録**で行わなければ効力を生じません。したがって、ケース①の保証契約も、書面または電磁的記録で行わなければ効力が生じません。

(2) **誤**　【個人根保証契約】

　　ケース①…○　ケース②…×

　　一定の範囲に属する不特定の債務を主たる債務とする保証契約(**根保証契約**)であって保証人が法人でないもの(**個人根保証契約**)の場合、極度額を定めなければ、その効力を生じません。したがって、ケース②でEが法人の場合は、極度額を定める必要はありません(Eが個人の場合は、個人根保証契約となるので極度額の定めが必要です)。なお、ケース①は、主たる債務が特定していますので、根保証契約には該当せず、Cが個人であっても極度額を定める必要はありません。

(3) **誤**　【催告の抗弁権】

　　ケース①…×　ケース②…○

　　保証人が**連帯保証人**である場合は、**催告の抗弁権**は認められません。したがって、ケース①でBがCに債務の履行を請求したときは、Cは催告の抗弁を主張することができません。

(4) **正**　【事業に係る債務についての保証契約】

　　ケース①…○　ケース②…○

　　事業のために負担した貸金等債務を主たる債務とする保証契約は、その契約の締結に先立ち、その**締結の日前1カ月以内に作成された公正証書**で保証人になろうとする者(保証人が法人である場合または主たる債務者の取締役や総株主の議決権の過半数を有する者等が保証人になる場合を除く)が保証債務を履行する意思を表示していなければ、その効力を生じません。ケース①の保証契約は、Aが事業のために負担した貸金債務であり、Cは当該事業に関与しない個人であることから、保証契約締結の日前1カ月以内に作成された公正証書でCが保証債務を履行する意思を表示する必要があります。

　　したがって、ケース①の保証契約は効力を生じません。なお、ケース②の保証契約は、事業のために負担した貸金等債務を主たる債務とする保証契約または主たる債務の範囲に事業のために負担する貸金等債務が含まれる根保証契約ではないので、公正証書を作成していなくても有効です。

解答…(4)

難易度 B 連帯債務、連帯保証　　　→教科書 *CHAPTER02 SECTION11*

問題49　AとBが1,000万円の連帯債務をCに対して負っている（負担部分は$\frac{1}{2}$ずつ）場合と、Dが主債務者として、Eに1,000万円の債務を負い、FはDから委託を受けてその債務の連帯保証人となっている場合の次の記述のうち、民法の規定によれば、正しいものはどれか。なお、当事者間において、民法第441条ただし書（同法第458条において準用する場合を含む。）に規定する別段の合意はないものとする。　　　　［H16問6㊹］

(1) 1,000万円の返済期限が到来した場合、CはA又はBにそれぞれ500万円までしか請求できないが、EはDにもFにも1,000万円を請求することができる。

(2) CがBに対して債務の全額を免除しても、AはCに対してなお500万円の債務を負担しているが、EがFに対して連帯保証債務の全額を免除すれば、Dも債務の全額を免れる。

(3) Aが1,000万円を弁済した場合には、Aは500万円についてのみBに対して求償することができ、Fが1,000万円を弁済した場合にも、Fは500万円についてのみDに対して求償することができる。

(4) Aが債務を承認して時効が更新してもBの連帯債務の時効の進行には影響しないが、Dが債務を承認して時効が更新した場合にはFの連帯保証債務に対しても時効の更新の効力を生ずる。

	①	②	③	④	⑤
学 習 日					
理 解 度 (○/△/×)					

解説

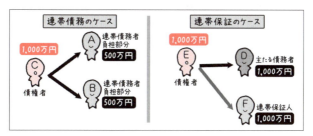

(1) **誤**　　　　　　　　　　　　　　　　　　　　　【連帯債務、連帯保証】

　連帯債務のケース …×

　C（債権者）は、A（連帯債務者）にもB（連帯債務者）にも、債権の全部（1,000万円）または一部について支払いを請求することができます。

　連帯保証のケース …○

　E（債権者）は、D（主たる債務者）にもF（連帯保証人）にも、債権の全部（1,000万円）または一部について支払いを請求することができます。

(2) **誤**　　　　　　　　　　　　　　　　　　　　　【連帯債務、連帯保証】

　連帯債務のケース …×

　C（債権者）が、B（連帯債務者の1人）に対して債務を免除しても、その効力は、A（他の連帯債務者）に及びません。したがって、A（他の連帯債務者）はCに対して1,000万円の債務を負担しています。

　連帯保証のケース …×

　E（債権者）が、F（連帯保証人）に対して債務を免除しても、その効力はD（主たる債務者）には及びません。

(3) **誤**　　　　　　　　　　　　　　　　　　　　　【連帯債務、連帯保証】

　連帯債務のケース …○

　そのとおりです。

　連帯保証のケース …×

　F（連帯保証人）が、債務の全額を弁済した場合、D（主たる債務者）に対して**全額**を求償することができます。

(4) **正**　　　　　　　　　　　　　　　　　　　　　【連帯債務、連帯保証】

　連帯債務のケース …○

　債務の承認は相対効なので、A（連帯債務者の1人）が債務を承認して時効が更新しても、B（他の連帯債務者）の連帯債務の時効は更新されません。

　連帯保証のケース …○

　D（主たる債務者）が債務を承認して時効が更新した場合には、F（連帯保証人）の連帯保証債務に対しても時効の更新の効力を生じます。

解答…**(4)**

難易度	
B	**連帯債務、連帯保証**

→教科書 *CHAPTER02 SECTION11*

問題50 　AからBとCとが負担部分2分の1として連帯して1,000万円を借り入れる場合と、DからEが1,000万円を借り入れ、Fがその借入金返済債務についてEと連帯して保証する場合とに関する次の記述のうち、民法の規定によれば、正しいものはどれか。なお、当事者間において、民法第441条ただし書(同法第458条において準用する場合を含む。)に規定する別段の合意はないものとする。

[H20問6㊟]

(1) Aが、Bに対して債務を免除した場合にはCが、Cに対して債務を免除した場合にはBが、それぞれ500万円分の債務を免れる。Dが、Eに対して債務を免除した場合にはFが、Fに対して債務を免除した場合にはEが、それぞれ全額の債務を免れる。

(2) Aが、Bに対して履行を請求した効果はCに及ばず、Cに対して履行を請求した効果もBに及ばない。Dが、Eに対して履行を請求した効果はFに及ぶが、Fに対して履行を請求した効果はEに及ばない。

(3) Bについて時効が完成した場合にはCが、Cについて時効が完成した場合にはBが、それぞれ500万円分の債務を免れる。Eについて時効が完成した場合にはFが、Fについて時効が完成した場合にはEが、それぞれ全額の債務を免れる。

(4) AB間の契約が無効であった場合にはCが、AC間の契約が無効であった場合にはBが、それぞれ1,000万円の債務を負う。DE間の契約が無効であった場合はFが、DF間の契約が無効であった場合はEが、それぞれ1,000万円の債務を負う。

	①	②	③	④	⑤
学習日					
理解度 (○/△/×)					

解説

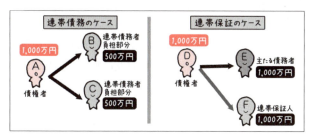

(1) **誤** 　　　　　　　　　　　　　　　　　　　　　　　　　　　　【連帯債務、連帯保証】

| 連帯債務のケース | …× |

A（債権者）が連帯債務者の１人（BまたはC）に対して債務を免除しても、その効果は、他の連帯債務者に及ばず、他の連帯債務者は債務を免れません。

| 連帯保証のケース | …×

D（債権者）が、E（主たる債務者）に対して債務を免除した場合、その効果はF（連帯保証人）に及びますが、D（債権者）がF（連帯保証人）に対して債務を免除しても、その効果はE（主たる債務者）には及びません。

(2) **正** 　　　　　　　　　　　　　　　　　　　　　　　　　　　　【連帯債務、連帯保証】

| 連帯債務のケース | …○

履行の請求は相対効なので、連帯債務者の１人に対して履行の請求をしても、その効果は他の連帯債務者には及びません。

| 連帯保証のケース | …○

主たる債務者(E)に生じた事由は連帯保証人にも効果が及びます。一方、連帯保証人(F)に生じた事由のうち、履行の請求の効果は主たる債務者(E)には及びません。

(3) **誤** 　　　　　　　　　　　　　　　　　　　　　　　　　　　　【連帯債務、連帯保証】

| 連帯債務のケース | …×

時効の完成は相対効なので、連帯債務者の１人について時効が完成しても、他の連帯債務者は債務を免れません。

| 連帯保証のケース | …×

E（主たる債務者）について時効が完成した場合には、F（連帯保証人）も債務の全額を免れますが、F（連帯保証人）について時効が完成してもE（主たる債務者）は債務を免れることはできません。

(4) **誤** 　　　　　　　　　　　　　　　　　　　　　　　　　　　　【連帯債務、連帯保証】

| 連帯債務のケース | …○

連帯債務では、連帯債務者の１人の契約が無効でも、その効果は他の連帯債務者には及びません。

| 連帯保証のケース | …×

D（債権者）とE（主たる債務者）の契約が無効の場合には、F（連帯保証人）は債務を負いませんが、D（債権者）とF（連帯保証人）の契約が無効となっても、E（主たる債務者）は債務を免れることはできません。

解答…(2)

賃貸借

→教科書 CHAPTER02 SECTION12

問題51 AがB所有の建物について賃貸借契約を締結し、引渡しを受けた場合に関する次の記述のうち、民法の規定及び判例によれば、誤っているものはどれか。 ［H18問10］

(1) AがBの承諾なく当該建物をCに転貸しても、この転貸がBに対する背信的行為と認めるに足りない特段の事情があるときは、BはAの無断転貸を理由に賃貸借契約を解除することはできない。
(2) AがBの承諾を受けてDに対して当該建物を転貸している場合には、AB間の賃貸借契約がAの債務不履行を理由に解除され、BがDに対して目的物の返還を請求しても、AD間の転貸借契約は原則として終了しない。
(3) AがEに対して賃借権の譲渡を行う場合のBの承諾は、Aに対するものでも、Eに対するものでも有効である。
(4) AがBの承諾なく当該建物をFに転貸し、無断転貸を理由にFがBから明渡請求を受けた場合には、Fは明渡請求以後のAに対する賃料の全部又は一部の支払を拒むことができる。

	①	②	③	④	⑤
学 習 日					
理 解 度 (○/△/×)					

解説

(1) 正 　　　　　　　　　　　　　　　　　　　　　　　　【転貸借】

賃借人(A)が賃借物の転貸をするときは、賃貸人(B)の承諾が必要です。そして無断転貸をした場合には、賃貸人(B)は契約を解除することができます。ただし、無断転貸の場合でも、背信的行為と認めるに足りない特段の事情があるときは賃貸人(B)は契約を解除することはできません。

(2) 誤 　　　　　　　　　　　　　　　　　【建物の賃貸借が終了した場合の転貸借】

賃貸借契約が、賃借人(A)の債務不履行（賃料を支払わなかったなど）により解除された場合には、転貸借契約も終了します（転借人は賃貸人に対抗することができません）。

(3) 正 　　　　　　　　　　　　　　　　　　　　　　　　【賃借権の譲渡】

賃借権の譲渡を行う場合の、賃貸人(B)の承諾は賃借人(A)に対するものでも、譲受人(E)に対するものでも有効となります。

(4) 正 　　　　　　　　　　　　　　　　　　　　　　　　【転貸借】

無断転貸があった場合、原則としてそれを理由に賃貸人(B)は転借人(F)に対して明渡請求をすることができます。この場合、転借人(F)は明渡請求以後の転貸人＝賃借人(A)に対する賃料の全部または一部の支払いを拒むことができます。

解答…(2)

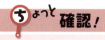

賃借権の譲渡、賃借物の転貸

賃借権の譲渡や賃借物の転貸をするときは？

賃貸人の承諾が必要

ポイント

☆ 承諾には黙認も含まれる

☆ 賃貸人の承諾は、賃借人・転借人(譲受人)のいずれに対するものであってもOK

無断譲渡・転貸があった場合は？

賃貸人は契約を解除できる。ただし、賃貸人に対する背信的行為と認めるに足りない特段の事情がある場合は、賃貸人は契約を解除することはできない

賃貸借

→教科書 CHAPTER02 SECTION12

問題52 Aは、Bに対し建物を賃貸し、Bは、その建物をAの承諾を得てCに対し適法に転貸している。この場合における次の記述のうち、民法の規定及び判例によれば、誤っているものはどれか。　［H23問7］

(1) BがAに対して賃料を支払わない場合、Aは、Bに対する賃料の限度で、Cに対し、Bに対する賃料を自分に直接支払うよう請求することができる。
(2) Aは、Bに対する賃料債権に関し、Bが建物に備え付けた動産、及びBのCに対する賃料債権について先取特権を有する。
(3) Aが、Bとの賃貸借契約を合意解除しても、特段の事情がない限り、Cに対して、合意解除の効果を対抗することができない。
(4) Aは、Bの債務不履行を理由としてBとの賃貸借契約を解除するときは、事前にCに通知等をして、賃料を代払いする機会を与えなければならない。

解説

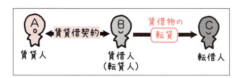

(1) **正** 【転貸借】

賃借人(B)が賃貸人(A)に賃料を支払わない場合には、賃貸人(A)は転借人(C)に対して直接賃料を請求することができます。この場合、**「賃借料」と「転借料」のうちいずれか低い金額が限度**となります。

(2) **正** 【先取特権】

建物の賃貸人(A)は、賃料その他の賃借人(B)に対する債権に関し、賃借人(B)がその建物に備え付けた動産について先取特権を有します。また、賃借物が転貸されているときは、転貸人(B)が受け取る金銭(転貸料等)についても先取特権を有します。

(3) **正** 【建物の賃貸借が終了した場合の転貸借】

賃貸借契約が、賃貸人(A)と賃借人(B)の合意によって解除された場合には、(少なくとも)解除の当時、賃貸人(A)が賃借人(B)の債務不履行による解除権を有していたときを除いて、賃貸人(A)は転借人(C)に対抗することができません(AはCに「出て行け」といえません)。

(4) **誤** 【建物の賃貸借が終了した場合の転貸借】

賃貸借契約が、賃借人(B)の債務不履行(賃料を支払わなかったなど)により解除された場合には、賃貸人(A)は転借人(C)に対抗することができます(AはCに「出て行け」といえます)。この場合、賃貸人は転借人に対して解除の通知等をする必要はありません。

解答…(4)

ちょっと確認!

建物の賃貸借が終了した場合の転貸借

債務不履行による解除

賃貸借契約が、賃借人の債務不履行により解除された場合には、賃貸人は転借人に対抗することができる(転借人は賃貸人に対抗することができない)

☆ 転貸借は終了する→賃貸人は転借人に「出て行け」といえる

合意による解除

賃貸借契約が、合意により解除された場合には、原則、賃貸人は転借人に対抗することができない(転借人は賃貸人に対抗することができる)

☆ 転貸借は終了しない→原則、賃貸人は転借人に「出て行け」といえない

賃貸借

問題53 建物の賃貸借契約が期間満了により終了した場合における次の記述のうち、民法の規定によれば、正しいものはどれか。なお、原状回復義務について特段の合意はないものとする。 ［R2(10月)問4改］

(1) 賃借人は、賃借物を受け取った後にこれに生じた損傷がある場合、通常の使用及び収益によって生じた損耗も含めてその損傷を原状に復する義務を負う。
(2) 賃借人は、賃借物を受け取った後にこれに生じた損傷がある場合、賃借人の帰責事由の有無にかかわらず、その損傷を原状に復する義務を負う。
(3) 賃借人から敷金の返還請求を受けた賃貸人は、賃貸物の返還を受けるまでは、これを拒むことができる。
(4) 賃借人は、未払賃料債務がある場合、賃貸人に対し、敷金をその債務の弁済に充てるよう請求することができる。

解説

(1) 誤 　　　　　　　　　　　　　　　　　　　　　【賃借人の原状回復義務】

賃借人は、賃借物を受け取った後にこれに生じた損傷がある場合において、賃貸借が終了したときは、その損傷を原状に復する義務を負いますが、この損傷から**通常の使用および収益によって生じた賃借物の損耗**や賃借物の**経年変化**は除かれます。

(2) 誤 　　　　　　　　　　　　　　　　　　　　　【賃借人の原状回復義務】

賃貸借が終了したときに、賃借人が受け取った賃借物に損傷がある場合でも、その損傷が賃借人の責めに帰することができない事由によるものであるときは、賃借人は原状回復義務を負いません。

(3) 正 　　　　　　　　　　　　　　　　　　　　　【敷金の返還請求】

敷金の返還は、賃貸借が終了し、賃貸物の返還を受けたあとになる（賃貸物の返還と敷金の返還は同時履行の関係にはない）ので、賃貸人は、賃貸物の返還を受けるまでは、敷金の返還請求を拒むことができます。

(4) 誤 　　　　　　　　　　　　　　　　　　　　【賃借人からの敷金充当請求】

賃貸人は、賃借人が賃貸借に基づいて生じた金銭の給付を目的とする債務を履行しないときに、敷金をその債務の弁済に充てることができますが、賃借人から、賃貸人に対し、敷金をその債務の弁済に充てることを請求することはできません。

解答…**(3)**

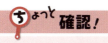
ちょっと確認！

敷金

☆ 敷金の返還は、賃貸借契約が終了し、目的物を明け渡した**あと**、または、賃借人が適法に賃借権を譲り渡したときに行われる

☆ 賃借人から賃貸人に対し、敷金を賃料の未払い等に充てることを請求することはできない

☆ 不動産の賃貸人の地位が不動産の譲受人（一定の特約がある場合は譲受人の承継人も含む）に移転し、その不動産について所有権の移転の登記をしたときは、敷金返還債務は自動的に新賃貸人に**承継される**

☆ 賃借権の譲渡があり、賃借人が変わった場合（借手チェンジの場合）、敷金についての権利義務は原則として新賃借人に**承継されない**

賃貸借 →教科書 CHAPTER02 SECTION12

問題54　賃貸人Aから賃借人Bが借りたA所有の甲土地の上に、Bが乙建物を所有する場合における次の記述のうち、民法の規定及び判例によれば、正しいものはどれか。なお、Bは、自己名義で乙建物の保存登記をしているものとする。

[H26 問7]

(1) BがAに無断で乙建物をCに月額10万円の賃料で貸した場合、Aは、借地の無断転貸を理由に、甲土地の賃貸借契約を解除することができる。
(2) Cが甲土地を不法占拠してBの土地利用を妨害している場合、Bは、Aの有する甲土地の所有権に基づく妨害排除請求権を代位行使してCの妨害の排除を求めることができるほか、自己の有する甲土地の賃借権に基づいてCの妨害の排除を求めることができる。
(3) BがAの承諾を得て甲土地を月額15万円の賃料でCに転貸した場合、AB間の賃貸借契約がBの債務不履行で解除されても、AはCに解除を対抗することができない。
(4) AB間で賃料の支払時期について特約がない場合、Bは、当月末日までに、翌月分の賃料を支払わなければならない。

解説

(1) **誤** 【賃貸借】

　　土地の賃借人が、借地上の自己所有の建物を「賃貸」しても、借地の転貸にあたらず、賃貸人(A)の承諾は不要です。したがって、Aは、借地の無断転貸を理由に賃貸借契約の解除をすることはできません。

(2) **正** 【妨害排除請求権】

　🇨🇭 土地の賃借人(B)は、借地上の不法占拠者(C)に対して土地の所有者＝賃貸人(A)の有する所有権にもとづく妨害排除請求権を代位行使することができます。また、対抗力のある借地権者は不法占拠者に対して直接に妨害排除請求をすることができます。本肢のB(賃借人)は、自己名義で乙建物の保存登記をしているため、対抗力のある借地権を有しています。したがって、Bは自己の有する甲土地の賃借権にもとづく妨害排除請求をすることができます。

(3) **誤** 【賃貸借が終了した場合の転貸借】

　　賃貸借契約が賃借人の債務不履行で解除された場合、(転貸借について賃貸人の承諾があったときでも)賃貸人(A)は転借人(C)に解除を対抗することができます。

(4) **誤** 【賃料の支払時期】

　🇨🇭 賃料の支払時期について特約がない場合、民法上、動産、建物および宅地については毎月末に支払わなければならない(後払い)とされています(当月末日までに、翌月分の賃料を支払わなければならないわけではありません＝前払いではありません)。

解答…**(2)**

難易度 B 借地借家法（借地）

→教科書 *CHAPTER02 SECTION13*

問題55 Aが所有している甲土地を平置きの駐車場用地として利用しようとするBに貸す場合と、一時使用目的ではなく建物所有目的を有するCに貸す場合とに関する次の記述のうち、民法及び借地借家法の規定によれば、正しいものはどれか。 ［H20問13］

(1) AB間の土地賃貸借契約の期間は、AB間で60年と合意すればそのとおり有効であるのに対して、AC間の土地賃貸借契約の期間は、50年が上限である。

(2) 土地賃貸借契約の期間満了後に、Bが甲土地の使用を継続していてもAB間の賃貸借契約が更新したものと推定されることはないのに対し、期間満了後にCが甲土地の使用を継続した場合には、AC間の賃貸借契約が更新されたものとみなされることがある。

(3) 土地賃貸借契約の期間を定めなかった場合、Aは、Bに対しては、賃貸借契約開始から1年が経過すればいつでも解約の申入れをすることができるのに対し、Cに対しては、賃貸借契約開始から30年が経過しなければ解約の申入れをすることができない。

(4) AB間の土地賃貸借契約を書面で行っても、Bが賃借権の登記をしないままAが甲土地をDに売却してしまえばBはDに対して賃借権を対抗できないのに対し、AC間の土地賃貸借契約を口頭で行っても、Cが甲土地上にC所有の登記を行った建物を有していれば、Aが甲土地をDに売却してもCはDに対して賃借権を対抗できる。

	①	②	③	④	⑤
学習日					
理解度 (○/△/×)					

解説

　借地借家法では、建物の所有を目的とする土地の賃貸借または地上権について規定しています。したがって、AとC（建物所有目的を有する）の間の賃貸借には、借地借家法が適用されますが、AとB（平置きの駐車場用地として利用しようとしている）の間の賃貸借には、借地借家法は適用されず、民法が適用されます。

(1) 誤　　　　　　　　　　　　　　　　　　　　　　　　【民法と借地借家法】

> **AB間の関係（民法）**　…✕
>
> 　民法の賃貸借の存続期間は**最長50年**です。したがって、60年と定めても50年に短縮されます。

> **AC間の関係（借地借家法）**　…✕
>
> 　借地借家法の借地権の存続期間は**30年**で、契約でこれより長い期間を定めた場合にはその期間となります（上限はありません）。

(2) 誤　　　　　　　　　　　　　　　　　　　　　　　　【民法と借地借家法】

> **AB間の関係（民法）**　…✕
>
> 　民法では、期間満了後も賃借人（B）が賃借物の使用を継続している場合で、賃貸人（A）がこれを知りながら**異議を述べなかったときは、契約が更新**されたものと推定されます。

> **AC間の関係（借地借家法）**　…〇
>
> 　借地借家法では、期間満了後も賃借人（C）が土地の使用を継続している場合で、建物が存在するときには、原則として契約が更新されたとみなされます。ただし、正当事由があると認められる場合に、賃貸人（A）が遅滞なく異議を述べたときは、更新されたとみなされません。

(3) 誤　　　　　　　　　　　　　　　　　　　　　　　　【民法と借地借家法】

> **AB間の関係（民法）**　…✕
>
> 　民法では、期間の定めのない賃貸借契約は、**いつでも解約の申入れをすることができま**す。

> **AC間の関係（借地借家法）**　…✕
>
> 　借地借家法では、存続期間を定めなかった場合、存続期間は**30年**となります。そして、存続期間満了後でも、賃貸人（A）から解約の申入れをすることはできません（賃借人の更新請求等に対して、正当な理由をもって異議を述べることによって更新を拒絶することはできます）。

(4) 正　　　　　　　　　　　　　　　　　　　　　　　　【民法と借地借家法】

> **AB間の関係（民法）**　…〇
>
> 　民法では、不動産の賃借権を第三者に対抗するためには**登記**が必要です。

> **AC間の関係（借地借家法）**　…〇
>
> 　借地借家法では、借地権について登記をしていなくても、借地上に、**登記をした建物**（自己名義）を所有していれば、第三者に借地権を対抗できます。

解答…(4)

難易度 A 借地借家法（借地）

→教科書 *CHAPTER02 SECTION13*

問題56 賃貸借契約に関する次の記述のうち、民法及び借地借家法の規定並びに判例によれば、誤っているものはどれか。 ［H24問11］

(1) 建物の所有を目的とする土地の賃貸借契約において、借地権の登記がなくても、その土地上の建物に借地人が自己を所有者と記載した表示の登記をしていれば、借地権を第三者に対抗することができる。

(2) 建物の所有を目的とする土地の賃貸借契約において、建物が全焼した場合でも、借地権者は、その土地上に滅失建物を特定するために必要な事項等を掲示すれば、借地権を第三者に対抗することができる場合がある。

(3) 建物の所有を目的とする土地の適法な転借人は、自ら対抗力を備えていなくても、賃借人が対抗力のある建物を所有しているときは、転貸人たる賃借人の賃借権を援用して転借権を第三者に対抗することができる。

(4) 仮設建物を建築するために土地を一時使用として1年間賃借し、借地権の存続期間が満了した場合には、借地権者は、借地権設定者に対し、建物を時価で買い取るように請求することができる。

	①	②	③	④	⑤
学 習 日					
理 解 度 (○/△/×)					

解説

(1) 正 【借地権の対抗力】

借地権の登記がなくても、**借地上の建物について自己を所有者とした登記**(表示の登記でもよい)があれば、借地権を第三者に対抗できます。

(2) 正 【借地権の対抗力】

登記した建物が滅失してしまった場合、一定の内容を、その土地の見やすい場所に掲示すれば、滅失日から**2年**を経過するまでは、借地権を第三者に対抗できます。

(3) 正 【借地権の対抗力】

賃借人が対抗力のある建物を所有しているときは、土地の適法な転借人は、自ら対抗力を備えていなくても、賃借人の賃借権を援用して転借権を第三者に対抗することができます。

(4) 誤 【一時使用目的の借地権】

一時使用目的の借地権には、一部の借地借家法の規定(存続期間、更新、**建物買取請求権**など)は適用されません。

解答…(4)

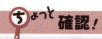

借地権の対抗力

民法上は…
不動産の賃借権を第三者に対抗するためには、登記が必要

借地借家法では…
借地権について登記がなくても、借地上に自己を所有者として登記された建物を所有していれば、借地権を第三者に対抗できる

難易度 A 借地借家法（借地）

→教科書 *CHAPTER02 SECTION13*

問題57 借地人Aが、×6年9月1日に甲地所有者Bと締結した建物所有を目的とする甲地賃貸借契約に基づいてAが甲地上に所有している建物と甲地の借地権とを第三者Cに譲渡した場合に関する次の記述のうち、民法及び借地借家法の規定によれば、正しいものはどれか。 　　　　[H17問13㊾]

(1) 甲地上のA所有の建物が登記されている場合には、AがCと当該建物を譲渡する旨の合意をすれば、Bの承諾の有無にかかわらず、CはBに対して甲地の借地権を主張できる。

(2) Aが借地権をCに対して譲渡するに当たり、Bに不利になるおそれがないにもかかわらず、Bが借地権の譲渡を承諾しない場合には、AはBの承諾に代わる許可を与えるように裁判所に申し立てることができる。

(3) Aが借地上の建物をDに賃貸している場合には、Aはあらかじめaの同意を得ておかなければ、借地権を譲渡することはできない。

(4) AB間の借地契約が専ら事業の用に供する建物（居住の用に供するものを除く。）の所有を目的とし、かつ、存続期間を20年とする借地契約である場合には、AはBの承諾の有無にかかわらず、借地権をCに対して譲渡することができ、CはBに対して甲地の借地権を主張できる。

	①	②	③	④	⑤
学 習 日					
理 解 度 (○/△/×)					

334

解説

(1) **誤**　　　　　　　　　　　　　　　　　　　　　　　　【借地権の譲渡】

　借地権(土地賃借権)の譲渡をする場合には、**賃貸人(B)の承諾**が必要です。

(2) **正**　　　　　　　　【借地上の建物を譲渡する場合の土地賃借権の譲渡】

　借地人(A)が借地権(土地賃借権)を譲渡しようとする場合で、賃貸人(B)に不利となるおそれがないにもかかわらず賃貸人(B)の承諾が得られないときは、借地人(A)は裁判所に申し立てることにより、賃貸人(B)の承諾に代わる許可を受けることができます。

(3) **誤**　　　　　　　【借地上の建物を譲渡する場合の土地賃借権の譲渡】

　借地権(土地賃借権)を譲渡する場合には、土地の賃貸人(B)の承諾が必要ですが、**建物の賃借人(D)の同意は不要**です。

(4) **誤**　　　　　　　　　　　　　　　　　　　　　　　　【借地権の譲渡】

　事業用借地権の場合でも、借地権(土地賃借権)を譲渡しようとするときは、賃貸人(B)の承諾が必要です。

解答…**(2)**

ちょっと確認！

借地権(土地賃借権)を譲渡等する場合

☆　借地権が土地賃借権である場合、借地権の譲渡または借地の転貸をするときには、借地権設定者(賃貸人)の承諾が必要

借地上の建物を譲渡等する場合

1	借地上の建物を譲渡しようとするとき※	借地権者は	裁判所に対して借地権設定者の承諾に代わる許可を求めることができる
2	借地上の建物が譲渡されたとき	建物を取得した第三者は	借地権設定者に対して建物の買取請求をすることができる
3	借地上の建物が競売により取得されたとき※	建物を取得した第三者は	裁判所に対して借地権設定者の承諾に代わる許可を求めることができる　借地権設定者の承諾も裁判所の許可もない場合は…借地権設定者に対して建物の買取請求をすることができる

※借地上の建物を譲渡しようとする場合で、土地賃借権を譲渡(取得)しても借地権設定者に不利になるおそれがないにもかかわらず、借地権設定者が土地賃借権の譲渡(取得)を承諾しないとき

難易度 B 借地借家法（借地）

→教科書 *CHAPTER02 SECTION13*

問題58 借地借家法に関する次の記述のうち、誤っているものはどれか。

［H23問11］

(1) 建物の用途を制限する旨の借地条件がある場合において、法令による土地利用の規制の変更その他の事情の変更により、現に借地権を設定するにおいてはその借地条件と異なる建物の所有を目的とすることが相当であるにもかかわらず、借地条件の変更につき当事者間に協議が調わないときは、裁判所は、当事者の申立てにより、その借地条件を変更することができる。

(2) 賃貸借契約の更新の後において、借地権者が残存期間を超えて残存すべき建物を新たに築造することにつきやむを得ない事情があるにもかかわらず、借地権設定者がその建物の築造を承諾しないときは、借地権設定者が土地の賃貸借の解約の申入れをすることができない旨を定めた場合を除き、裁判所は、借地権者の申立てにより、借地権設定者の承諾に代わる許可を与えることができる。

(3) 借地権者が賃借権の目的である土地の上の建物を第三者に譲渡しようとする場合において、その第三者が賃借権を取得しても借地権設定者に不利となるおそれがないにもかかわらず、借地権設定者がその賃借権の譲渡を承諾しないときは、裁判所は、その第三者の申立てにより、借地権設定者の承諾に代わる許可を与えることができる。

(4) 第三者が賃借権の目的である土地の上の建物を競売により取得した場合において、その第三者が賃借権を取得しても借地権設定者に不利となるおそれがないにもかかわらず、借地権設定者がその賃借権の譲渡を承諾しないときは、裁判所は、その第三者の申立てにより、借地権設定者の承諾に代わる許可を与えることができる。

	①	②	③	④	⑤
学 習 日					
理 解 度 (○/△/×)					

解説

(1) **正** 【裁判所による借地条件の変更】

建物の用途・種類・構造等を制限する旨の借地条件がある場合において、借地条件と異なる建物の所有を目的とすることが相当であるにもかかわらず、借地条件の変更について当事者間で協議が調わないときは、裁判所は当事者の申立てにより、その借地条件を変更することができます。

「この土地には住宅しか建ててはダメよ」という条件があるけど、借地権者は店舗を建てたい…
だけど、借地権設定者はダメと言っている…
でも、諸事情から考えて、ここに店舗を建ててもいいんじゃない？ というときは、裁判所に申し立てて、借地条件を変更してもらう…
ということができるのです。

(2) **正** 【更新後の建物の再築】

賃貸借契約の更新後においては、**借地権設定者の承諾**がなければ、借地権者は残存期間を超えて存在する建物を再築することはできません。

ただし、再築することにつきやむを得ない事情があるにもかかわらず借地権設定者が承諾しないときは、原則として裁判所は、**借地権者**の申立てにより、借地権設定者の承諾に代わる許可を与えることができます。

(3) **誤** 【借地上の建物を譲渡する場合の土地賃借権の譲渡】

借地権者が借地上の建物を第三者に譲渡しようとする場合で、その第三者が土地賃借権を取得しても借地権設定者に不利となるおそれがないにもかかわらず、借地権設定者がその土地賃借権の譲渡を承諾しないときは、裁判所は、「その第三者の申立て」ではなく、「**借地権者の申立て**」により、借地権設定者の承諾に代わる許可を与えることができます。

(4) **正** 【借地上の建物を競売で取得した場合】

借地上の建物を**競売**により取得した場合で、その第三者が土地賃借権を取得しても借地権設定者に不利となるおそれがないにもかかわらず、借地権設定者が土地賃借権の譲渡を承諾しないときは、裁判所は、その**第三者**の申立てにより、借地権設定者の承諾に代わる許可を与えることができます。

解答…**(3)**

難易度	
B	**借地借家法（借地）**

→教科書 CHAPTER*02* SECTION*13*

問題59 借地借家法第23条の借地権（以下この問において「事業用定期借地権」という。）に関する次の記述のうち、借地借家法の規定によれば、正しいものはどれか。

[H22問11]

(1) 事業の用に供する建物の所有を目的とする場合であれば、従業員の社宅として従業員の居住の用に供するときであっても、事業用定期借地権を設定することができる。

(2) 存続期間を10年以上20年未満とする短期の事業用定期借地権の設定を目的とする契約は、公正証書によらなくとも、書面又は電磁的記録によって適法に締結することができる。

(3) 事業用定期借地権が設定された借地上にある建物につき賃貸借契約を締結する場合、建物を取り壊すこととなるときに建物賃貸借契約が終了する旨を定めることができるが、その特約は公正証書によってしなければならない。

(4) 事業用定期借地権の存続期間の満了によって、その借地上の建物の賃借人が土地を明け渡さなければならないときでも、建物の賃借人がその満了をその1年前までに知らなかったときは、建物の賃借人は土地の明渡しにつき相当の期限を裁判所から許与される場合がある。

	①	②	③	④	⑤
学 習 日					
理 解 度 (○/△/×)					

解説

(1) 誤　　　　　　　　　　　　　　　　　　　　　　　【事業用定期借地権】

　　事業用定期借地権はもっぱら事業の用に供する建物の所有を目的とする場合に設定することができます。居住の用に供するときには、設定できません。

(2) 誤　　　　　　　　　　　　　　　　　　　　　　　【事業用定期借地権】

　　事業用定期借地権を設定する場合は、公正証書によらなければなりません。

(3) 誤　　　　　　　　　　　　　　　　　　　　　【取壊予定の建物の賃貸借】

　　法令または契約により一定期間後に取り壊すことが明らかな建物を賃貸借するときには、建物を取り壊すこととなるときに賃貸借契約が終了する旨の特約をつけることができますが、この特約は書面（または電磁的記録）であればよく、公正証書する必要はありません。

(4) 正　　　　　　　　　　　　　　　　　　　【借地上の建物の賃借人の保護】

　　借地上の建物の賃借人が、存続期間の満了をその**1年前**までに知らなかったときは、建物の賃借人は、裁判所に申し立て、土地の明渡しについて相当の期限の許与を受けることができます。

解答…**(4)**

権利関係 CH 02

ちょっと確認！

普通借地権と定期借地権

	普通借地権	定期借地権		
		一般定期借地権	事業用定期借地権	建物譲渡特約付借地権
契約の存続期間	30年以上	50年以上	10年以上50年未満	30年以上
更　新	最初の更新は20年以上2回目以降は10年以上	なし	なし	なし
土地の利用目的	制限なし	制限なし	**事業用建物のみ**（居住用建物は×）	制限なし
契約方法	制限なし	書面または電磁的記録	公正証書に限る	制限なし
建物買取請求権	あり	なし	なし	建物の譲渡特約がある
契約期間終了時	原則として更地で返す	原則として更地で返す	原則として更地で返す	建物付で返す

339

難易度 A 借地借家法（借地）

→教科書 CHAPTER02 SECTION13

問題60 Aが居住用の甲建物を所有する目的で、期間30年と定めてBから乙土地を賃借した場合に関する次の記述のうち、借地借家法の規定及び判例によれば、正しいものはどれか。なお、Aは借地権登記を備えていないものとする。 [H28 問11]

(1) Aが甲建物を所有していても、建物保存登記をAの子C名義で備えている場合には、Bから乙土地を購入して所有権移転登記を備えたDに対して、Aは借地権を対抗することができない。

(2) Aが甲建物を所有していても、登記上の建物の所在地番、床面積等が少しでも実際のものと相違している場合には、建物の同一性が否定されるようなものでなくても、Bから乙土地を購入して所有権移転登記を備えたEに対して、Aは借地権を対抗することができない。

(3) AB間の賃貸借契約を公正証書で行えば、当該契約の更新がなく期間満了により終了し、終了時にはAが甲建物を収去すべき旨を有効に規定することができる。

(4) Aが地代を支払わなかったことを理由としてBが乙土地の賃貸借契約を解除した場合、契約に特段の定めがないときは、Bは甲建物を時価で買い取らなければならない。

	①	②	③	④	⑤
学 習 日					
理 解 度 (○/△/×)					

340

解説

(1) **正** 【借地上の建物の登記】

　借地権の登記がなくても、**地上建物を所有する借地権者(A)は、自己を所有者とした登記**があれば、借地権を第三者(D)に対抗できます。しかし、子(C)の名義で登記をした場合には、その借地権を第三者(D)に対抗することはできません。

(2) **誤** 【地番等が相違している場合の対抗力】

　借地権のある土地上の建物についてなされた登記が、錯誤または遺漏により、建物所在の地番の表示において実際と多少相違していても、建物の種類、構造、床面積等の記載と相まって、その登記の表示全体において、**その建物の同一性を認識できる程度の軽微な相違**である場合には、借地権者(A)は、その借地権を第三者(E)に対抗することができます。

(3) **誤** 【定期借地権(存続期間)】

　存続期間を**50年以上**として一般定期借地権を設定する場合、公正証書等書面または電磁的記録によれば、**契約の更新**および建物の築造による**存続期間の延長がなく**、また、**建物買取請求をしないこととする旨を定める**ことができます。しかし、本肢の存続期間は30年なので、本肢のような特約を有効に規定することはできません。

(4) **誤** 【建物買取請求権】

　借地権者(A)は、賃貸人(B)に対して、借地権の存続期間が満了した場合において、契約の更新がないときは、建物買取請求権を行使することができますが、**賃料不払い等の債務不履行を理由に解除された場合には、建物買取請求権を行使することはできません**。したがって、本肢の賃貸人(B)は建物を時価で買い取る必要はありません。

解答…**(1)**

341

難易度 B　借地借家法（借家）

→教科書 *CHAPTER02 SECTION14*

問題61　Aが所有する甲建物をBに対して賃貸する場合の賃貸借契約の条項に関する次の記述のうち、民法及び借地借家法の規定によれば、誤っているものはどれか。

[H23問12⑫]

(1) AB間の賃貸借契約が借地借家法第38条に規定する定期建物賃貸借契約であるか否かにかかわらず、Bの造作買取請求権をあらかじめ放棄する旨の特約は有効に定めることができる。

(2) AB間で公正証書等の書面によって借地借家法第38条に規定する定期建物賃貸借契約を契約期間を2年として締結する場合、契約の更新がなく期間満了により終了することを書面を交付するか、又は政令で定めるところにより、建物賃借人の承諾を得て、その書面に記載すべき事項を電磁的方法により提供してあらかじめBに説明すれば、期間満了前にAがBに改めて通知しなくても契約が終了する旨の特約を有効に定めることができる。

(3) 法令によって甲建物を2年後には取り壊すことが明らかである場合、取り壊し事由を記載した書面又は特約の内容及び建物を取り壊すべき事由を記録した電磁的記録によって契約を締結するのであれば、建物を取り壊すこととなる2年後には更新なく賃貸借契約が終了する旨の特約を有効に定めることができる。

(4) AB間の賃貸借契約が一時使用目的の賃貸借契約であって、賃貸借契約の期間を定めた場合には、Bが賃貸借契約を期間内に解約することができる旨の特約を定めていなければ、Bは賃貸借契約を中途解約することはできない。

	①	②	③	④	⑤
学　習　日					
理　解　度 (○/△/×)					

解説

(1) 正 　　　　　　　　　　　　　　　　　　　　　　【造作買取請求権】

造作買取請求権をあらかじめ放棄する旨の特約は**有効**です。

「造作」というのは、雨戸とか畳とかクーラーとか…

(2) 誤 　　　　　　　　　　　　　　　　　　　　　　【定期建物賃貸借】

期間が1年以上の定期建物賃貸借契約については、賃貸人(A)は、**期間満了の1年前から6カ月前までの間に**、賃借人(B)に対して期間終了の通知をしなければなりません。

(3) 正 　　　　　　　　　　　　　　　　　　　　　【取壊予定の建物の賃貸借】

取壊予定の建物を賃貸借する場合には、取壊事由を記載した**書面**または特約の内容および建物を取り壊すべき事由を記録した電磁的記録によって契約を締結すれば、建物の取壊時には更新をすることなく賃貸借契約を終了することができます。

(4) 正 　　　　　　　　　　　　　　　　　　　　　　【民法の賃貸借】

一時使用の賃貸借については、借地借家法は適用されず、民法が適用されます。民法では、期間の定めのある賃貸借は、原則として期間の満了によって終了します。したがって、期間内に解約することができる旨の特約をつけていなければ、中途解約をすることはできません。

解答…(2)

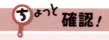

ちょっと確認！

取壊し予定建物の賃貸借

法令や契約によって、一定期間経過後に建物を取り壊すことが明らかな場合で、建物の賃貸借をするときは、建物の取壊し時に賃貸借が終了する旨の特約を定めることができる

　　　　　　　　　　　　　　この特約は**書面**
　　　　　　　　　　　　　　または電磁的記録
　　　　　　　　　　　　　　　によって行う

B 借地借家法（借家）

→教科書 *CHAPTER02 SECTION14*

問題62 Aは、B所有の甲建物につき、居住を目的として、期間2年、賃料月額10万円と定めた賃貸借契約（以下この問において「本件契約」という。）をBと締結して建物の引渡しを受けた。この場合における次の記述のうち、民法及び借地借家法の規定並びに判例によれば、誤っているものはどれか。 　　　　　　　　　　　　　　　　　　　　　　　　　［H22問12］

(1) 本件契約期間中にBが甲建物をCに売却した場合、Aは甲建物に賃借権の登記をしていなくても、Cに対して甲建物の賃借権があることを主張することができる。

(2) AがBとの間の信頼関係を破壊し、本件契約の継続を著しく困難にした場合であっても、Bが本件契約を解除するためには、民法第541条所定の催告が必要である。

(3) 本件契約が借地借家法第38条の定期建物賃貸借契約であって、造作買取請求権を排除する特約がない場合、Bの同意を得てAが甲建物に付加した造作については、期間満了で本件契約が終了するときに、Aは造作買取請求権を行使できる。

(4) 本件契約が借地借家法第38条の定期建物賃貸借契約であって、賃料の改定に関する特約がない場合、契約期間中に賃料が不相当になったと考えたA又はBは、賃料の増減額請求権を行使できる。

	①	②	③	④	⑤
学 習 日					
理 解 度 (○/△/×)					

344

解説

(1) 正 　【建物賃借権の対抗力】

借地借家法では、建物賃借権の登記がなくても、建物の引渡しを受けていれば、賃借人は第三者に建物の賃借権を対抗することができます。

ちなみに、民法では、賃借権を登記していないと、賃借人は第三者に「オレが借りているんだぜ〜」ということができないよ。

(2) 誤 　【契約の解除と催告…SEC.05】

契約を解除するさいには、相当の期間を定めて事前に催告する必要がありますが、これには例外(催告が不要な場合)があります。本肢の「AがBとの間の信頼関係を破壊し、本件契約の継続を著しく困難にした場合」はこの例外に該当し、Bは催告なしに契約を解除することができます。

(3) 正 　【造作買取請求権】

建物の賃貸人の同意を得て取り付けた造作がある場合、賃借人は契約の終了時に賃貸人に対して、造作を時価で買い取ることを請求できます。

(4) 正 　【家賃の増減額請求権】

賃料の改定に関する特約がない場合、契約期間中に賃料が不相当になったときは、AまたはBは賃料の増減額請求権を行使できます。

解答…(2)

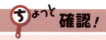確認!

建物賃借権の対抗力

民法上は…
建物賃借権を第三者に対抗するためには、建物賃借権の登記が必要

借地借家法では…
建物賃借権の登記がない場合でも、建物の引渡しがあれば、建物賃借権を第三者に対抗できる

難易度 B 借地借家法（借家）

→教科書 *CHAPTER02 SECTION14*

問題63 AがBとの間で、A所有の甲建物について、期間3年、賃料月額10万円と定めた賃貸借契約を締結した場合に関する次の記述のうち、民法及び借地借家法の規定並びに判例によれば、正しいものはどれか。

［H27問11］

(1) AがBに対し、賃貸借契約の期間満了の6か月前までに更新しない旨の通知をしなかったときは、AとBは、期間3年、賃料月額10万円の条件で賃貸借契約を更新したものとみなされる。

(2) 賃貸借契約を期間を定めずに合意により更新した後に、AがBに書面で解約の申入れをした場合は、申入れの日から3か月後に賃貸借契約は終了する。

(3) Cが、AB間の賃貸借契約締結前に、Aと甲建物の賃貸借契約を締結していた場合、AがBに甲建物を引き渡しても、Cは、甲建物の賃借権をBに対抗することができる。

(4) AB間の賃貸借契約がBの賃料不払を理由として解除された場合、BはAに対して、Aの同意を得てBが建物に付加した造作の買取りを請求することはできない。

	①	②	③	④	⑤
学 習 日					
理 解 度 (○/△/×)					

346

解説

(1) 誤 【更新】

期間の定めがある場合の賃貸借契約について、期間満了の**1年前から6カ月前**までの間に、相手方に対し、更新しない旨の通知をしなかったときは、従前の契約と同一の条件で契約を**更新**したものとみなされますが、**期間については定めがないもの**となります。

(2) 誤 【解約の申入れ】

建物の賃貸人（A）から解約を申し入れた場合は、正当事由があると認められるときには解約の申入日から**6カ月**経過後に賃貸借契約が終了します。

 なお、賃借人（B）から解約を申し入れた場合には、解約の申入日から**3**カ月経過後に賃貸借契約が終了するよ。

(3) 誤 【対抗要件】

賃借権が二重に設定された場合、先に対抗要件を備えたほうが優先します。したがって、AがBに建物を引き渡したとき（Bが対抗要件を備えたとき）は、Cは、甲建物の賃借権をBに対抗することができません。

(4) 正 【造作買取請求権】

建物の賃貸人の同意を得て取り付けた造作がある場合、賃借人は契約の終了時に賃貸人に対して、造作を時価で買い取ることを請求できます。しかし、賃貸借契約が賃借人の債務不履行によって解除された場合（AB間の賃貸借契約がBの**賃料不払い**を理由として解除された場合）には、賃借人に造作買取請求権はありません。

解答…**(4)**

ちょっと確認！

期間の定めがない場合の解約の申入れ

	賃借人からの申入れ	賃貸人からの申入れ
正 当 事 由	不要	必要
終 了 日	3カ月経過後	**6カ月経過後**

難易度	
B	**借地借家法（借家）**

→教科書 *CHAPTER02 SECTION14*

問題64 AはBに対し甲建物を月20万円で賃貸し、Bは、Aの承諾を得たうえで、甲建物の一部をCに対し月10万円で転貸している。この場合、民法及び借地借家法の規定並びに判例によれば、誤っているものはどれか。

[H16問13㉝]

(1) 転借人Cは、賃貸人Aに対しても、月10万円の範囲で、賃料支払債務を直接に負担する。

(2) 賃貸人Aは、AB間の賃貸借契約が期間の満了によって終了するときは、転借人Cに対しその旨の通知をしなければ、賃貸借契約の終了をCに対し対抗することができない。

(3) AB間で賃貸借契約を合意解除しても、原則として賃貸人Aは、転借人Cに対し明渡しを請求することはできない。

(4) 賃貸人AがAB間の賃貸借契約を賃料不払いを理由に解除する場合は、転借人Cに通知等をして賃料をBに代わって支払う機会を与えなければならない。

	①	②	③	④	⑤
学 習 日					
理 解 度 (○/△/×)					

解説

(1) 正　　　　　　　　　　　　　　　　　　　　　　【転貸借】

　賃借人が適法に賃借物を転貸した場合、転借人(C)は、賃貸借にもとづく賃借人の債務の範囲を限度として、賃貸人(A)に対して、転貸借にもとづく債務を直接履行する義務を負います(賃借人Bが賃料を支払わない場合には、賃貸人Aは転借人Cに対して賃料を請求することができます)。そして、賃貸人(A)が転借人(C)に対して請求できる賃料は、**賃料(20万円)と転貸料(10万円)**のうち、**いずれか低い金額**となります。

(2) 正　　　　　　　　　　　　【建物の賃貸借が終了した場合の転貸借】

　建物の賃貸借が**期間の満了**または**解約申入れ**によって終了した場合、賃貸人(A)は、転借人(C)にその旨を**通知**しなければ、その終了を転借人(C)に対抗することができません。

(3) 正　　　　　　　　　　　　【建物の賃貸借が終了した場合の転貸借】

　建物の賃貸借が**合意**によって解除された場合であっても、原則として、転貸借は終了しません。したがって、原則として賃貸人(A)は、転借人(C)に対し、建物の明渡しを請求することができません。

(4) 誤　　　　　　　　　　　　【建物の賃貸借が終了した場合の転貸借】

　建物の賃貸借が賃借人(B)の**債務不履行**によって解除された場合には、原則として、賃貸人が転借人に対して建物の明渡しを請求した時に転貸借も終了します。この場合、賃貸人(A)は転借人(C)に通知等をして賃料を賃借人(B)に代わって支払う機会を与える必要はありません。

解答…(4)

ちょっと確認!

建物の賃貸借が終了した場合の転貸借

1　期間の満了または解約申入れによる終了の場合

☆　賃貸人は転借人にその旨を通知しなければ、賃貸借の終了を転借人に対抗できない

☆　通知した場合、通知した日から**6カ月経過後**に転貸借が終了する

2　債務不履行による解除の場合

☆　原則として、賃貸人が転借人に対して建物の明渡しを請求した時に転貸借も終了**する**

☆　賃貸人は転借人に対して通知等をして、賃料を支払う機会を与える必要はない

3　合意による解除の場合

☆　転貸借契約は、原則として終了**しない**

349

B 借地借家法（借家）

→教科書 CHAPTER02 SECTION14

問題65 A所有の居住用建物（床面積50㎡）につき、Bが賃料月額10万円、期間を2年として、賃貸借契約（借地借家法第38条に規定する定期建物賃貸借、同法第39条に規定する取壊し予定の建物の賃貸借及び同法第40条に規定する一時使用目的の建物の賃貸借を除く。以下この問において「本件普通建物賃貸借契約」という。）を締結する場合と、同法第38条の定期建物賃貸借契約（以下この問において「本件定期建物賃貸借契約」という。）を締結する場合とにおける次の記述のうち、民法及び借地借家法の規定によれば、誤っているものはどれか。 ［H24問12㉝］

(1) 本件普通建物賃貸借契約でも、本件定期建物賃貸借契約でも、賃借人が造作買取請求権を行使できない旨の特約は、有効である。

(2) 本件普通建物賃貸借契約でも、本件定期建物賃貸借契約でも、賃料の改定についての特約が定められていない場合であって経済事情の変動により賃料が不相当になったときには、当事者は将来に向かって賃料の増減を請求することができる。

(3) 本件普通建物賃貸借契約では、更新がない旨の特約を記載した書面を契約に先立って賃借人に交付しても当該特約は無効であるのに対し、本件定期建物賃貸借契約では、更新がない旨の特約を記載した書面を契約に先立って賃借人に交付するか、又は政令で定めるところにより、賃借人の承諾を得て、当該書面に記載すべき事項を電磁的方法により提供しておけば当該特約は有効となる。

(4) 本件普通建物賃貸借契約では、中途解約できる旨の留保がなければ賃借人は2年間は当該建物を借りる義務があるのに対し、本件定期建物賃貸借契約では、一定の要件を満たすのであれば、中途解約できる旨の留保がなくても賃借人は期間の途中で解約を申し入れることができる。

	①	②	③	④	⑤
学 習 日					
理 解 度 (○/△/×)					

解説

(1) **正** 　【造作買取請求権】

普通建物賃貸借契約でも、定期建物賃貸借契約でも、**造作買取請求権を排除する特約は有効**です。

(2) **正** 　【家賃の増減額請求権】

普通建物賃貸借契約でも、定期建物賃貸借契約でも、経済事情の変動により賃料が不相当となったときには、当事者は賃料の増減を請求することができます。

(3) **誤** 　【定期建物賃貸借】

定期建物賃貸借契約の場合、建物の賃貸人はあらかじめ賃借人に対して「契約の更新がなく、期間満了で賃貸借が終了する」旨を記載した書面を交付するか、または、賃借人の承諾を得て、その書面に記載すべき事項を電磁的方法により提供して、説明しなければなりません。

交付または提供しただけじゃダメ！　説明もして～！
（ちなみに普通建物賃貸借契約の内容は正しいよ）

(4) **正** 　【定期建物賃貸借】

期間の定めがある賃貸借契約では、中途解約できる旨の特約がなければ賃借人は契約で定めた期間（本問では2年間）は、当該建物を借りる義務があります。

もっとも、定期建物賃貸借契約では、床面積が**200㎡未満の居住用**建物の賃貸借においては、転勤等**やむを得ない事情**により、賃借人が建物を自己の生活の本拠として使用することが困難となった場合には、賃借人は期間の途中で解約を申し入れることができます。

❓ これはどう？ ─ H20-問14④

居住の用に供する建物に係る定期建物賃貸借契約においては、転勤、療養その他のやむを得ない事情により、賃借人が建物を自己の生活の本拠として使用することが困難となったときは、床面積の規模にかかわりなく、賃借人は同契約の有効な解約の申入れをすることができる。

× 床面積が**200㎡未満**の居住用建物に限ります。

解答…(3)

難易度	
B	**借地借家法（借家）**

→教科書 *CHAPTER02 SECTION14*

問題66 Aが所有する甲建物をBに対して3年間賃貸する旨の契約をした場合における次の記述のうち、借地借家法の規定によれば、正しいものはどれか。

［H29問12㉕］

(1) AがBに対し、甲建物の賃貸借契約の期間満了の1年前に更新をしない旨の通知をしていれば、AB間の賃貸借契約は期間満了によって当然に終了し、更新されない。

(2) Aが甲建物の賃貸借契約の解約の申入れをした場合には申入れ日から3月で賃貸借契約が終了する旨を定めた特約は、Bがあらかじめ同意していれば、有効となる。

(3) Cが甲建物を適法に転借している場合、AB間の賃貸借契約が期間満了によって終了するときに、Cがその旨をBから聞かされていれば、AはCに対して、賃貸借契約の期間満了による終了を対抗することができる。

(4) AB間の賃貸借契約が借地借家法第38条の定期建物賃貸借で、契約の更新がない旨を定めるものである場合、当該契約前にAがBに契約の更新がなく期間の満了により終了する旨を記載した書面を交付するか、又は政令で定めるところにより、Bの承諾を得て、その書面に記載すべき事項を電磁的方法により提供して説明しなければ、契約の更新がない旨の約定は無効となる。

	①	②	③	④	⑤
学 習 日					
理 解 度 (○/△/×)					

352

> **解説**

(1) **誤** 　　　　　　　　　　　　　　　　　　　　　　　　　【法定更新】

期間の定めがある建物賃貸借において、あらかじめ更新をしない旨の通知をしていた場合であっても、賃貸借の期間が満了した後、**賃借人(B)が使用を継続**する場合において、**賃貸人(A)が遅滞なく異議を述べなかったとき**は、**契約が更新されたもの**となります。また、賃貸人の更新拒絶が認められるためには、**通知に正当事由が必要**となるので、それがない場合にも、AB間の賃貸借契約は当然には終了しないこととなります。

(2) **誤** 　　　　　　　　　　　　　　　　　　　　　【賃借人に不利な特約の効力】

賃貸人(A)が賃貸借の解約の申入れをした場合においては、建物の賃貸借は、解約の申入れの日から **6カ月経過することによって終了**します。そして、これに反する特約で、**賃借人(B)に不利なものは、無効**となります。

(3) **誤** 　　　　　　　　　　　　　　　　　　　　　　【賃貸借の終了と転貸借】

建物賃貸借が、期間の満了または解約申入れによって終了した場合、**賃貸人(A)は転借人(C)にその旨の通知をしなければ、その終了を転借人に対抗できません**。

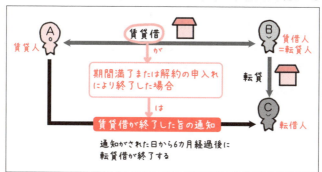

(4) **正** 　　　　　　　　　　　　　　　　　　　　　　　　【定期建物賃貸借】

定期建物賃貸借の場合は、契約の更新がなく期間の満了により終了する旨を記載した**書面**を**交付**するか、または、賃借人(B)の**承諾**を得て、その書面に記載すべき事項を**電磁的方法**により**提供**して**説明**しなければ、更新がない旨の特約は無効となります。

> 解答…(4)

難易度 A 借地借家法（借家）

→教科書 CHAPTER02 SECTION14

問題67 ×6年10月に新規に締結しようとしている、契約期間が2年で、更新がないこととする旨を定める建物賃貸借契約（以下この問において「定期借家契約」という。）に関する次の記述のうち、借地借家法の規定によれば、正しいものはどれか。　　　　　　　　　　　　　　　　［H15問14改］

(1) 事業用ではなく居住の用に供する建物の賃貸借においては、定期借家契約とすることはできない。
(2) 定期借家契約は、公正証書によってしなければ、効力を生じない。
(3) 定期借家契約を締結しようとするときは、賃貸人は、あらかじめ賃借人に対し、契約の更新がなく、期間満了により賃貸借が終了することについて、その旨を記載した書面を交付するか、又は政令で定めるところにより、賃借人の承諾を得て、その書面に記載すべき事項を電磁的方法により提供して説明しなければならない。
(4) 定期借家契約を適法に締結した場合、賃貸人は、期間満了日1ヵ月前までに期間満了により契約が終了する旨通知すれば、その終了を賃借人に対抗できる。

解説

(1) **誤** 【定期建物賃貸借】

事業用建物でも居住用建物でも、定期借家契約を締結することができます。

(2) **誤** 【定期建物賃貸借】

定期借家契約は、公正証書でなくても**書面**（または契約の内容を記録した電磁的記録）によって行うことで効力を生じます。

(3) **正** 【定期建物賃貸借】

定期建物賃貸借契約では、建物の賃貸人はあらかじめ賃借人に対して「契約の更新がなく、期間満了で賃貸借が終了する」旨を記載した**書面**を**交付**するか、または、賃借人の承諾を得て、その書面に記載すべき事項を**電磁的方法**により**提供**して、**説明**しなければなりません。

(4) **誤** 【定期建物賃貸借】

期間が1年以上の定期建物賃貸借契約については、賃貸人は、期間満了の**1年前から6カ月前**までの間に、賃借人に対して期間満了により契約が終了する旨の**通知**をしなければなりません。

> 解答…**(3)**

ちょっと確認！

定期建物賃貸借契約のポイント

☆ 期間が1年以上の定期建物賃貸借契約については、賃貸人は期間満了の1年前から6カ月前までの間に、賃借人に対して期間満了による賃貸借の終了の通知をしなければならない

難易度 **B** 借地借家法（借家）

→教科書 *CHAPTER02 SECTION14*

問題68 借地借家法第38条の定期建物賃貸借（以下この問において「定期建物賃貸借」という。）に関する次の記述のうち、借地借家法の規定及び判例によれば、誤っているものはどれか。 ［H26問12㊹］

（1）定期建物賃貸借契約を締結するには、公正証書による等書面又は契約の内容を記録した電磁的記録によらなければならない。

（2）定期建物賃貸借契約を締結するときは、期間を1年未満としても、期間の定めがない建物の賃貸借契約とはみなされない。

（3）定期建物賃貸借契約を締結するには、当該契約に係る賃貸借は契約の更新がなく、期間の満了によって終了することを、当該契約書と同じ書面内に記載又は契約の内容を記録した電磁的記録と同じ電磁的記録内に記録して説明すれば足りる。

（4）定期建物賃貸借契約を締結しようとする場合、賃貸人が、当該契約に係る賃貸借は契約の更新がなく、期間の満了によって終了することを説明しなかったときは、契約の更新がない旨の定めは無効となる。

	①	②	③	④	⑤
学 習 日					
理 解 度 （○/△/×）					

解説

(1) **正**　　　　　　　　　　　　　　　　　　　　　　　　【定期建物賃貸借】

　　定期建物賃貸借契約を締結するときは、公正証書「等」の書面または契約の内容を記録した電磁的記録によらなければなりません。

(2) **正**　　　　　　　　　　　　　　　　　　　　　　　　【定期建物賃貸借】

　　建物賃貸借の期間を1年未満とする建物の賃貸借は、期間の定めがない建物の賃貸借とみなされますが、定期建物賃貸借契約では、その名のとおり、定まった期間の契約のため、期間の定めがない建物の賃貸借契約とはみなされません。

(3) **誤**　　　　　　　　　　　　　　　　　　　　　　　　【定期建物賃貸借】

✚　定期建物賃貸借契約を締結するには、建物の賃貸人は、あらかじめ、建物の賃借人に対し、建物の賃貸借は契約の更新がなく、期間の満了によって賃貸借が終了する旨を記載した書面を交付するか、または、賃借人の承諾を得て、その書面に記載すべき事項を電磁的方法により提供して説明しなければなりません。そして、この書面等は、**契約書等と別個独立のものでなければなりません**。

(4) **正**　　　　　　　　　　　　　　　　　　　　　　　　【定期建物賃貸借】

　　賃貸人が、定期建物賃貸借契約に係る賃貸借は契約の更新がなく、期間の満了によって終了することを説明しなかったときは、契約の更新がない旨の定めは無効となります。

解答…(3)

B **請 負**

→教科書 *CHAPTER02 SECTION15*

問題69 AはBに戸建て住宅及びガレージの建築を注文し、建築請負契約（代金5,000万円）を締結した。この場合に関する次の記述のうち、民法の規定によれば、正しいものはどれか。 ［オリジナル問題］

(1) Bが、先に当該住宅を完成させ、Aに引き渡して居住が可能となったときに、Aの海外転勤が決まり当該住宅に住むことが不可能となり、Aは請負契約を解除した。この場合、Bは、ガレージの工事に着手してさえいれば、その工事が完了していなくとも請負代金5,000万円の請求をすることができる。

(2) Bが、Aの指図のもと、Aが用意した材料により塀を建てた時、Bは、材料は堅固なものだが、その指図は不適当であることに気が付いていたにもかかわらず指摘をしなかった。その後、雨によって塀が倒壊した場合、Aは材料の提供及び指示を行っているため、Bに対して担保責任を追及することができない。

(3) Bが請負工事を完了し、Aに引き渡されたが、当該住宅にBの責めに帰すべき事由による重大な欠陥があり居住することができない場合、Aは建替え費用相当額の損害賠償請求をすることも、契約の解除をすることもできる。

(4) Bが引き渡した当該住宅に修繕可能な契約の内容に適合しない欠陥があった場合、AがBに対して欠陥の修補請求をするには、引渡しを受けた時から1年以内にBに通知しなければならない。

	①	②	③	④	⑤
学 習 日					
理 解 度 (○/△/×)					

358

解説

(1) **誤**　　　　　　　　　　　　　　　　　　　【注文者が受ける利益の割合に応じた報酬】

請負が仕事の完成前に解除された場合において、請負人(B)がすでにした仕事の結果のうち可分な部分の給付によって注文者が利益を受けているときは、その部分について仕事の完成とみなされます。そして、この場合において、請負人(B)は、注文者(A)が受ける利益の割合に応じて報酬を請求することができるにすぎません。

(2) **誤**　　　　　　　　　　　　　　　　　　　　　　　　【請負人の担保責任の制限】

注文者(A)の供した材料の性質または注文者の与えた指図によって欠陥が生じ契約の内容に適合しない場合でも、原則として、請負人(B)の担保責任を追及することはできません。

ただし、請負人(B)が、その材料または指図が不適当である(不十分であり欠陥が生じる)ことを知っていたのに注文者(A)に告げなかった場合には、注文者(A)は請負人(B)の担保責任を追及することができます。

請負人の担保責任は、❶履行の追完請求(修補請求を含む)、❷報酬減額請求、❸損害賠償請求、❹契約の解除の4つだよ〜

(3) **正**　　　　　　　　　　　　　　　　　　　　　【損害賠償請求、請負契約の解除】

請負人(B)が、その債務の本旨にしたがった履行をしないときは、注文者(A)は、請負人(B)に対して損害賠償請求をすることができます。

また、完成した住宅に重大な欠陥があることにより居住することができないので、契約を解除することもできます。

(4) **誤**　　　　　　　　　　　　　　　　　　　　　　　【担保責任の期間の制限】

注文者(A)が引渡しを受けた住宅に品質に関して不適合があり、その不適合の修補請求をすることができる場合、原則として、注文者(A)がその不適合を知った時から1年以内に、請負人(B)に対して欠陥の内容や範囲を通知しなければ、その修補請求をすることができなくなります。

解答…(3)

請負

問題70　Aを注文者、Bを請負人とする請負契約（以下「本件契約」という。）が締結された場合における次の記述のうち、民法の規定及び判例によれば、誤っているものはいくつあるか。　　　　　　　　　　［R1問8改］

ア　本件契約の目的物たる建物にBの責めに帰すべき事由による契約の内容に適合しない重大な瑕疵があるためこれを建て替えざるを得ない場合には、AはBに対して当該建物の建替えに要する費用相当額の損害賠償を請求することができる。

イ　本件契約の目的が建物の増築である場合、Aの失火により当該建物が焼失し増築できなくなったときは、Bは本件契約に基づく未履行部分の仕事完成債務を免れる。

ウ　Bが仕事を完成しない間は、AはいつでもBに対して損害を賠償して本件契約を解除することができる。

(1)　一つ
(2)　二つ
(3)　三つ
(4)　なし

解説

ア　正　　　　　　　　　　　　　　　　　　　　　　　　　【損害賠償請求】
　債務者(B)がその**債務の本旨に従った履行をせず**、それが債務者(B)の**責めに帰すべき事由によるものである**ときは、債権者(A)は、これによって生じた損害の賠償を請求することができます。

イ　正　　　　　　　　　　　　　　　　　　　　　　　　　　　　【履行不能】
　債務の**履行が不能**であるときは、債権者(A)は、その債務の履行を請求することはできなくなります。

ウ　正　　　　　　　　　　　　　　　　　　　　　　【注文者による契約の解除】
　請負人(B)が仕事を完成しない間は、注文者(A)はいつでも請負人(B)に対して**損害を賠償して契約を解除**することができます。

以上より、誤っているものはなし！
だから答えは(4)。

解答…(4)

| 難易度 A | 不法行為 | →教科書 CHAPTER02 SECTION16 |

問題71 Aに雇用されているBが、勤務中にA所有の乗用車を運転し、営業活動のため顧客Cを同乗させている途中で、Dが運転していたD所有の乗用車と正面衝突した（なお、事故についてはBとDに過失がある。）場合における次の記述のうち、民法の規定及び判例によれば、正しいものはどれか。

[H25問9]

(1) Aは、Cに対して事故によって受けたCの損害の全額を賠償した。この場合、Aは、BとDの過失割合に従って、Dに対して求償権を行使することができる。

(2) Aは、Dに対して事故によって受けたDの損害の全額を賠償した。この場合、Aは、被用者であるBに対して求償権を行使することはできない。

(3) 事故によって損害を受けたCは、AとBに対して損害賠償を請求することはできるが、Dに対して損害賠償を請求することはできない。

(4) 事故によって損害を受けたDは、Aに対して損害賠償を請求することはできるが、Bに対して損害賠償を請求することはできない。

	①	②	③	④	⑤
学習日					
理解度 (○/△/×)					

解説

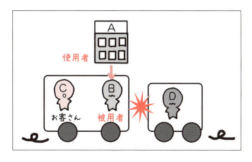

(1) **正** 【不法行為】

加害者であるBとDがCに対して損害賠償すべきところ、AがCに対して全額を賠償しているため、Aは、BとDの過失割合に従って、Dに対して求償することができます。

(2) **誤** 【使用者責任】

使用者責任により、AがDに損害の全額を賠償した場合、AはB（被用者）に対して、相当と認められる範囲内で求償することができます。

(3) **誤** 【不法行為】

Cは不法行為をおこしたBとDに対して損害賠償を請求することができます。また、BはAの被用者なので、CはAに対しても損害賠償を請求することができます。

(4) **誤** 【不法行為】

Dは不法行為をおこしたBに対して損害賠償を請求することができます。また、BはAの被用者なので、DはAに対しても損害賠償を請求することができます。

解答…**(1)**

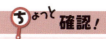

使用者責任

☆ 被用者が使用者の事業執行につき、他人に損害を与え、一般の不法行為責任を負う場合、原則として使用者は被用者とともに損害賠償責任を負う
→使用者が被用者の選任およびその事業の監督について相当の注意をしたとき、または相当の注意をしても損害が生ずべきであったときは、使用者は損害賠償責任を負わない

☆ 被害者は、使用者・被用者のいずれにも、損害賠償を請求することができる

☆ 損害賠償をした使用者は、相当と認められる範囲内において被用者に求償することができる

不法行為

難易度 B

→教科書 CHAPTER02 SECTION16

問題72 Aに雇用されているBが、勤務中にA所有の乗用車を運転し、営業活動のため得意先に向かっている途中で交通事故を起こし、歩いていたCに危害を加えた場合における次の記述のうち、民法の規定及び判例によれば、正しいものはどれか。 ［H24問9］

(1) BのCに対する損害賠償義務が消滅時効にかかったとしても、AのCに対する損害賠償義務が当然に消滅するものではない。

(2) Cが即死であった場合には、Cには事故による精神的な損害が発生する余地がないので、AはCの相続人に対して慰謝料についての損害賠償責任を負わない。

(3) Aの使用者責任が認められてCに対して損害を賠償した場合には、AはBに対して求償することができるので、Bに資力があれば、最終的にはAはCに対して賠償した損害額の全額を常にBから回収することができる。

(4) Cが幼児である場合には、被害者側に過失があるときでも過失相殺が考慮されないので、AはCに発生した損害の全額を賠償しなければならない。

解説

(1) **正** 【使用者責任】

　BのCに対する損害賠償義務が消滅時効にかかったとしても、AのCに対する損害賠償義務が当然に消滅するものではありません。

(2) **誤** 【不法行為】

　Cが即死であった場合でも、Cに損害賠償請求権が発生し、相続人がこれを承継するため、AはCの相続人に対して慰謝料についての損害賠償責任を負います。

(3) **誤** 【使用者責任】

　Aの使用者責任が認められてCに対して損害を賠償した場合、AはB（被用者）に求償できますが、その額は「信義則上相当と認められる範囲内」となります。したがって、Bに資力があったとしても、Aは常に賠償した損害額の全額を回収できるというわけではありません。

> ちなみに、被用者が使用者の業務の執行について第三者に損害を加え、その損害を賠償した場合は、被用者は、諸般の事情に照らし、損害の公平の分担という見地から相当と認められる額について、使用者に求償することができるよ（逆求償）。

(4) **誤** 【不法行為】

　たとえば、C（幼児）の保護者がCをしっかり見ていなかったため、Cが走り出し、道路に飛び出してきてしまった場合など、被害者側（幼児の親なども含む）に過失があれば過失相殺が考慮されます。

解答…(1)

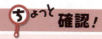

過失相殺

☆ 不法行為について、被害者側にも過失があった場合は、裁判所は被害者側の過失を考慮して、損害賠償額を減額することができる

不法行為

→教科書 CHAPTER02 SECTION16

問題73 Aが1人で居住する甲建物の保存に瑕疵があったため、甲建物の壁が崩れて通行人Bがケガをした場合（以下この問において「本件事故」という。）における次の記述のうち、民法の規定によれば、誤っているものはどれか。　　　　　　　　　　　　　　　　　　［R3（10月）問8改］

(1) Aが甲建物をCから賃借している場合、Aは甲建物の保存の瑕疵による損害の発生の防止に必要な注意をしなかったとしても、Bに対して不法行為責任を負わない。

(2) Aが甲建物を所有している場合、Aは甲建物の保存の瑕疵による損害の発生の防止に必要な注意をしたとしても、Bに対して不法行為責任を負う。

(3) 本件事故について、AのBに対する不法行為責任が成立する場合、BのAに対する損害賠償請求権は、B又はBの法定代理人が損害又は加害者を知らないときでも、本件事故の時から20年間行使しないときには時効により消滅する。

(4) 本件事故について、AのBに対する不法行為責任が成立する場合、BのAに対する損害賠償請求権は、B又はBの法定代理人が損害及び加害者を知った時から5年間行使しないときには時効により消滅する。

解説

(1) **誤** 【工作物責任】

　土地の工作物の設置または保存に瑕疵があることによって他人に損害を生じたときは、その工作物の占有者(Cから甲建物を賃借しているA)は、被害者(B)に対してその損害を賠償する責任を負います。ただし、占有者(A)が損害の発生を防止するのに必要な注意をしたときは、第2次的に所有者(C)がその損害を賠償しなければなりませんが、Aが損害発生の防止に必要な注意をしていなかったのであれば、Bに対して不法行為責任を負います。

(2) **正** 【工作物責任】

　所有者は、損害の発生を防止するのに必要な注意をしたときでも、不法行為責任を負います。

(3) **正** 【不法行為による損害賠償請求権の消滅時効】

　不法行為による損害賠償の請求権は、**不法行為の時から20年間**行使しない場合は、時効によって消滅します。

(4) **正** 【不法行為による損害賠償請求権の消滅時効】

　不法行為による損害賠償の請求権は、**被害者またはその法定代理人が損害および加害者を知った時から3年間**(不法行為の時から20年間)行使しない場合は、時効によって消滅しますが、本肢のような**人の生命または身体を害する不法行為**による損害賠償請求権は、「**5年間**」行使しない場合、時効によって消滅します。

解答…(1)

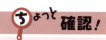

工作物責任

☆ 土地の工作物(壁、塀など)の設置・保存に瑕疵があり、他人に損害を与えたときは、工作物の占有者が損害賠償責任を負う
☆ 占有者が損害防止のために必要な注意をしていたときには、所有者が損害賠償責任を負う→所有者は過失の有無にかかわらず責任を負う＝無過失責任!
☆ 損害賠償をした占有者や所有者は、他に瑕疵を発生させた責任がある者(工作物の施工者や前の占有者など)がいる場合には、その者に対して求償することができる

難易度 B 不法行為

→教科書 *CHAPTER02 SECTION16*

問題74 不法行為に関する次の記述のうち、民法の規定及び判例によれば、正しいものはどれか。 ［H26 問8改］

(1) 不法行為による損害賠償請求権の消滅時効を定める民法第724条第1号における、被害者が損害を知った時とは、被害者が損害の発生を現実に認識した時をいう。

(2) 不法行為による損害賠償債務の不履行に基づく遅延損害金債権は、当該債権が発生した時から10年間行使しないことにより、時効によって消滅する。

(3) 不法占拠により日々発生する損害については、加害行為が終わった時から一括して消滅時効が進行し、日々発生する損害を知った時から別個に消滅時効が進行することはない。

(4) 不法行為の加害者が海外に在住している間は、民法第724条第2号の20年の時効期間は進行しない。

	①	②	③	④	⑤
学 習 日					
理 解 度 (○/△/×)					

368

解説

(1) **正**　　　　　　　　　　　　　　　　　　　　　　【不法行為】

🇨🇭「被害者が損害を知った時」とは、「**被害者が損害の発生を現実に認識した時**」をいいます。

(2) **誤**　　　　　　　　　　　　　　　　　　　　　　【不法行為】

　不法行為による損害賠償債務の不履行にもとづく遅延損害金債権は、不法行為による損害賠償請求権に含まれるため、❶**被害者等が損害および加害者を知った時から3年**（人の生命または身体を害する不法行為の場合は5年）、または、❷**不法行為の時から20年間**行使しないときは、時効によって消滅します。

(3) **誤**　　　　　　　　　　　　　　　　　　　　　　【不法行為】

🇨🇭　不法占拠のような日々発生する損害については、日々発生する損害について被害者がその各損害を知った時から**別個**に消滅時効が進行します（加害行為が終わった時から一括して消滅時効が進行するわけではありません）。

(4) **誤**　　　　　　　　　　　　　　　　　　　　　　【不法行為】

　民法724条2号の20年の期間は、不法行為の時からの期間であり、加害者が海外に在住している期間は関係ありません。

解答…**(1)**

ちょっと確認！

損害賠償請求権の消滅時期

不法行為による損害賠償請求権は、

被害者（またはその法定代理人）が **損害** および **加害者** を知った時から **3** 年
（人の生命または身体を害する不法行為の場合は5年）

または

不法行為の時から **20** 年

を経過すると時効によって消滅する

A 相　続

→教科書 *CHAPTER02 SECTION17*

問題75　1億2,000万円の財産を有するAが死亡した。Aには、配偶者は
なく、子B、C、Dがおり、Bには子Eが、Cには子Fがいる。Bは相続を
放棄した。また、Cは生前のAを強迫して遺言作成を妨害したため、相続
人となることができない。この場合における法定相続分に関する次の記述
のうち、民法の規定によれば、正しいものはどれか。　　　　　　〔H29 問9〕

(1) Dが4,000万円、Eが4,000万円、Fが4,000万円となる。

(2) Dが1億2,000万円となる。

(3) Dが6,000万円、Fが6,000万円となる。

(4) Dが6,000万円、Eが6,000万円となる。

	①	②	③	④	⑤
学 習 日					
理 解 度 (○/△/×)					

370

解説

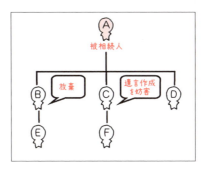

　被相続人Aの子はBCDですが、❶Bは相続放棄を、❷Cは生前のAを強迫して遺言作成の妨害をしているので、それぞれ検討が必要です。

❶Bの相続放棄

　Bは相続を放棄しているので、相続人になれません。また、**相続の放棄は代襲原因ではない**ので、Bの子Eが代襲相続人となることもありません。

❷Cの遺言作成妨害

　強迫によって、被相続人(A)が相続に関する遺言をすることを妨げた者は、**相続人の欠格事由**に該当するため、Cは、相続人となることができません。しかし、**相続欠格によって相続権を失ったことは、代襲原因となる**ので、Cの子Fは代襲相続人となります。

　したがって、Aの相続に関して、DとFの2人が相続人となり、それぞれの法定相続分は6,000万円となります。

　DとFの法定相続分：1億2,000万円÷2人＝6,000万円

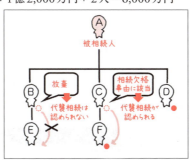

解答…(3)

B 相 続

→教科書 *CHAPTER02 SECTION17*

問題76 Aは未婚で子供がなく、父親Bが所有する甲建物にBと同居している。Aの母親Cは令和4年3月末日に死亡している。AにはBとCの実子である兄Dがいて、DはEと婚姻して実子Fがいたが、Dは令和5年3月末日に死亡している。この場合における次の記述のうち、民法の規定及び判例によれば、正しいものはどれか。　　　　　　　　　　　［H24問10㊺］

(1) Bが死亡した場合の法定相続分は、Aが2分の1、Eが4分の1、Fが4分の1である。

(2) Bが死亡した場合、甲建物につき法定相続分を有するFは、甲建物を1人で占有しているAに対して、当然に甲建物の明渡しを請求することができる。

(3) Aが死亡した場合の法定相続分は、Bが4分の3、Fが4分の1である。

(4) Bが死亡した後、Aがすべての財産を第三者Gに遺贈する旨の遺言を残して死亡した場合、FはGに対して遺留分を主張することができない。

	①	②	③	④	⑤
学 習 日					
理 解 度 (○/△/×)					

解説

(1) **誤**

　Bが死亡した場合、相続人はBの子であるAと、Dの代襲相続人であるFの2人となります。

　この場合の法定相続分はAが**2分の1**、Fが**2分の1**となります。

【法定相続分】

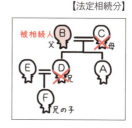

(2) **誤**

　AもFも相続人であるため、甲建物はAとFの共有となります。各共有者は、自己の持分に応じて共有物を使用することができます。そのため、Aが甲建物を1人で占有しているからといって、Fは当然に甲建物の明渡しを請求することができるわけではありません。

【相続、共有…SEC.18】

(3) **誤**

　Aには配偶者もなく、第1順位の子もいないため、Aが死亡した場合、第2順位の父B（直系尊属）のみが相続人となります。第2順位の直系尊属が相続人となった場合、第3順位の兄弟姉妹は相続人とならないため、Dの子であるFは相続人となりません。

【相続人の範囲と順位】

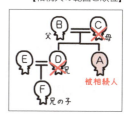

(4) **正**

　兄弟姉妹には遺留分がありません。したがって、F（Aの兄であるDの代襲相続人）はGに対して遺留分を主張することはできません。

【遺留分】

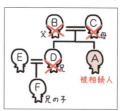

解答…**(4)**

ちょっと確認！

遺留分

☆ 兄弟姉妹には遺留分はない

相続

問題77 AがBから事業のために1,000万円を借り入れている場合における次の記述のうち、民法の規定及び判例によれば、正しいものはどれか。

[H23問10]

(1) AとBが婚姻した場合、AのBに対する借入金債務は混同により消滅する。

(2) AがCと養子縁組をした場合、CはAのBに対する借入金債務についてAと連帯してその責任を負う。

(3) Aが死亡し、相続人であるDとEにおいて、Aの唯一の資産である不動産をDが相続する旨の遺産分割協議が成立した場合、相続債務につき特に定めがなくても、Bに対する借入金返済債務のすべてをDが相続することになる。

(4) Aが死亡し、唯一の相続人であるFが相続の単純承認をすると、FがBに対する借入金債務の存在を知らなかったとしても、Fは当該借入金債務を相続する。

解説

（1）**誤** 【混同】

　　混同（債権の場合）とは、債権者と債務者が同一の者となった場合に、債務が消滅することをいいます。AとBは別人なので、AとBが婚姻した場合でも混同は生じず、AのBに対する債務は消滅しません。

（2）**誤** 【養子縁組の効果】

　　AがCと養子縁組をしたからといって、CはAの借入金債務についてAと連帯してその責任を負うものではありません。

（3）**誤** 【相続】

　　特に定めがなければ、Aの債務についても相続人が相続分に応じて相続します（DがAの唯一の資産である不動産を相続したからといって、Aの債務をすべて相続するというわけではありません）。

（4）**正** 【単純承認】

　　単純承認とは、相続人が被相続人の資産および負債（債務）をすべて相続することをいいます。したがって、単純承認したFは、Aの借入金債務の存在を知らなかったとしても、当該借入金債務を相続します。

解答…**(4)**

ちょっと確認！

相続の承認と放棄		
単純承認【原則】	被相続人の財産（資産および負債）をすべて承継すること	
	ポイント ☆ （自己のために）相続の開始があったことを知った日から**3**カ月以内に、下記の放棄や限定承認を行わなかった場合等には、単純承認したものとみなされる	
限定承認	相続によって取得した被相続人の資産（プラスの財産）の範囲内で、負債（マイナスの財産）を承継すること	
	ポイント ☆ （自己のために）相続の開始があったことを知った日から**3**カ月以内に、家庭裁判所に申し出る ☆ 相続人全員で申し出る必要がある	
相続の放棄	被相続人の財産（資産および負債）をすべて承継しないこと	
	ポイント ☆ （自己のために）相続の開始があったことを知った日から**3**カ月以内に、家庭裁判所に申し出る ☆ 相続人全員で申し出る必要はない（単独でできる） ☆ 放棄をした場合には、代襲相続は発生しない	

375

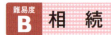

相続

→教科書 CHAPTER02 SECTION17

問題78 AがBに対して1,000万円の貸金債権を有していたところ、Bが相続人C及びDを残して死亡した場合に関する次の記述のうち、民法の規定及び判例によれば、誤っているものはどれか。 ［H19問12改］

(1) Cが単純承認を希望し、Dが限定承認を希望した場合には、相続の開始を知った時から3か月以内に、Cは単純承認を、Dは限定承認をしなければならない。

(2) C及びDが相続開始の事実を知りながら、Bが所有していた財産の一部を売却した場合には、C及びDは相続の単純承認をしたものとみなされる。

(3) C及びDが単純承認をした場合には、法律上当然に分割されたAに対する債務を相続分に応じてそれぞれが承継する。

(4) C及びDが相続放棄をした場合であっても、AはBの相続財産清算人の選任を請求することによって、Bに対する貸金債権の回収を図ることが可能となることがある。

解説

(1) **誤** 【限定承認】
限定承認は**相続人全員**で申し出なければなりません。

(2) **正** 【相続】
相続人(C, D)が、相続財産の全部または一部を処分した場合には、相続人(C, D)は単純承認をしたものとみなされます。

(3) **正** 【相続】
被相続人(B)の貸金債務などの可分債務は法律上当然に分割され、各相続人がその相続分に応じて承継します。

(4) **正** 【相続・その他】
CおよびDが相続放棄した場合、相続人がいなくなってしまいます。この場合、利害関係人等(債権者等)の請求によって裁判所は相続財産清算人を選任し、相続財産清算人が相続財産を管理、清算します。

本肢のAはB(被相続人)の債権者なので、利害関係人に該当します。したがって、裁判所に相続財産清算人の選任を請求することによって、Bに対する貸金債権の回収を図ることが可能となることがあります。

解答…(1)

ちょっと難しい選択肢もあるけど、(1)が明らかに誤りだとわかるから、答えはラクに出せたよね？

(1)がわからなかった人は…もうちょっとガンバロウ。

プラス1ワン

【 相続財産清算人の選任 】

☆ 相続人が不存在である場合等には、家庭裁判所は利害関係人等からの申立てによって相続財産清算人を選任する

☆ 相続財産清算人の選任後は、相続財産清算人が相続財産の管理、清算を行う

問題79 遺言及び遺留分に関する次の記述のうち、民法の規定によれば正しいものはどれか。　　　　　　　　　　　　　　　　　　［H17問12改］

(1) 自筆証書による遺言をする場合、証人二人以上の立会いが必要である。
(2) 自筆証書による遺言書を保管している者が、相続の開始後、これを家庭裁判所に提出してその検認を経ることを怠り、そのままその遺言が執行された場合、その遺言書の効力は失われる。
(3) 適法な遺言をした者が、その後更に適法な遺言をした場合、前の遺言のうち後の遺言と抵触する部分は、後の遺言により撤回したものとみなされる。
(4) 法定相続人が配偶者Aと子Bだけである場合、Aに全財産を相続させるとの適法な遺言がなされた場合、Bは遺留分権利者とならない。

解説

(1) 誤 　　　　　　　　　　　　　　　　　　　　　　　　　【自筆証書遺言】

自筆証書遺言の場合には、**証人は不要**です。

(2) 誤 　　　　　　　　　　　　　　　　　　　　　　　　　　　　【検認】

検認とは、裁判所が遺言書の内容を確認し、遺言書の偽造等を防止するための手続をいいます。自筆証書遺言の場合、検認が必要です（遺言書保管法に例外があります）が、検認を怠ったとしても遺言書の効力が失われるわけではありません。

(3) 正 　　　　　　　　　　　　　　　　　　　　　　　　　　　　【遺言書】

遺言書の内容は、いつでも撤回、変更することができます。そして、適法な遺言をした者が、その後さらに適法な遺言をした場合、前の遺言のうち後の遺言と抵触する部分は、**後の遺言により撤回**したものとみなされます。

(4) 誤 　　　　　　　　　　　　　　　　　　　　　　　　　　　　【遺留分】

Bは被相続人の子なので、遺留分権利者に該当します。Aに全財産を相続させるとの適法な遺言があった場合でも、Bが遺留分権利者でなくなることはありません。

ちなみに、遺産分割方法の指定として遺産に属する特定の財産を相続人の1人または数人に承継させる遺言を「特定財産承継遺言」といい、「（相続人に）相続させる」旨の遺言は基本的にコレ！

解答…(3)

ちょっと確認！

遺言の種類

	自筆証書遺言	公正証書遺言	秘密証書遺言
作成方法	遺言者が遺言書の本書につき全文、日付、氏名を自書し、押印する（遺言書に添付する相続財産目録については、一定の要件を満たせば自書不要）	遺言者が口述し、公証人が筆記する	遺言書に署名押印し、封印する。公証人が日付等を記入する
証　人	不要	2人以上	2人以上
検　認	原則必要※	不要	必要

☆ **検認は、遺言書が有効なものであると認めるものではない！**
※ 法務局（遺言書保管所）に保管したものについては検認が不要となる！

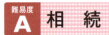 

相　続

問題80 Aには、相続人となる子BとCがいる。Aは、Cに老後の面倒をみてもらっているので、「甲土地を含む全資産をCに相続させる」旨の有効な遺言をした。この場合の遺留分に関する次の記述のうち、民法の規定によれば、正しいものはどれか。　　　　［H20問12改］

(1) Bの遺留分を侵害するAの遺言は、その限度で当然に無効である。
(2) Bが、Aの死亡の前に、A及びCに対して直接、書面で遺留分を放棄する意思表示をしたときは、その意思表示は有効である。
(3) Aが死亡し、その遺言に基づき甲土地につきAからCに対する所有権移転登記がなされた後でも、Bは遺留分に基づき侵害額を請求することができる。
(4) Bは、遺留分侵害額の限度において、これに相当する金銭による支払いに代えて、甲土地の給付をするよう請求することができる。

解説

(1) 誤 【遺留分】

遺言の内容が遺留分権利者(B)の遺留分を侵害する内容であったとしても、無効になるものではありません。

(2) 誤 【遺留分】

相続開始前に**遺留分の放棄をするには**、家庭裁判所の許可が必要です。したがって、家庭裁判所の許可がない場合には、遺留分の放棄は有効とはなりません。

(3) 正 【遺留分】

遺言にもとづいて、甲土地についてAからCに所有権移転登記がなされたあとでも、Bは遺留分侵害額請求を行うことができます。

(4) 誤 【遺留分】

遺留分侵害請求権は、遺留分侵害額に相当する金銭の支払いを請求することができる権利です。特定の相続財産の給付を請求することはできません。

解答…**(3)**

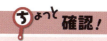ょっと確認！

遺留分侵害額請求

☆ 遺留分侵害額請求には 特有の期間の制限 がある

❶ 相続の開始および遺留分を侵害している遺贈や贈与 があることを知った日から **1** 年（消滅時効）
または
❷ 相続開始から **10** 年（除斥期間）

☆ 遺留分は、家庭裁判所の許可を得れば、相続開始前に放棄することができる
☆ 遺留分を放棄した者は、遺留分侵害額請求をすることはできない

難易度 A 共有

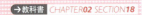

問題81 A、B及びCが、持分を各3分の1とする甲土地を共有している場合に関する次の記述のうち、民法の規定及び判例によれば、誤っているものはどれか。　　　　　　　　　　　　　　　　　　　　　　[H19問4]

(1) 共有者の協議に基づかないでAから甲土地の占有使用を承認されたDは、Aの持分に基づくものと認められる限度で甲土地を占有使用することができる。
(2) A、B及びCが甲土地について、Eと賃貸借契約を締結している場合、AとBが合意すれば、Cの合意はなくとも、賃貸借契約を解除することができる。
(3) A、B及びCは、5年を超えない期間内は甲土地を分割しない旨の契約を締結することができる。
(4) Aがその持分を放棄した場合には、その持分は所有者のない不動産として、国庫に帰属する。

解説

(1) **正** 【共有物の使用】

各共有者は、共有物の全部について、持分に応じて使用することができ、Aから甲土地の占有使用を承認されたDも、Aの持分に応じて使用することができます。

(2) **正** 【共有物の管理等】

共有物の賃貸借契約の解除は、管理行為に該当し、**管理行為**を行うときには、各共有者の持分価格の過半数の同意が必要です。本肢では、AとBが合意すれば過半数となるので、Cの合意はなくても賃貸借契約を解除することができます。

(3) **正** 【共有物の分割】

そのとおりです。

(4) **誤** 【持分の帰属】

共有者の1人が持分を放棄した場合、その持分は、他の共有者に帰属します。

解答…(4)

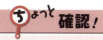

共有物の管理等

保存行為
☆ 各共有者が単独で行うことができる
【例】共有物の修繕、共有物の不法占拠者に対する明渡し請求、(自己の持分を限度とした)共有物の不法占拠者に対する損害賠償請求

管理行為・変更行為①(軽微な変更)
☆ 各共有者の持分価格の過半数の決定で行うことができる
☆ 所在等不明の共有者や賛否を明らかにしない共有者がいる場合、裁判所の決定を得て、その共有者以外の共有者の持分の価格の過半数をもって行うことができる
☆ 管理行為や軽微な変更が、共有者間の決定にもとづいて共有物を使用する共有者に特別の影響をおよぼすべきときは、その共有者の承諾が必要
　　→裁判所の決定を得た場合でも必要
【例】共有物の賃貸借契約の解除、共有物の管理者の選任・解任、短期賃貸借の期間(一定の用途を除く土地…5年、建物…3年)の範囲内での賃借権等の設定
　　→借地借家法による契約期間の定めや契約の更新がないものに限る

変更行為②(重大な変更)・処分行為
☆ 共有者全員の同意がなければ行うことができない
☆ 変更行為(重大な変更)につき、所在等不明の共有者がいる場合、裁判所の決定を得て、その共有者以外の共有者の全員の同意をもって行うことができる
【例】共有物の建替え、共有物全体の売却や全体への抵当権の設定

共 有

問題82 A、B及びCが、持分を各3分の1として甲土地を共有している場合に関する次の記述のうち、民法の規定及び判例によれば、誤っているものはどれか。　　　　　　　　　　　　　　　　　　　　　　［H18問4改］

(1) 甲土地全体がDによって不法に占有されている場合、Aは単独でDに対して、甲土地の明渡しを請求できる。

(2) 甲土地全体がEによって不法に占有されている場合、Aは単独でEに対して、Eの不法占有によってA、B及びCに生じた損害全額の賠償を請求できる。

(3) 共有物たる甲土地の分割について共有者間に協議が調わず、裁判所に分割請求がなされた場合、裁判所は、甲土地全体をAの所有とし、AからB及びCに対し持分の価格を賠償させる方法により分割することができる。

(4) Aが死亡し、相続人の不存在が確定した場合、Aの持分は、民法第958条の2の特別縁故者に対する財産分与の対象となるが、当該財産分与がなされない場合はB及びCに帰属する。

解説

(1) 正　　　　　　　　　　　　　　　　　　　　　　　　　　　【共有物の管理等】

　共有物の不法占拠者に「出て行け」ということは、保存行為に該当します。保存行為は各共有者が**単独**で行うことができます。

(2) 誤　　　　　　　　　　　　　　　　　　　　　　　　　　　【共有物の管理等】

　不法占拠者に対して損害賠償請求をすることは、各共有者は単独で行うことができます。ただし、この場合、**各共有者は自己の持分を超えて損害賠償請求をすることはできません**（AはEに対して損害全額の賠償を請求することはできません）。

(3) 正　　　　　　　　　　　　　　　　　　　　　　　　　　　【共有物の分割】

　分割協議が調わないときまたは協議をすることができないときは、分割を裁判所に請求することができます。裁判所による分割は現物分割または賠償分割が原則となります。なお、これらの方法による分割がいずれもできないとき等には、裁判所は、競売による代金分割（競売分割）とすることができます。

(4) 正　　　　　　　　　　　　　　　　　　　　　　　　　　　【持分の帰属】

　共有者の1人が死亡した場合、その持分は相続人のものとなりますが、相続人の不存在が確定した場合で特別縁故者（被相続人と生計が同じであった者、被相続人の療養看護に努めた者など、被相続人と特別の縁故があった者をいいます）に対する財産分与もなされなかった場合は、**他の共有者**に帰属します。

解答…**(2)**

ちょっと確認！

共有物の分割（分割の方法）

1 **現物分割** …現物を分割する

2 **賠償分割** …共有物を誰か1人のものとして、その1人が他の者にお金（代償金）を支払う

3 **競売分割** …共有物を売って、代金を分割する

ポイント

☆ 全員の協議で分割するときは 1 〜 3 のどの方法でもよい

☆ 協議が調わないときまたは協議ができないときは、分割を裁判所に請求することができる

　→裁判所による分割は 1 **現物分割** または 2 **賠償分割** が原則だが、いずれもできないとき等は、競売による 3 **競売分割** とすることができる

　→裁判所は、当事者に、金銭の支払い、物の引渡し、登記義務の履行・その他の給付を命ずることができる

区分所有法

問題83　建物の区分所有等に関する法律に関する次の記述のうち、正しいものはどれか。　　　　[H22問13]

(1) 専有部分が数人の共有に属するときは、規約で別段の定めをすることにより、共有者は、議決権を行使すべき者を2人まで定めることができる。
(2) 規約及び集会の決議は、区分所有者の特定承継人に対しては、その効力を生じない。
(3) 敷地利用権が数人で有する所有権その他の権利である場合には、区分所有者は、規約で別段の定めがあるときを除き、その有する専有部分とその専有部分に係る敷地利用権とを分離して処分することができる。
(4) 集会において、管理者の選任を行う場合、規約に別段の定めがない限り、区分所有者及び議決権の各過半数で決する。

解説

(1) 誤   【議決権】

　専有部分が数人の共有に属するときは、共有者は議決権を行使すべき者(**1人**)を定めなければなりません。

(2) 誤   【規約・集会決議の効力】

　規約および集会の決議は、区分所有者の包括承継人(相続人など)、特定承継人(中古マンションの購入者など)に対しても効力を生じます。また、占有者(借主など)も規約および集会の決議に従わなければなりません。

(3) 誤   【敷地利用権】

　区分所有者は、原則として専有部分とそれに係る敷地利用権を分離して処分することはできません。

(4) 正   【管理者】

　管理者の選任・解任は、原則として、区分所有者および議決権の**各過半数**で決めます。

❓これはどう? ─────────────────────────── H27−問13④

区分所有者は、規約に別段の定めがない限り集会の決議によって、管理者を選任することができる。この場合、<u>任期は2年以内</u>としなければならない。

> ✕　区分所有者は、規約に別段の定めがない限り集会の決議によって、管理者を選任することができますが、任期の規定はありません。

解答…**(4)**

ちょっと確認!

管理者

☆ 管理者の選任・解任は、原則として、区分所有者および議決権の**各過半数**による決議によって行う
　→規約に別段の定めがあるときはそれに従う

☆ 区分所有者以外の者を管理者に選任することもできる

387

難易度 A 区分所有法

→教科書 *CHAPTER02 SECTION19*

問題84 建物の区分所有等に関する法律に関する次の記述のうち、正しいものはどれか。 ［R2（10月）問13］

(1) 共用部分の変更（その形状又は効用の著しい変更を伴わないものを除く。）は、区分所有者及び議決権の各4分の3以上の多数による集会の決議で決するが、この区分所有者の定数は、規約で2分の1以上の多数まで減ずることができる。

(2) 共用部分の管理に係る費用については、規約に別段の定めがない限り、共有者で等分する。

(3) 共用部分の保存行為をするには、規約に別段の定めがない限り、集会の決議で決する必要があり、各共有者ですることはできない。

(4) 一部共用部分は、これを共用すべき区分所有者の共有に属するが、規約で別段の定めをすることにより、区分所有者全員の共有に属するとすることもできる。

	①	②	③	④	⑤
学 習 日					
理 解 度 (○/△/×)					

解説

(1) **誤**　　　　　　　　　　　　　　　　　　　　　【共用部分の変更】

　　共用部分の変更(その形状または効用の著しい変更を伴わないものを除く＝重大な変更)は、区分所有者および議決権の**各4分の3以上**の多数による集会の決議で決しますが、この区分所有者の定数は、規約でその**過半数**まで減ずることができます(議決権については減ずることはできません)。2分の1以上ではありません。

(2) **誤**　　　　　　　　　　　　　　　　　　　　【共用部分の費用負担】

　　共用部分の管理に関する費用は、規約に別段の定めがない限り、共有者の持分に応じて負担します。

(3) **誤**　　　　　　　　　　　　　　　　　　　　【共用部分の保存行為】

　　共用部分の保存行為は、各共有者が単独ですることができます。

(4) **正**　　　　　　　　　　　　　　　　　　　　【共用部分の共有関係】

　　一部共用部分は、これを共用すべき区分所有者の共有に属しますが、規約で別段の定めがあれば、区分所有者全員の共有に属するとすることもできます。なお、管理者が所有する場合を除き、区分所有者以外の者を共用部分の所有者と定めることはできません。

解答…(4)

ちょっと確認！

共用部分の管理・変更行為

保存行為	…廊下の電球がつかなくなったので、電球を取り換える　など
	→各区分所有者が**単独**で行うことができる

管理行為	…エレベーターに損害保険を付す　など
	→区分所有者および議決権の**各過半数**の集会決議で決める

変更行為❶ 軽微な変更	…形状または効用の著しい変更を伴わない共用部分の変更行為
	→区分所有者および議決権の**各過半数**の集会決議で決める

変更行為❷ 重大な変更	…形状または効用の著しい変更を伴う共用部分の変更行為
	→区分所有者および議決権の**各4分の3以上**の集会決議で決める
	↳区分所有者の定数は、規約で**過半数**まで減らすことができる

389

難易度 A 区分所有法

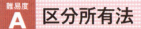

問題85 建物の区分所有等に関する法律に関する次の記述のうち、正しいものはどれか。　[H20問15]

(1) 管理者は、少なくとも毎年2回集会を招集しなければならない。また、区分所有者の5分の1以上で議決権の5分の1以上を有するものは、管理者に対し、集会の招集を請求することができる。
(2) 集会は、区分所有者及び議決権の各4分の3以上の多数の同意があるときは、招集の手続きを経ないで開くことができる。
(3) 区分所有者は、規約に別段の定めがない限り集会の決議によって、管理者を選任し、又は解任することができる。
(4) 規約は、管理者が保管しなければならない。ただし、管理者がないときは、建物を使用している区分所有者又はその代理人で理事会又は集会の決議で定めるものが保管しなければならない。

解説

(1) **誤** 【集会の招集】

管理者は少なくとも**毎年1回**集会を招集しなければなりません。また、**区分所有者の5分の1以上で、議決権の5分の1以上**を有する者は、管理者に対し、集会の招集を請求することができます。

本肢の前半は間違い。だけど後半は正しい！

(2) **誤** 【集会の招集】

集会は、「区分所有者及び議決権の各4分の3以上の多数の同意」ではなく、「**区分所有者の全員の同意**」があれば、招集の手続を経ないで開くことができます。

(3) **正** 【管理者】

区分所有者は、規約に別段の定めがなければ、集会の決議によって管理者を選任・解任することができます。

(4) **誤** 【規約の保管】

規約は管理者がいるときは、管理者が保管しますが、管理者がいないときは、建物を使用している区分所有者またはその代理人で、「理事会」ではなく「**規約**」または集会の決議で定める者が保管します。

解答…**(3)**

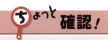

集会の招集（管理者がいるとき）

❶ 管理者は少なくとも毎年1回、集会を招集しなければならない
❷ 区分所有者の5分の1以上で、議決権の5分の1以上を有する者は、管理者に対して、会議の目的たる事項を示して集会の招集を請求することができる

招集通知

☆ 集会の招集通知は、少なくとも会日の1週間前に、会議の目的である事項を示して、各区分所有者に発しなければならない
☆ 区分所有者の全員の同意があれば、招集手続を省略することができる

区分所有法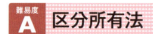

問題86 建物の区分所有等に関する法律(以下この問において「法」という。)に関する次の記述のうち、誤っているものはどれか。　［H23問13］

(1) 管理者は、利害関係人の請求があったときは、正当な理由がある場合を除いて、規約の閲覧を拒んではならない。
(2) 規約に別段の定めがある場合を除いて、各共有者の共用部分の持分は、その有する専有部分の壁その他の区画の内側線で囲まれた部分の水平投影面積の割合による。
(3) 一部共用部分に関する事項で区分所有者全員の利害に関係しないものは、区分所有者全員の規約に定めることができない。
(4) 法又は規約により集会において決議すべきとされた事項であっても、区分所有者全員の書面による合意があったときは、書面による決議があったものとみなされる。

解説

(1) 正　　　　　　　　　　　　　　　　　　　　　　　　　　　　【規約の閲覧】
　管理者は、利害関係人からの閲覧請求があったときは、正当な理由がある場合を除いて規約の閲覧を拒むことはできません。

(2) 正　　　　　　　　　　　　　　　　　　　　　　　　　　　　【共用部分】
　各共有者の共用部分の持分は、専有部分の床面積(壁その他の区画の内側線で囲まれた部分の水平投影面積)の割合で決まります。

(3) 誤　　　　　　　　　　　　　　　　　　　　　　　　　　　　【共用部分】
　一部共用部分に関する事項で区分所有者全員の利害に関係ないものでも、区分所有者全員の規約に定めることができます。

(4) 正　　　　　　　　　　　　　　　　　　　　　　　　　　【書面による決議】
　区分所有者**全員**の書面による合意があったときは、書面による決議があったものとみなされます。

解答…**(3)**

ちょっと確認！

一部共用部分
☆ 一部の区分所有者のみが利用することが明らかな共用部分は、その者のみで共有することになる
☆ 一部共用部分に関する事項でも、区分所有者全員の規約に定めることができる

❓これはどう？　　　　　　　　　　　　　　　　　　　　H25−問13①

区分所有者の承諾を得て専有部分を占有する者は、会議の目的たる事項につき利害関係を有する場合には、集会に出席して議決権を行使することができる。

> ✕ 区分所有者の承諾を得て専有部分を占有する者は、会議の目的たる事項につき利害関係を有する場合には、集会に出席して意見を述べることはできますが、**議決権を行使**することはできません。

難易度 B 区分所有法

→教科書 *CHAPTER02 SECTION19*

問題87 建物の区分所有等に関する法律(以下この問において「法」という。)についての次の記述のうち、誤っているものはどれか。 [H21問13]

(1) 管理者は、少なくとも毎年1回集会を招集しなければならない。また、招集通知は、会日より少なくとも1週間前に、会議の目的たる事項を示し、各区分所有者に発しなければならない。ただし、この期間は、規約で伸縮することができる。

(2) 法又は規約により集会において決議をすべき場合において、これに代わる書面による決議を行うことについて区分所有者が1人でも反対するときは、書面による決議をすることができない。

(3) 建替え決議を目的とする集会を招集するときは、会日より少なくとも2月前に、招集通知を発しなければならない。ただし、この期間は規約で伸長することができる。

(4) 他の区分所有者から区分所有権を譲り受け、建物の専有部分の全部を所有することとなった者は、公正証書による規約の設定を行うことができる。

	①	②	③	④	⑤
学習日					
理解度 (○/△/×)					

394

解説

(1) **正** 【集会の招集】

　管理者は少なくとも**毎年1回**集会を招集しなければなりません。また、招集通知は、会日より少なくとも**1週間**前に、会議の目的たる事項を示し、各区分所有者に発しなければなりませんが、この期間は、規約で伸ばすことも、縮めることもできます。

(2) **正** 【書面による決議】

　区分所有者全員の同意があれば、書面決議を行うことができますが、区分所有者が1人でも反対するときは、書面決議をすることはできません。

(3) **正** 【集会の招集】

　建替え決議を目的とする集会を招集するときは、会日より少なくとも**2カ月**前に、招集通知を発しなければなりませんが、この期間は規約で伸ばすことができます。

建替え決議の招集通知を発する期間は、伸ばすことはできるけど、縮めることはできないよ！ (1)の場合の招集通知との違いをおさえてね。

(4) **誤** 【規約】

　公正証書によって規約の設定ができるのは、「**最初**に建物の専有部分の全部を所有する者」です。

他の区分所有者から区分所有権を譲り受けた場合（途中）はダメ〜

解答…**(4)**

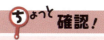

招集通知

☆ 集会の招集通知は、少なくとも会日の**1**週間前に発しなければならない
　→期間は伸ばすことも、縮めることもできる

☆ 建替え決議を目的とする集会の招集通知は、少なくとも会日の**2**カ月前に発しなければならない
　→期間は伸ばすことはできるが、縮めることはできない

B 不動産登記法

→教科書 CHAPTER02 SECTION20

問題88 不動産の表示に関する登記についての次の記述のうち、誤っているものはどれか。

[H21問14]

(1) 土地の地目について変更があったときは、表題部所有者又は所有権の登記名義人は、その変更があった日から1月以内に、当該地目に関する変更の登記を申請しなければならない。

(2) 表題部所有者について住所の変更があったときは、当該表題部所有者は、その変更があった日から1月以内に、当該住所についての変更の登記を申請しなければならない。

(3) 表題登記がない建物(区分建物を除く。)の所有権を取得した者は、その所有権の取得の日から1月以内に、表題登記を申請しなければならない。

(4) 建物が滅失したときは、表題部所有者又は所有権の登記名義人は、その滅失の日から1月以内に、当該建物の滅失の登記を申請しなければならない。

	①	②	③	④	⑤
学 習 日					
理 解 度 (○/△/×)					

解説

下記の場合には、1カ月以内に登記の申請をしなければなりません。

> ❶ 新たに生じた土地または表題登記がない土地の所有権を取得したり、新築した建物または表題登記がない建物(区分建物以外)の所有権を取得した場合 …肢(3)
> …所有権の取得の日から 1 カ月以内に表題登記の申請が必要
> ❷ 地目・地積、建物の種類・構造等を変更した場合 …肢(1)
> …変更した日から 1 カ月以内に変更登記の申請が必要
> ❸ 土地や建物が滅失した場合 …肢(4)
> …滅失した日から 1 カ月以内に滅失の登記の申請が必要

なお、(2)表題部所有者の住所変更については、変更登記の申請義務はありません。

解答…**(2)**

不動産登記法の問題はムズカシイことが多いから、得点源にしようとムキになって勉強しないほうがいいよ。それより、ほかの論点、ほかの科目に学習時間を割こう。

| 難易度 B | 不動産登記法 | →教科書 *CHAPTER02 SECTION20* |

問題89 不動産登記の申請に関する次の記述のうち、誤っているものはどれか。 [H17問16]

(1) 登記の申請を共同してしなければならない者の一方に登記手続をすべきことを命ずる確定判決による登記は、当該申請を共同してしなければならない者の他方が単独で申請することができる。

(2) 相続又は法人の合併による権利の移転の登記は、登記権利者が単独で申請することができる。

(3) 登記名義人の氏名若しくは名称又は住所についての変更の登記又は更正の登記は、登記名義人が単独で申請することができる。

(4) 所有権の登記の抹消は、所有権の移転の登記の有無にかかわらず、現在の所有権の登記名義人が単独で申請することができる。

	①	②	③	④	⑤
学 習 日					
理 解 度 (○/△/×)					

解説

　権利に関する登記は原則として、登記権利者と登記義務者が共同して申請しなければなりませんが、登記権利者等が単独で行うことができる場合があります。

(1) **正**　　　　　　　　　　　　　　　　　　　　　　【単独で申請できる場合】

　当事者の一方に登記手続を命ずる確定判決による登記は、他方の当事者が単独で申請することができます。

(2) **正**　　　　　　　　　　　　　　　　　　　　　　【単独で申請できる場合】

　相続または法人の合併による権利の移転の登記は、登記権利者が単独で申請することができます。

(3) **正**　　　　　　　　　　　　　　　　　　　　　　【単独で申請できる場合】

　登記名義人の氏名・名称、住所の変更の登記または更正の登記は、登記名義人が単独で申請することができます。

(4) **誤**　　　　　　　　　　　　　　　　　　　　　　【単独で申請できる場合】

　所有権の登記の抹消は、所有権の移転の登記がない場合には、所有権の登記名義人が単独で申請することができますが、所有権の移転の登記がある場合には、単独で申請することはできません。

解答…**(4)**

ちょっと確認！

> **登記の申請人**
>
> | 表示に関する登記 |
> 申請人が単独で申請する
>
> | 権利に関する登記 |
> 【原則】登記権利者と登記義務者が共同して申請する
>
> 【例外】| 以下の登記 |は、登記権利者等が単独で申請することができる
>
> > ❶ 所有権の保存登記
> > ❷ 登記手続を命ずる確定判決による登記
> > ❸ 相続または法人の合併による権利の移転登記
> > ❹ 登記名義人の氏名・名称、住所の変更登記
> > ❺ 仮登記義務者の承諾がある場合の仮登記
> > ❻ 相続人に対する遺贈による所有権の移転登記
> > ❼ 買戻しの特約がされた売買契約の日から10年を経過している場合の買戻特約の抹消登記　　など

難易度 A 不動産登記法

問題90 不動産の仮登記に関する次の記述のうち、誤っているものはどれか。　　　　　　　　　　　　　　　　　　　　　　　　　[H16問15改]

(1) 仮登記の申請は、仮登記の登記義務者の承諾があるときには、仮登記の登記権利者が単独ですることができる。
(2) 仮登記の申請は、裁判所の仮登記を命ずる処分があるときには、仮登記の登記権利者が単独ですることができる。
(3) 仮登記の抹消の申請は、仮登記の登記名義人が単独ですることはできない。
(4) 仮登記の抹消の申請は、仮登記の登記名義人の承諾があれば、仮登記の登記上の利害関係人が単独ですることができる。

解説

(1) 正 　【仮登記の申請】

仮登記の申請は、仮登記の登記義務者の**承諾**があるときには、仮登記の登記権利者が単独ですることができます。

(2) 正 　【仮登記の申請】

仮登記の申請は、裁判所の**仮登記を命ずる処分**があるときには、仮登記の登記権利者が単独ですることができます。

(3) 誤 　【仮登記の抹消申請】

仮登記の抹消の申請は、仮登記の登記名義人が単独ですることができます。

(4) 正 　【仮登記の抹消申請】

仮登記の抹消の申請は、仮登記の登記名義人の**承諾**があれば、仮登記の**登記上の利害関係人**が単独ですることができます。

解答…(3)

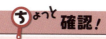

仮登記の申請

【原則】

仮登記は、仮登記権利者と仮登記義務者が、共同して申請する

【例外】

以下の場合 は、仮登記権利者が単独で申請することができる

❶ 仮登記義務者の承諾がある場合
❷ 仮登記を命ずる裁判所の処分がある場合

仮登記の抹消申請

【原則】

仮登記の抹消は、仮登記権利者と仮登記義務者が共同して申請する

【例外】

☆ **仮登記名義人は単独で申請できる**
☆ **仮登記の登記上の利害関係人は、仮登記名義人の承諾があれば、単独で申請できる**

難易度 A 不動産登記法

問題91 不動産の登記の申請に関する次の記述のうち、誤っているものはどれか。　［H20問16］

(1) 所有権に関する仮登記に基づく本登記は、登記上の利害関係を有する第三者がある場合には、当該第三者の承諾があるときに限り、申請することができる。
(2) 仮登記の登記義務者の承諾がある場合であっても、仮登記権利者は単独で当該仮登記の申請をすることができない。
(3) 二筆の土地の表題部所有者又は所有権の登記名義人が同じであっても、持分が相互に異なる土地の合筆の登記は、申請することができない。
(4) 二筆の土地の表題部所有者又は所有権の登記名義人が同じであっても、地目が相互に異なる土地の合筆の登記は、申請することができない。

解説

(1) 正 　　　　　　　　　　　　　　　　　　　【仮登記にもとづく本登記の申請】

　所有権に関する仮登記にもとづく本登記は、登記上の利害関係を有する第三者がある場合には、当該**第三者の**承諾があるときに限って、申請することができます。

(2) 誤 　　　　　　　　　　　　　　　　　　　　　　　　　【仮登記の申請】

　仮登記の**登記義務者の**承諾があれば、仮登記権利者は単独で仮登記の申請をすることができます。

(3) 正 　　　　　　　　　　　　　　　　　　　　　　　　　【合筆の登記】

　たとえば、甲土地と乙土地があって、甲土地のAさんとBさんの持分は2分の1ずつ、乙土地のAさんとBさんの持分も2分の1ずつという場合（2筆の土地について持分が同じ場合）であれば、甲土地と乙土地の合筆の登記はできますが、甲土地のAさんとBさんの持分は2分の1ずつだけど、乙土地のAさんの持分は3分の2、Bさんの持分は3分の1という場合（2筆の土地について持分が異なる場合）は、土地の合筆の登記はできません。

(4) 正 　　　　　　　　　　　　　　　　　　　　　　　　　【合筆の登記】

　二筆の土地の表題部所有者または所有権の登記名義人が同じでも、地目が異なる土地（宅地と畑など）の合筆の登記は、申請することができません。

解答…**(2)**

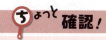

仮登記にもとづく本登記の申請

☆ 仮登記にもとづいて本登記が行われた場合、順位は仮登記の順位となる
☆ 所有権に関する仮登記にもとづく本登記については、登記上の利害関係人がある場合には、その利害関係人の承諾があるときに限って行うことができる

難易度 **B** 不動産登記法

→教科書 *CHAPTER02 SECTION20*

問題92 不動産の登記に関する次の記述のうち、誤っているものはどれか。 ［H26問14］

(1) 表示に関する登記を申請する場合には、申請人は、その申請情報と併せて登記原因を証する情報を提供しなければならない。

(2) 新たに生じた土地又は表題登記がない土地の所有権を取得した者は、その所有権の取得の日から1月以内に、表題登記を申請しなければならない。

(3) 信託の登記の申請は、当該信託に係る権利の保存、設定、移転又は変更の登記の申請と同時にしなければならない。

(4) 仮登記は、仮登記の登記義務者の承諾があるときは、当該仮登記の登記権利者が単独で申請することができる。

	①	②	③	④	⑤
学 習 日					
理 解 度 (○/△/×)					

解説

(1) **誤**　　　　　　　　　　　　　　　　　　　　　　　　【表示に関する登記】

登記原因を証する情報を提供しなければならないのは、「表示に関する登記」ではなく、「**権利に関する登記**」を申請する場合です。

(2) **正**　　　　　　　　　　　　　　　　　　　　　　　　　　　【表題登記】

新たに生じた土地または表題登記がない土地の所有権を取得した者は、その所有権の取得の日から**1月以内**に表題登記を申請しなければなりません。

(3) **正**　　　　　　　　　　　　　　　　　　　　　　　　　　　【信託登記】

信託の登記の申請は、信託の対象となった不動産における所有権等の権利の保存、設定、移転または変更の登記と同時に申請しなければなりません。

(4) **正**　　　　　　　　　　　　　　　　　　　　　　　　　　　【仮登記】

権利に関する登記は、原則として登記権利者と登記義務者が共同で申請しなければなりませんが、例外として単独で申請できる場合があります。仮登記の登記義務者の承諾があれば、仮登記の登記権利者が単独で申請できるのもその例外の1つです。

解答…**(1)**

405

 委 任

問題93 民法上の委任契約に関する次の記述のうち、民法の規定によれば、誤っているものはどれか。　　　　　　　　　　　　［H18問9］

（1）委任契約は、委任者又は受任者のいずれからも、いつでもその解除をすることができる。ただし、相手方に不利な時期に委任契約の解除をしたときは、相手方に対して損害賠償責任を負う場合がある。
（2）委任者が破産手続開始決定を受けた場合、委任契約は終了する。
（3）委任契約が委任者の死亡により終了した場合、受任者は、委任者の相続人から終了についての承諾を得るときまで、委任事務を処理する義務を負う。
（4）委任契約の終了事由は、これを相手方に通知したとき、又は相手方がこれを知っていたときでなければ、相手方に対抗することができず、そのときまで当事者は委任契約上の義務を負う。

解説

(1) 正　　　　　　　　　　　　　　　　　【委任…参考編CH.02 9】

民法の規定では、委任契約は、委任者・受任者のどちらからも、**いつでも解除**することができます。ただし、**相手方に不利な時期**に委任契約の解除をしたときは、相手方に対して**損害賠償責任**を負う場合があります。

(2) 正　　　　　　　　　　　　　　　　　【委任…参考編CH.02 9】

委任者が**破産手続開始決定**を受けた場合、委任契約は終了します。

(3) 誤　　　　　　　　　　　　　　　　　【委任…参考編CH.02 9】

委任者が死亡したときは委任契約は終了します。なお、委任契約が終了しても、急迫の事情がある場合には、受任者は委任事務を処理する義務を負いますが、本肢のように、「委任者の相続人から終了についての承諾を得るときまで、委任事務を処理する義務を負う」という規定はありません。

(4) 正　　　　　　　　　　　　　　　　　【委任…参考編CH.02 9】

委任契約の終了事由は、❶**相手方に通知**したとき、または❷**相手方がこれを知っていた**ときでなければ、相手方に対抗することができず、そのときまで当事者は委任契約上の義務を負います。

解答…(3)

 相隣関係

問題94 相隣関係に関する次の記述のうち、民法の規定によれば、誤っているものはどれか。 ［H21問4改］

(1) 土地の所有者は、境界において障壁を修繕するために必要であれば、あらかじめ一定の事項を通知して、必要な範囲内で隣地を使用することができる。

(2) 複数の筆の他の土地に囲まれて公道に通じない土地の所有者は、公道に至るため、その土地を囲んでいる他の土地を自由に選んで通行することができる。

(3) Aの隣地の竹木の枝が境界線を越える時は、Aは竹木の所有者にその枝の切除を求めることができ、隣地の竹木の根が境界線を越えるときは、Aはその根を切り取ることができる。

(4) 異なる慣習がある場合を除き、境界線から1m未満の距離において他人の宅地を見通すことができる窓を設ける者は、目隠しを付けなければならない。

解説

(1) **正** 　　　　　　　　　　　　　　　【隣地使用権…参考編CH.02 10】

土地の所有者は、境界付近で、塀などの築造や修繕をするために、原則として、あらかじめ一定の事項を通知して、必要な範囲内で隣地を使用することができます。

原則、あらかじめ隣地所有者と隣地使用者に通知必要。
でも、あらかじめ通知が困難なときは、使用開始後、遅滞なく通知でよい！

(2) **誤** 　　　　　　　【公道に至るための他の土地の通行権…参考編CH.02 10】

他の土地に囲まれて公道に通じない土地の所有者は、公道に至るために、他の土地を通行する権利が認められます。ただし、通行の場所・方法は、**必要かつ隣地への被害が最も少なくなるようにしなければなりません。**

(3) **正** 　　　　　　　　　　　【竹木の枝、根の切除・切取り…参考編CH.02 10】

隣地から境界を越えて伸びてきた竹木の枝は、その所有者に切除を求めることができますが、一定の場合を除き、自分で切ることはできません。一方、隣地から境界を越えて伸びてきた竹木の根は、自ら（Aが）切ることができます。

(4) **正** 　　　　　　　　　　　　【相隣関係・その他…参考編CH.02 10】

境界線から**1m未満**の距離に、他人の宅地を見通すことができる窓や縁側を設けるときは、目隠しを設けなければなりません。

　　　　　　　　　　　　　　　　　　　　　　　　　　　　解答…**(2)**

ちょっと確認！

竹木の枝、根の切除・切取り

☆ 隣地から境界を越えて伸びてきた竹木の枝は、切除を求めることができる
　→ 一定の場合を除き、自分で勝手に切ってはダメ！

ただし 以下の場合 は、自ら切除することができる

❶ 竹木の所有者に枝を切除するよう催告したのに、竹木所有者が相当の期間内に切除しないとき
❷ 竹木の所有者を知ることができないか、またはその所在を知ることができないとき
❸ 急迫の事情があるとき

☆ 隣地から境界を越えて伸びてきた竹木の根は、自ら切り取ることができる
　→ 自分で勝手に切ってよい

条件

→教科書 未掲載

問題95 Aは、自己所有の甲不動産を3か月以内に、1,500万円以上で第三者に売却でき、その代金全額を受領することを停止条件として、Bとの間でB所有の乙不動産を2,000万円で購入する売買契約を締結した。条件成就に関する特段の定めはしなかった。この場合に関する次の記述のうち、民法の規定によれば、正しいものはどれか。　　　　　　　　　［H23問2改］

（1）乙不動産が値上がりしたために、Aに乙不動産を契約どおり売却したくなくなったBが、甲不動産の売却を故意に妨げたときは、Aは停止条件が成就したものとみなしてBにAB間の売買契約の履行を求めることができる。

（2）停止条件付法律行為は、停止条件が成就した時から効力が生ずるだけで、停止条件の成否が未定である間は、相続することはできない。

（3）停止条件の成否が未定である間に、Bが乙不動産を第三者に売却し移転登記を行い、Aに対する売主としての債務を履行不能とした場合でも、停止条件が成就する前の時点の行為であれば、BはAに対し損害賠償責任を負わない。

（4）停止条件が成就しなかった場合で、かつ、そのことにつきAの責に帰すべき事由がないときでも、AはBに対し売買契約に基づき買主としての債務不履行による損害賠償責任を負う。

解説

(1) 正 　　　　　　　　　　　　　　　　　　　　　　　　　【停止条件】
Bが故意に甲不動産の売却を妨げたときは、Aは停止条件が成就したものとみなしてBに対して売買契約の履行を求めることができます。

(2) 誤 　　　　　　　　　　　　　　　　　　　　　　　　　【停止条件】
停止条件の成否が未定である間の権利義務は、一般の規定に従って、処分、相続、保存等をすることができます。

(3) 誤 　　　　　　　　　　　　　　　　　　　　　　　　　【停止条件】
停止条件の成否が未定である間は、当事者は、条件の成就によって生じる相手方の利益を害することができません。本肢のBの行為は、Aの利益を害するものなので、BはAに対して損害賠償責任を負います。

(4) 誤 　　　　　　　　　　　　　　　　　　　　　　　　　【停止条件】
債務不履行による損害賠償責任は、原則として、債務者(A)の責に帰すべき事由がなければ生じません。

解答…(1)

意味がわからなくても、何となくカンで解けたかな？

プラス1ワン

【 停止条件付契約 】

停止条件付契約とは
「条件」が成就したら、法律行為の効力が発生する契約
(「条件」が成就するまで、法律行為の効力の発生を停止させる契約)
→転勤が決まったら、土地を売る　など

停止条件付契約のポイント
☆「条件」が成就したときから契約としての効力が生じる
☆ 債務者の帰責事由なしに、「条件」が成就しなかったときは債務者は債務不履行に基づく損害賠償責任を負わない
☆「条件」の成否が未定の間は、当事者は、その条件の成就によって生じる相手方の利益を害してはいけない

memo

2023年度版
みんなが欲しかった！　宅建士の問題集　本試験論点別

第3分冊

CHAPTER 03
法令上の制限

CHAPTER 04
税・その他

CHAPTER 03 法令上の制限

本試験での出題数…8問　目標点…5点

宅建業法の次に力を入れたい科目。
暗記ものが多いので、苦労する人もいるけど、
問題を繰り返し解いて地道に知識を蓄えよう！
土地区画整理法の問題は
ちょっと難しいことが多いからホドホドに…

論点	問題番号	『教科書』との対応
都市計画法	問題1 ～ 問題16	CH.03 SEC.01
建築基準法	問題17 ～ 問題33	CH.03 SEC.02
国土利用計画法	問題34 ～ 問題41	CH.03 SEC.03
農地法	問題42 ～ 問題47	CH.03 SEC.04
宅地造成等規制法	問題48 ～ 問題55	CH.03 SEC.05
土地区画整理法	問題56 ～ 問題61	CH.03 SEC.06
その他の法令上の制限	問題62 ～ 問題63	CH.03 SEC.07

問題1 都市計画法に関する次の記述のうち、正しいものはどれか。

[H22問16改]

(1) 市街化区域については、少なくとも用途地域を定めるものとし、市街化調整区域については、原則として用途地域を定めないものとされている。

(2) 準都市計画区域は、都市計画区域外の区域のうち、新たに住居都市、工業都市その他の都市として開発し、及び保全する必要がある区域に指定するものとされている。

(3) 区域区分は、指定都市、中核市の区域の全部又は一部を含む都市計画区域には必ず定めるものとされている。

(4) 特定用途制限地域は、用途地域内の一定の区域における当該区域の特性にふさわしい土地利用の増進、環境の保護等の特別の目的の実現を図るため当該用途地域の指定を補完して定めるものとされている。

解説

(1) **正** 　　　　　　　　　　　　　　　　　　　　　　　　　【区域区分】

市街化区域については、**必ず用途地域を定める**ものとし、市街化調整区域には**原則として用途地域を定めない**ものとされています。

(2) **誤** 　　　　　　　　　　　　　　　　　　　　　　　　【準都市計画区域】

新たに住居都市、工業都市その他の都市として開発し、および保全する必要がある区域に指定されるのは**都市計画**区域です。**準都市計画**区域は、都市計画区域外の区域のうち、相当数の建築物等の建築、建設、敷地の造成が現に行われる区域等で、そのまま土地利用を整序し、または環境を保全するための措置を講ずることなく放置すれば、将来における一体の都市としての整備、開発および保全に支障が生じるおそれがあると認められる一定の区域(都道府県が指定した区域)をいいます。

 小難しいことが書いてあるけど、「そのまま放置しておいたら、将来、支障が生じるおそれがある」というところが準都市計画区域の定義のキーワード！

(3) **誤** 　　　　　　　　　　　　　　　　　　　　　　　　　【区域区分】

区域区分(市街化区域と市街化調整区域の区分)を必ず定めるのは、いわゆる大都市圏(❶首都圏整備法・近畿圏整備法・中部圏開発整備法に規定する既成市街地等または近郊整備地帯(区域)、❷大都市に係る都市計画区域として政令で定めるもの)です。これ以外の区域については**必要に応じて**定めるものとされています。

(4) **誤** 　　　　　　　　　　　　　　　　　　　　　　　　【特定用途制限地域】

特定用途制限地域は、**用途地域**が定められていない土地の区域(市街化調整区域を除く)内において、良好な環境の形成・保持のために、地域の特性に応じて合理的な土地利用が行われるよう、制限すべき特定の建築物等の用途の概要を定める地域をいいます。本肢の説明は、**特別用途**地区の内容です。

解答…**(1)**

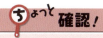

区域区分

市街化区域
❶ すでに市街地を形成している区域
❷ おおむね10年以内に優先的かつ計画的に市街化を図るべき区域

市街化調整区域
市街化を抑制すべき区域

415

都市計画法

問題2 都市計画法に関する次の記述のうち、誤っているものはどれか。

[R1問15]

(1) 高度地区は、用途地域内において市街地の環境を維持し、又は土地利用の増進を図るため、建築物の高さの最高限度又は最低限度を定める地区とされている。

(2) 特定街区については、都市計画に、建築物の容積率並びに建築物の高さの最高限度及び壁面の位置の制限を定めるものとされている。

(3) 準住居地域は、道路の沿道としての地域の特性にふさわしい業務の利便の増進を図りつつ、これと調和した住居の環境を保護するため定める地域とされている。

(4) 特別用途地区は、用途地域が定められていない土地の区域(市街化調整区域を除く。)内において、その良好な環境の形成又は保持のため当該地域の特性に応じて合理的な土地利用が行われるよう、制限すべき特定の建築物等の用途の概要を定める地区とされている。

解説

(1) **正** 【高度地区】

高度地区は、**用途地域内**において市街地の環境を維持し、または土地利用の増進を図るため、**建築物の高さの最高限度または最低限度**を定める地区とされています。

❓これはどう？ ──────── H23-問16②

準都市計画区域については、都市計画に、高度地区を定めることはできるが、高度利用地区を定めることはできないものとされている。

> ⭕ 準都市計画区域について、都市計画に定めることができるのは、用途地域、特別用途地区、高度地区、景観地区、風致地区、特定用途制限地域などです。

(2) **正** 【特定街区】

特定街区は、都市計画に、❶**容積率**、❷建築物の**高さの最高限度**、❸**壁面の位置の制限**を定めるものとされています。

(3) **正** 【準住居地域】

準住居地域は、道路の沿道としての地域の特性にふさわしい業務の利便の増進を図りつつ、これと調和した住居の環境を保護するため定める地域とされています。

(4) **誤** 【特別用途地区】

特別用途地区は、用途地域内の一定の地区において、当該地区の特性にふさわしい土地利用の増進、環境の保護等の**特別の目的の実現**を図るため、当該用途地域の指定を**補完**して定める地域とされています。

> 似たような名前の地域・地区の説明入れ替えはよく出題されるから注意！

解答…(4)

難易度 B 都市計画法

問題3 都市計画法に関する次の記述のうち、誤っているものはどれか。

[H26 問15]

(1) 都市計画区域については、用途地域が定められていない土地の区域であっても、一定の場合には、都市計画に、地区計画を定めることができる。
(2) 高度利用地区は、市街地における土地の合理的かつ健全な高度利用と都市機能の更新とを図るため定められる地区であり、用途地域内において定めることができる。
(3) 準都市計画区域においても、用途地域が定められている土地の区域については、市街地開発事業を定めることができる。
(4) 高層住居誘導地区は、住居と住居以外の用途とを適正に配分し、利便性の高い高層住宅の建設を誘導するために定められる地区であり、近隣商業地域及び準工業地域においても定めることができる。

解説

(1) **正**   【地区計画等】

地区計画は、都市計画区域内の用途地域が定められていない土地の区域でも、一定の場合には定めることができます。

(2) **正**   【高度利用地区】

高度利用地区は、**用途地域内**の市街地における土地の合理的かつ健全な高度利用と都市機能の更新とを図るため定められる地区です。

(3) **誤**   【準都市計画区域】

市街地開発事業は、**市街化区域または区域区分が定められていない都市計画区域内において**、一体的に開発し、または整備する必要がある土地の区域について定めることができます。市街化調整区域や準都市計画区域には定めることができません。

(4) **正**   【高層住居誘導地区】

高層住居誘導地区は、**第一種住居地域、第二種住居地域、準住居地域、近隣商業**地域、**準工業**地域において定めることができます。

解答…**(3)**

難易度 A 都市計画法

問題4 都市計画法に関する次の記述のうち、正しいものはどれか。

[H24問16]

(1) 市街地開発事業等予定区域に関する都市計画において定められた区域内において、非常災害のため必要な応急措置として行う建築物の建築であれば、都道府県知事（市の区域内にあっては、当該市の長）の許可を受ける必要はない。

(2) 都市計画の決定又は変更の提案は、当該提案に係る都市計画の素案の対象となる土地について所有権又は借地権を有している者以外は行うことができない。

(3) 市町村は、都市計画を決定しようとするときは、あらかじめ、都道府県知事に協議し、その同意を得なければならない。

(4) 地区計画の区域のうち地区整備計画が定められている区域内において、建築物の建築等の行為を行った者は、一定の行為を除き、当該行為の完了した日から30日以内に、行為の種類、場所等を市町村長に届け出なければならない。

解説

(1) 正　　　　　　　　　　　　　　　　　　　　　　　　【都市計画事業制限】

　市街地開発事業等予定区域内において、建築物の建築等を行う場合には原則として都道府県知事等の許可が必要です。しかし、非常災害のため必要な応急措置として行う建築物の建築については許可は不要となります。

(2) 誤　　　　　　　　　　　　　　　　　　　【都市計画の決定等を提案できる者】

　ほかに、まちづくりの推進を図る活動を行うことを目的とする特定非営利活動法人(NPO)や都市再生機構、地方住宅供給公社なども都市計画の決定または変更の提案を行うことができます。

(3) 誤　　　　　　　　　　　　　　　　　　　　　　　　【都市計画の決定手続】

　市町村は、都市計画を決定しようとするときに、あらかじめ都道府県知事に協議しなければなりませんが、**知事の同意を得る必要はありません**。

(4) 誤　　　　　　　　　　　　　　　　　　　　　　　　　　　　　　【地区計画等】

　地区計画区域のうち地区整備計画が定められている区域内において、建築物の建築等を行おうとする者は、「当該行為の完了した日から30日以内」ではなく、「**当該行為に着手する日の30日前まで**」に一定事項(行為の種類、場所等)を市町村長に届け出なければなりません。

解答…(1)

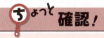
ちょっと確認!

都市計画の決定手続
☆ **市町村が決定するものについては、都道府県知事との「協議」が必要**(同意は不要)

市街地開発事業等予定区域内の制限
■原則■
市街地開発事業等予定区域内で、❶建築物の建築、❷土地の形質の変更、❸工作物の建設を行おうとする場合は、**都道府県知事等の許可**が必要
■例外■
以下の場合には許可が不要
❶ 軽易な行為
❷ **非常災害のために必要な応急措置として行う行為**
❸ 都市計画事業の施行として行う行為

都市計画法

問題5 都市計画法に関する次の記述のうち、正しいものはどれか。

[H18問18改]

(1) 地区計画は、建築物の建築形態、公共施設その他の施設の配置等からみて、一体としてそれぞれの区域の特性にふさわしい態様を備えた良好な環境の各街区を整備し、開発し、及び保全するための計画であり、用途地域が定められている土地の区域においてのみ定められる。

(2) 都市計画事業の認可の告示があった後においては、当該都市計画事業を施行する土地内において、当該事業の施行の障害となるおそれがある土地の形質の変更を行おうとする者は、都道府県知事(市の区域内にあっては、当該市の長)及び当該事業の施行者の許可を受けなければならない。

(3) 都市計画事業については、土地収用法の規定による事業の認定及び当該認定の告示をもって、都市計画法の規定による事業の認可又は承認及び当該認可又は承認の告示とみなすことができる。

(4) 特別用途地区は、用途地域内の一定の地区における当該地区の特性にふさわしい土地利用の増進、環境の保護等の特別の目的の実現を図るため当該用途地域の指定を補完して定める地区である。

解説

(1) **誤**　　　　　　　　　　　　　　　　　　　　　　　　　【地区計画等】

　地区計画は、都市計画区域内の用途地域が定められている土地の区域だけでなく、都市計画区域内の用途地域が定められていない土地の区域のうち、一定の区域についても定めることができます。

(2) **誤**　　　　　　　　　　　　　　　　　　　　　【都市計画事業にかかる制限】

　都市計画事業の認可の告示があったあとは、当該都市計画事業を施行する土地内において、当該事業の施行の障害となるおそれがある土地の形質の変更を行おうとする者は、**都道府県知事**等の**許可**を受けなければなりません（当該事業の施行者の許可は不要です）。

(3) **誤**　　　　　　　　　　　　　　　　　　　　　　　　　【都市計画事業】

　都市計画事業については、**都市計画法**の規定による事業の認可または承認の告示をもって、**土地収用法**の規定による事業の認定の告示とみなすものとします。

(4) **正**　　　　　　　　　　　　　　　　　　　　　　　　　【特別用途地区】

　特別用途地区は、**用途地域**内の一定の地区における当該地区の特性にふさわしい土地利用の増進、環境の保護等の特別の目的の実現を図るため当該用途地域の指定を補完して定める地区です。

解答…**(4)**

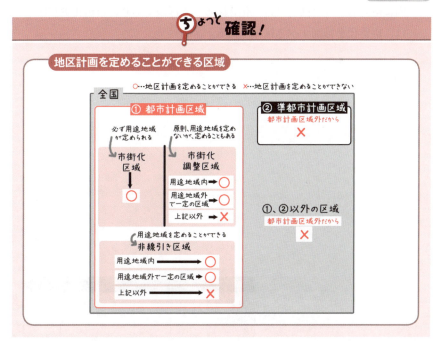

難易度 B 都市計画法

→教科書 CHAPTER03 SECTION01

問題6 都市計画法に関する次の記述のうち、誤っているものはどれか。

[H16問17改]

（1）都市計画の決定又は変更の提案は、当該提案に係る都市計画の素案の対象となる土地の区域内の土地所有者の全員の同意を得て行うこととされている。

（2）都市計画事業の認可等の告示があった後においては、事業地内において、都市計画事業の施行の障害となるおそれがある建築物の建築等を行おうとする者は、都道府県知事（市の区域内においては市の長）の許可を受けなければならない。

（3）土地区画整理事業等の市街地開発事業だけではなく、道路、公園等の都市計画施設の整備に関する事業についても、都市計画事業として施行することができる。

（4）市街化区域は、すでに市街地を形成している区域及びおおむね10年以内に優先的かつ計画的に市街化を図るべき区域であり、市街化調整区域は、市街化を抑制すべき区域である。

> 解説

(1) **誤** 　　　　　　　　　　　　　　　　　　　　　【都市計画の決定等を提案できる者】

都市計画の決定または変更の提案は、当該提案に係る都市計画の素案の対象となる土地の区域内の「土地所有者の全員の同意」ではなく、「**土地所有者等の3分の2以上の同意**」を得て行うこととされています。

(2) **正** 　　　　　　　　　　　　　　　　　　　　　　　　　【都市計画事業地内の制限】

そのとおりです。

(3) **正** 　　　　　　　　　　　　　　　　　　　　　　　　　　　　　【都市計画事業】

そのとおりです。なお、都市計画事業とは、認可または承認を受けて行われる❶**都市計画施設の整備に関する事業**および❷**市街地開発事業**をいいます。

(4) **正** 　　　　　　　　　　　　　　　　　　　　　　　　　　　　　　　【区域区分】

そのとおりです。

解答…**(1)**

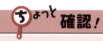

都市計画事業地内の制限

■原則■

都市計画事業の認可または承認の告示があったあとは、事業地内において、都市計画事業の施行の障害となるおそれがある行為を行おうとする者は、都道府県知事等の許可を受けなければならない

■例外■

例外規定はない

| 難易度 A | 都市計画法（開発許可） | →教科書 CHAPTER03 SECTION01 |

問題7 都市計画法に関する次の記述のうち、正しいものはどれか。

[H25問16]

(1) 開発行為とは、主として建築物の建築の用に供する目的で行う土地の区画形質の変更を指し、特定工作物の建設の用に供する目的で行う土地の区画形質の変更は開発行為には該当しない。

(2) 市街化調整区域において行う開発行為で、その規模が300㎡であるものについては、常に開発許可は不要である。

(3) 市街化区域において行う開発行為で、市町村が設置する医療法に規定する診療所の建築の用に供する目的で行うものであって、当該開発行為の規模が1,500㎡であるものについては、開発許可は必要である。

(4) 非常災害のため必要な応急措置として行う開発行為であっても、当該開発行為が市街化調整区域において行われるものであって、当該開発行為の規模が3,000㎡以上である場合には、開発許可が必要である。

	①	②	③	④	⑤
学 習 日					
理 解 度 (○/△/×)					

解説

(1) **誤**　　　　　　　　　　　　　　　　　　　　　　　　　　　【開発行為】

　　開発行為とは、主として❶**建築物**の建築または❷**特定工作物**の建設の用に供する目的で行う土地の区画形質の変更をいいます。

(2) **誤**　　　　　　　　　　　　　　　　　　　　　　　　　　　【開発許可】

　　市街化調整区域の場合、**規模の大小にかかわらず**、開発許可が必要です。

(3) **正**　　　　　　　　　　　　　　　　　　　　　　　　　　　【開発許可】

　　駅舎、図書館、公民館、変電所など、公益上必要な建築物を建築するための開発行為については、開発許可は不要ですが、本肢の「市町村が設置する医療法に規定する診療所」は公益上必要な建築物に該当しません。したがって、市街化区域で開発規模が**1,000㎡以上**の場合(本肢の場合)には、開発許可が必要です。

(4) **誤**　　　　　　　　　　　　　　　　　　　　　　　　　　　【開発許可】

　　非常災害のため必要な応急措置として行う開発行為については、どの区域であったとしても開発許可は不要です。

解答…**(3)**

CH **03**
法令上の制限

ちょっと確認!

開発行為とは

開発行為とは

　主として「**建築物の建築**」または「**特定工作物の建設**」の用に供する目的で行う土地の区画形質の変更をいう

特定工作物とは

第一種特定工作物	コンクリートプラント、アスファルトプラントなど
第二種特定工作物	☆ ゴルフコース ☆ 1ha 以上の運動・レジャー施設 ☆ 1ha 以上の墓園

難易度 A　都市計画法（開発許可）

→教科書 *CHAPTER03 SECTION01*

問題8　都市計画法に関する次の記述のうち、正しいものはどれか。ただし、許可を要する開発行為の面積については、条例による定めはないものとし、この問において「都道府県知事」とは、地方自治法に基づく指定都市、中核市及び施行時特例市にあってはその長をいうものとする。

[R1問16]

(1) 準都市計画区域において、店舗の建築を目的とした4,000㎡の土地の区画形質の変更を行おうとする者は、あらかじめ、都道府県知事の許可を受けなければならない。

(2) 市街化区域において、農業を営む者の居住の用に供する建築物の建築を目的とした1,500㎡の土地の区画形質の変更を行おうとする者は、都道府県知事の許可を受けなくてよい。

(3) 市街化調整区域において、野球場の建設を目的とした8,000㎡の土地の区画形質の変更を行おうとする者は、あらかじめ、都道府県知事の許可を受けなければならない。

(4) 市街化調整区域において、医療法に規定する病院の建築を目的とした1,000㎡の土地の区画形質の変更を行おうとする者は、都道府県知事の許可を受けなくてよい。

	①	②	③	④	⑤
学 習 日					
理 解 度 (○/△/×)					

解説

(1) **正** 【開発許可（準都市計画区域）】

準都市計画区域内では、**3,000㎡以上**の開発行為については開発許可が必要です。

(2) **誤** 【開発許可（市街化区域）】

市街化区域内においては、**1,000㎡以上**の開発行為については開発許可が必要です。なお、市街化区域以外の区域内においては、農林漁業を営む者の居住用建築物の建築の用に供する目的で行う開発行為については開発許可が不要です。

(3) **誤** 【開発行為とは】

市街化調整区域内においては、開発行為の規模の大小にかかわらず開発許可が必要ですが、8,000㎡（1ha未満）の野球場は第二種特定工作物に該当せず、開発行為とはいえないため、開発許可は不要です。

(4) **誤** 【開発許可（市街化調整区域）】

病院は公益上必要な建築物に該当しません。また、市街化調整区域内においては、開発行為の規模の大小にかかわらず開発許可が必要です。

解答…**(1)**

ちょっと確認！

開発許可が不要となる場合

グループA 小規模な開発行為		許可不要の面積
❶ 都市計画区域	市 街 化 区 域	**1,000㎡未満**（三大都市圏の一定区域においては500㎡未満）
	市街化調整区域	小規模でも必ず許可必要
	非 線 引 き 区 域	3,000㎡ 未満
❷ 準 都 市 計 画 区 域		**3,000㎡未満**
❸ ❶、❷以外の区域		10,000㎡ 未満

グループB 農林漁業用の建築物

市街化区域以外の区域内において行う、農林漁業用の建築物等（農林漁業用の建築物、農林漁業を営む者の居住用建築物）を建築するために行う開発行為

グループC その他

☆ 公益上必要な建築物（駅舎、図書館、変電所など）を建築するための開発行為

☆ 都市計画事業、土地区画整理事業、市街地再開発事業、住宅街区整備事業、防災街区整備事業の施行として行う開発行為

☆ 非常災害のため必要な応急措置として行う開発行為

☆ 通常の管理行為、軽易な行為等

難易度 A 都市計画法（開発許可）

→教科書 CHAPTER03 SECTION01

問題9 次の記述のうち、都市計画法による許可を受ける必要のある開発行為の組合せとして、正しいものはどれか。ただし、許可を要する開発行為の面積については、条例による定めはないものとする。　［H24問17］

ア　市街化調整区域において、図書館法に規定する図書館の建築の用に供する目的で行われる3,000㎡の開発行為

イ　準都市計画区域において、医療法に規定する病院の建築の用に供する目的で行われる4,000㎡の開発行為

ウ　市街化区域内において、農業を営む者の居住の用に供する建築物の建築の用に供する目的で行われる1,500㎡の開発行為

(1) ア、イ
(2) ア、ウ
(3) イ、ウ
(4) ア、イ、ウ

解説

ア　**許可不要**　　　　　　　　　　　　　　　　　　【開発許可】

　図書館は公益上必要な建築物に該当するため、開発許可は不要です。

イ　**許可必要**　　　　　　　　　　　　　　　　　　【開発許可】

　病院は公益上必要な建築物に該当しません。そして、準都市計画区域においては、**3,000㎡以上**の開発行為については開発許可が必要です。

ウ　**許可必要**　　　　　　　　　　　　　　　　　　【開発許可】

　市街化区域内においては、農林漁業用の建築物等の例外はありません。したがって、**1,000㎡以上**の開発行為については開発許可が必要です。

 以上より、開発許可が必要なのはイとウ。だから答えは(3)

解答…**(3)**

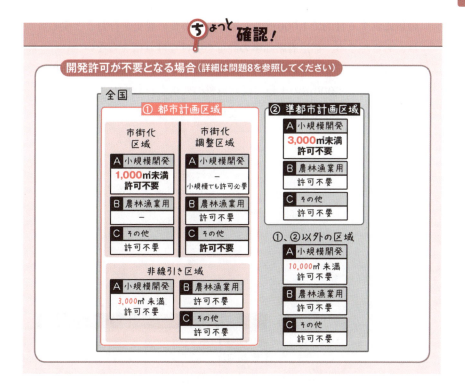

都市計画法（開発許可）

問題10 都市計画法に関する次の記述のうち、正しいものはどれか。ただし、許可を要する開発行為の面積について、条例による定めはないものとし、この問において「都道府県知事」とは、地方自治法に基づく指定都市、中核市及び施行時特例市にあってはその長をいうものとする。

[H29問17]

(1) 準都市計画区域内において、工場の建築の用に供する目的で1,000㎡の土地の区画形質の変更を行おうとする者は、あらかじめ、都道府県知事の許可を受けなければならない。
(2) 市街化区域内において、農業を営む者の居住の用に供する建築物の建築の用に供する目的で1,000㎡の土地の区画形質の変更を行おうとする者は、あらかじめ、都道府県知事の許可を受けなければならない。
(3) 都市計画区域及び準都市計画区域外の区域内において、変電所の建築の用に供する目的で1,000㎡の土地の区画形質の変更を行おうとする者は、あらかじめ、都道府県知事の許可を受けなければならない。
(4) 区域区分の定めのない都市計画区域内において、遊園地の建設の用に供する目的で3,000㎡の土地の区画形質の変更を行おうとする者は、あらかじめ、都道府県知事の許可を受けなければならない。

解説

(1) 誤 【開発許可】

準都市計画区域内においては、**3,000㎡未満**の開発行為について開発許可は不要です。

(2) 正 【開発許可】

市街化区域内においては、**1,000㎡以上**の開発行為については開発許可が必要です。なお、市街化区域内においては、農林漁業用の建築物等の例外はありませんので、農業を営む者の居住の用に供する建築物の建築であっても、開発許可が必要です。

(3) 誤 【開発許可】

変電所は公益上必要な建築物に該当するため、区域・面積に関係なく、開発許可は不要です。

(4) 誤 【開発許可】

3,000㎡の遊園地は第二種特定工作物に該当しないため、開発許可は不要です。

解答…**(2)**

ちょっと確認！

開発許可が不要となる場合

グループA　小規模な開発行為

		許可不要の面積
❶ 都市計画区域	市街化区域	1,000㎡未満（三大都市圏の一定区域においては500㎡未満）
	市街化調整区域	小規模でも必ず許可必要
	非線引き区域	3,000㎡未満
❷ 準都市計画区域		3,000㎡未満
❸ ❶、❷以外の区域		10,000㎡未満

グループB　農林漁業用の建築物

市街化区域以外の区域内において行う、農林漁業用の建築物等（農林漁業用の建築物、農林漁業を営む者の居住用建築物）を建築するために行う開発行為

グループC　その他

☆ 公益上必要な建築物（駅舎、図書館、変電所など）を建築するための開発行為

☆ 都市計画事業、土地区画整理事業、市街地再開発事業、住宅街区整備事業、防災街区整備事業の施行として行う開発行為

☆ 非常災害のため必要な応急措置として行う開発行為

☆ 通常の管理行為、軽易な行為等

B 都市計画法（開発許可）

→教科書 CHAPTER03 SECTION01

問題11 都市計画法に関する次の記述のうち、誤っているものはどれか。なお、この問における都道府県知事とは、地方自治法に基づく指定都市、中核市、施行時特例市にあってはその長をいうものとする。　［H21問17⦿］

(1) 区域区分の定められていない都市計画区域内の土地において、10,000㎡のゴルフコースの建設を目的とする土地の区画形質の変更を行おうとする者は、あらかじめ、都道府県知事の許可を受けなければならない。

(2) 市街化区域内の土地において、700㎡の開発行為を行おうとする場合に、都道府県知事の許可が必要となる場合がある。

(3) 開発許可を受けた開発行為又は開発行為に関する工事により、公共施設が設置されたときは、その公共施設は、協議により他の法律に基づく管理者が管理することとした場合を除き、開発許可を受けた者が管理することとされている。

(4) 用途地域等の定めがない土地のうち開発許可を受けた開発区域内においては、開発行為に関する工事完了の公告があった後は、都道府県知事の許可を受ければ、当該開発許可に係る予定建築物以外の建築物を新築することができる。

	①	②	③	④	⑤
学 習 日					
理 解 度 (○/△/×)					

434

解説

(1) **正** 　　　　　　　　　　　　　　　　　　　　　　【開発許可】

区域区分の定められていない都市計画区域内（非線引き区域）では、**3,000㎡以上**の開発行為をする場合には、開発許可が必要です。

ゴルフコースは、面積に関係なく第二種特定工作物に該当する〜

(2) **正** 　　　　　　　　　　　　　　　　　　　　　　【開発許可】

市街化区域内においては、**1,000㎡以上**の開発行為をする場合に、開発許可が必要となりますが、三大都市圏の一定区域においては、**500㎡以上**の開発行為をする場合に、開発許可が必要となります。

(3) **誤** 　　　　　　　　　　　　　　　　　　　　　【公共施設の管理等】

開発許可を受けた開発行為または開発行為に関する工事によって、公共施設（公園など）が設置された場合、その公共施設は、**工事完了の公告の日の翌日**に、原則として公共施設の存在する**市町村**の管理に属するものとなります。

(4) **正** 　　　　　　　　　【開発区域内における建築の制限（工事完了の公告後）】

開発行為に関する工事完了の公告後は、原則として予定建築物等以外のものは建築できませんが、例外として**都道府県知事**が許可したとき等には、予定建築物等以外の建築物を建築することができます。

解答…(3)

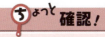

開発区域内における建築の制限（工事完了の公告後は…）

【原則】
予定建築物等以外のものは建築等ができない

【例外】
以下の場合には、予定建築物等以外のものでも建築等ができる
❶ **都道府県知事**が許可したとき
❷ 開発区域内の土地について、**用途地域等**が定められているとき

難易度
A

都市計画法（開発許可）

→教科書 *CHAPTER03 SECTION01*

問題12 都市計画法に関する次の記述のうち、誤っているものはどれか。ただし、この問において「都道府県知事」とは、地方自治法に基づく指定都市、中核市及び施行時特例市にあってはその長をいうものとする。

[R3（12月）問16]

(1) 開発許可を受けようとする者は、開発行為に関する工事の請負人又は請負契約によらないで自らその工事を施行する者を記載した申請書を都道府県知事に提出しなければならない。

(2) 開発許可を受けた者は、開発行為に関する国土交通省令で定める軽微な変更をしたときは、遅滞なく、その旨を都道府県知事に届け出なければならない。

(3) 開発許可を受けた者は、開発行為に関する工事の廃止をしようとするときは、都道府県知事の許可を受けなければならない。

(4) 開発行為に同意していない土地の所有者は、当該開発行為に関する工事完了の公告前に、当該開発許可を受けた開発区域内において、その権利の行使として自己の土地に建築物を建築することができる。

	①	②	③	④	⑤
学 習 日					
理 解 度 （○/△/×）					

解説

(1) 正 　　　　　　　　　　　　　　　　　　　　　　　【許可申請の手続】

開発許可を受けようとする者は、国土交通省令で定めるところにより、❶開発区域の位置、区域および規模、❷開発区域内において予定される建築物または特定工作物の用途、❸開発行為に関する設計、❹工事施行者(開発行為に関する工事の請負人または請負契約によらないで自らその工事を施行する者をいう)、❺その他国土交通省令で定める事項を記載した申請書を都道府県知事に提出しなければなりません。

(2) 正 　　　　　　　　　　　　　　　　　　　　　　　　　　【軽微な変更】

開発許可を受けた者が開発許可申請書に記載した内容を変更しようとするときは、原則として都道府県知事の許可を受けなければなりませんが、軽微な変更をしようとするときは、都道府県知事の許可は不要となります。そして、この軽微な変更をしたときは、遅滞なく、その旨を都道府県知事に届け出なければなりません。

(3) 誤 　　　　　　　　　　　　　　　　　　　　　　　　　【開発行為の廃止】

開発許可を受けた者は、当該工事を廃止したときは、遅滞なく、都道府県知事に届け出なければなりません。

(4) 正 　　　　　　　　　　　　　　　　　　　　　　【開発行為に同意していない者】

開発許可を受けた開発区域内の土地においては、工事完了公告があるまで、建築物の建築等をすることはできません。ただし、例外として、本肢の場合には建築物の建築等をすることができます。

解答…**(3)**

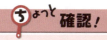

開発区域内における建築の制限（工事完了の公告前は…）

【原則】
開発許可を受けた開発区域内では、工事完了の公告があるまでは建築物の建築等はできない

【例外】
以下の場合には、工事完了の公告前でも建築物の建築等ができる

❶ 工事のための仮設建築物を建築または特定工作物を建設するとき
❷ 都道府県知事が支障がないと認めたとき
❸ 開発行為に同意していない土地所有者等が、その権利の行使として建築等するとき

難易度 B 都市計画法（開発許可）

→教科書 *CHAPTER03 SECTION01*

問題13 都市計画法の開発許可に関する次の記述のうち、正しいものはどれか。なお、この問における都道府県知事とは、地方自治法に基づく指定都市、中核市、施行時特例市にあってはその長をいうものとする。

［H16問18⦿］

(1) 都道府県知事は、開発許可の申請があったときは、申請があった日から21日以内に、許可又は不許可の処分をしなければならない。

(2) 開発行為とは、主として建築物の建築の用に供する目的で行う土地の区画形質の変更をいい、建築物以外の工作物の建設の用に供する目的で行う土地の区画形質の変更は開発行為には該当しない。

(3) 開発許可を受けた者は、開発行為に関する工事を廃止したときは、遅滞なく、その旨を都道府県知事に届け出なければならない。

(4) 開発行為を行おうとする者は、開発許可を受けてから開発行為に着手するまでの間に、開発行為に関係がある公共施設の管理者と協議し、その同意を得なければならない。

	①	②	③	④	⑤
学 習 日					
理 解 度 (○/△/×)					

解説

(1) 誤 【開発許可・不許可の処分】

都道府県知事は、開発許可の申請があったときは、**遅滞なく**許可または不許可の処分をしなければなりません。

(2) 誤 【開発行為】

開発行為とは、主として❶**建築物の建築**または❷**特定工作物の建設**の用に供する目的で行う土地の区画形質の変更をいいます。

(3) 正 【開発行為の廃止】

開発許可を受けた者は、開発行為に関する工事を廃止したときは、**遅滞なく**その旨を**都道府県知事に届け出**なければなりません。

(4) 誤 【開発許可の申請】

開発行為を行おうとする者は、「開発許可を受けてから開発行為に着手するまでの間に」ではなく、「**あらかじめ**(開発許可の申請の前に)」開発行為に関係がある公共施設の管理者と**協議**し、その**同意**を得なければなりません。

解答…**(3)**

❓これはどう？ ─────────── H30－問16①

田園住居地域内の農地の区域内において、土地の形質の変更を行おうとする者は、一定の場合を除き、市町村長の許可を受けなければならない。

> ⭕ 田園住居地域内の農地の区域内において、**土地の形質の変更**、建築物の建築その他工作物の建設等を行おうとする者は、原則として、市町村長の許可を受けなければなりません。

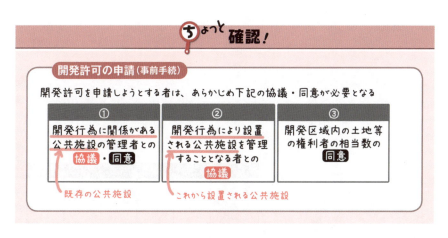

難易度 B 都市計画法（開発許可）

→教科書 CHAPTER03 SECTION01

問題14　都市計画法に関する次の記述のうち、正しいものはどれか。なお、この問における都道府県知事とは、地方自治法に基づく指定都市、中核市及び施行時特例市にあってはその長をいうものとする。　［H19問19改］

(1) 開発許可を受けた開発区域内において、当該開発区域内の土地について用途地域等が定められていないとき、都道府県知事に届け出れば、開発行為に関する工事完了の公告があった後、当該開発許可に係る予定建築物以外の建築物を建築することができる。

(2) 開発許可を受けた土地において、都道府県は、開発行為に関する工事完了の公告があった後、都道府県知事との協議が成立したとしても、当該開発許可に係る予定建築物以外の建築物を建築することはできない。

(3) 都道府県知事は、市街化区域内における開発行為について開発許可をする場合、当該開発区域内の土地について、建築物の建蔽率に関する制限を定めることができる。

(4) 市街化調整区域のうち開発許可を受けた開発区域以外の区域内において、公民館を建築する場合は、都道府県知事の許可を受けなくてよい。

解説

(1) 誤　　　　　　　　　　　【開発区域内における建築の制限（工事完了の公告後）】

開発行為に関する工事完了の公告後は、原則として予定建築物等以外のものは建築できませんが、例外として❶**都道府県知事**が**許可**したとき、❷開発区域内の土地について**用途地域**等が定められているときには、予定建築物等以外の建築物を建築することができます。

本肢は「用途地域等が定められていないとき、都道府県知事に届け出れば…予定建築物以外の建築物を建築することができる」となっているため、誤りです。

(2) 誤　　　　　　　　　　　【開発区域内における建築の制限（工事完了の公告後）】

国または都道府県等が行う建築行為については、国の機関または都道府県等と都道府県知事との協議が成立したことをもって、都道府県知事の許可があったとみなされ、予定建築物以外の建築物を建築することができます。

(3) 誤　　　　　　　　【市街化調整区域で開発区域以外の区域内における建築の制限】

都道府県知事は、**用途地域の定められていない土地の区域における開発行為**について、開発許可をする場合は、当該区域内の土地について、建蔽率等に関する制限を定めることができます。本肢は「市街化区域内における開発行為」とあり、**市街化区域には必ず用途地域を定めなければならないため**、この規定の適用はなく、都道府県知事は、開発許可をするさいに、建築物の建蔽率に関する制限を定めることはできません。

(4) 正　　　　　　　　【市街化調整区域で開発区域以外の区域内における建築の制限】

市街化調整区域のうち、開発許可を受けた開発区域以外の区域内で、公民館を建築する場合、開発許可は不要です。

解答…**(4)**

市街化調整区域で開発区域以外の区域内における建築の制限

【原則】
都道府県知事の許可がなければ、建築物の新築・改築・用途変更、第一種特定工作物の新設はできない

【例外】
以下の場合　には、許可は不要

- 農林漁業用の建築物の新築
- 農林漁業を営む者の居住用建築物の新築
- 駅舎、図書館、**公民館**、変電所等、公益上必要な建築物
- 都市計画事業の施行として行うもの
- 非常災害のため必要な応急措置として行うもの
- 仮設建築物の新築　など

441

難易度 B 都市計画法（開発許可）

→教科書 *CHAPTER03 SECTION01*

問題15 都市計画法に関する次の記述のうち、正しいものはどれか。なお、この問における都道府県知事とは、地方自治法に基づく指定都市、中核市及び施行時特例市にあってはその長をいうものとする。　[H23問17㊺]

(1) 開発許可を申請しようとする者は、あらかじめ、開発行為に関係がある公共施設の管理者と協議しなければならないが、常にその同意を得ることを求められるものではない。

(2) 市街化調整区域内において生産される農産物の貯蔵に必要な建築物の建築を目的とする当該市街化調整区域内における土地の区画形質の変更は、都道府県知事の許可を受けなくてよい。

(3) 都市計画法第33条に規定する開発許可の基準のうち、排水施設の構造及び能力についての基準は、主として自己の居住の用に供する住宅の建築の用に供する目的で行う開発行為に対しては適用されない。

(4) 非常災害のため必要な応急措置として行う開発行為は、当該開発行為が市街化調整区域内において行われるものであっても都道府県知事の許可を受けなくてよい。

	①	②	③	④	⑤
学 習 日					
理解度 (○/△/×)					

442

解説

(1) **誤** 【開発許可の申請】

　開発許可を申請しようとする者は、あらかじめ、開発行為に関係がある公共施設の管理者と**協議**し、その**同意**を得なければなりません。

(2) **誤** 【開発許可が不要となる場合】

　市街化区域以外の区域内(市街化調整区域内など)においては、一定の農林漁業用の建築物を建築するための開発行為については、開発許可が不要となりますが、本肢の「生産される農産物の貯蔵に必要な建築物」は開発許可が不要となる農林漁業用の建築物に該当しないため、本肢の場合には開発許可を受ける必要があります。

下記「プラスワン」を見て！
「生産される農産物の貯蔵に必要な建築物」は農林漁業用の建築物に該当しないのだ！・・・ちょっと細かい話だけどね。

(3) **誤** 【開発許可の基準】

　技術基準(33条の基準)の一つである、排水施設の構造および能力についての基準は、自己の居住の用に供する住宅の建築を目的とした開発行為についても適用されます。

(4) **正** 【開発許可が不要となる場合】

　非常災害のため必要な応急措置として行う開発行為については、どの区域で行われる場合でも開発許可は不要です。

解答…(4)

プラス1ワン

【 開発許可が不要となる農林漁業用の建築物とは？ 】

❶ 畜舎、温室、搾乳施設等の農産物、林産物、水産物の**生産**または**集荷**の用に供する建築物

❷ サイロ、堆肥舎、農機具等収納施設などの農林漁業の生産資材の**貯蔵**または**保管**の用に供する建築物

❸ 家畜診療の用に供する建築物　など

難易度 C 都市計画法（開発許可）

→教科書 *CHAPTER03 SECTION01*

問題16 都市計画法の開発許可に関する次の記述のうち、誤っているものはどれか。なお、この問における都道府県知事とは、地方自治法に基づく指定都市、中核市、施行時特例市にあってはその長をいうものとする。

［H16問19㉑］

(1) 市街化調整区域のうち、開発許可を受けた開発区域以外の区域で賃貸住宅を新築する場合、当該賃貸住宅の敷地に4m以上の幅員の道路が接していなければならない。

(2) 開発許可を受けた開発区域内の土地に用途地域が定められている場合には、開発行為が完了した旨の公告があった後、当該開発許可に係る予定建築物以外の建築物を都道府県知事の許可を受けずに建築することができる。

(3) 市街化調整区域のうち、開発許可を受けた開発区域以外の区域では、農業に従事する者の居住の用に供する建築物を新築する場合、都道府県知事の許可は不要である。

(4) 都道府県知事は、用途地域の定められていない土地の区域における開発行為について開発許可をする場合において必要があると認めるときは、当該開発区域内の土地について、建築物の敷地に関する制限を定めることができる。

	①	②	③	④	⑤
学 習 日					
理 解 度 (○/△/×)					

444

解説

(1) **誤**　　　　　　　　　　　　　　　　　　　　　　　　【その他】
　本肢のような規定はありません。

(2) **正**　　　　　　　　【開発区域内における建築の制限（工事完了の公告後）】
　開発行為に関する工事完了の公告後は、原則として予定建築物等以外のものは建築できませんが、例外として❶都道府県知事が許可したときや❷開発区域内の土地について、用途地域等が定められているときには、予定建築物等以外の建築物を建築することができます。

(3) **正**　　　　　　　【市街化調整区域で開発区域以外の区域内における建築の制限】
　市街化調整区域のうち、開発許可を受けた開発区域以外の区域内で、農業に従事する者の居住の用に供する建築物を新築する場合、開発許可は不要です。

(4) **正**　　　　　　　　　　　　　　　　　　　　　　【建蔽率等の制限の指定】
　都道府県知事は、用途地域の定められていない土地の区域における開発行為について、開発許可をする場合は、当該区域内の土地について、建蔽率、建築物の高さ、壁面の位置、その他（建築物の敷地・構造・設備に関する制限）を定めることができます。

　　　　　　　　　　　　　　　　　　　　　　　　　　　　　　解答…**(1)**

ちょっと確認！

建蔽率等の制限の指定

☆ 都道府県知事は、用途地域の定められていない区域の開発行為について、開発許可をする場合は、当該区域の土地について、 下記の制限 を定めることができる

- ・建蔽率
- ・建築物の高さ
- ・壁面の位置
- ・その他（建築物の敷地・構造・設備に関する制限）

☆ この制限が定められた場合、都道府県知事の許可がなければ、制限に違反する建築物を建築することはできない

都市計画法は得点源にしよう。

難易度 B 建築基準法

→教科書 *CHAPTER03 SECTION02*

問題17 建築基準法(以下この問において「法」という。)に関する次の記述のうち、正しいものはどれか。 [H18問21㉑]

(1) 都市計画区域若しくは準都市計画区域の指定若しくは変更又は法第68条の9第1項の規定に基づく条例の制定若しくは改正により、法第3章の規定が適用されるに至った際、現に建築物が立ち並んでいる幅員4m未満の道路法による道路は、特定行政庁の指定がなくとも法上の道路とみなされる。

(2) 法第42条第2項の規定により道路の境界線とみなされる線と道との間の部分の敷地が私有地である場合は、敷地面積に算入される。

(3) 法第42条第2項の規定により道路とみなされた道は、実際は幅員が4m未満であるが、建築物が当該道路に接道している場合には、法第52条第2項の規定による前面道路の幅員による容積率の制限を受ける。

(4) 敷地が法第42条に規定する道路に2m以上接道していなくても、特定行政庁が交通上、安全上、防火上及び衛生上支障がないと認めて利害関係者の同意を得て許可した場合には、建築物を建築してもよい。

	①	②	③	④	⑤
学 習 日					
理 解 度 (○/△/×)					

解説

(1) 誤　　　　　　　　　　　　　　　　　　　　　　　【建築基準法上の道路】

幅員が**4m未満**の道路であっても、都市計画区域・準都市計画区域の指定や条例の制定等により、法が適用されるに至ったさい、現に建築物が立ち並んでいて、かつ、**特定行政庁**が指定したものについては建築基準法上の道路とみなされます（2項道路）。

(2) 誤　　　　　　　　　　　　　　　　　　　　　　　【建築基準法上の道路】

私有地でも、道路の境界線とみなされる線と道までの間の部分は道路とみなされるため、その部分については敷地面積に算入されません。

(3) 正　　　　　　　　　　　　　　　　　【前面道路の幅員による容積率の制限】

2項道路でも、前面道路の幅員による容積率の制限を受けます。

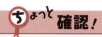　前面道路の幅員による容積率の制限とは、前面道路の幅員が **12** m未満の場合には、❶指定容積率と❷前面道路の幅員×法定乗数のいずれか **小さい** ほうを容積率とする、というもの。

(4) 誤　　　　　　　　　　　　　　　　　　　　　　　　　　【接道義務】

建築物の敷地は道路に**2m以上**接していなければなりませんが、道路に2m以上接していなくても、**特定行政庁**が交通上、安全上、防火上および衛生上支障がないと認めて「利害関係者」ではなく、「**建築審査会**」の**同意**を得て許可した場合には、建築物を建築することができます。

解答…**(3)**

ちょっと確認！

建築基準法上の道路

【原則】
幅員4m以上の道路法による道路など

【例外】
都市計画区域・準都市計画区域の指定や条例の制定等により、法（集団規定）が適用されるに至ったさい、すでに存在し、現に建築物が立ち並んでいる幅員が4m未満の道で、**特定行政庁**が指定したもの→2項道路

難易度 **B** 建築基準法

→教科書 *CHAPTER03 SECTION02*

問題18　建築物の用途規制に関する次の記述のうち、建築基準法の規定によれば、誤っているものはどれか。ただし、用途地域以外の地域地区等の指定及び特定行政庁の許可は考慮しないものとする。　　［H22問19］

(1) 建築物の敷地が工業地域と工業専用地域にわたる場合において、当該敷地の過半が工業地域内であるときは、共同住宅を建築することができる。

(2) 準住居地域内においては、原動機を使用する自動車修理工場で作業場の床面積の合計が150㎡を超えないものを建築することができる。

(3) 近隣商業地域内において映画館を建築する場合は、客席の部分の床面積の合計が200㎡未満となるようにしなければならない。

(4) 第一種低層住居専用地域内においては、高等学校を建築することはできるが、高等専門学校を建築することはできない。

	①	②	③	④	⑤
学 習 日					
理 解 度 (○/△/×)					

解説

(1) 正　　　　　　　　　　　　　　　　　　　　　　　　　　　【用途制限】

　建築物の敷地が2つの用途地域にまたがる場合は、**広い**ほう（敷地の過半が属するほう）の用途制限が適用されます。したがって、本肢では、工業地域の用途規制が適用されることになります。工業地域では、共同住宅を建築することができます。

(2) 正　　　　　　　　　　　　　　　　　　　　　　　　　　　【用途制限】

　そのとおりです。

(3) 誤　　　　　　　　　　　　　　　　　　　　　　　　　　　【用途制限】

　近隣商業地域内では、客席部分の床面積の合計が200㎡以上の映画館を建築することができます。

(4) 正　　　　　　　　　　　　　　　　　　　　　　　　　　　【用途制限】

　第一種低層住居専用地域内では、小学校、中学校、高等学校を建築することができますが、高等専門学校や大学を建築することはできません。

解答…**(3)**

【用途地域内の用途制限】

建築物の用途	用途地域	住居系								商業系		工業系		
		第一種低層住居専用	第二種低層住居専用	田園住居	第一種中高層住居専用	第二種中高層住居専用	第一種住居	第二種住居	準住居	近隣商業	商業	準工業	工業	工業専用
住宅	住宅、**共同住宅**、寄宿舎、下宿	●	●	●	●	●	●	●	●	●	●	●	●	×
教育	幼稚園、小学校、中学校、**高等学校**	●	●	●	●	●	●	●	●	●	●	●	×	×
教育	大学、**高等専門学校**、専修学校等	×	×	×	●	●	●	●	●	●	●	●	×	×
レジャー・娯楽	劇場、**映画館**、演劇場、観覧場、ナイトクラブ	×	×	×	×	×	×	×	▲	●	●	●	×	×
レジャー・娯楽	▲…客席200㎡未満													
自動車関連	**自動車修理工場**	×	×	×	×	×	◎1	◎1	◎2	◎3	◎3	●	●	●
自動車関連	作業場の床面積 ◎1…50㎡以下、◎2…150㎡以下、◎3…300㎡以下 原動機の制限あり													

449

建築基準法

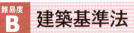

問題19　建築基準法に関する次の記述のうち、正しいものはどれか。

[H17問22]

(1) 建築物の容積率の制限は、都市計画において定められた数値によるものと、建築物の前面道路の幅員に一定の数値を乗じて得た数値によるものがあるが、前面道路の幅員が12m未満である場合には、当該建築物の容積率は、都市計画において定められた容積率以下でなければならない。
(2) 建築物の前面道路の幅員に一定の数値を乗じて得た数値による容積率の制限について、前面道路が二つ以上ある場合には、それぞれの前面道路の幅員に応じて容積率を算定し、そのうち最も低い数値とする。
(3) 建築物の敷地が都市計画に定められた計画道路(建築基準法第42条第1項第4号に該当するものを除く。)に接する場合において、特定行政庁が交通上、安全上、防火上及び衛生上支障がないと認めて許可した建築物については、当該計画道路を前面道路とみなして容積率を算定する。
(4) 用途地域の指定のない区域内に存する建築物の容積率は、特定行政庁が土地利用の状況等を考慮し、都市計画において定められた数値以下でなければならない。

解説

(1) **誤** 　　　　　　　　　　　　　　　　　　【前面道路の幅員による容積率の制限】

前面道路の幅員が **12m** 未満の場合には、❶指定容積率と❷前面道路の幅員×法定乗数のいずれか **小さい** ほうが容積率となります。

(2) **誤** 　　　　　　　　　　　　　　　　　　　　　　　　　　　　　【前面道路】

建築物の敷地面積が2つ以上の道路に面している場合には、最も **幅員の広い** 道路を前面道路として、これに一定の数値を乗じて容積率を計算します。

(3) **正** 　　　　　　　　　　　　　　　　　　　　　　　　　　　　　【前面道路】

🇨🇭 建築物の敷地が都市計画に定められた計画道路に接する場合において、特定行政庁が交通上、安全上、防火上および衛生上支障がないと認めて許可した建築物については、当該計画道路を前面道路とみなして容積率を算定します。

(4) **誤** 　　　　　　　　　　　　　　　　　　　　　　　　　　　　　【容積率】

用途地域の指定のない区域内に存する建築物の容積率は、一定の率のうち、特定行政庁が **都道府県都市計画審議会の議** を経て定めたものとなります（「都市計画において定められた」ものではありません）。

　　　　　　　　　　　　　　　　　　　　　　　　　　　　　解答…(3)

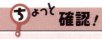

前面道路の幅員による容積率の制限

前面道路の幅員が12m未満の場合、以下のいずれか 小さい ほうが容積率となる

❶ 指定容積率
❷ 前面道路の幅員×法定乗数

建築基準法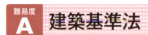

問題20 建築基準法に関する次の記述のうち、正しいものはどれか。

［H23問18改］

(1) 建築物が防火地域及び準防火地域にわたる場合、原則として、当該建築物の全部について防火地域内の建築物に関する規定が適用される。

(2) 防火地域内においては、3階建て、延べ面積が200㎡の住宅は耐火建築物、準耐火建築物又はこれらと同等以上の延焼防止性能が確保された建築物としなければならない。

(3) 防火地域内において建築物の屋上に看板を設ける場合には、その主要な部分を難燃材料で造り、又はおおわなければならない。

(4) 防火地域にある建築物は、外壁が耐火構造であっても、その外壁を隣地境界線に接して設けることはできない。

解説

(1) 正　　　　　　　　　　　　　　　　　　　　　　　【防火・準防火地域内の制限】

　建築物の敷地が2つの地域にまたがっている場合、原則として、当該建築物の全部について**厳しい**ほうの規制（本肢では**防火**地域の規制）が適用されます。

(2) 誤　　　　　　　　　　　　　　　　　　　　　　　　　【防火地域内の制限】

　防火地域内においては、**❶3階建て以上**または**❷延べ面積が100㎡超**の建築物は**耐火**建築物（またはこれと同等以上の延焼防止性能が確保された建築物）にしなければなりません。

❓これはどう？　　　　　　　　　　　　　　　　　　　　　H16-問21①改

準防火地域内においては、<u>延べ面積が1,200㎡の建築物</u>は<u>耐火建築物</u>又はこれと同等以上の延焼防止性能が確保された建築物としなければならない。

> ✕　準防火地域内で、延べ面積が1,200㎡（1,500㎡以下）で階数が3以下であれば、**準耐火建築物**（またはこれと同等以上の延焼防止性能が確保された建築物）としなければなりません。

(3) 誤　　　　　　　　　　　　　　　　　　　　　　　　　【防火地域内の制限】

　防火地域内において建築物の屋上に看板を設ける場合には、その主要な部分を「**難燃材料**」ではなく、「**不燃**材料」で造り、またはおおわなければなりません。

(4) 誤　　　　　　　　　　　　　　　　　　　【防火地域と準防火地域に共通する制限】

　防火地域内または**準防火地域内**にある建築物で、外壁が耐火構造のものは、その外壁を隣地境界線に接して設けることができます。

解答…**(1)**

453

建築基準法

→教科書 CHAPTER03 SECTION02

問題21 建築基準法に関する次の記述のうち、正しいものはどれか。

[H26 問17]

(1) 住宅の地上階における居住のための居室には、採光のための窓その他の開口部を設け、その採光に有効な部分の面積は、その居室の床面積に対して7分の1以上としなければならない。

(2) 建築確認の対象となり得る工事は、建築物の建築、大規模の修繕及び大規模の模様替であり、建築物の移転は対象外である。

(3) 高さ15mの建築物には、周囲の状況によって安全上支障がない場合を除き、有効に避雷設備を設けなければならない。

(4) 準防火地域内において建築物の屋上に看板を設ける場合は、その主要な部分を不燃材料で造り、又は覆わなければならない。

> **解説**

(1) **正** 　　　　　　　　　　　　　　　　【単体規定・採光のための窓その他の開口部】
　住宅の居室には、原則として採光のための窓その他の開口部を設けなければなりません。そして、その採光に有効な部分の面積は、住宅の場合、**居室の床面積に対して7分の1以上**です。

(2) **誤** 　　　　　　　　　　　　　　　　　　　　　　【建築確認が必要となる工事】
　建築確認が必要となる工事には、建築物の建築、大規模の修繕・模様替があり、建築物の「建築」には、新築、増築、改築のほか、移転も含まれます。

(3) **誤** 　　　　　　　　　　　　　　　　　　　　　　　　【単体規定・避雷設備】
　高さが20mを超える建築物には、有効な避雷設備を設けなければなりませんが、本肢の建築物の高さは15mなので、避雷設備を設ける必要はありません。

(4) **誤** 　　　　　　　　　　　　　　　　　　　　　　　　　【防火地域内の制限】
　防火地域内において、建築物の屋上に看板を設ける場合には、その主要な部分を不燃材料で造り、または覆わなければなりませんが、準防火地域内においてはこのような制限はありません。

　　　　　　　　　　　　　　　　　　　　　　　　　　　　　解答…**(1)**

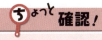

避雷設備、非常用の昇降機の設置

避雷設備
　高さが20m超の建築物には、有効な避雷設備を設けなければならない

非常用の昇降機
　高さが31m超の建築物には、非常用の昇降機を設けなければならない

A 建築基準法

→教科書 CHAPTER03 SECTION02

問題22 建築基準法(以下この問において「法」という。)に関する次の記述のうち、正しいものはどれか。 [H18問22]

(1) 第二種中高層住居専用地域内における建築物については、法第56条第1項第3号の規定による北側斜線制限は適用されない。

(2) 第一種低層住居専用地域及び第二種低層住居専用地域内における建築物については、法第56条第1項第2号の規定による隣地斜線制限が適用される。

(3) 隣地境界線上で確保される採光、通風等と同程度以上の採光、通風等が当該位置において確保されるものとして一定の基準に適合する建築物については、法第56条第1項第2号の規定による隣地斜線制限は適用されない。

(4) 法第56条の2第1項の規定による日影規制の対象区域は地方公共団体が条例で指定することとされているが、商業地域、工業地域及び工業専用地域においては、日影規制の対象区域として指定することができない。

	①	②	③	④	⑤
学 習 日					
理 解 度 (○/△/×)					

解説

(1) 誤　　　　　　　　　　　　　　　　　　　　　　　　　　　　　　【北側斜線制限】

第一種・第二種中高層住居専用地域(うち、日影規制の適用がない区域の建築物)には、北側斜線制限が適用されます。

(2) 誤　　　　　　　　　　　　　　　　　　　　　　　　　　　　　　【隣地斜線制限】

隣地斜線制限は、第一種・第二種低層住居専用地域および田園住居地域には適用されません。

(3) 誤　　　　　　　　　　　　　　　　　　　　　　　　　　　　　　【隣地斜線制限】

「隣地境界線上」ではなく、「**隣地境界線から一定の距離の位置**」で確保される採光、通風等と同程度以上の採光、通風等が当該位置において確保されるものとして一定の基準に適合する建築物については隣地斜線制限は適用されません。

(4) 正　　　　　　　　　　　　　　　　　　　　　　　　　　　　　　【日影規制】

商業地域、**工業**地域、**工業専用**地域は、日影規制の対象とはなりません。

覚え方■　商業高校には日影がない～
　　　　　商業地域　工業地域　工業専用地域

解答…(4)

ちょっと確認！

斜線制限

	道路斜線制限	隣地斜線制限	北側斜線制限
第一種低層住居専用地域	●	×	●
第二種低層住居専用地域	●	×	●
田園住居地域	●	×	●
第一種中高層住居専用地域	●	●	●※
第二種中高層住居専用地域	●	●	●※
第一種住居地域	●	●	×
第二種住居地域	●	●	×
準住居地域	●	●	×
近隣商業地域	●	●	×
商業地域	●	●	×
準工業地域	●	●	×
工業地域	●	●	×
工業専用地域	●	●	×
用途地域の指定のない区域	●	●	×

●…適用あり　×…適用なし　※…日影規制を受けるものを除く

457

建築基準法

問題23 第二種低層住居専用地域に指定されている区域内の土地(以下この問において「区域内の土地」という。)に関する次の記述のうち、建築基準法の規定によれば、正しいものはどれか。ただし、特定行政庁の許可については考慮しないものとする。　　　　　　　　　[H19問22]

(1) 区域内の土地においては、美容院の用途に供する部分の床面積の合計が100㎡である2階建ての美容院を建築することができない。

(2) 区域内の土地においては、都市計画において建築物の外壁又はこれに代わる柱の面から敷地境界線までの距離の限度を2m又は1.5mとして定めることができる。

(3) 区域内の土地においては、高さが9mを超える建築物を建築することはできない。

(4) 区域内の土地においては、建築物を建築しようとする際、当該建築物に対する建築基準法第56条第1項第2号のいわゆる隣地斜線制限の適用はない。

> **解説**

(1) 誤　　　　　　　　　　　　　　　　　　　　　　　　　　　　　【用途制限】

　第二種低層住居専用地域には、2階以下で150㎡以下の店舗等を建築することができます。

【用途地域内の用途制限】

建築物の用途	用途地域	住居系								商業系		工業系		
		第一種低層住居専用	第二種低層住居専用	田園住居	第一種中高層住居専用	第二種中高層住居専用	第一種住居	第二種住居	準住居	近隣商業	商業	準工業	工業	工業専用
店舗・飲食店	一定の店舗・飲食店① (150㎡以下)	×	2F	2F	2F	2F	●	●	●	●	●	●	●	※1
		2F…2階以下 ※1…物品販売店舗、飲食店を除く												

(2) 誤　　　　　　　　　　　　　　　　　　　　　【低層住居専用地域等内の制限】

　第二種低層住居専用地域内では、建築物の外壁から敷地境界線までの距離(外壁の後退距離)は、都市計画で定めた限度以上でなければなりません。なお、都市計画において外壁の後退距離を定めるときは、その限度は1.5mまたは1mとされます。

(3) 誤　　　　　　　　　　　　　　　　　　　　　【低層住居専用地域等内の制限】

　第二種低層住居専用地域内では、建築物の高さは、10mまたは12mのうち、都市計画で定めた高さを超えてはならないとされています。したがって、当該地域(第二種低層住居専用地域)では、高さ9mを超えても都市計画で定めた高さを超えない建築物ならば建築することができます。

(4) 正　　　　　　　　　　　　　　　　　　　　　　　　　　　　【隣地斜線制限】

　隣地斜線制限は、第二種低層住居専用地域には適用されません。

解答…(4)

| 難易度 A | 建築基準法 | →教科書 *CHAPTER03 SECTION02* |

問題24 建築基準法(以下この問において「法」という。)に関する次の記述のうち、誤っているものはどれか。 [H30問19]

(1) 田園住居地域内においては、建築物の高さは、一定の場合を除き、10m又は12mのうち当該地域に関する都市計画において定められた建築物の高さの限度を超えてはならない。

(2) 一の敷地で、その敷地面積の40%が第二種低層住居専用地域に、60%が第一種中高層住居専用地域にある場合は、原則として、当該敷地内には大学を建築することができない。

(3) 都市計画区域の変更等によって法第3章の規定が適用されるに至った際現に建築物が立ち並んでいる幅員2mの道で、特定行政庁の指定したものは、同章の規定における道路とみなされる。

(4) 容積率規制を適用するに当たっては、前面道路の境界線又はその反対側の境界線からそれぞれ後退して壁面線の指定がある場合において、特定行政庁が一定の基準に適合すると認めて許可した建築物については、当該前面道路の境界線又はその反対側の境界線は、それぞれ当該壁面線にあるものとみなす。

	①	②	③	④	⑤
学 習 日					
理 解 度 (○/△/×)					

460

解説

（1）**正**　　　　　　　　　　　　　　　　【田園住居地域内の建築物の高さの制限】

　田園住居地域内において、建築物の高さは、一定の場合を除いて、**10m**または**12m**のうち当該地域に関する都市計画において定められた建築物の高さの限度を超えてはなりません。

（2）**誤**　　　　　　　　　　　　　　　【敷地が複数の用途地域にわたる場合の用途制限】

　建築物の敷地が、複数の用途地域にわたる場合、その敷地の**過半**が属する用途地域の規定が、その敷地のすべてに適用されます。

　したがって、本肢では、過半を占めている第一種中高層住居専用地域の用途制限が適用されるため、大学を建築することができます。

【用途地域内の用途制限】　　　　　　　　　　　●…建築できる　×…原則建築できない

		住居系								商業系		工業系		
用途地域 建築物の用途		第一種低層住居専用	第二種低層住居専用	田園住居	第一種中高層住居専用	第二種中高層住居専用	第一種住居	第二種住居	準住居	近隣商業	商業	準工業	工業	工業専用
教育	大学、高等専門学校、専修学校	×	×	×	●	●	●	●	●	●	●	●	×	×

（3）**正**　　　　　　　　　　　　　　　　　【建築基準法上の道路（2項道路）】

　幅員が**4m未満**の道であっても、都市計画区域もしくは準都市計画区域の指定・変更等により、建築基準法第3章の規定が適用されるに至ったさい、現に建築物が立ち並んでいて、かつ、**特定行政庁の指定**があるものについては建築基準法上の道路とみなされます。

（4）**正**　　　　　　　　　　　　　　　　【壁面線の指定がある場合の容積率の規制】

　容積率規制を適用するにあたっては、前面道路の境界線またはその反対側の境界線からそれぞれ後退して壁面線の指定がある場合において、特定行政庁が一定の基準に適合すると認めて許可した建築物については、当該前面道路の境界線またはその反対側の境界線は、それぞれ当該壁面線にあるものとみなします。

解答…(2)

A 建築基準法

→教科書 *CHAPTER03 SECTION02*

問題25 建築基準法(以下この問において「法」という。)に関する次の記述のうち、誤っているものはどれか。 ［H25問18㉑］

(1) 地方公共団体は、延べ面積が1,000㎡を超える建築物の敷地が接しなければならない道路の幅員について、条例で、避難又は通行の安全の目的を達するために必要な制限を付加することができる。

(2) 建蔽率の限度が10分の8とされている地域内で、かつ、防火地域内にある耐火建築物又はこれと同等以上の延焼防止性能を有するものとして政令で定める建築物については、建蔽率の制限は適用されない。

(3) 建築物が第二種中高層住居専用地域及び近隣商業地域にわたって存する場合で、当該建築物の過半が近隣商業地域に存する場合には、当該建築物に対して法第56条第1項第3号の規定(北側斜線制限)は適用されない。

(4) 建築物の敷地が第一種低層住居専用地域及び準住居地域にわたる場合で、当該敷地の過半が準住居地域に存する場合には、作業場の床面積の合計が100㎡の自動車修理工場は建築可能である。

	①	②	③	④	⑤
学 習 日					
理 解 度 (○/△/×)					

> 解説

(1) **正** 【接道義務】

　地方公共団体は、特殊建築物や3階以上の建築物、延べ面積が **1,000㎡超** の建築物、袋路状道路のみに接する延べ面積が150㎡超の建築物(一戸建ての住宅を除く)などについて、**条例** で必要な接道義務の制限を **付加** することができます。

> ちなみに、制限を「付加」することはできるけど、「緩和」することはできないんだな…

(2) **正** 【建蔽率の適用除外】

　建蔽率の限度が **10分の8** とされている地域内で、かつ、**防火** 地域内にある **耐火建築物等** については、建蔽率の制限は適用されません(建蔽率100%で建築物を建築できます)。

(3) **誤** 【北側斜線制限】

　建築物の敷地が斜線制限の異なる複数の地域にまたがる場合、地域ごとに斜線制限が適用されるかを判定します。第二種中高層住居専用地域には、北側斜線制限が適用されるため、第二種中高層住居専用地域内にある建築物の部分については北側斜線制限が適用されます。

(4) **正** 【用途制限】

　建築物の敷地が2つの用途地域にまたがる場合は、**広いほう**(敷地の過半が属するほう)の用途制限が適用されます。したがって、本肢では、準住居地域の用途規制が適用されることになります。準住居地域では、作業場の床面積の合計が150㎡以下の自動車修理工場を建築することができます。

【用途地域内の用途制限】

用途地域 建築物の用途		第一種低層住居専用	第二種低層住居専用	田園住居	第一種中高層住居専用	第二種中高層住居専用	第一種住居	第二種住居	準住居	近隣商業	商業	準工業	工業	工業専用
自動車関連	自動車修理工場	×	×	×	×	×	◎1	◎1	◎2	◎3	◎3	●	●	●
	作業場の床面積 ◎1…50㎡以下、◎2…150㎡以下、◎3…300㎡以下 原動機の制限あり													

解答…(3)

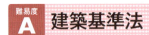

建築基準法

問題26 建築基準法(以下この問において「法」という。)に関する次の記述のうち、正しいものはどれか。ただし、他の地域地区等の指定及び特定行政庁の許可については考慮しないものとする。 [H23問19改]

(1) 第二種住居地域内において、工場に併設した倉庫であれば倉庫業を営む倉庫の用途に供してもよい。

(2) 都市計画区域若しくは準都市計画区域の指定若しくは変更又は法第68条の9第1項の規定に基づく条例の制定若しくは改正により、法が施行された時点で現に建築物が立ち並んでいる幅員4m未満の道路は、特定行政庁の指定がなくとも法上の道路となる。

(3) 容積率の制限は、都市計画において定められた数値によるが、建築物の前面道路(前面道路が二以上あるときは、その幅員の最大のもの。)の幅員が12m未満である場合には、当該前面道路の幅員のメートルの数値に法第52条第2項各号に定められた数値を乗じたもの以下でなければならない。

(4) 建蔽率の限度が10分の8とされている地域内で、かつ、防火地域内にある耐火建築物については建蔽率の限度が10分の9に緩和される。

解説

(1) 誤 　【用途制限】

第二種住居地域内では、倉庫業を営む倉庫を建築することはできません。

【用途地域内の用途制限】

用途地域 建築物の用途	住居系								商業系		工業系		
	第一種低層住居専用	第二種低層住居専用	田園住居	第一種中高層住居専用	第二種中高層住居専用	第一種住居	第二種住居	準住居	近隣商業	商業	準工業	工業	工業専用
倉庫業倉庫	×	×	×	×	×	×	×	●	●	●	●	●	●

(2) 誤 　【建築基準法上の道路】

幅員が**4m未満**の道路であっても、都市計画区域・準都市計画区域の指定や条例の制定等により、法が適用されるに至ったさい、現に建築物が立ち並んでいて、かつ、**特定行政庁**の指定が**ある**ものについては建築基準法上の道路とみなされます。

(3) 正 　【前面道路の幅員による容積率の制限】

前面道路の幅員が**12m未満**の場合には、❶指定容積率と❷前面道路の幅員×法定乗数のいずれか**小さい**ほうが容積率となります。

(4) 誤 　【建蔽率の適用除外】

建蔽率の限度が**10分の8**とされている地域内で、かつ、**防火**地域内にある**耐火**建築物については、建蔽率の制限は適用**されません**（建蔽率100%で建築物を建築できます）。

解答…**(3)**

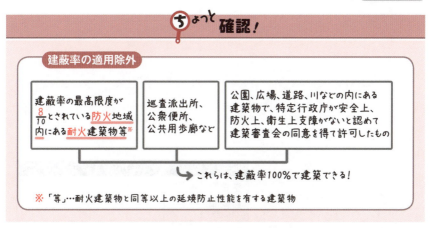

建築基準法

問題27 建築基準法に関する次の記述のうち、正しいものはどれか。

[H24問18改]

(1) 建築基準法の改正により、現に存する建築物が改正後の建築基準法の規定に適合しなくなった場合、当該建築物は違反建築物となり、速やかに改正後の建築基準法の規定に適合させなければならない。

(2) 事務所の用途に供する建築物を、飲食店(その床面積の合計250㎡)に用途変更する場合、建築主事又は指定確認検査機関の確認を受けなければならない。

(3) 住宅の居室には、原則として、換気のための窓その他の開口部を設け、その換気に有効な部分の面積は、その居室の床面積に対して、25分の1以上としなければならない。

(4) 建築主事は、建築主から建築物の確認の申請を受けた場合において、申請に係る建築物の計画が建築基準法令の規定に適合しているかを審査すれば足り、都市計画法等の建築基準法以外の法律の規定に適合しているかは審査の対象外である。

解説

(1) 誤　　　　　　　　　　　　　　　　【建築基準法の適用】

建築基準法の施行・改正時にすでに存在していた建築物については、建築基準法の施行・改正によって、規定に適合しない建築物となってしまった場合でも、違反建築物には該当しません。

(2) 正　　　　　　　　　　　　　【建築確認が必要となる建築物】

飲食店は**特殊建築物**に該当します。したがって、事務所から飲食店への用途変更をする場合で、その床面積が**200㎡超**の場合には、建築確認を受ける必要があります。

(3) 誤　　　　　　　　　　　　　　　　【単体規定・換気】

住宅の居室には、原則として、換気のための窓その他の開口部を設け、その換気に有効な部分の面積は、その居室の床面積に対して「25分の1以上」ではなく、「**20分の1以上**」としなければなりません。

(4) 誤　　　　　　　　　　　　　　　　　　　【建築確認】

都市計画法等の建築基準法以外の法律の規定に適合しているかについても審査の対象となります。

解答…**(2)**

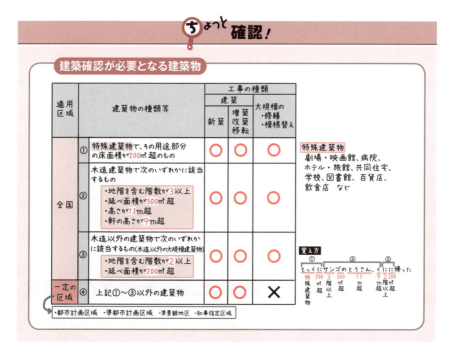

問題28 建築基準法に関する次の記述のうち、誤っているものはどれか。

［H 27問17］

（1）防火地域及び準防火地域外において建築物を改築する場合で、その改築に係る部分の床面積の合計が10㎡以内であるときは、建築確認は不要である。

（2）都市計画区域外において高さ12m、階数が3階の木造建築物を新築する場合、建築確認が必要である。

（3）事務所の用途に供する建築物をホテル（その用途に供する部分の床面積の合計が500㎡）に用途変更する場合、建築確認は不要である。

（4）映画館の用途に供する建築物で、その用途に供する部分の床面積の合計が300㎡であるものの改築をしようとする場合、建築確認が必要である。

解説

(1) **正** 【建築確認が必要となる建築物】

防火地域および準防火地域**外**で、建築物を増築・改築・移転しようとする場合、その増築・改築・移転の床面積合計が**10㎡以下**であれば、建築確認は不要です。

防火地域および準防火地域**内**で、建築物を増築・改築・移転しようとする場合は、その増築・改築・移転の床面積合計が10㎡以下であったとしても、建築確認は必要だよ。

(2) **正** 【建築確認が必要となる建築物】

次のいずれかに該当する木造建築物を新築・増築・改築・移転しようとするときは建築確認が必要です。

- 地階を含む階数が **3** 以上
- 延べ面積が **500** ㎡超
- 高さが **13** m超
- 軒の高さが **9** m超

(3) **誤** 【建築確認が必要となる建築物】

事務所から特殊建築物(ホテルなど)に用途変更する場合、その用途に供する部分の床面積が**200㎡超**であるときは、建築確認が必要です。

(4) **正** 【建築確認が必要となる建築物】

映画館は特殊建築物に該当します。特殊建築物で、用途部分の床面積が**200㎡超**であるものの増築・改築・移転を行おうとする場合、建築確認が必要です。

解答…**(3)**

❓これはどう？ ─────────── R3（12月）－問17②

床面積の合計が500㎡の映画館の用途に供する建築物を演芸場に用途変更する場合、建築主事又は指定確認検査機関の確認を受ける必要はない。

〇 建築物の用途を変更して床面積200㎡超の特殊建築物とする場合は建築確認を受けなければなりませんが、当該用途の変更が政令で指定する**類似の用途相互間におけるものである場合は除かれます**。劇場、映画館、演芸場は類似の用途とされていますので、本問の用途変更の場合には、建築主事または指定確認検査機関の確認を受ける必要はありません。

建築基準法

問題29 建築基準法に関する次の記述のうち、正しいものはどれか。

[H24問19改]

(1) 街区の角にある敷地又はこれに準ずる敷地内にある建築物の建蔽率については、特定行政庁の指定がなくとも都市計画において定められた建蔽率の数値に10分の1を加えた数値が限度となる。

(2) 第一種低層住居専用地域又は第二種低層住居専用地域内においては、建築物の高さは、12m又は15mのうち、当該地域に関する都市計画において定められた建築物の高さの限度を超えてはならない。

(3) 用途地域に関する都市計画において建築物の敷地面積の最低限度を定める場合においては、その最低限度は200㎡を超えてはならない。

(4) 建築協定区域内の土地の所有者等は、特定行政庁から認可を受けた建築協定を変更又は廃止しようとする場合においては、土地所有者等の過半数の合意をもってその旨を定め、特定行政庁の認可を受けなければならない。

解説

(1) 誤 　　　　　　　　　　　　　　　　　　　　　　　　【建蔽率の緩和】

特定行政庁の指定がある角地については、建蔽率の緩和(建蔽率がプラス10分の1となる)がありますが、角地でも特定行政庁の指定がなければ建蔽率の緩和はありません。

❓これはどう？　　　　　　　　　　　　　　　　　　　　R1－問18③

都市計画において定められた建蔽率の限度が10分の8とされている地域外で、かつ、防火地域内にある準耐火建築物の建蔽率については、都市計画において定められた建蔽率の数値に10分の1を加えた数値が限度となる。

> ✕　防火地域内で建蔽率の限度が緩和されるのは、耐火建築物 またはこれと同等以上の延焼防止性能を有する建築物です。

(2) 誤 　　　　　　　　　　　　　　　　　　　　　　　【低層住居専用地域等内の制限】

第一種・第二種低層住居専用地域内および田園住居地域内では、建築物の高さは、10mまたは12mのうち、都市計画で定めた高さを超えてはならないとされています。

(3) 正 　　　　　　　　　　　　　　　　【敷地面積の最低限度…参考編CH.03 **2**】

用途地域に関する都市計画において建築物の敷地面積の最低限度を定める場合においては、その最低限度は200㎡を超えることはできません。

(4) 誤 　　　　　　　　　　　　　　　　　　　　　　　　　　　　【建築協定】

建築協定を「変更」するときは、土地の所有者等の全員の合意と特定行政庁の認可が必要です。なお、建築協定を「廃止」するときは、土地の所有者等の過半数の合意と特定行政庁の認可が必要です(後半の記述は正しい記述です)。

　　　　　　　　　　　　　　　　　　　　　　　　　　　　　　解答…**(3)**

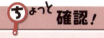

建築協定の変更と廃止

☆ 建築協定を**変更**するときは、
　　土地の所有者等の**全員**の合意 ＆ 特定行政庁の認可 が必要

☆ 建築協定を**廃止**するときは、
　　土地の所有者等の**過半数**の合意 ＆ 特定行政庁の認可 が必要

建築基準法

問題30 建築基準法に関する次の記述のうち、正しいものはどれか。

[H19問21改]

(1) 建築主は、共同住宅の用途に供する建築物で、その用途に供する部分の床面積の合計が280㎡であるものの大規模の修繕をしようとする場合、当該工事に着手する前に、当該計画について建築主事の確認を受けなければならない。
(2) 居室を有する建築物の建築に際し、飛散又は発散のおそれがある石綿を添加した建築材料を使用するときは、その居室内における衛生上の支障がないようにするため、当該建築物の換気設備を政令で定める技術的基準に適合するものとしなければならない。
(3) 防火地域又は準防火地域において、延べ面積が1,000㎡を超える建築物は、すべて耐火建築物又はこれと同等以上の延焼防止性能が確保された建築物としなければならない。
(4) 防火地域又は準防火地域において、延べ面積が1,000㎡を超える耐火建築物は、防火上有効な構造の防火壁又は防火床で有効に区画し、かつ、各区画の床面積の合計をそれぞれ1,000㎡以内としなければならない。

解説

(1) 正　　　　　　　　　　　　　　　　　　【建築確認が必要となる建築物】

　共同住宅は**特殊建築物**に該当します。したがって、その床面積が**200㎡超**の建築物について大規模の修繕をしようとするときには、建築確認を受ける必要があります。

(2) 誤　　　　　　　　　　　　　　　　　　　　【単体規定・石綿の添加】

　居室を有する建築物の建築にさいし、建築材料に飛散または発散のおそれがある石綿を添加することはできません。

↗ Step Up
H25−問17ウ

石綿以外の物質で居室内において衛生上の支障を生ずるおそれがあるものとして政令で定める物質は、ホルムアルデヒドのみである。

> ✕　ホルムアルデヒドのほかに、クロルピリホスもあります。

(3) 誤　　　　　　　　　　　　　　　　　　【防火・準防火地域内の制限】

　準防火地域内で耐火建築物（またはこれと同等以上の延焼防止性能が確保された建築物。以下「耐火建築物等」）としなければならないのは、❶**地階を除く階数が4以上**または❷**延べ面積が1,500㎡超**の建築物です。したがって、延べ面積が1,000㎡を超えても1,500㎡以下で3階以下である場合には耐火建築物等にする必要はありません。なお、防火地域内においては、❶**地階を含む階数が3以上**または❷**延べ面積が100㎡超**の建築物は耐火建築物等にしなければなりません。

(4) 誤　　　　　　　　　　　　　　　　　　　　【単体規定・防火壁等】

　延べ面積が**1,000㎡超**の建築物については、防火上有効な構造の防火壁または防火床によって有効に区画しなければなりませんが、この規定は**耐火建築物または準耐火建築物には適用されません**（本肢の建築物は耐火建築物なので、このように区画する必要はありません）。

解答…**(1)**

建築基準法

問題31 3階建て、延べ面積600㎡、高さ10mの建築物に関する次の記述のうち、建築基準法の規定によれば、正しいものはどれか。　[H22問18]

(1) 当該建築物が木造であり、都市計画区域外に建築する場合は、確認済証の交付を受けなくとも、その建築工事に着手することができる。
(2) 用途が事務所である当該建築物の用途を変更して共同住宅にする場合は、確認を受ける必要はない。
(3) 当該建築物には、有効に避雷設備を設けなければならない。
(4) 用途が共同住宅である当該建築物の工事を行う場合において、2階の床及びこれを支持するはりに鉄筋を配置する工事を終えたときは、中間検査を受ける必要がある。

解説

(1) 誤　　　　　　　　　　　　　　　　　　　　　【建築確認が必要となる建築物】

　　木造建築物で、❶地階を含む階数が**3以上**、❷延べ面積が**500㎡超**、❸高さが**13m超**、❹軒の高さが**9m超**のいずれかに該当するものについては、都市計画区域外であったとしても、建築確認を受け、確認済証の交付を受けなければ、建築工事に着手することはできません。本問の建築物は、3階建てで延べ面積が600㎡なので、確認済証の交付を受けなければ、建築工事に着手することはできません。

(2) 誤　　　　　　　　　　　　　　　　　　　　　【建築確認が必要となる建築物】

　　共同住宅は**特殊建築物**に該当します。したがって、事務所から共同住宅への用途変更をする場合で、その床面積が**200㎡超**の場合には、建築確認を受ける必要があります。

(3) 誤　　　　　　　　　　　　　　　　　　　　　　【単体規定・避雷設備】

　　高さが**20m**を超える建築物には有効な避雷設備を設置しなければなりませんが、本問の建築物は高さが10mなので、避雷設備の設置義務はありません。

(4) 正　　　　　　　　　　　　　　　　　　　　　　　　　　　【建築確認】

　3階以上の共同住宅の工事を行う場合には、2階の床およびこれを支持するはりに鉄筋を配置する工事を終えたときは、中間検査を受ける必要があります。

解答…(4)

プラス1ワン

【 中間検査 】

建築主は、建築確認を要する工事が 特定工程 を含む場合には、特定工程が終了したときに、中間検査を申請しなければならない

特定工程

　　階数が3以上である共同住宅の2階の床およびこれを支持するはりに鉄筋を配置する工事の工程　など

建築基準法

問題32 建築基準法に関する次の記述のうち、誤っているものはどれか。

[H16問20]

(1) 建築物の敷地が第一種住居地域と近隣商業地域にわたる場合、当該敷地の過半が近隣商業地域であるときは、その用途について特定行政庁の許可を受けなくとも、カラオケボックスを建築することができる。

(2) 建築物が第二種低層住居専用地域と第一種住居地域にわたる場合、当該建築物の敷地の過半が第一種住居地域であるときは、北側斜線制限が適用されることはない。

(3) 建築物の敷地が、都市計画により定められた建築物の容積率の限度が異なる地域にまたがる場合、建築物が一方の地域内のみに建築される場合であっても、その容積率の限度は、それぞれの地域に属する敷地の部分の割合に応じて按分計算により算出された数値となる。

(4) 建築物が防火地域及び準防火地域にわたる場合、建築物が防火地域外で防火壁により区画されているときは、その防火壁外の部分については、準防火地域の規制に適合させればよい。

解説

(1) **正** 【用途制限】

　建築物の敷地が2つの用途地域にまたがる場合は、**広いほう**(敷地の過半が属するほう)の用途制限が適用されます。したがって、本肢では、近隣商業地域の用途制限が適用されます。近隣商業地域では、カラオケボックスを建築することができます。

【用途地域内の用途制限】

建築物の用途	用途地域	住居系							商業系		工業系		
		第一種低層住居専用	第二種低層住居専用	田園住居	第一種中高層住居専用	第二種中高層住居専用	第一種住居	第二種住居	準住居	近隣商業	商業	準工業	工業	工業専用
レジャー・娯楽	カラオケボックス、ダンスホール	×	×	×	×	×	×	▲	▲	●	●	●	▲	▲
		▲…10,000㎡以下

(2) **誤** 【北側斜線制限】

　第二種低層住居専用地域には北側斜線制限が適用されるため、第二種低層住居専用地域内にある建築物部分については、北側斜線制限が適用されます。

(3) **正** 【容積率】

　容積率の限度が異なる地域にまたがって建築物の敷地がある場合には、建築物が一方の地域内のみに建築される場合でも、その容積率の限度は加重平均で求めた容積率(それぞれの地域に属する敷地の部分の割合に応じて按分計算により算出された数値)となります。

(4) **正** 【建築物が防火地域と準防火地域にまたがる場合】

　建築物が防火地域および準防火地域にまたがる場合の規定は次のとおりです。

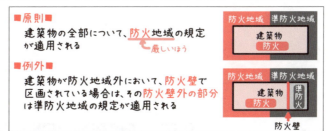

解答…(2)

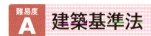 

問題33 建築基準法に関する次の記述のうち、正しいものはどれか。

[R2(10月)問18]

（1）公衆便所及び巡査派出所については、特定行政庁の許可を得ないで、道路に突き出して建築することができる。

（2）近隣商業地域内において、客席の部分の床面積の合計が200㎡以上の映画館は建築することができない。

（3）建築物の容積率の算定の基礎となる延べ面積には、老人ホームの共用の廊下又は階段の用に供する部分の床面積は、算入しないものとされている。

（4）日影による中高層の建築物の高さの制限に係る日影時間の測定は、夏至日の真太陽時の午前8時から午後4時までの間について行われる。

解説

(1) 誤　　　　　　　　　　　　　　　　　　　　　　　　　【道路内の建築制限】

　　建築物または敷地を造成するための擁壁は、原則として、道路内にまたは道路に突き出して建築・築造してはなりません。公衆便所、巡査派出所その他これらに類する公益上必要な建築物については、特定行政庁が通行上支障がないと認めて建築審査会の同意を得て許可した場合でなければ、道路に突き出して建築することはできません。

(2) 誤　　　　　　　　　　　　　　　　　　　　　　　　　　【近隣商業地域】

　　近隣商業地域内においては、客席の部分の床面積に関係なく映画館を建築することができます。

【用途地域内の用途制限】

●…建築できる　✕…原則建築できない

建築物の用途	用途地域	住居系								商業系		工業系		
		第一種低層住居専用	第二種低層住居専用	田園住居	第一種中高層住居専用	第二種中高層住居専用	第一種住居	第二種住居	準住居	近隣商業	商業	準工業	工業	工業専用
レジャー・娯楽	劇場、**映画館**、演芸場、観覧場、ナイトクラブ	✕	✕	✕	✕	✕	✕	✕	▲	●	●	●	✕	✕
	▲…客席200㎡未満													

(3) 正　　　　　　　　　　　　　　　　　　　　　　　　　　【容積率の特例】

　　建築物の容積率の算定の基礎となる延べ面積には、政令で定める昇降機の昇降路の部分または共同住宅・老人ホーム等の共用の廊下・階段の用に供する部分の床面積は、算入しないものとされています。

(4) 誤　　　　　　　　　　　　　　　　　　　　　　　　　　【日影規制】

　　日影による中高層の建築物の高さの制限に係る日影時間の測定は、「夏至日」ではなく「冬至日」の真太陽時の午前8時から午後4時(北海道は午前9時から午後3時)までの間について行われます。

解答…(3)

難易度 A
国土利用計画法

→教科書 CHAPTER03 SECTION03

問題34 国土利用計画法第23条の都道府県知事への届出(以下この問において「事後届出」という。)に関する次の記述のうち、正しいものはどれか。

[H22問15]

(1) 宅地建物取引業者Aが、自ら所有する市街化区域内の5,000㎡の土地について、宅地建物取引業者Bに売却する契約を締結した場合、Bが契約締結日から起算して2週間以内に事後届出を行わなかったときは、A及びBは6月以下の懲役又は100万円以下の罰金に処せられる場合がある。

(2) 事後届出に係る土地の利用目的について、甲県知事から勧告を受けた宅地建物取引業者Cは、甲県知事に対し、当該土地に関する権利を買い取るべきことを請求することができる。

(3) 乙市が所有する市街化調整区域内の10,000㎡の土地と丙市が所有する市街化区域内の2,500㎡の土地について、宅地建物取引業者Dが購入する契約を締結した場合、Dは事後届出を行う必要はない。

(4) 事後届出に係る土地の利用目的について、丁県知事から勧告を受けた宅地建物取引業者Eが勧告に従わなかった場合、丁県知事は、その旨及びその勧告の内容を公表しなければならない。

解説

(1) 誤　　　　　　　　　　　　　　　　　　　　　【事後届出の手続】

　　事後届出の義務は権利取得者であるBにあるため、Aについては罰則の適用はありません。

(2) 誤　　　　　　　　　　　　　　　　　　　　　【事後届出の手続】

　　事後届出後、都道府県知事から土地の利用目的について勧告を受けたとしても、都道府県知事に対し、その土地に関する権利を買い取るべきことを請求することはできません。

(3) 正　　　　　　　　　　　　　　　　　　　【許可・届出が不要な場合】

　　当事者の一方または双方が国、地方公共団体、地方住宅供給公社等である場合には、事後届出を行う必要はありません。

(4) 誤　　　　　　　　　　　　　　　　　　　【事後届出の手続・勧告】

　　都道府県知事は勧告を受けた者が勧告に従わないときは、その旨・勧告の内容を公表することができます（「公表しなければならない」ではありません）。

解答…**(3)**

CH 03 法令上の制限

ちょっと確認！

許可・届出が不要な場合

❶ **当事者の一方または双方が国、地方公共団体、地方住宅供給公社等である場合**

❷ 農地法3条1項の許可を受ける必要がある場合

❸ 民事調停法による調停にもとづく場合

❹ 非常災害にさいして、必要な応急措置を講ずる場合（一定の場合）

❺ 土地の面積が下記未満の場合

規制区域	監視区域	注視区域	無指定区域
― 面積例外はなし	都道府県の規則で定めた面積未満	・**市街化区域** 　➡2,000㎡未満 ・**市街化区域以外の都市計画区域** 　（市街化調整区域、非線引き区域） 　➡5,000㎡未満 ・**都市計画区域外** 　（準都市計画区域、それ以外の区域） 　➡10,000㎡未満	

481

難易度 A 国土利用計画法

→教科書 CHAPTER03 SECTION03

問題35 国土利用計画法第23条の届出(以下この問において「事後届出」という。)に関する次の記述のうち、正しいものはどれか。　[R2(10月)問22]

(1) Aが所有する市街化区域内の1,500㎡の土地をBが購入した場合には、Bは事後届出を行う必要はないが、Cが所有する市街化調整区域内の6,000㎡の土地についてDと売買に係る予約契約を締結した場合には、Dは事後届出を行う必要がある。

(2) Eが所有する市街化区域内の2,000㎡の土地をFが購入した場合、Fは当該土地の所有権移転登記を完了した日から起算して2週間以内に事後届出を行う必要がある。

(3) Gが所有する都市計画区域外の15,000㎡の土地をHに贈与した場合、Hは事後届出を行う必要がある。

(4) Iが所有する都市計画区域外の10,000㎡の土地とJが所有する市街化調整区域内の10,000㎡の土地を交換した場合、I及びJは事後届出を行う必要はない。

解説

(1) **正**　　　　　　　　　　　　　　　　　　　【許可・届出が不要な場合】

　　市街化区域内では **2,000㎡以上**、市街化調整区域内では **5,000㎡以上**の土地の売買等の契約をしたときに事後届出が必要となります。Bは市街化区域内の1,500㎡の土地を購入したので事後届出を行う必要はありませんが、Dは市街化調整区域内の6,000㎡の土地について売買に係る予約契約を締結しているので事後届出を行う必要があります。なお、売買に係る予約契約は「土地売買等の契約」に該当します。

(2) **誤**　　　　　　　　　　　　　　　　　　　　　　【事後届出の手続】

　　Fは市街化区域内の2,000㎡の土地を購入しているので事後届出が必要となりますが、事後届出は「所有権移転登記を完了した日」ではなく、「**契約を締結した日**」から **2週間以内**に行わなければなりません。

(3) **誤**　　　　　　　　　　　　　　　　　　　【土地売買等の契約の要件】

　　贈与による取得は、対価の授受がなく、届出が必要な「土地売買等の契約」に該当しません。なお、都市計画区域外の10,000㎡以上の土地について、土地売買等の契約をしたときは事後届出が必要となります。

(4) **誤**　　　　　　　　　　　　　　　　　　　【土地売買等の契約の要件】

　　交換は「土地売買等の契約」に該当するため、Iから都市計画区域外の10,000㎡以上の土地(本肢では10,000㎡の土地)を取得するJも、Jから市街化調整区域内の5,000㎡以上の土地(本肢では10,000㎡の土地)を取得するIも、当該交換をした日(契約を締結した日)から **2週間以内**に事後届出をする必要があります。

解答…(1)

> **ちょっと確認！**
>
> ### 「土地売買等の契約」の要件とは
>
> **「土地売買等の契約」の要件**
>
> ❶ 土地に関する権利の移転または設定であること
>
> ❷ **対価の授受**を伴うものであること
>
> ❸ 土地に関する権利の移転または設定が**契約**によって行われるものであること
>
> | 「土地売買等の契約」に該当するもの | 「土地売買等の契約」に該当しないもの |
> | --- | --- |
> | ・売買契約、売買の予約 | ・地役権、永小作権、抵当権などの設定、移転 |
> | ・交換 | ・**贈与**、信託の引受け |
> | ・譲渡担保 | ・形成権(予約完結権、買戻権等)の行使 |
> | ・代物弁済 | ・相続、法人の合併、遺産分割 |
> | ・停止条件付・解除条件付の契約　　　　　など | ・時効、土地収用　など |

難易度 A 国土利用計画法

問題36 国土利用計画法第23条の届出（以下この問において「事後届出」という。）に関する次の記述のうち、正しいものはどれか。 ［H19問17］

(1) 宅地建物取引業者であるAとBが、市街化調整区域内の6,000㎡の土地について、Bを権利取得者とする売買契約を締結した場合には、Bは事後届出を行う必要はない。

(2) 宅地建物取引業者であるCとDが、都市計画区域外の2haの土地について、Dを権利取得者とする売買契約を締結した場合には、Dは事後届出を行わなければならない。

(3) 事後届出が必要な土地売買等の契約により権利取得者となった者が事後届出を行わなかった場合には、都道府県知事から当該届出を行うよう勧告されるが、罰則の適用はない。

(4) 事後届出が必要な土地売買等の契約により権利取得者となった者は、その契約の締結後、1週間以内であれば市町村長を経由して、1週間を超えた場合には直接、都道府県知事に事後届出を行わなければならない。

解説

(1) **誤** 【許可・届出が不要な場合】
　市街化調整区域の場合、**5,000㎡以上**の土地について、土地売買等の契約を締結したとき、権利取得者(B)は事後届出を行わなければなりません。

(2) **正** 【許可・届出が不要な場合】
　都市計画区域外の場合、**10,000㎡（1ha）以上**の土地について、土地売買等の契約を締結したとき、権利取得者(D)は事後届出を行わなければなりません。

(3) **誤** 【罰則】
　事後届出が必要な場合であるにもかかわらず、事後届出を行わなかった場合には、罰則（6カ月以下の懲役または100万円以下の罰金）が適用されます。なお、都道府県知事から届出を行うよう勧告されることはありません。

(4) **誤** 【事後届出の手続】
　権利取得者は、契約の締結後**2週間以内**に**市町村長**を経由して、**都道府県知事**に対して事後届出を行わなければなりません。

解答…(2)

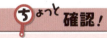

事後届出の手続

契約の締結後2週間以内に、権利取得者が 一定事項 を示して、市町村長を経由して都道府県知事に届け出る

- 契約締結の年月日
- 土地の利用目的
- 対価の額　など

難易度 A 国土利用計画法

問題37 国土利用計画法第23条の届出（以下この問において「事後届出」という。）に関する次の記述のうち、正しいものはどれか。　[H18問17]

(1) 土地売買等の契約を締結した場合には、当事者のうち当該契約による権利取得者は、その契約に係る土地の登記を完了した日から起算して2週間以内に、事後届出を行わなければならない。

(2) 注視区域又は監視区域に所在する土地について、土地売買等の契約を締結しようとする場合には、国土利用計画法第27条の4又は同法第27条の7の事前届出が必要であるが、当該契約が一定の要件を満たすときは事後届出も必要である。

(3) 都道府県知事は、事後届出があった場合において、その届出書に記載された土地に関する権利の移転等の対価の額が土地に関する権利の相当な価額に照らし著しく適正を欠くときは、当該対価の額について必要な変更をすべきことを勧告することができる。

(4) 事後届出が必要な土地売買等の契約を締結したにもかかわらず、所定の期間内にこの届出をしなかった者は、6月以下の懲役又は100万円以下の罰金に処せられる。

解説

(1) **誤** 【事後届出の手続】

事後届出は、「土地の登記を完了した日」からではなく、「**契約を締結した日**」から**2週間以内**に行わなければなりません。

(2) **誤** 【注視区域、監視区域】

事前届出制の対象となっている注視区域と監視区域については事後届出は不要です。

(3) **誤** 【事後届出・勧告】

事後届出において、都道府県知事が勧告することができるのは、**土地の利用目的**の変更だけです(対価の額の変更については勧告することはできません)。

ちなみに事前届出の場合には、都道府県知事は「土地の利用目的の変更」、「対価の額の引下げ」などについて勧告することができるよ〜

(4) **正** 【罰則】

事後届出が必要な場合であるにもかかわらず、所定の期間内に事後届出を行わなかった場合には、罰則(6カ月以下の懲役または100万円以下の罰金)が適用されます。

解答…(4)

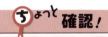

勧告

事後届出の場合
都道府県知事は、「土地の利用目的の変更」を勧告することができる

事前届出の場合
都道府県知事は、「土地の利用目的の変更」「予定対価の引下げ」「契約締結の中止」等を勧告することができる

B 国土利用計画法

→教科書 *CHAPTER03 SECTION03*

問題38 国土利用計画法第23条の都道府県知事への届出（以下この問において「事後届出」という。）に関する次の記述のうち、正しいものはどれか。

［H21問15］

（1）宅地建物取引業者Aが都市計画区域外の10,000㎡の土地を時効取得した場合、Aは、その日から起算して2週間以内に事後届出を行わなければならない。

（2）宅地建物取引業者Bが行った事後届出に係る土地の利用目的について、都道府県知事が適正かつ合理的な土地利用を図るために必要な助言をした場合、Bがその助言に従わないときは、当該知事は、その旨及び助言の内容を公表しなければならない。

（3）宅地建物取引業者Cが所有する市街化調整区域内の6,000㎡の土地について、宅地建物取引業者Dが購入する旨の予約をした場合、Dは当該予約をした日から起算して2週間以内に事後届出を行わなければならない。

（4）宅地建物取引業者Eが所有する都市計画区域外の13,000㎡の土地について、4,000㎡を宅地建物取引業者Fに、9,000㎡を宅地建物取引業者Gに売却する契約を締結した場合、F及びGはそれぞれ、その契約を締結した日から起算して2週間以内に事後届出を行わなければならない。

	①	②	③	④	⑤
学 習 日					
理 解 度 (○/△/×)					

488

解説

(1) 誤　　　　　　　　　　　　　　　　　　　　【土地売買等の契約の要件】

　　時効取得は、対価の授受がなく、また契約によるものではありません。したがって、届出が必要な「土地売買等の契約」に該当しないため、事後届出をする必要はありません。

(2) 誤　　　　　　　　　　　　　　　　　　　　　　　　【事後届出・助言】

　　勧告に従わなかった場合には、その旨・内容を公表されることがありますが、助言に従わなかった場合には、公表されることはありません。

(3) 正　　　　　　　　　　　　　　　　　　　　【土地売買等の契約の要件】

　　土地の売買の予約は、「土地売買等の契約」に該当するため、Dは市街化調整区域内の6,000㎡の土地（5,000㎡以上の土地）について、購入の予約をした場合、当該予約をした日（契約を締結した日）から**2週間以内**に事後届出をする必要があります。

(4) 誤　　　　　　　　　　　　　　　　　　　　　　　　　【分譲の場合】

　　都市計画区域外については、**10,000㎡以上**の土地について、土地売買等の契約を締結したとき、届出が必要となります。事後届出の場合、この面積は**買主**が取得した面積で判定します。したがって、F（4,000㎡）もG（9,000㎡）も事後届出を行う必要はありません。

解答…**(3)**

> **CH 03**
> 法令上の制限

ちょっと確認！

土地売買等の契約に該当するもの・しないもの

「土地売買等の契約」に該当するもの	「土地売買等の契約」に該当しないもの
・売買契約、**売買の予約**	・地役権、永小作権、抵当権などの設定、移転
・交換	・贈与、信託の引受け
・譲渡担保	・形成権（予約完結権、買戻権等）の行使
・代物弁済	・相続、法人の合併、遺産分割
・停止条件付・解除条件付の契約　　　　　　など	・**時効**、土地収用　など

分譲（分割して売却）の場合の面積は？

事後届出の場合

→分譲**後**の面積（**買主**が取得した面積）で判定

事前届出の場合

→分譲**前**の面積（**売主**の面積）で判定

難易度 A 国土利用計画法

問題39 国土利用計画法第23条の届出（以下この問において「事後届出」という。）に関する次の記述のうち、正しいものはどれか。　［R1問22］

(1) 宅地建物取引業者Aが、自己の所有する市街化区域内の2,000㎡の土地を、個人B、個人Cに1,000㎡ずつに分割して売却した場合、B、Cは事後届出を行わなければならない。

(2) 個人Dが所有する市街化区域内の3,000㎡の土地を、個人Eが相続により取得した場合、Eは事後届出を行わなければならない。

(3) 宅地建物取引業者Fが所有する市街化調整区域内の6,000㎡の一団の土地を、宅地建物取引業者Gが一定の計画に従って、3,000㎡ずつに分割して購入した場合、Gは事後届出を行わなければならない。

(4) 甲市が所有する市街化調整区域内の12,000㎡の土地を、宅地建物取引業者Hが購入した場合、Hは事後届出を行わなければならない。

解説

（1）誤　　　　　　　　　　　　　　　　　　【事後届出（市街化区域）】

　市街化区域の場合、**2,000㎡以上**の土地について、土地売買等の契約を締結したときに事後届出が必要となります。BもCも1,000㎡の土地を購入しているため、事後届出の必要はありません。

（2）誤　　　　　　　　　　　　　　　　　　【相続による土地の取得】

　相続による取得は、対価の授受がなく、届出が必要な「土地売買等の契約」に該当しないため、事後届出をする必要はありません。

（3）正　　　　　　　　　　　　　　　【事後届出（市街化調整区域）】

　市街化調整区域の場合、**5,000㎡以上**の土地について、土地売買等の契約を締結したときに事後届出が必要となります。そして、この面積は**一団の土地**で判定します。したがって、3,000㎡ずつに分割したとしても、宅建業者Gが取得した一団の土地の面積の合計が6,000㎡となるので、事後届出を行う必要があります。

（4）誤　　　　　　　　　　　　　　　　【事後届出が不要となる場合】

　当事者の一方または双方が国・**地方公共団体**・地方住宅供給公社等である場合には、事後届出を行う必要はありません。

解答…**（3）**

491

国土利用計画法

問題40 国土利用計画法第23条の届出（以下この問において「事後届出」という。）に関する次の記述のうち、正しいものはどれか。　［H30問15］

(1) 事後届出に係る土地の利用目的について、甲県知事から勧告を受けた宅地建物取引業者Aがその勧告に従わないときは、甲県知事は、その旨及びその勧告の内容を公表することができる。

(2) 乙県が所有する都市計画区域内の土地（面積6,000㎡）を買い受けた者は、売買契約を締結した日から起算して2週間以内に、事後届出を行わなければならない。

(3) 指定都市（地方自治法に基づく指定都市をいう。）の区域以外に所在する土地について、事後届出を行うに当たっては、市町村の長を経由しないで、直接都道府県知事に届け出なければならない。

(4) 宅地建物取引業者Bが所有する市街化区域内の土地（面積2,500㎡）について、宅地建物取引業者Cが購入する契約を締結した場合、Cは事後届出を行う必要はない。

解説

(1) 正 【都道府県知事の勧告・公表】

都道府県知事は、一定の場合には、事後届出に係る土地の利用目的について必要な変更をすべきことを勧告することができます。そして、勧告を受けた者がその勧告に従わないときは、**その旨**および**その内容**を**公表**することができます。

❓これはどう？ ──────────────── H17-問17④

事後届出に係る土地の利用目的について、乙県知事から勧告を受けたHが<u>勧告に従わなかった場合</u>、乙県知事は、当該届出に係る<u>土地売買の契約を無効にすることができる</u>。

> **✕** 勧告に従わなかった場合でも契約は有効です。

(2) 誤 【事後届出が不要となる場合】

当事者の一方または双方が国・**地方公共団体**・地方住宅供給公社等である場合には、**事後届出を行う必要はありません**。

(3) 誤 【指定都市の区域以外の土地における事後届出】

地方自治法に基づく**指定都市の区域以外**の土地の場合は、土地売買等の契約を締結した日から起算して2週間以内に、当該土地が所在する市町村の長を経由して、都道府県知事に事後届出をしなければなりません。

(4) 誤 【事後届出が必要な場合】

市街化区域内の土地の売買契約では、**2,000㎡以上**で届出の対象となります。したがって、宅建業者である買主(C)は、事後届出をしなければなりません。

解答…(1)

ちょっと確認！

勧告と契約の効力、罰則の適用

- ☆ 都道府県知事は勧告を受けた者が勧告に従わないときは、その旨および内容を公表できる
- ☆ 勧告に従わなくても契約は有効
- ☆ 勧告に従わなくても罰則の適用はない

難易度 B 国土利用計画法

→教科書 CHAPTER03 SECTION03

問題41 国土利用計画法第23条の届出(以下この問において「事後届出」という。)及び同法第27条の7の届出(以下この問において「事前届出」という。)に関する次の記述のうち、正しいものはどれか。　[H16問16]

(1) 監視区域内の市街化調整区域に所在する面積6,000㎡の一団の土地について、所有者Aが当該土地を分割し、4,000㎡をBに、2,000㎡をCに売却する契約をB、Cと締結した場合、当該土地の売買契約についてA、B及びCは事前届出をする必要はない。

(2) 事後届出においては、土地の所有権移転後における土地利用目的について届け出ることとされているが、土地の売買価額については届け出る必要はない。

(3) Dが所有する都市計画法第5条の2に規定する準都市計画区域内に所在する面積7,000㎡の土地について、Eに売却する契約を締結した場合、Eは事後届出をする必要がある。

(4) Fが所有する市街化区域内に所在する面積4,500㎡の甲地とGが所有する市街化調整区域内に所在する面積5,500㎡の乙地を金銭の授受を伴わずに交換する契約を締結した場合、F、Gともに事後届出をする必要がある。

解説

(1) 誤　　　　　　　　　　　　　　　　　　　【許可・届出が不要な場合】

監視区域の場合、事前届出が必要となる面積は都道府県の規則で定められます。しかし、この面積は注視区域や無指定区域の届出面積(市街化調整区域の場合は5,000㎡以上)よりも小さくなります。また、監視区域(事前届出)の場合、分譲前の面積(売主の面積)で判断します。本肢では、分譲前の面積が6,000㎡なので、A、B、Cは事前届出をする必要があります。

監視区域の場合の届出義務者は、契約の当事者。
だから、AもBもCも事前届出が必要だよ…

(2) 誤　　　　　　　　　　　　　　　　　　　【事後届出・届出が必要な事項】

事後届出において、届出が必要な事項には、**契約締結の年月日**、**土地の利用目的**、**対価の額**(土地の売買価額)などがあります。

(3) 誤　　　　　　　　　　　　　　　　　　　【許可・届出が不要な場合】

準都市計画区域(都市計画区域外)の場合、10,000㎡以上の土地について、土地売買等の契約を締結したときに事後届出が必要となります。本肢の面積は7,000㎡なので、Eは事後届出をする必要はありません。

(4) 正　　　　　　　　　　　　　　　　　　　【許可・届出が不要な場合】

「交換」も「土地売買等の契約」に該当します。また、市街化区域の場合は2,000㎡以上、市街化調整区域の場合は5,000㎡以上の土地について、土地売買等の契約を締結したときに届出が必要となります。したがって、FもGも事後届出をする必要があります。

解答…(4)

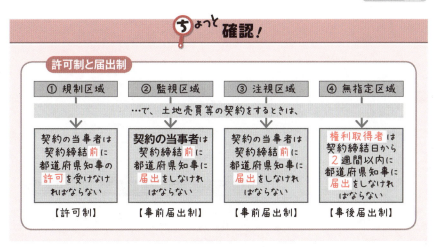

農地法

問題42 農地法(以下この問において「法」という。)に関する次の記述のうち、正しいものはどれか。　[H18問25]

(1) 山林を開墾し現に水田として耕作している土地であっても、土地登記簿上の地目が山林である限り、法の適用を受ける農地には当たらない。
(2) 農業者が、住宅を建設するために法第4条第1項の許可を受けた農地をその後住宅建設の工事着工前に宅地として売却する場合、改めて法第5条第1項の許可を受ける必要はない。
(3) 耕作目的で農地の売買契約を締結し、代金の支払をした場合でも、法第3条第1項の許可を受けていなければその所有権の移転の効力は生じない。
(4) 農業者が、自ら農業用倉庫として利用する目的で自己の所有する農地を転用する場合には、転用する農地の面積の規模にかかわらず、法第4条第1項の許可を受ける必要がある。

解説

(1) **誤** 　　　　　　　　　　　　　　　　　　　　　　　　　　【農地とは】

　現況が農地(水田)であれば、登記簿上の地目が山林であっても、農地法の適用を受ける農地に該当します。

(2) **誤** 　　　　　　　　　　　　　　　　　　　【5条(転用目的の権利移動)】

　住宅を建設するために転用の許可(**4条許可**)を受けていたとしても、住宅の建設工事着工前にその農地を宅地として売却する場合には、改めて**5条許可**を受ける必要があります。

(3) **正** 　　　　　　　　　　　　　　　　　　　　　【許可がない場合の契約の効力】

　契約を締結し、代金の支払いをした場合でも、農地法3条の許可を受けていなければ所有権移転の効力は生じません。

(4) **誤** 　　　　　　　　　　　　　　　　　　　　　　　【許可が不要となる場合】

　農地を農地以外に転用する場合には、原則として**4条許可**を受ける必要がありますが、農業者が自ら農業用倉庫(農業用施設)として農地を転用する場合には、その農地の面積が**2a未満**であれば、4条許可は不要となります。本肢では、「転用する農地の面積の規模にかかわらず」とあるので、誤りです。

解答…**(3)**

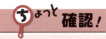

権利移動・転用の制限

3条(権利移動)
農地・採草放牧地の権利移動は**農業委員会**の許可が必要

4条(転用)
農地の転用は**都道府県知事**(または指定市町村長)の許可が必要

5条(転用目的の権利移動)
農地・採草放牧地の転用目的の権利移動は**都道府県知事**(または指定市町村長)の許可が必要

　※ なお、採草放牧地の農地への転用目的の権利移動は3条許可が必要

 農地法

問題43 農地法(以下この問において「法」という。)に関する次の記述のうち、正しいものはどれか。 ［H19問25］

(1) 農業者が相続により取得した市街化調整区域内の農地を自己の住宅用地として転用する場合には、法第4条第1項の許可を受ける必要はない。
(2) 住宅を建設する目的で市街化区域内の農地の所有権を取得するに当たって、あらかじめ農業委員会に届け出た場合には、法第5条第1項の許可を受ける必要はない。
(3) 耕作する目的で原野の所有権を取得し、その取得後、造成して農地にする場合には、法第3条第1項の許可を受ける必要がある。
(4) 市街化調整区域内の農地を駐車場に転用するに当たって、当該農地がすでに利用されておらず遊休化している場合には、法第4条第1項の許可を受ける必要はない。

	①	②	③	④	⑤
学 習 日					
理 解 度 (○/△/×)					

解説

(1) **誤** 　　　　　　　　　　　　　　　　　　　　【許可が不要となる場合】

相続によって農地を取得する場合には、**3条許可**は不要ですが、本肢では、農地を住宅用地として転用するため、**4条許可**を受ける必要があります。

(2) **正** 　　　　　　　　　　　　　　　　　　　　【市街化区域内の特例】

市街化区域内の農地や採草放牧地を転用目的で取得する場合（転用目的の権利移動。ただし、採草放牧地を農地にする場合を除く）は、あらかじめ農業委員会に届け出れば、5条許可は不要です。

(3) **誤** 　　　　　　　　　　　　　　　　　　　　【農地とは】

原野を取得して、その後、農地として造成する場合には、3条許可は不要です。

(4) **誤** 　　　　　　　　　　　　　　　　　　　　【4条(転用)】

農地が遊休地であったとしても、農地を駐車場に転用する場合には、**4条許可**を受ける必要があります。

解答…(2)

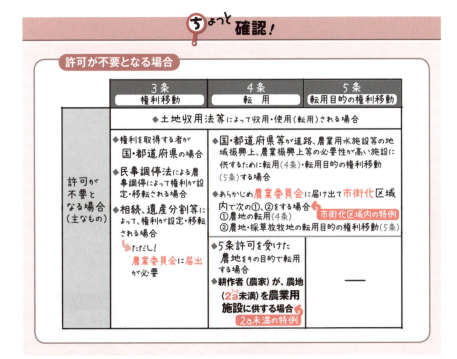

 農地法

問題44 農地に関する次の記述のうち、農地法(以下この問において「法」という。)の規定によれば、正しいものはどれか。 [R1問21]

(1) 耕作目的で原野を農地に転用しようとする場合、法第4条第1項の許可は不要である。
(2) 金融機関からの資金借入れのために農地に抵当権を設定する場合、法第3条第1項の許可が必要である。
(3) 市街化区域内の農地を自家用駐車場に転用する場合、法第4条第1項の許可が必要である。
(4) 砂利採取法による認可を受けた採取計画に従って砂利採取のために農地を一時的に貸し付ける場合、法第5条第1項の許可は不要である。

解説

(1) **正** 【4条許可】

　4条許可は、農地を**農地以外に転用**するさいに必要になるものです。したがって、原野を農地に転用しようとする場合は、4条許可を受ける必要はありません。

(2) **誤** 【3条許可】

　抵当権の設定は、権利移転に該当しないため、3条許可を受ける必要はありません。

(3) **誤** 【4条許可】

　市街化区域内の農地を転用する場合、あらかじめ農業委員会に届出をすれば、4条許可を受ける必要はありません。

❓ これはどう? H17-問25②

市街化区域内の農地を耕作の目的に供するために取得する場合は、あらかじめ農業委員会に届け出れば、農地法第3条第1項の許可を受ける必要はない。

> ✕ 市街化区域内の特例は、権利移動(3条)には適用されません。

(4) **誤** 【5条許可】

　砂利を採取するための農地の貸付けは転用目的の権利移動となります。たとえ一時的だとしても、5条許可を受ける必要があります。

解答…**(1)**

農地法

問題45 農地法(以下この問において「法」という。)に関する次の記述のうち、正しいものはどれか。　[H21問22改]

(1) 土地区画整理法に基づく土地区画整理事業により道路を建設するために、農地を転用しようとする者は、法第4条第1項の許可を受けなければならない。
(2) 農業者が住宅の改築に必要な資金を銀行から借りるため、自己所有の農地に抵当権を設定する場合には、法第3条第1項の許可を受けなければならない。
(3) 市街化区域内において2ha（ヘクタール）の農地を住宅建設のために取得する者は、法第5条第1項の都道府県知事等の許可を受けなければならない。
(4) 都道府県知事等は、法第5条第1項の許可を要する農地取得について、その許可を受けずに農地の転用を行った者に対して、必要な限度において原状回復を命ずることができる。

解説

(1) 誤　　　　　　　　　　　　　　　　　　　　【許可が不要となる場合】

　　農地を転用する場合には、原則として4条許可を受ける必要がありますが、土地区画整理法に基づく土地区画整理事業により道路を建設するために農地を転用しようとする場合には、例外として4条許可は不要となります。

(2) 誤　　　　　　　　　　　　　　　　　　　　　　【3条（権利移動）】

　　抵当権の設定は、権利移動に該当しないため、3条許可を受ける必要はありません。

(3) 誤　　　　　　　　　　　　　　　　　　　　【許可が不要となる場合】

　　本肢は、「農地を住宅建設のために取得する」場合であるため、転用目的の権利移動(5条)に該当しますが、市街化区域内にある農地や採草放牧地については、あらかじめ農業委員会に届出をすれば、5条許可は不要となります。

(4) 正　　　　　　　　　　　　　　　　　　【許可を受けなかった場合の処分】

　　都道府県知事等は、5条許可が必要な農地取得について、その許可を受けずに農地の転用を行った者に対して、必要な限度において原状回復を命ずることができます。

解答…**(4)**

ちょっと確認！

許可を受けなかった場合の効力等

		3 条 権利移動	4 条 転用	5 条 転用目的の権利移動
許可なしの場合	効力	無効	——※原状回復や工事の停止等の命令がされることがある	無効
	罰則	3年以下の懲役または300万円以下の罰金		

503

農地法

問題46 農地法(以下この問において「法」という。)に関する次の記述のうち、正しいものはどれか。 　　　　　　　　　　　[H25問21改]

(1) 農地の賃貸借について法第3条第1項の許可を得て農地の引渡しを受けても、土地登記簿に登記をしなかった場合、その後、その農地について所有権を取得した第三者に対抗することができない。
(2) 雑種地を開墾し、現に畑として耕作されている土地であっても、土地登記簿上の地目が雑種地である限り、法の適用を受ける農地には当たらない。
(3) 国又は都道府県等が市街化調整区域内の農地(1ヘクタール)を取得して学校を建設する場合、都道府県知事等との協議が成立しても法第5条第1項の許可を受ける必要がある。
(4) 農業者が相続により取得した市街化調整区域内の農地を自己の住宅用地として転用する場合でも、法第4条第1項の許可を受ける必要がある。

解説

(1) 誤   【その他】

農地や採草放牧地の賃貸借については、登記がなくても**引渡し**があれば、賃借人は、その後、その農地の所有権を取得した第三者に、賃借権を対抗することができます。

(2) 誤   【農地とは】

現況が農地(畑)であれば、登記簿上の地目が雑種地であっても、農地法の適用を受ける農地に該当します。

(3) 誤   【許可があったとみなす場合】

国または都道府県等が農地を農地以外のものにするため、これらの土地について所有権を取得する場合は、都道府県知事等との協議が成立することをもって、5条許可があったものとみなされます。したがって、この場合には5条許可を受ける必要はありません。

(4) 正   【許可が不要となる場合】

相続によって農地を取得した場合には、3条許可は不要ですが、本肢では、農地を住宅用地として転用するため、**4条許可**を受ける必要があります。

解答…**(4)**

法令上の制限 CH 03

プラス1ワン

【 許可があったとみなす場合 】

4条(転用目的)

国または都道府県等が農地を農地以外のものに転用しようとする場合、都道府県知事等※との協議が成立することをもって、4条許可があったものとみなす

5条(転用目的の権利移動)

国または都道府県等が農地を農地以外のものにするため、または採草放牧地を採草放牧地以外のもの(農地を除く)にするため、当該土地を取得しようとする場合、都道府県知事等※との協議が成立することをもって、5条許可があったものとみなす

※ 都道府県知事、指定市町村の長

農地法

問題47 農地法(以下この問において「法」という。)に関する次の記述のうち、正しいものはどれか。 [H23問22]

(1) 相続により農地を取得する場合は、法第3条第1項の許可を要しないが、遺産の分割により農地を取得する場合は、同項の許可を受ける必要がある。

(2) 競売により市街化調整区域内にある農地を取得する場合は、法第3条第1項又は法第5条第1項の許可を受ける必要はない。

(3) 農業者が、自らの養畜の事業のための畜舎を建設する目的で、市街化調整区域内にある150㎡の農地を購入する場合は、第5条第1項の許可を受ける必要がある。

(4) 市街化区域内にある農地を取得して住宅を建設する場合は、工事完了後遅滞なく農業委員会に届け出れば、法第5条第1項の許可を受ける必要はない。

解説

(1) 誤　　　　　　　　　　　　　　　　　　　　　　　　　【許可が不要となる場合】

相続や遺産の分割によって農地を取得する場合には、3条許可は不要です。

❓ これはどう？　　　　　　　　　　　　　　　　　　　　　　　H22-問22①

農地を相続した場合、その相続人は、農地法第3条第1項の許可を受ける必要はないが、遅滞なく、農業委員会にその旨を届け出なければならない。

> ○ 農地や採草放牧地を相続や遺産の分割によって取得した場合には、**3条許可**は不要ですが、遅滞なく、その旨を**農業委員会**に届け出なければなりません。

↗ Step Up　　　　　　　　　　　　　　　　　　　　　　　　H28-問22①

相続により農地を取得する場合は、農地法第3条第1項の許可を要しないが、相続人に該当しない者に対する特定遺贈により農地を取得する場合も、同項の許可を受ける必要はない。

> ✕ 相続、遺産分割等によって権利が設定・移転される場合には、3条許可は不要ですが、相続人に該当しない者に対する特定遺贈(相続財産のうち特定の財産を示して譲渡すること)の場合には3条許可が必要です。

(2) 誤　　　　　　　　　　　　　　　　　　　　　　　　　【許可が不要となる場合】

競売によって農地を取得する場合には、許可を受ける必要があります。

(3) 正　　　　　　　　　　　　　　　　　　　　　　　　　【許可が不要となる場合】

農業者が農業用施設を建築する目的で農地を転用する場合には、転用する面積が**2a未満**であれば4条許可は不要ですが、農業用施設を建築する目的で農地を購入する場合(転用目的の権利移動の場合)には、5条許可を受ける必要があります。

「2a未満の特例」は4条(転用)の場合のみ適用できる！

(4) 誤　　　　　　　　　　　　　　　　　　　　　　　　　【許可が不要となる場合】

許可が不要となるための農業委員会への届出は、「あらかじめ」行う必要があります。

解答…(3)

難易度 A 宅地造成等規制法

→教科書 CHAPTER03 SECTION06

問題48 宅地造成等規制法に関する次の記述のうち、誤っているものはどれか。なお、この問における都道府県知事とは、地方自治法に基づく指定都市、中核市、施行時特例市にあってはその長をいうものとする。

［H20 問22 改］

(1) 宅地造成工事規制区域内において、森林を宅地にするために行う切土であって、高さ3mの崖を生ずることとなるものに関する工事を行う場合には、造成主は、都市計画法第29条第1項又は第2項の許可を受けて行われる当該許可の内容に適合した工事を除き、工事に着手する前に、都道府県知事の許可を受けなければならない。

(2) 宅地造成工事規制区域内の宅地において、高さが3mの擁壁の除却工事を行う場合には、宅地造成等規制法に基づく都道府県知事の許可が必要な場合を除き、あらかじめ都道府県知事に届け出なければならず、届出の期限は工事に着手する日の前日までとされている。

(3) 都道府県知事又はその命じた者若しくは委任した者は、宅地造成工事規制区域又は造成宅地防災区域の指定のため測量又は調査を行う必要がある場合においては、その必要の限度において、他人の占有する土地に立ち入ることができる。

(4) 都道府県知事は、造成宅地防災区域内の造成宅地について、宅地造成に伴う災害で、相当数の居住者その他の者に危害を生ずるものの防止のため必要があると認める場合は、その造成宅地の所有者のみならず、管理者や占有者に対しても、擁壁等の設置等の措置をとることを勧告することができる。

	①	②	③	④	⑤
学 習 日					
理 解 度 (○/△/×)					

508

解説

(1) **正** 　　　　　　　　　　　　　　　　　　　　　　　　　【宅地造成とは】

　宅地造成工事規制区域内において、宅地以外の土地(森林)を宅地にするために行う**切土**で、高さが2mを超える崖を生ずることとなる工事を行う場合には、工事に着手する前に**都道府県知事**の**許可**を受けなければなりません。

(2) **誤** 　　　　　　　　　　　　　　　　　　　　　　　　　【工事等の届出】

　宅地造成工事規制区域内の宅地において、一定の擁壁や排水施設等の除却工事を行おうとする者は、「工事に着手する日の前日まで」ではなく、「**工事に着手する日の14日前まで**」に、**都道府県知事**に**届け出**なければなりません。

(3) **正** 　　　　　　　　　　　　　　　　　　　　　　　　　【その他】

　都道府県知事等は、宅地造成工事規制区域または造成宅地防災区域の指定のため、測量または調査を行う必要がある場合においては、必要の限度において、他人の占有する土地に立ち入ることができます。

(4) **正** 　　　　　　　　　　　　　　　　　　　　　　　　　【造成宅地の保全義務等】

　都道府県知事は、造成宅地防災区域内の造成宅地において、災害の防止のため、必要があると認める場合には、宅地の**所有**者、**管理**者、**占有**者に対し、必要な措置(擁壁・排水施設等の設置や改造など)をとることを**勧告**することができます。

解答…**(2)**

ちょっと確認！

宅地造成とは

宅地以外の土地を宅地にするため、または、宅地において行う土地の形質の変更で、

以下のいずれか に該当するもの

① 切土で、切土部分に高さが **2** m超の崖を生ずるもの
② 盛土で、盛土部分に高さが **1** m超の崖を生ずるもの
③ 切土&盛土の場合で、盛土部分に高さが1m以下の崖を生じ、かつ、切土&盛土部分に高さが **2** m超の崖を生ずるもの
④ ①〜③以外で切土・盛土の面積が **500** ㎡ 超のもの

覚え方　人気のイモリが同時にメンコした
　　　　2切　1盛　切2　面500
　　　　m土　m土　土m　積㎡
　　　　超　　超　　&土　　超
　　　　　　　　　盛超
　　　　　　　　　土

宅地造成等規制法

問題49 宅地造成等規制法に関する次の記述のうち、誤っているものはどれか。なお、この問において「都道府県知事」とは、地方自治法に基づく指定都市、中核市及び施行時特例市にあってはその長をいうものとする。

［H30問20］

(1) 宅地造成工事規制区域内において、過去に宅地造成に関する工事が行われ現在は造成主とは異なる者がその工事が行われた宅地を所有している場合、当該宅地の所有者は、宅地造成に伴う災害が生じないよう、その宅地を常時安全な状態に維持するように努めなければならない。
(2) 宅地造成工事規制区域内において行われる宅地造成に関する工事について許可をする都道府県知事は、当該許可に、工事の施行に伴う災害を防止するために必要な条件を付することができる。
(3) 宅地を宅地以外の土地にするために行う土地の形質の変更は、宅地造成に該当しない。
(4) 宅地造成工事規制区域内において、切土であって、当該切土をする土地の面積が400㎡で、かつ、高さ1mの崖を生ずることとなるものに関する工事を行う場合には、一定の場合を除き、都道府県知事の許可を受けなければならない。

解説

(1) **正**　　　　　　　　　　　　　　　　　　　　【宅地の保全義務】

　宅地造成工事規制区域内の宅地の**所有**者・**管理者**・**占有者**は、宅地造成に伴う災害が生じないよう、その宅地を常時安全な状態に維持するように努めなければなりません。現在の所有者が造成主と異なる場合であっても、同様です。

(2) **正**　　　　　　　　　　　　　　　　　　【宅地造成に関する工事の許可】

　都道府県知事は、宅地造成に関する工事について許可をするときは、工事の施行に伴う災害を防止するために必要な条件を付することができます。

(3) **正**　　　　　　　　　　　　　　　　　　　　　【宅地造成とは】

　「宅地以外の土地」を「宅地」にするために行う土地の形質の変更は宅地造成に該当しますが、「宅地」を「宅地以外の土地」にするために行う土地の形質の変更は、宅地造成に該当しません。

(4) **誤**　　　　　　　　　　　　　　　　　　　　　　　【切土】

　宅地造成工事規制区域内において、切土であって、当該切土をする土地の面積が500㎡を超えるとき、または、当該切土をした土地の部分に高さ2mを超える崖を生ずることとなる場合には、都道府県知事の許可を受けなければなりません。

解答…**(4)**

511

難易度 A 宅地造成等規制法

→教科書 *CHAPTER03 SECTION05*

問題50 宅地造成等規制法に関する次の記述のうち、誤っているものはどれか。なお、この問における都道府県知事とは、地方自治法に基づく指定都市、中核市、施行時特例市にあってはその長をいうものとする。

[H22問20⑳]

(1) 宅地を宅地以外の土地にするために行う土地の形質の変更は、宅地造成に該当しない。

(2) 宅地造成工事規制区域内において行われる宅地造成に関する工事は、擁壁、排水施設の設置など、宅地造成に伴う災害を防止するため必要な措置が講ぜられたものでなければならない。

(3) 宅地造成工事規制区域内の宅地において、地表水等を排除するための排水施設の除却の工事を行おうとする者は、宅地造成に関する工事の許可を受けた場合を除き、工事に着手する日までに、その旨を都道府県知事に届け出なければならない。

(4) 宅地造成工事規制区域内の宅地の所有者、管理者又は占有者は、宅地造成に伴う災害が生じないよう、その宅地を常時安全な状態に維持するように努めなければならない。

	①	②	③	④	⑤
学 習 日					
理 解 度 (○/△/×)					

512

解説

(1) **正** 　　　　　　　　　　　　　　　　　　　　　　　　　【宅地造成とは】
　「宅地以外の土地」を「宅地」にするために行う土地の形質の変更は宅地造成に該当しますが、「宅地」を「宅地以外の土地」にするために行う土地の形質の変更は、宅地造成に該当しません。

(2) **正** 　　　　　　　　　　　　　　　　　　　　　　　　　【技術的基準】
　宅地造成工事規制区域内において行われる宅地造成に関する工事は、擁壁、排水施設の設置など、宅地造成に伴う災害を防止するため必要な措置が講ぜられたものでなければなりません。

(3) **誤** 　　　　　　　　　　　　　　　　　　　　　　　　　【工事等の届出】
　宅地造成工事規制区域内の宅地において、排水施設の除却の工事を行おうとする者は、「工事に着手する日まで」ではなく、「**工事に着手する日の14日前まで**」に、**都道府県知事**に**届け出**なければなりません。

(4) **正** 　　　　　　　　　　　　　　　　　　　　　　　　　【宅地の保全義務】
　宅地造成工事規制区域内の宅地の**所有**者、**管理**者、**占有**者は、宅地造成に伴う災害が生じないよう、その宅地を常時安全な状態に維持するように努めなければなりません。

解答…(3)

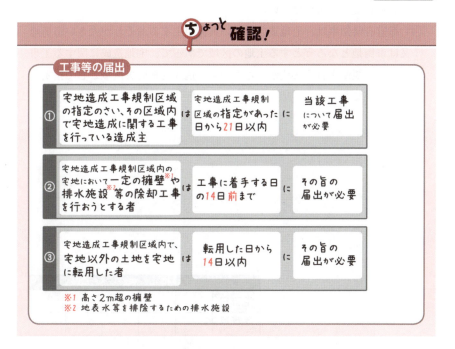

ちょっと確認！ 工事等の届出

難易度 A 宅地造成等規制法

→教科書 *CHAPTER03 SECTION05*

問題51 宅地造成等規制法に関する次の記述のうち、正しいものはどれか。なお、この問において「都道府県知事」とは、地方自治法に基づく指定都市、中核市及び施行時特例市にあってはその長をいうものとする。

［R1問19］

(1) 宅地造成工事規制区域外において行われる宅地造成に関する工事については、造成主は、工事に着手する日の14日前までに都道府県知事に届け出なければならない。

(2) 宅地造成工事規制区域内において行われる宅地造成に関する工事の許可を受けた者は、国土交通省令で定める軽微な変更を除き、当該許可に係る工事の計画の変更をしようとするときは、遅滞なくその旨を都道府県知事に届け出なければならない。

(3) 宅地造成工事規制区域の指定の際に、当該宅地造成工事規制区域内において宅地造成工事を行っている者は、当該工事について都道府県知事の許可を受ける必要はない。

(4) 都道府県知事は、宅地造成に伴い災害が生ずるおそれが大きい市街地又は市街地となろうとする土地の区域であって、宅地造成に関する工事について規制を行う必要があるものを、造成宅地防災区域として指定することができる。

	①	②	③	④	⑤
学 習 日					
理 解 度 (○/△/×)					

解説

(1) 誤　　　　　　　　　　　　　　　　　　　　　【工事等の届出】

宅地造成工事規制区域**外**で行う工事については都道府県知事に届出の必要はありません。

> 工事に着手する14日前までに都道府県知事に届出が必要になるのは、宅地造成工事規制区域内で擁壁等に関する工事をするとき！

(2) 誤　　　　　　　　　　　　　　　　【宅地造成工事の計画の変更】

宅地造成に関する工事の許可を受けた者は、その許可を受けた工事の計画を変更しようとするときには、原則として、**都道府県知事の許可**が必要です。ただし、軽微な変更については**変更の届出**ですみます。

❓これはどう？　　　　　　　　　　　　　　R2（10月）-問19④

宅地造成に関する工事の許可を受けた者が、<u>工事施行者を変更する</u>場合には、遅滞なくその旨を都道府県知事に届け出ればよく、改めて許可を受ける必要はない。

> ⭕ 宅地造成に関する工事の許可を受けた者は、その許可を受けた工事の計画を変更するときには、原則として、都道府県知事の**許可**が必要となりますが、造成主や設計者、工事施行者の変更など、**軽微な変更**の場合には変更の**届出**ですみます。

(3) 正　　　　　　　　　　　　　　　　　　　　【工事等の届出】

宅地造成工事規制区域の指定のさい、その区域内で宅地造成工事を行っている者は、その工事について都道府県知事の許可を受ける必要はありません。

なお、指定のあった日から、**21日以内**に当該工事について都道府県知事に**届出**が必要です。

(4) 誤　　　　　　　　　　　　　　　　　【宅地造成工事規制区域】

都道府県知事は、宅地造成等規制法の目的を達成するために必要があると認めるときは、関係市町村長の意見を聴いて、宅地造成に伴い災害が生ずるおそれが大きい市街地または市街地となろうとする土地の区域であって、宅地造成に関する工事について規制を行う必要があるものを、**宅地造成工事規制区域**として指定することができます。

解答…**(3)**

B 宅地造成等規制法

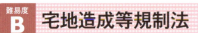

問題52　宅地造成等規制法に関する次の記述のうち、誤っているものはどれか。なお、この問における都道府県知事とは、地方自治法に基づく指定都市、中核市、施行時特例市にあってはその長をいうものとする。

[H23問20改]

(1) 都道府県知事は、造成宅地防災区域について、擁壁等の設置又は改造その他宅地造成に伴う災害の防止のため必要な措置を講ずることにより当該区域の指定の事由がなくなったと認めるときは、その指定を解除するものとする。

(2) 都道府県知事は、偽りによって宅地造成工事規制区域内において行われる宅地造成に関する工事の許可を受けた者に対して、その許可を取り消すことができる。

(3) 宅地造成工事規制区域内で過去に宅地造成に関する工事が行われ、現在は造成主とは異なる者がその工事が行われた宅地を所有している場合において、当該宅地の所有者は宅地造成に伴う災害が生じないようその宅地を常時安全な状態に維持するよう努めなければならない。

(4) 宅地造成工事規制区域外において行われる宅地造成に関する工事については、造成主は、工事に着手する前に都道府県知事に届け出ればよい。

解説

(1) **正** 【造成宅地防災区域】

　　造成宅地防災区域について、宅地造成に伴う災害の防止のため必要な措置を講ずることによって、当該区域の指定の事由がなくなったときは、その指定は解除されます。

(2) **正** 【その他】

　　都道府県知事は、偽りによって宅地造成に関する工事の許可を受けた者に対して、その許可を取り消すことができます。

(3) **正** 【宅地の保全義務】

　　宅地造成工事規制区域内の宅地の**所有**者、**管理**者、**占有**者は、宅地造成に伴う災害が生じないよう、その宅地を常時安全な状態に維持するように努めなければなりません。現在の所有者が造成主と異なる場合であっても、所有者はその宅地を常時安全な状態に維持するように努めなければなりません。

(4) **誤** 【工事等の届出】

　　宅地造成工事規制区域「外」において行われる宅地造成に関する工事については、許可も届出の義務もありません。

解答…**(4)**

ちょっと確認！

宅地の保全義務等

宅地の保全義務

宅地造成工事規制区域内の宅地の**所有**者、**管理**者、**占有**者は、宅地造成に伴う災害が生じないように、その宅地を常時安全な状態に維持するように努めなければならない

勧　告

都道府県知事は、宅地造成工事規制区域内の宅地について、宅地造成に伴う災害の防止のため必要があると認める場合には、宅地の**所有**者、**管理**者、**占有**者、**造成主**、**工事施行**者に対し、必要な措置をとることを**勧告**することができる

改善命令

都道府県知事は、宅地造成工事規制区域内の宅地で、宅地造成に伴う災害の防止のため必要な擁壁等が設置されておらず（または極めて不完全なために）、これを放置すると、宅地造成に伴う災害の発生のおそれが大きいと認められる場合には、宅地または擁壁等の**所有**者、**管理**者、**占有**者に対し、相当の期限を設けて、必要な工事を行うことを命ずることができる

難易度 **B** 宅地造成等規制法　→教科書 *CHAPTER03 SECTION05*

問題53　宅地造成等規制法に関する次の記述のうち、誤っているものはどれか。なお、この問における都道府県知事とは、地方自治法に基づく指定都市、中核市、施行時特例市にあってはその長をいうものとする。

[H25問19改]

(1) 宅地造成工事規制区域内において宅地造成に関する工事を行う場合、宅地造成に伴う災害を防止するために行う高さ4mの擁壁の設置に係る工事については、政令で定める資格を有する者の設計によらなければならない。

(2) 宅地造成工事規制区域内において行われる切土であって、当該切土をする土地の面積が600㎡で、かつ、高さ1.5mの崖を生ずることとなるものに関する工事については、都道府県知事の許可が必要である。

(3) 宅地造成工事規制区域内において行われる盛土であって、当該盛土をする土地の面積が300㎡で、かつ、高さ1.5mの崖を生ずることとなるものに関する工事については、都道府県知事の許可が必要である。

(4) 都道府県知事は、宅地造成工事規制区域内の宅地について、宅地造成に伴う災害の防止のため必要があると認める場合においては、その宅地の所有者、管理者、占有者、造成主又は工事施行者に対し、擁壁の設置等の措置をとることを勧告することができる。

解説

(1) 誤　　　　　　　　　　　　　　　　　　　　　　　　　　　【設計者の資格】
　❶高さ5m超の擁壁の設置に係る工事や❷切土・盛土をする土地の面積が1,500㎡超の土地における排水施設の設置については、一定の資格（政令で定める資格）を有する者の設計によらなければなりませんが、本肢は「高さ4mの擁壁の設置に係る工事」なので、その必要はありません。

(2) 正　　　　　　　　　　　　　　　　　　　　　　　　　　　【宅地造成とは】
　面積が500㎡を超える切土または盛土については、都道府県知事の許可が必要です。

(3) 正　　　　　　　　　　　　　　　　　　　　　　　　　　　【宅地造成とは】
　盛土によって高さが1mを超える崖を生じる場合には、都道府県知事の許可が必要です。

(4) 正　　　　　　　　　　　　　　　　　　　　　　　　　　　【宅地の保全義務】
　都道府県知事は、宅地造成工事規制区域内の宅地について、宅地造成に伴う災害の防止のため必要があると認める場合には、宅地の所有者、管理者、占有者、造成主、工事施行者に対し、必要な措置をとることを勧告することができます。

解答…(1)

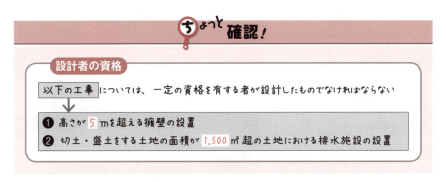

難易度 B 宅地造成等規制法

→教科書 CHAPTER03 SECTION05

問題54 宅地造成等規制法(以下この問において「法」という。)に関する次の記述のうち、誤っているものはどれか。 ［H18問23改］

(1) 宅地造成工事規制区域内の宅地において、擁壁に関する工事を行おうとする者(法第8条第1項本文の工事の許可を受けた者等を除く。)は、工事に着手する日までに、その旨を都道府県知事に届け出なければならない。

(2) 宅地造成工事規制区域内において行われる法第8条第1項の許可に係る工事が完了した場合、許可を受けた者は、都道府県知事の検査を受けなければならない。

(3) 都道府県知事は、法第8条第1項の工事の許可の申請があった場合においては、遅滞なく、文書をもって許可又は不許可の処分を申請者に通知しなければならない。

(4) 都道府県知事は、宅地造成工事規制区域内の宅地について、宅地造成に伴う災害の防止のため必要があると認める場合においては、宅地の所有者に対し、擁壁の設置等の措置をとることを勧告することができる。

解説

(1) **誤**   【工事等の届出】

　宅地造成工事規制区域内の宅地において、擁壁に関する工事を行おうとする者は、「工事に着手する日まで」ではなく、「**工事に着手する日の14日前まで**」に、**都道府県知事に届け出**なければなりません。

(2) **正**   【工事完了の検査】

　許可を受けた工事が完了した場合には、**都道府県知事の検査**を受けなければなりません。

🔼 Step Up

H17－問24③

> 造成主は、宅地造成等規制法第8条第1項の許可を受けた宅地造成に関する工事を完了した場合、都道府県知事の検査を受けなければならないが、その前に建築物の建築を行おうとする場合、あらかじめ都道府県知事の同意を得なければならない。

> ✕　許可を受けた工事が完了した場合には、都道府県知事の検査を受けなければなりませんが、「その前に建築物の建築を行おうとする場合、あらかじめ都道府県知事の同意を得なければならない」という規定はありません。

(3) **正**   【許可・不許可の処分】

　工事の許可の申請があった場合、都道府県知事は、遅滞なく、**文書**によって許可または不許可の処分を申請者に通知しなければなりません。

(4) **正**   【宅地の保全義務】

　都道府県知事は、宅地造成工事規制区域内の宅地について、宅地造成に伴う災害の防止のため必要があると認める場合には、宅地の**所有者**、**管理者**、**占有者**、**造成主**、**工事施行者**に対し、必要な措置（擁壁の設置等）をとることを勧告することができます。

解答…**(1)**

宅地造成等規制法

問題55 宅地造成等規制法に関する次の記述のうち、誤っているものはどれか。なお、この問における都道府県知事とは、地方自治法に基づく指定都市、中核市、施行時特例市にあってはその長をいうものとする。

[H24問20改]

(1) 宅地造成工事規制区域内において行われる宅地造成に関する工事が完了した場合、造成主は、都道府県知事の検査を受けなければならない。

(2) 宅地造成工事規制区域内において行われる宅地造成に関する工事について許可をする都道府県知事は、当該許可に、工事の施行に伴う災害を防止するために必要な条件を付することができる。

(3) 都道府県知事は、宅地造成工事規制区域内における宅地の所有者、管理者又は占有者に対して、当該宅地又は当該宅地において行われている工事の状況について報告を求めることができる。

(4) 都道府県知事は、関係市町村長の意見を聴いて、宅地造成工事規制区域内で、宅地造成に伴う災害で相当数の居住者その他の者に危害を生ずるものの発生のおそれが大きい一団の造成宅地の区域であって一定の基準に該当するものを、造成宅地防災区域として指定することができる。

解説

(1) **正** 【工事完了の検査】

　　許可を受けた工事が完了した場合には、**都道府県知事**の**検査**を受けなければなりません。

(2) **正** 【工事の許可】

　　都道府県知事は宅地造成に関する工事について許可をするときは、工事の施行に伴う災害を防止するために必要な条件を付することができます。

(3) **正** 【報告の徴取】

　　都道府県知事は、宅地造成工事規制区域内における宅地の所有者、管理者、占有者に対し、宅地または宅地において行われている工事の状況について、報告を求めることができます。

❓これはどう？ ───────────── H29－問20②

都道府県知事は、宅地造成工事規制区域内の宅地において行われる工事の状況について、その工事が<u>宅地造成に関する工事であるか否かにかかわらず</u>、当該宅地の所有者、管理者又は占有者に対して報告を求めることができる。

　　⭕ そのとおりです。

(4) **誤** 【造成宅地防災区域】

　　造成宅地防災区域は、宅地造成工事規制区域**以外**の区域に指定されます。

　　　　　　　　　　　　　　　　　　　　　　　解答…(4)

ちょっと確認！

造成宅地防災区域の指定

都道府県知事は、必要があると認めるときは、関係市町村長の意見を聴いて、宅地造成に伴う災害で相当数の居住者その他の者に危害を生ずるものの発生のおそれが大きい一団の造成宅地の区域であって、一定の基準に該当するものを造成宅地防災区域として指定することができる

ポイント

☆ 造成宅地防災区域は、宅地造成工事規制区域以外の区域に指定される

土地区画整理法

問題56 土地区画整理法に関する次の記述のうち、誤っているものはどれか。　[H21問21]

(1) 土地区画整理事業の施行者は、換地処分を行う前において、換地計画に基づき換地処分を行うため必要がある場合においては、施行地区内の宅地について仮換地を指定することができる。

(2) 仮換地が指定された場合においては、従前の宅地について権原に基づき使用し、又は収益することができる者は、仮換地の指定の効力発生の日から換地処分の公告がある日まで、仮換地について、従前の宅地について有する権利の内容である使用又は収益と同じ使用又は収益をすることができる。

(3) 土地区画整理事業の施行者は、施行地区内の宅地について換地処分を行うため、換地計画を定めなければならない。この場合において、当該施行者が土地区画整理組合であるときは、その換地計画について都道府県知事及び市町村長の認可を受けなければならない。

(4) 換地処分の公告があった場合においては、換地計画において定められた換地は、その公告があった日の翌日から従前の宅地とみなされ、換地計画において換地を定めなかった従前の宅地について存する権利は、その公告があった日が終了した時において消滅する。

解説

(1) **正** 【仮換地の指定】

施行者は、必要がある場合には、換地処分を行う前に仮換地（仮の換地）を指定することができます。

(2) **正** 【仮換地が指定された場合の効果】

仮換地が指定された場合、仮換地の指定の効力発生の日から換地処分の公告がある日まで、従前の宅地の所有者等は、仮換地について、従前の宅地と同様の使用・収益をすることができます。

(3) **誤** 【換地計画】

施行者が都道府県、国土交通大臣以外であるとき（個人施行者、土地区画整理組合、区画整理会社、市町村、都市再生機構等であるとき）には、換地計画について都道府県知事の認可を受けなければなりません（市町村長の認可は不要です）。

(4) **正** 【換地処分の効果】

換地計画において定められた換地は、**換地処分の公告があった日の翌日**から従前の宅地とみなされます。また、換地計画において換地を定めなかった従前の宅地について存する権利は、**換地処分の公告があった日が終了した時**に消滅します。

解答…(3)

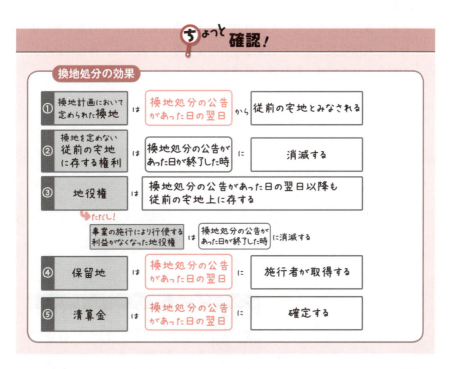

525

難易度 B 土地区画整理法

→教科書 *CHAPTER03 SECTION06*

問題57 土地区画整理法における仮換地指定に関する次の記述のうち、誤っているものはどれか。 ［H20問23］

(1) 土地区画整理事業の施行者である土地区画整理組合が、施行地区内の宅地について仮換地を指定する場合、あらかじめ、土地区画整理審議会の意見を聴かなければならない。

(2) 土地区画整理事業の施行者は、仮換地を指定した場合において、必要があると認めるときは、仮清算金を徴収し、又は交付することができる。

(3) 仮換地が指定された場合においては、従前の宅地について権原に基づき使用し、又は収益することができる者は、仮換地の指定の効力発生の日から換地処分の公告がある日まで、仮換地について、従前の宅地について有する権利の内容である使用又は収益と同じ使用又は収益をすることができる。

(4) 仮換地の指定を受けた場合、その処分により使用し、又は収益することができる者のなくなった従前の宅地は、当該処分により当該宅地を使用し、又は収益することができる者のなくなった時から、換地処分の公告がある日までは、施行者が管理するものとされている。

	①	②	③	④	⑤
学 習 日					
理 解 度 (○/△/×)					

解説

(1) 誤　　　　　　　　　　　　　【仮換地を指定するさいに必要な手続】

　土地区画整理事業の施行者である土地区画整理組合が、施行地区内の宅地について仮換地を指定する場合、あらかじめ<u>総会等</u>の<u>同意</u>が必要ですが、土地区画整理審議会の意見を聴く必要はありません。

 土地区画整理審議会の意見を聴く必要があるのは、公的施行の場合（施行者が地方公共団体等の場合）だよ〜

(2) 正　　　　　　　　　　　　　【仮清算金…参考編CH.03 ③】

　施行者は、仮換地を指定した場合、必要があると認めるときは、仮清算金を徴収し、または交付することができます。

(3) 正　　　　　　　　　　　　　【仮換地が指定された場合の効果】

　仮換地が指定された場合、仮換地の指定の効力発生の日から換地処分の公告がある日まで、従前の宅地の所有者等は、仮換地について、従前の宅地と同様の使用・収益をすることができます。

(4) 正　　　　　　　　　　　　　【仮換地・その他】

🚩 仮換地の指定によって、使用・収益をすることができる者がいなくなった従前の宅地については、換地処分の公告がある日まで<u>施行者</u>が管理します。

解答…(1)

ちょっと確認！

仮換地を指定するさいに必要な手続

施行者	手続
個人施行者	従前の宅地の所有者や仮換地となるべき宅地の所有者等の同意が必要
土地区画整理組合	総会等の同意が必要
区画整理会社	施行地区内の宅地について所有権を有するすべての者および借地権を有するすべての者の各 $\frac{2}{3}$ 以上の同意が必要
公的施行者（地方公共団体等）	土地区画整理審議会の意見を聴く

土地区画整理法

問題58　土地区画整理法に関する次の記述のうち、誤っているものはどれか。なお、この問において「組合」とは、土地区画整理組合をいう。

[H29問21]

(1) 組合は、事業の完成により解散しようとする場合においては、都道府県知事の認可を受けなければならない。
(2) 施行地区内の宅地について組合員の有する所有権の全部又は一部を承継した者がある場合においては、その組合員がその所有権の全部又は一部について組合に対して有する権利義務は、その承継した者に移転する。
(3) 組合を設立しようとする者は、事業計画の決定に先立って組合を設立する必要があると認める場合においては、7人以上共同して、定款及び事業基本方針を定め、その組合の設立について都道府県知事の認可を受けることができる。
(4) 組合が施行する土地区画整理事業に係る施行地区内の宅地について借地権のみを有する者は、その組合の組合員とはならない。

解説

(1) **正**　　　　　　　　　　　　　　　　　　　　　　　　　　　【解散】

土地区画整理組合が、解散するさいに、**都道府県知事の認可**を受けなければならないのは以下の3つです。

> ❶ 総会の議決
> ❷ 定款で定めた解散事由の発生
> ❸ 事業の完成または完成の不能

(2) **正**　　　　　　　　　　　　　　　　　　　　　【権利義務の移転】

組合員から施行地区内の宅地について所有権の全部または一部を承継した者は、その組合員が組合に対して有する権利義務を承継します。

(3) **正**　　　　　　　　　　　　　　　　　　　　　　　　　　　【設立】

土地区画整理組合を設立しようとする者は、事業計画に先立って組合を設立する必要があると認める場合、7人以上で共同して、定款および事業基本方針を定め、組合の設立について都道府県知事の認可を受けることができます。

(4) **誤**　　　　　　　　　　　　　　　　　　　　　　　　　　【組合員】

土地区画整理組合が施行する土地区画整理事業において、施行地区内の宅地について所有権または借地権を有する者は、**すべてその組合の組合員**となります。

解答…(4)

❓ これはどう？　　　　　　　　　　　　　　R2（10月）－問20②

土地区画整理組合の総会の会議は、定款に特別な定めがある場合を除くほか、組合員の半数以上が出席しなければ開くことができない。

> ⭕ そのとおりです。

土地区画整理法

問題59 土地区画整理法における土地区画整理組合に関する次の記述のうち、正しいものはどれか。　　　　　　　　　　　　　[H19問24]

(1) 土地区画整理組合を設立しようとする者は、事業計画の決定に先立って組合を設立する必要があると認める場合においては、5人以上共同して、定款及び事業基本方針を定め、その組合の設立について都道府県知事の認可を受けることができる。

(2) 土地区画整理組合は、当該組合が行う土地区画整理事業に要する経費に充てるため、賦課金として参加組合員以外の組合員に対して金銭を賦課徴収することができるが、その場合、都道府県知事の認可を受けなければならない。

(3) 宅地について所有権又は借地権を有する者が設立する土地区画整理組合は、当該権利の目的である宅地を含む一定の区域の土地について土地区画整理事業を施行することができる。

(4) 土地区画整理組合の設立の認可の公告があった日から当該組合が行う土地区画整理事業に係る換地処分の公告がある日までは、施行地区内において、事業の施行の障害となるおそれがある土地の形質の変更や建築物の新築等を行おうとする者は、当該組合の許可を受けなければならない。

解説

(1) 誤 【土地区画整理事業の施行者】

　土地区画整理組合を設立しようとする者は**7人以上**で共同して、原則として、**定款および事業計画**を定め、その組合の設立について都道府県知事の認可を受けなければなりません。ただし、事業計画の決定に先立って組合を設立する必要があると認める場合には、「5人以上」ではなく、「**7人以上**」で共同して、**定款および事業基本方針**を定め、その組合の設立について都道府県知事の認可を受けることができます。

(2) 誤 【その他】

🇨🇭 土地区画整理組合は、当該組合が行う土地区画整理事業に要する経費に充てるため、賦課金として参加組合員以外の組合員に対して金銭を賦課徴収することができます。しかし、その場合において都道府県知事の認可は不要です。

(3) 正 【土地区画整理事業の施行者】

　宅地について所有権または借地権を有する者が設立する土地区画整理組合は、当該権利の目的である宅地を含む一定の区域の土地について土地区画整理事業を施行することができます。

(4) 誤 【建築行為等の制限】

　土地区画整理組合の設立の認可の公告があった日から、換地処分の公告がある日までは、施行地区内において、事業の施行の障害となるおそれがある土地の形質の変更等を行おうとする者は、「当該組合」ではなく、「**都道府県知事等**」の許可が必要です。

解答…(3)

📈 Step Up

R2（10月）－問20④

土地区画整理組合の施行する土地区画整理事業に参加することを希望する者のうち、当該土地区画整理事業に参加するのに必要な資力及び信用を有する者であって定款で定められたものは、参加組合員として組合員となる。

> ✗ 施行区域内の宅地について、所有権または借地権を有する者のほか、独立行政法人都市再生機構等一定の者で、組合の施行する土地区画整理事業に参加することを希望し、定款に定められたものが参加組合員となります。「必要な資力及び信用を有する者」ではありません。

難易度 C 土地区画整理法

問題60 土地区画整理法に関する次の記述のうち、正しいものはどれか。

[H25問20]

(1) 個人施行者は、規準又は規約に別段の定めがある場合においては、換地計画に係る区域の全部について土地区画整理事業の工事が完了する以前においても換地処分をすることができる。

(2) 換地処分は、施行者が換地計画において定められた関係事項を公告して行うものとする。

(3) 個人施行者は、換地計画において、保留地を定めようとする場合においては、土地区画整理審議会の同意を得なければならない。

(4) 個人施行者は、仮換地を指定しようとする場合においては、あらかじめ、その指定について、従前の宅地の所有者の同意を得なければならないが、仮換地となるべき宅地の所有者の同意を得る必要はない。

解説

(1) **正** 【換地処分の時期】

換地処分は、原則として換地計画に係る区域の**全部**について、**工事が完了した後**に、遅滞なく行うものですが、規準、規約、定款、施行規程に別段の定めがある場合は、工事の完了前でも換地処分を行うことができます。

❓これはどう？ ──────── H18−問24③

換地処分は、換地計画に係る区域の全部について土地区画整理事業の工事がすべて完了した後でなければすることができない。

✗ 規準等に別段の定めがある場合は、工事の完了前でも換地処分を行うことができます。

(2) **誤** 【換地処分の通知】

換地処分は、施行者が関係権利者に対して、換地計画において定められた関係事項を「公告」ではなく、「**通知**」して行います。

(3) **誤** 【換地計画に保留地を定める場合】

公的施行の場合には、換地計画に保留地を定めようとする場合には、土地区画整理審議会の同意が必要ですが、個人施行の場合には、土地区画整理審議会の同意は不要です。

(4) **誤** 【仮換地を指定するさいに必要な手続】

個人施行者が仮換地を指定しようとする場合、**従前の宅地の所有者等および仮換地となるべき宅地の所有者等**の**同意**が必要です。

解答…**(1)**

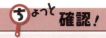

換地処分の時期

【原則】
換地処分は、換地計画に係る区域の**全部**について、工事が完了した**後**に、遅滞なく行う

【例外】
規準、規約、定款、施行規程に別段の定めがある場合は、工事の完了前でも換地処分を行うことができる

土地区画整理法

問題61 土地区画整理法における土地区画整理組合に関する次の記述のうち、誤っているものはどれか。 [H24問21]

(1) 土地区画整理組合は、総会の議決により解散しようとする場合において、その解散について、認可権者の認可を受けなければならない。
(2) 土地区画整理組合は、土地区画整理事業について都市計画に定められた施行区域外において、土地区画整理事業を施行することはできない。
(3) 土地区画整理組合が施行する土地区画整理事業の換地計画においては、土地区画整理事業の施行の費用に充てるため、一定の土地を換地として定めないで、その土地を保留地として定めることができる。
(4) 土地区画整理組合が施行する土地区画整理事業に係る施行地区内の宅地について所有権又は借地権を有する者は、すべてその組合の組合員とする。

解説

(1) **正** 【土地区画整理組合の解散】

土地区画整理組合は、総会の議決により解散しようとする場合において、その**解散**について、**認可権者(都道府県知事)**の**認可**を受けなければなりません。

(2) **誤** 【土地区画整理事業の施行者】

土地区画整理組合は、土地区画整理事業について都市計画に定められた**施行区域外**でも土地区画整理事業を施行することができます。

(3) **正** 【保留地】

土地区画整理組合が施行する土地区画整理事業の換地計画において、土地区画整理事業の施行の費用に充てるため、一定の土地を換地として定めないで、保留地として定めることができます。

(4) **正** 【土地区画整理事業の施行者】

土地区画整理組合が施行する土地区画整理事業において、施行地区内の宅地について所有権または借地権を有する者は、**すべてその組合の組合員となります**。

解答…**(2)**

❓これはどう? ━━━━━━━━━━━━━━━ H17-問23③

換地処分の公告があった場合においては、換地計画において定められた換地は、その公告があった日の翌日から従前の宅地とみなされるため、従前の宅地について存した抵当権は、換地の上に存続する。

O そのとおりです。

❓これはどう? ━━━━━━━━━━━━━━━ H15-問22②

施行地区内の宅地について存する地役権は、行使する利益がなくなった場合を除き、換地処分に係る公告があった日の翌日以後においても、なお従前の宅地の上に存する。

O そのとおりです。

B その他の法令上の制限

問題62 次の記述のうち、正しいものはどれか。　　　［H15問25］

(1) 地すべり等防止法によれば、ぼた山崩壊防止区域内において、土石の採取を行おうとする者は、原則として都道府県知事の許可を受けなければならない。

(2) 港湾法によれば、港湾区域内において、港湾の開発に著しく支障を与えるおそれのある一定の行為をしようとする者は、原則として国土交通大臣の許可を受けなければならない。

(3) 文化財保護法によれば、史跡名勝天然記念物の保存に重大な影響を及ぼす行為をしようとする者は、原則として市町村長の許可を受けなければならない。

(4) 自然公園法によれば、環境大臣が締結した風景地保護協定は、当該協定の公告がなされた後に当該協定の区域内の土地の所有者となった者に対しては、その効力は及ばない。

解説

(1) **正** 　　　　　　　　　　　　　　　　　　　　　　　　　【地すべり等防止法】

地すべり等防止法によれば、ぼた山崩壊防止区域内において、土石の採取を行おうとする者は、原則として 都道府県知事 の 許可 を受けなければなりません。

(2) **誤** 　　　　　　　　　　　　　　　　　　　　　　　　　　　　　【港湾法】

港湾法によれば、港湾区域内において、港湾の開発に著しく支障を与えるおそれのある一定の行為をしようとする者は、原則として「国土交通大臣」ではなく、「港湾管理者」の許可を受けなければなりません。

(3) **誤** 　　　　　　　　　　　　　　　　　　　　　　　　　　　【文化財保護法】

文化財保護法によれば、史跡名勝天然記念物の保存に重大な影響を及ぼす行為をしようとする者は、原則として「市町村長」ではなく「文化庁長官」の許可を受けなければならない。

「文化財」って大切なものだから、市町村長レベルの許可ではダメ～

(4) **誤** 　　　　　　　　　　　　　　　　　　　　　　　　　　　【自然公園法】

風景地保護協定の公告がなされた後に当該協定の区域内の土地の所有者となった者に対しても、その効力は及びます。

解答…**(1)**

ちょっと確認！

その他の法令上の制限①

法律	許可権者等
自然公園法	国立公園…普通地域以外は環境大臣の 許可 　　　　　普通地域は環境大臣への 届出 国定公園…普通地域以外は都道府県知事の 許可 　　　　　普通地域は都道府県知事への 届出
文化財保護法	文化庁長官の 許可
都市緑地法	緑地保全地域…都道府県知事等への 届出 特別緑地保全地区…都道府県知事等の 許可
生産緑地法	市町村長の 許可
地すべり等防止法	都道府県知事の 許可
港湾法	港湾管理者の 許可

537

B その他の法令上の制限

→教科書 *CHAPTER03 SECTION03.07*

問題63　次の記述のうち、正しいものはどれか。　　　　　　［H25問22］

(1) 地すべり等防止法によれば、地すべり防止区域内において、地表水を放流し、又は停滞させる行為をしようとする者は、一定の場合を除き、市町村長の許可を受けなければならない。

(2) 国土利用計画法によれば、甲県が所有する都市計画区域内の7,000㎡の土地を甲県から買い受けた者は、事後届出を行う必要はない。

(3) 土壌汚染対策法によれば、形質変更時要届出区域内において土地の形質の変更をしようとする者は、非常災害のために必要な応急措置として行う行為であっても、都道府県知事に届け出なければならない。

(4) 河川法によれば、河川区域内の土地において工作物を新築し、改築し、又は除却しようとする者は、河川管理者と協議をしなければならない。

	①	②	③	④	⑤
学 習 日					
理 解 度 (○/△/×)					

解説

(1) **誤** 【地すべり等防止法】

地すべり等防止法によれば、地すべり防止区域内において、地表水を放流し、または停滞させる行為をしようとする者は、一定の場合を除き、「市町村長」ではなく「都道府県知事」の許可を受けなければなりません。

(2) **正** 【国土利用計画法】

当事者の一方が国や地方公共団体である場合には、事後届出は不要です。

(3) **誤** 【土壌汚染対策法】

形質変更時要届出区域内において土地の形質の変更をしようとする者は、原則として、それに着手する日の14日前までに、一定事項を都道府県知事に届け出なければなりませんが、非常災害のために必要な応急措置として行う行為や通常の管理行為、軽易な行為等で一定のものなどについては、届出は不要です。

(4) **誤** 【河川法】

河川法によれば、河川区域内の土地において工作物を新築・改築・除却しようとする者は、「河川管理者と協議」ではなく、「河川管理者の許可」が必要です。

解答…**(2)**

ちょっと確認！

その他の法令上の制限②

法　律	許可権者等
地すべり等防止法	**都道府県知事の 許可**
急傾斜地の崩壊による災害の防止に関する法律	都道府県知事の 許可
土砂災害警戒区域等における土砂災害防止対策の推進に関する法律	都道府県知事の 許可
森　林　法	都道府県知事の 許可
土壌汚染対策法	要措置区域内…原則として土地の形質の変更は不可 **形質変更時要届出区域内…都道府県知事への 届出**
道　路　法	道路管理者の 許可
河　川　法	**河川管理者の 許可**
海　岸　法	海岸管理者の 許可

memo

CHAPTER 04

税・その他

本試験での出題数…下記　目標点…下記

「税金」は、学習量は多くないけど、種類が多いので混乱することがあるかも…
出題される箇所はある程度決まっているので、問題集を解いて慣れよう。
「景品表示法」や「土地・建物」は、問題を解く→『教科書』で確認
の流れで知識を身につけよう！

	論点	問題番号	『教科書』との対応
1	不動産に関する税金【不動産取得税、登録免許税、印紙税、固定資産税、所得税】	問題1～問題14	CH.04 SEC.01
	不動産鑑定評価基準	問題15～問題19	CH.04 SEC.02
	地価公示法	問題20～問題23	CH.04 SEC.03
	住宅金融支援機構法 登録講習修了者は免除項目	問題24～問題27	CH.04 SEC.04
2	景品表示法 登録講習修了者は免除項目	問題28～問題34	CH.04 SEC.05
	土地・建物 登録講習修了者は免除項目	問題35～問題46	CH.04 SEC.06

【本試験での出題数と目標点】

1 について
　本試験での出題数…3問　目標点…2点

2 について
　本試験での出題数…5問　目標点…3点

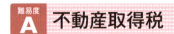

問題1 不動産取得税に関する次の記述のうち、正しいものはどれか。

[H30問24]

(1) 不動産取得税は、不動産の取得があった日の翌日から起算して3月以内に当該不動産が所在する都道府県に申告納付しなければならない。
(2) 不動産取得税は不動産の取得に対して課される税であるので、家屋を改築したことにより当該家屋の価格が増加したとしても、新たな不動産の取得とはみなされないため、不動産取得税は課されない。
(3) 相続による不動産の取得については、不動産取得税は課されない。
(4) 一定の面積に満たない土地の取得については、不動産取得税は課されない。

解説

(1) **誤**　　　　　　　　　　　　　　　　　　　　　【不動産取得税の徴収・納期】

不動産取得税の徴収は、**普通徴収**の方法となります。また、納期は、**条例**によって定めることとされているため、各都道府県によって異なります。

❓これはどう？　　　　　　　　　　　　　　　　　　　　H18-問28③

不動産取得税は、不動産の取得に対して、当該不動産の所在する都道府県が課する税であるが、その徴収は**特別徴収**の方法がとられている。

> ❌　不動産取得税の徴収方法は**普通**徴収です。

(2) **誤**　　　　　　　　　　　　　　　　　　　　　　　　【不動産の取得とは】

家屋の改築をすることによって、当該**家屋の価格が増加**した場合には、当該改築が**家屋の取得**とみなされるため、不動産取得税が課されることになります。

(3) **正**　　　　　　　　　　　　　　　　　　　　　　【相続による不動産の取得】

相続、法人の合併等によって不動産を取得した場合には、不動産取得税は課されません。

(4) **誤**　　　　　　　　　　　　　　　　　　　　　　　　　　　　【免税点】

不動産取得税の**課税標準となるべき金額**が、土地については **10万円未満**のときに課されなくなります。

解答…**(3)**

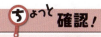
ちょっと確認！

免税点【不動産取得税】

土地		10万円未満
建物	新築・増改築	1戸につき23万円未満
	その他（中古住宅の売買など）	1戸につき12万円未満

難易度 B 不動産取得税

→教科書 *CHAPTER04 SECTION01*

問題2 不動産取得税に関する次の記述のうち、正しいものはどれか。

［H24問24⑫］

(1) 不動産取得税の課税標準となるべき額が、土地の取得にあっては10万円、家屋の取得のうち建築に係るものにあっては1戸につき23万円、その他のものにあっては1戸につき12万円に満たない場合においては、不動産取得税が課されない。

(2) 令和5年4月に取得した床面積250㎡である新築住宅に係る不動産取得税の課税標準の算定については、当該新築住宅の価格から1,200万円が控除される。

(3) 宅地の取得に係る不動産取得税の課税標準は、当該取得が令和5年3月31日までに行われた場合、当該宅地の価格の4分の1の額とされる。

(4) 家屋が新築された日から2年を経過して、なお、当該家屋について最初の使用又は譲渡が行われない場合においては、当該家屋が新築された日から2年を経過した日において家屋の取得がなされたものとみなし、当該家屋の所有者を取得者とみなして、これに対して不動産取得税を課する。

	①	②	③	④	⑤
学 習 日					
理 解 度 (○/△/×)					

> **解説**

(1) 正 　　　　　　　　　　　　　　　　　　　　　　　　　　　　【免税点】
　　そのとおりです。

(2) 誤 　　　　　　　　　　　　　　　　　　　　　　　　　【課税標準の特例】
　　新築住宅の課税標準の特例(一定の要件を満たした新築住宅を取得した場合、課税標準額から1,200万円を控除できるという特例)を適用できるのは、床面積が**50㎡以上240㎡以下**等の要件を満たした場合です。

(3) 誤 　　　　　　　　　　　　　　　　　　　　　　　　　【課税標準の特例】
　　宅地を取得した場合の課税標準は、宅地の価格の**2分の1**となります。

(4) 誤 　　　　　　　　　　　　　　　　　　　　　　【不動産の取得とみなされるもの】
　　家屋が新築された日から**6カ月**(宅建業者等が売り渡す住宅は1年)を経過しても、使用または譲渡が行われない場合は、当該家屋が新築された日から**6カ月**(宅建業者等が売り渡す住宅は1年)を経過した日において家屋の取得がなされたものとみなします。

　　　　　　　　　　　　　　　　　　　　　　　　　　　　　　解答…(1)

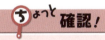

課税標準の特例【不動産取得税】

宅地の課税標準の特例
→課税標準額が $\frac{1}{2}$ になる

新築住宅の課税標準の特例
→一定の要件を満たした新築住宅を取得した場合、課税標準額から1,200万円を控除できる
【主な要件】
　☆ 床面積が50㎡(一戸建以外の賃貸住宅の場合は40㎡)以上240㎡以下

B 不動産取得税

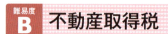

問題3 不動産取得税に関する次の記述のうち、正しいものはどれか。

［H22問24］

(1) 生計を一にする親族から不動産を取得した場合、不動産取得税は課されない。
(2) 交換により不動産を取得した場合、不動産取得税は課されない。
(3) 法人が合併により不動産を取得した場合、不動産取得税は課されない。
(4) 販売用に中古住宅を取得した場合、不動産取得税は課されない。

解説

(1) **誤** 　　　　　　　　　　　　　　　　　　　　　　　　　　　　【課税客体】
　　生計を一にする親族から不動産を取得した場合でも、不動産取得税が課されます。

(2) **誤** 　　　　　　　　　　　　　　　　　　　　　　　　　　　　【課税客体】
　　交換により不動産を取得した場合でも、不動産取得税が課されます。

(3) **正** 　　　　　　　　　　　　　　　　　　　　　　　　　　　　【非課税】
　　法人の合併で不動産を取得した場合には、不動産取得税は課されません。

(4) **誤** 　　　　　　　　　　　　　　　　　　　　　　　　　　　　【課税客体】
　　販売用に中古住宅を取得した場合でも、不動産取得税が課されます。

解答…(3)

非課税【不動産取得税】
☆ 取得者が国・地方公共団体等であるとき
☆ 相続、法人の合併等によって不動産を取得したとき

不動産取得税

問題4 不動産取得税に関する次の記述のうち、正しいものはどれか。

[R2(10月)問24改]

(1) 令和5年4月に個人が取得した住宅及び住宅用地に係る不動産取得税の税率は3％であるが、住宅用以外の土地に係る不動産取得税の税率は4％である。
(2) 一定の面積に満たない土地の取得に対しては、狭小な不動産の取得者に対する税負担の排除の観点から、不動産取得税を課することができない。
(3) 不動産取得税は、不動産の取得に対して課される税であるので、家屋を改築したことにより、当該家屋の価格が増加したとしても、不動産取得税は課されない。
(4) 共有物の分割による不動産の取得については、当該不動産の取得者の分割前の当該共有物に係る持分の割合を超えない部分の取得であれば、不動産取得税は課されない。

解説

(1) 誤   【不動産取得税の税率】

　令和6年3月31日までに取得した住宅および「土地」については、不動産取得税の税率は3%となりますが、住宅以外の「建物」については4%となります。

(2) 誤   【免税点】

　不動産取得税の課税標準となるべき金額が、土地については10万円未満のときには課されなくなります。

(3) 誤   【不動産の取得とは】

　家屋の改築をすることによって、当該家屋の価格が増加した場合には、当該改築が家屋の取得とみなされるため、免税点(23万円)を超えたときは、不動産取得税が課されることになります。

(4) 正   【共有物の分割による不動産の取得】

　共有物の分割によって不動産を取得した場合、不動産取得税は課税されません(ただし、当該不動産の取得者の分割前の持分を上回る部分の取得は除きます)。

解答…(4)

難易度 B 登録免許税

→教科書 *CHAPTER04 SECTION01*

問題5 住宅用家屋の所有権の移転登記に係る登録免許税の税率の軽減措置(以下この問において「軽減措置」という。)に関する次の記述のうち、正しいものはどれか。 [H21問23]

(1) 軽減措置の適用対象となる住宅用家屋は、床面積が100㎡以上で、その住宅用家屋を取得した個人の居住の用に供されるものに限られる。

(2) 軽減措置は、贈与により取得した住宅用家屋に係る所有権の移転登記には適用されない。

(3) 軽減措置に係る登録免許税の課税標準となる不動産の価額は、売買契約書に記載された住宅用家屋の実際の取引価格である。

(4) 軽減措置の適用を受けるためには、その住宅用家屋の取得後6か月以内に所有権の移転登記をしなければならない。

	①	②	③	④	⑤
学 習 日					
理 解 度 (○/△/×)					

解説

(1) **誤** 【(一般)住宅用家屋の軽減税率の特例】

　税率の軽減措置が適用されるのは、床面積が**50㎡以上**の住宅用家屋の場合です。

(2) **正** 【(一般)住宅用家屋の軽減税率の特例】

　所有権の移転登記において軽減措置が適用されるのは、**売買**または**競落**による場合のみです。

(3) **誤** 【課税標準】

　登録免許税の課税標準は、**固定資産課税台帳の登録価格**等です。

(4) **誤** 【(一般)住宅用家屋の軽減税率の特例】

　軽減措置の適用を受けるためには、その住宅用家屋の取得後「6カ月以内」ではなく、「**1年以内**」に所有権の移転登記をしなければなりません。

解答…**(2)**

❓これはどう？ ─────────── R3（12月）─問23③改

　住宅用家屋の所有権の移転登記に係る登録免許税の税率の軽減措置は、一定の要件を満たせばその住宅用家屋の敷地の用に供されている土地の所有権の移転登記についても適用される。

> ✕　この税率の軽減措置は、住宅用家屋の敷地の用に供されている**土地**に係る所有権移転の登記には**適用されません**。

税・その他 CH 04

ちょっと**確認！**

（一般)住宅用家屋の軽減税率の特例【登録免許税】

──**売買**または**競落**の場合に限る

	所有権保存登記 軽減税率:0.15%	所有権移転登記 軽減税率:0.3%	抵当権設定登記 軽減税率:0.1%
適用要件	☆ 自己居住用であること ☆ **個人**が受ける登記であること ☆ 家屋の床面積が**50㎡**以上であること ☆ 新築または取得後**1年**以内に登記を受けること　など		
	新築住宅のみ 適用可能	一定の耐震基準に適合している家屋 または昭和57年1月1日以降に建築された 家屋であること	

 印紙税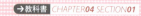

問題6 印紙税に関する次の記述のうち、正しいものはどれか。

[H25問23㉙]

(1) 土地譲渡契約書に課税される印紙税を納付するため当該契約書に印紙をはり付けた場合には、課税文書と印紙の彩紋とにかけて判明に消印しなければならないが、契約当事者の従業者の印章又は署名で消印しても、消印したことにはならない。

(2) 土地の売買契約書(記載金額2,000万円)を3通作成し、売主A、買主B及び媒介した宅地建物取引業者Cがそれぞれ1通ずつ保存する場合、Cが保存する契約書には、印紙税は課されない。

(3) 一の契約書に土地の譲渡契約(譲渡金額4,000万円)と建物の建築請負契約(請負金額5,000万円)をそれぞれ区分して記載した場合、印紙税の課税標準となる当該契約書の記載金額は、5,000万円である。

(4) 「建物の電気工事に係る請負金額は2,200万円(うち消費税額及び地方消費税額が200万円)とする」旨を記載した工事請負契約書について、印紙税の課税標準となる当該契約書の記載金額は、2,200万円である。

解説

(1) 誤 【納付方法】

契約当事者の従業者の印章や署名で消印した場合でも、消印したことになります。

(2) 誤 【課税客体】

課税文書について、それぞれに印紙税が課されます。したがって、Cが保存する契約書にも印紙税が課されます。

❓ これはどう？ ━━━━━━━━━━━━ H16－問28①

後日、本契約書を作成することを文書上で明らかにした、土地を1億円で譲渡することを証した仮契約書には、印紙税は課されない。

✕	仮契約書にも、印紙税が課されます。

(3) 正 【記載金額】

同一の契約書に、土地の譲渡契約（売買契約）と建物の建築請負契約が記載されていた場合、原則として全体が**売買契約に係る文書**となりますが、金額が区分して記載されていた場合には、**高い**ほうの金額が記載金額となります。本肢では、土地の譲渡金額4,000万円＜請負金額5,000万円なので、5,000万円が記載金額となります。

(4) 誤 【記載金額】

契約書に消費税額が記載されている場合には、**消費税額は記載金額に含めません**。

解答…**(3)**

ち ょっと **確認！**

記載金額のポイント【印紙税】

☆ 一通の契約書に売買契約と請負契約の記載がある場合で、両方の金額が記載されている場合には、金額が**高い**ほうが記載金額となる

☆ 契約書に、消費税額が区分記載されている場合には、消費税額は記載金額に含めない

553

印紙税

問題7 印紙税に関する次の記述のうち、正しいものはどれか。

[H21問24改]

(1)「×7年10月1日付建設工事請負契約書の契約金額3,000万円を5,000万円に増額する」旨を記載した変更契約書は、記載金額2,000万円の建設工事の請負に関する契約書として印紙税が課される。

(2)「時価3,000万円の土地を無償で譲渡する」旨を記載した贈与契約書は、記載金額3,000万円の不動産の譲渡に関する契約書として印紙税が課される。

(3) 土地の売却の代理を行ったA社が「A社は、売主Bの代理人として、土地代金5,000万円を受領した」旨を記載した領収書を作成した場合、当該領収書は、売主Bを納税義務者として印紙税が課される。

(4) 印紙をはり付けることにより印紙税を納付すべき契約書について、印紙税を納付せず、その事実が税務調査により判明した場合には、納付しなかった印紙税額と同額に相当する過怠税が徴収される。

解説

(1) **正**　　　　　　　　　　　　　　　　　　　　　　　　　　　　【記載金額】

　　記載金額を増加する変更契約書は、**増加した金額**(5,000万円 − 3,000万円 = 2,000万円)が記載金額となります。

(2) **誤**　　　　　　　　　　　　　　　　　　　　　　　　　　　　【記載金額】

　　贈与契約書については、「記載金額のない契約書」として印紙税**200円**が課されます。

(3) **誤**　　　　　　　　　　　　　　　　　　　　　　　　　　　【納税義務者】

　　印紙税の納税義務者は課税文書の作成者です。したがって、本肢ではＡ社が納税義務者となります。

(4) **誤**　　　　　　　　　　　　　　　　　　　　　　　　　　　　【過怠税】

　　印紙税を納付しなかった場合の過怠税は、納付しなかった印紙税の額とその**2倍**に相当する金額の合計額(もともと納付しなければならなかった印紙税額の3倍)となります。

解答…(1)

税・その他　CH 04

ちょっと確認!

記載金額のポイント【印紙税】

契約書	記載金額
売買契約書	売買代金
交換契約書	対象物の双方の金額が記載されているとき→いずれか**高**いほう 交換差金のみが記載されているとき →その金額
贈与契約書	「記載金額のない契約書」として**200円の印紙税が課される**
土地の賃貸借契約書	契約に際して相手方に交付し、後日返還されることが予定されていない金額
変更契約書	【もとの契約書の契約金額と総額が変わらないとき】 　→「記載金額のない契約書」として 200円の印紙税が課される **【増額契約の場合】** 　**→増額**部分のみが記載金額となる 【減額契約の場合】 　→「記載金額のない契約書」として 200円の印紙税が課される

難易度 A 印紙税

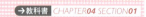

問題8 印紙税に関する次の記述のうち、正しいものはどれか。

[H20問27]

(1) 建物の賃貸借契約に際して敷金を受け取り、「敷金として20万円を領収し、当該敷金は賃借人が退去する際に全額返還する」旨を記載した敷金の領収証を作成した場合、印紙税は課税されない。

(2) 土地譲渡契約書に課税される印紙税を納付するため当該契約書に印紙をはり付けた場合には、課税文書と印紙の彩紋とにかけて判明に消印しなければならないが、契約当事者の代理人又は従業者の印章又は署名で消印しても、消印をしたことにはならない。

(3) 当初作成の「土地を1億円で譲渡する」旨を記載した土地譲渡契約書の契約金額を変更するために作成する契約書で、「当初の契約書の契約金額を2,000万円減額し、8,000万円とする」旨を記載した変更契約書は、契約金額を減額するものであることから、印紙税は課税されない。

(4) 国を売主、株式会社A社を買主とする土地の譲渡契約において、双方が署名押印して共同で土地譲渡契約書を2通作成し、国とA社がそれぞれ1通ずつ保存することとした場合、A社が保存する契約書には印紙税は課税されない。

解説

(1) **誤** 　　　　　　　　　　　　　　　　　　　【課税文書に該当するもの】
　建物の賃貸借契約書であれば印紙税は非課税ですが、敷金の領収証には印紙税が課税されます。

(2) **誤** 　　　　　　　　　　　　　　　　　　　　　　　　　【納付方法】
　契約当事者の代理人または従業者の印章や署名で消印した場合でも、消印したことになります。

(3) **誤** 　　　　　　　　　　　　　　　　　　　　　　　　　【記載金額】
　記載金額を減少する変更契約書は、「記載金額のない契約書」として 200 円の印紙税が課されます。

> **❓ これはどう？** ────────── H16-問28④
> 「甲土地を5,000万円、乙土地を4,000万円、丙建物を3,000万円で譲渡する」旨を記載した契約書を作成した場合、印紙税の課税標準となる当該契約書の記載金額は、9,000万円である。
>
> > ✗ 売買契約書に記載された金額の合計が記載金額となるため、本肢の記載金額は1億2,000万円となります。

(4) **正** 　　　　　　　　　　　　　　　　　　　　　　　　【納税義務者】
　印紙税は課税文書の作成者に納付義務があります。本肢において、国が保存する契約書はA社が作成したものとみなされるので、印紙税が課されますが、A社が保存する契約書は国が作成したものとみなされるので、印紙税は課されません。

解答…(4)

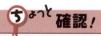

納税義務者と非課税【印紙税】

納税義務者
　課税文書の作成者

非　課　税
　国・地方公共団体等が作成する文書
　　→たとえば、個人と国等が共同で作成した文書の場合は、
　　　個人が保存している文書（国等が作成したもの）は非課税となるが、
　　　国等が保存している文書（個人が作成したもの）は課税される！

印紙税

問題9 印紙税に関する次の記述のうち、正しいものはどれか。

[R2(10月)問23]

(1)「建物の電気工事に係る請負代金は1,100万円(うち消費税額及び地方消費税額100万円)とする」旨を記載した工事請負契約書について、印紙税の課税標準となる当該契約書の記載金額は1,100万円である。

(2)「Aの所有する土地(価額5,000万円)とBの所有する土地(価額4,000万円)とを交換する」旨の土地交換契約書を作成した場合、印紙税の課税標準となる当該契約書の記載金額は4,000万円である。

(3) 国を売主、株式会社Cを買主とする土地の売買契約において、共同で売買契約書を2通作成し、国とC社がそれぞれ1通ずつ保存することとした場合、C社が保存する契約書には印紙税は課されない。

(4)「契約期間は10年間、賃料は月額10万円、権利金の額は100万円とする」旨が記載された土地の賃貸借契約書は、記載金額1,300万円の土地の賃借権の設定に関する契約書として印紙税が課される。

> 解説

(1) 誤　　　　　　　　　　　　　　　【記載金額（消費税額が記載されている場合）】

契約書に消費税額が記載されている場合には、**消費税額は記載金額に含めません**。

(2) 誤　　　　　　　　　　　　　　　　　　　　　　　　　　【記載金額】

交換契約書で、対象物の双方の金額が記載されている場合には、金額の**高い**ほう（本肢では5,000万円）が記載金額となります。

(3) 正　　　　　　　　　　　　【国と国以外の者とが共同して作成した文書】

印紙税は課税文書の作成者に納付義務がありますが、国や地方公共団体等が作成する文書は非課税となります。そして、国と国以外の者とが共同して作成した文書については、国が保存する契約書はＣ社が作成したものとみなされるので、印紙税が課されますが、Ｃ社が保存する契約書は国が作成したものとみなされるので、印紙税は課されません。

(4) 誤　　　　　　　　　　　　　　　　　　　　　　　　　　【記載金額】

土地の賃貸借契約書は、契約に際して相手方に交付し、後日返還されることが予定されていない金額（権利金など）が記載金額となります。地代や後日返還されることが予定されている保証金、敷金等は、契約金額とはなりません。

したがって本肢の記載金額は、100万円（権利金の額）となります。

ちなみに、建物の賃貸借契約書は、課税文書に該当しないよ〜

❓これはどう？　　　　　　　　　　　　　　　　　H18-問27④

給与所得者Ｇが自宅の土地建物を譲渡し、代金8,000万円を受け取った際に作成した領収書には、金銭の受取書として印紙税が課される。

> ✗ 営業に関しない領収書や、記載された金額が**5万円未満**の領収書には、印紙税は課されません。

解答…(3)

固定資産税

問題10 固定資産税に関する次の記述のうち、正しいものはどれか。

[H 27 問24改]

(1) 令和5年1月15日に新築された家屋に対する令和5年度分の固定資産税は、新築住宅に係る特例措置により税額の2分の1が減額される。
(2) 固定資産税の税率は、1.7％を超えることができない。
(3) 区分所有家屋の土地に対して課される固定資産税は、各区分所有者が連帯して納税義務を負う。
(4) 市町村は、財政上その他特別の必要がある場合を除き、当該市町村の区域内において同一の者が所有する土地に係る固定資産税の課税標準額が30万円未満の場合には課税できない。

解説

(1) 誤 【納税義務者】

固定資産税の納税義務者は、賦課期日(その年の1月1日)現在、固定資産課税台帳に所有者として登録されている者です。したがって、令和5年度の固定資産税は、令和5年1月1日現在、固定資産課税台帳に所有者として登録されている者が納税義務者となります。令和5年1月15日に新築された家屋の所有者は、令和6年度から納税義務者となります。

❓これはどう？ ────────────────── R3（12月）−問24③

年度の途中において家屋の売買が行われた場合、売主と買主は、当該年度の固定資産税を、固定資産課税台帳に所有者として登録されている日数で按分して納付しなければならない。

> ✕ 固定資産税の納税義務者は、賦課期日(毎年1月1日)現在において、固定資産課税台帳に所有者として登録されている者です。年度の途中において家屋の売買により所有者に変更があっても同じです。

(2) 誤 【税率】

固定資産税の標準税率は**1.4**％で、これをベースに、市町村で税率を決めることができます。

(3) 誤 【区分所有家屋の土地に対して課される固定資産税】

区分所有家屋の土地に対して課される固定資産税については、全体の税額を各区分所有者の敷地の持分割合などによって按分した額が、各区分所有者が納付すべき税額となります。

(4) 正 【免税点】

土地の場合、課税標準額が**30万円未満**の場合には、原則として、固定資産税はかかりません。

解答…**(4)**

ちょっと確認！

免税点【固定資産税】

土　　地	30万円未満
家　　屋	20万円未満
償却資産	150万円未満

B 固定資産税

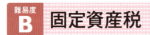 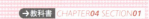

問題11 固定資産税に関する次の記述のうち、正しいものはどれか。

[H20問28]

(1) 固定資産の所有者の所在が震災、風水害、火災等によって不明である場合には、その使用者を所有者とみなして固定資産課税台帳に登録し、その者に固定資産税を課することができる。

(2) 市町村長は、一筆ごとの土地に対して課する固定資産税の課税標準となるべき額が、財政上その他特別の必要があるとして市町村の条例で定める場合を除き、30万円に満たない場合には、固定資産税を課することができない。

(3) 固定資産税の課税標準は、原則として固定資産の価格であるが、この価格とは「適正な時価」をいうものとされており、固定資産の価格の具体的な求め方については、都道府県知事が告示した固定資産評価基準に定められている。

(4) 市町村長は、毎年3月31日までに固定資産課税台帳を作成し、毎年4月1日から4月20日又は当該年度の最初の納期限の日のいずれか遅い日以後の日までの間、納税義務者の縦覧に供しなければならない。

> 解説

(1) 正 　　　　　　　　　　　　　　　　　　　　　　　　　　　【納税義務者】

　市町村は、災害等によって固定資産の所有者が不明の場合には、その使用者を所有者とみなして固定資産税を課すことができます。

(2) 誤 　　　　　　　　　　　　　　　　　　　　　　　　　　　　【免税点】

　一筆ごとの土地が免税点(30万円)未満であったとしても、同一市町村内に複数の土地を所有しており、その合計が免税点以上である場合には、固定資産税が課されます。

(3) 誤 　　　　　　　　　　　　　　　　　　　　　　　　【固定資産の価格決定】

　固定資産評価基準を告示するのは「都道府県知事」ではなく、「総務大臣」です。

(4) 誤 　　　　　　　　　　　　　　　　　　　　　　　　【固定資産の価格決定】

　毎年4月1日から4月20日または当該年度の最初の納期限の日のいずれか遅い日以後の日までの間、納税義務者の縦覧に供しなければならないのは、土地価格等縦覧帳簿と家屋価格等縦覧帳簿です。

解答…(1)

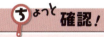
ちょっと確認！

納税義務者のポイント【固定資産税】

納税義務者

賦課期日(1月1日)現在、固定資産課税台帳に所有者として登録されている者

ただし！ 下記の場合 は以下の取扱いとなる

❶ 質権が設定されている土地の場合
　→質権者が納税義務者となる
❷ 100年より永い存続期間の定めのある地上権が設定された土地の場合
　→地上権者が納税義務者となる
❸ 災害等により所有者が不明な場合
　→市町村は賦課期日における使用者を所有者とみなして納税義務者にできる
❹ 市町村が相当な努力が払われたと認められる方法により探索を行ってもなお所有者の存在が不明な場合
　→市町村はその使用者を所有者とみなして納税義務者にできる

難易度 A 固定資産税

→教科書 CHAPTER04 SECTION01

問題12 固定資産税に関する次の記述のうち、地方税法の規定によれば、正しいものはどれか。 [R1問24]

(1) 居住用超高層建築物(いわゆるタワーマンション)に対して課する固定資産税は、当該居住用超高層建築物に係る固定資産税額を、各専有部分の取引価格の当該居住用超高層建築物の全ての専有部分の取引価格の合計額に対する割合により按分した額を、各専有部分の所有者に対して課する。

(2) 住宅用地のうち、小規模住宅用地に対して課する固定資産税の課税標準は、当該小規模住宅用地に係る固定資産税の課税標準となるべき価格の3分の1の額とされている。

(3) 固定資産税の納期は、他の税目の納期と重複しないようにとの配慮から、4月、7月、12月、2月と定められており、市町村はこれと異なる納期を定めることはできない。

(4) 固定資産税は、固定資産の所有者に対して課されるが、質権又は100年より永い存続期間の定めのある地上権が設定されている土地については、所有者ではなくその質権者又は地上権者が固定資産税の納税義務者となる。

	①	②	③	④	⑤
学 習 日					
理 解 度 (○/△/×)					

解説

(1) 誤　　　　　　　　　　　　　　　　　　　　　　　　　【居住用超高層建築物の固定資産税】

　　居住用超高層建築物（いわゆるタワーマンション）に対して課される固定資産税は、当該建築物に係る固定資産税額を、専有部分の**床面積**の当該居住用超高層建築物の**全ての専有部分の床面積の合計**に対する割合により按分した額を各専有部分の所有者に対して課します。

　　なお、各階ごとの取引価格の動向を勘案するため、床面積に**補正率**がかけられます。中央階を１とすれば、低層階では割安に、高層階では割高になります。

(2) 誤　　　　　　　　　　　　　　　　　　　　　　　　　【小規模住宅用地の課税標準の特例】

　　小規模住宅用地（住宅１戸あたり200㎡までの部分）については、その価格の**6分の1**が課税標準となります。

　　なお、一般住宅用地については、その価格の**3分の1**が課税標準となります。

❓これはどう？　　　　　　　　　　　　　　　　　　　　　　━━ H17－問28④

新築された住宅に対して課される固定資産税については、新たに課されることとなった年度から4年分に限り、$\frac{1}{2}$相当額を固定資産税額から減額される。

> ✕　新築住宅で、一定の要件を満たしたときは、新築後5年間または3年間、120㎡までの部分について税額が2分の1に軽減されます。

(3) 誤　　　　　　　　　　　　　　　　　　　　　　　　　　　　【固定資産税の納期】

　　固定資産税の納期は、４月・７月・12月・２月中で市町村の条例で定める日となっていますが、特別の事情がある場合には、これと異なる納期とすることができます。

(4) 正　　　　　　　　　　　　　　　　　　　　　　　　　　【固定資産税の納税義務者】

　　固定資産税は、１月１日時点の所有者に対して課されますが、**質権者・地上権者**（100年より永い存続期間）がいる場合は、それらの者が納税義務者となります。

解答…**(4)**

 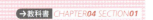

所得税

問題13 居住用財産を譲渡した場合における所得税の課税に関する次の記述のうち、正しいものはどれか。　　　　　　　　　　　[H15問26]

(1) 譲渡した年の1月1日において所有期間が10年以下の居住用財産を譲渡した場合には、居住用財産の譲渡所得の特別控除を適用することはできない。

(2) 譲渡した年の1月1日において所有期間が10年を超える居住用財産を譲渡した場合において、居住用財産を譲渡した場合の軽減税率の特例を適用するときには、居住用財産の譲渡所得の特別控除を適用することはできない。

(3) 居住用財産を配偶者に譲渡した場合には、居住用財産の譲渡所得の特別控除を適用することはできない。

(4) 居住用財産の譲渡所得の特別控除の適用については、居住用財産をその譲渡する時において自己の居住の用に供している場合に限り適用することができる。

解説

(1) 誤 　　　　　　　　　　　　　　　　　　　【居住用財産の3,000万円の特別控除】
　「居住用財産の3,000万円の特別控除」は、**所有期間にかかわらず**適用することができます。

(2) 誤 　　　　　　　　　　　　　　　　　　　　　　　　　【特例の併用の可否】
　「居住用財産の3,000万円の特別控除」と「軽減税率の特例」は**併用して適用**することができます。

(3) 正 　　　　　　　　　　　　　　　　　　　【居住用財産の3,000万円の特別控除】
　「居住用財産の3,000万円の特別控除」は、配偶者や直系血族(子、孫など)等に譲渡した場合には適用することはできません。

(4) 誤 　　　　　　　　　　　　　　　　　　　【居住用財産の3,000万円の特別控除】
　「居住用財産の3,000万円の特別控除」は、居住しなくなった日から**3年**を経過する日の属する年の12月31日までに譲渡した場合には適用することができます。

解答…(3)

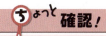

居住用財産の3,000万円の特別控除【所得税】

ポイント
- ☆ 譲渡した居住用財産の所有期間が短期でも長期でも利用できる

主な適用要件
- ☆ 居住用財産の譲渡であること
  - ・現在居住している家屋・その敷地
  - ・過去に居住していた家屋・その敷地(居住の用に供されなくなった日から**3**年を経過する日の属する年の12月31日までに譲渡されたものに限る)
- ☆ 配偶者、直系血族(父母、子など)、生計を一にしている親族等への譲渡ではないこと
- ☆ 前年、前々年にこの特例を受けていないこと
- ☆ 譲渡年、前年、前々年に居住用財産の買換えの特例等を受けていないこと

所得税

問題14 令和5年中に、個人が居住用財産を譲渡した場合における譲渡所得の課税に関する次の記述のうち、正しいものはどれか。　［H24問23改］

(1) 令和5年1月1日において所有期間が10年以下の居住用財産については、居住用財産の譲渡所得の3,000万円特別控除(租税特別措置法第35条第1項)を適用することができない。

(2) 令和5年1月1日において所有期間が10年を超える居住用財産について、収用交換等の場合の譲渡所得等の5,000万円特別控除(租税特別措置法第33条の4第1項)の適用を受ける場合であっても、特別控除後の譲渡益について、居住用財産を譲渡した場合の軽減税率の特例(同法第31条の3第1項)を適用することができる。

(3) 令和5年1月1日において所有期間が10年を超える居住用財産について、その譲渡した時にその居住用財産を自己の居住の用に供していなければ、居住用財産を譲渡した場合の軽減税率の特例を適用することができない。

(4) 令和5年1月1日において所有期間が10年を超える居住用財産について、その者と生計を一にしていない孫に譲渡した場合には、居住用財産の譲渡所得の3,000万円特別控除を適用することができる。

解説

(1) **誤** 　　　　　　　　　　　　　　　【居住用財産の3,000万円の特別控除】

「居住用財産の3,000万円の特別控除」は、**所有期間にかかわらず**適用することができます。

(2) **正** 　　　　　　　　　　　　　　　　　　　【特例の併用の可否】

「収用交換等の5,000万円の特別控除」と「軽減税率の特例」は**併用して適用**することができます。

「特別控除」と「軽減税率の特例」は併用できる、というのはよく出題されてるよ。

(3) **誤** 　　　　　　　　　　　　　　　【居住用財産の軽減税率の特例】

「軽減税率の特例」は、居住しなくなった日から**3年**を経過する日の属する年の12月31日までに譲渡した場合には適用することができます。

(4) **誤** 　　　　　　　　　　　　　　　【居住用財産の3,000万円の特別控除】

「居住用財産の3,000万円の特別控除」は、配偶者や直系血族(子、孫など)等に譲渡した場合には適用することはできません。

解答…**(2)**

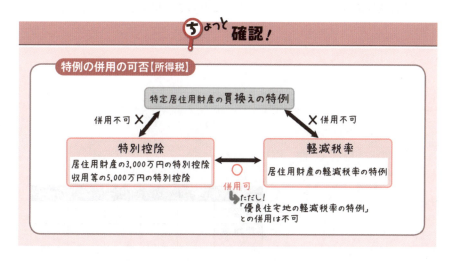

難易度 B **不動産鑑定評価基準** → 教科書 *CHAPTER04 SECTION02*

問題15 不動産の鑑定評価に関する次の記述のうち、不動産鑑定評価基準によれば、誤っているものはどれか。 ［H24問25］

(1) 不動産の価格を形成する要因とは、不動産の効用及び相対的稀少性並びに不動産に対する有効需要の三者に影響を与える要因をいう。不動産の鑑定評価を行うに当たっては、不動産の価格を形成する要因を明確に把握し、かつ、その推移及び動向並びに諸要因間の相互関係を十分に分析すること等が必要である。

(2) 不動産の鑑定評価における各手法の適用に当たって必要とされる事例は、鑑定評価の各手法に即応し、適切にして合理的な計画に基づき、豊富に秩序正しく収集、選択されるべきであり、例えば、投機的取引と認められる事例は用いることができない。

(3) 取引事例比較法においては、時点修正が可能である等の要件をすべて満たした取引事例について、近隣地域又は同一需給圏内の類似地域に存する不動産に係るもののうちから選択するものとするが、必要やむを得ない場合においては、近隣地域の周辺の地域に存する不動産に係るもののうちから選択することができる。

(4) 原価法における減価修正の方法としては、耐用年数に基づく方法と、観察減価法の二つの方法があるが、これらを併用することはできない。

	①	②	③	④	⑤
学 習 日					
理 解 度 (○/△/×)					

解説

(1) 正 　　　　　　　　　　　　　　　　　　　　　【不動産鑑定評価基準】

不動産の鑑定評価を行うにあたっては、不動産の価格を形成する要因を明確に把握し、その推移、動向、諸要因間の相互関係を十分に分析すること等が必要です。

(2) 正 　　　　　　　　　　　　　　　　　　　　　【不動産鑑定評価基準】

不動産の鑑定評価における各手法の適用にあたって必要とされる事例は、鑑定評価の各手法に即応し、適切にして合理的な計画にもとづき、豊富に秩序正しく収集、選択されるべきです。したがって、**投機的取引と認められる事例は用いることができません。**

(3) 正 　　　　　　　　　　　　　　　　　　　　　【取引事例比較法】

取引事例比較法では、時点修正が可能である等の要件をすべて満たした取引事例について、近隣地域または同一需給圏内の類似地域に存する不動産に係るもののうちから選択するものとしますが、必要やむを得ない場合は、**近隣地域の周辺の地域に存する不動産に係るもののうちから選択することができます。**

(4) 誤 　　　　　　　　　　　　　　　　　　　　　【不動産の鑑定評価方式】

原価法における減価修正の方法には、**耐用年数にもとづく方法**と**観察減価法**の2つの方法があり、**原則としてこの2つを併用**します。

解答…(4)

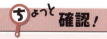

不動産の鑑定評価方式①

原価法…価格時点における対象不動産の**再調達原価**を求め、それに**減価**修正を加えて対象不動産の試算価格（積算価格）を求める方法

☆ 対象不動産が「建物」または「建物＆その敷地」の場合で、再調達原価の把握、減価修正が適正にできるときに有効
　→ただし、対象不動産が「土地」のみの場合でも、再調達原価を適切に求めることができれば、この方法を適用できる

☆ 減価修正を行う場合の「減価額」を求める方法には、**耐用年数にもとづく方法**と**観察減価法**があり、原則として、この2つを**併用**する

難易度 B 不動産鑑定評価基準

→教科書 *CHAPTER04 SECTION02*

問題16 不動産の鑑定評価に関する次の記述のうち、不動産鑑定評価基準によれば、誤っているものはどれか。 [H22問25]

(1) 原価法は、求めた再調達原価について減価修正を行って対象物件の価格を求める手法であるが、建設費の把握が可能な建物のみに適用でき、土地には適用できない。

(2) 不動産の効用及び相対的稀少性並びに不動産に対する有効需要の三者に影響を与える要因を価格形成要因といい、一般的要因、地域要因及び個別的要因に分けられる。

(3) 正常価格とは、市場性を有する不動産について、現実の社会経済情勢の下で合理的と考えられる条件を満たす市場で形成されるであろう市場価値を表示する適正な価格をいう。

(4) 取引事例に係る取引が特殊な事情を含み、これが当該取引事例に係る価格等に影響を及ぼしているときは、適切に補正しなければならない。

	①	②	③	④	⑤
学 習 日					
理 解 度 (○/△/×)					

572

解説

(1) **誤**　　　　　　　　　　　　　　　　　　　　【不動産の鑑定評価方式】

　再調達原価を適切に求めることができれば、土地についても原価法を適用することができます。

(2) **正**　　　　　　　　　　　　　　　　　　　　【不動産鑑定評価基準】

　価格形成要因とは、不動産の価格を形成する要因をいい、**一般的要因**(経済的要因、社会的要因など、一般経済社会における不動産のあり方、不動産の価格水準に影響を与える要因)、**地域要因**(その地域に属する不動産の価格形成に影響を与える要因)、**個別的要因**(不動産に個別性を生じさせその価格を個別的に形成する要因)に分けられます。

(3) **正**　　　　　　　　　　　　　　　　　　　　【正常価格】

　正常価格とは、<u>市場性</u>を有する<u>不動産</u>について、現実の社会経済情勢の下で合理的と考えられる条件を満たす市場で形成されるであろう市場価値を表示する適正な価格をいいます。

(4) **正**　　　　　　　　　　　　　　　　　　　　【不動産の鑑定評価方式】

　取引事例に係る取引が特殊な事情を含み、これが取引事例に係る価格等に影響を及ぼしているときは、適切に補正しなければなりません。

解答…(1)

不動産の鑑定評価によって求める価格

正常価格【原則】	市場性を有<u>する</u>不動産について、現実の社会経済情勢の下で合理的と考えられる条件を満たす市場で形成されるであろう市場価値を表示する適正な価格
限定価格	市場性を有<u>する</u>不動産について、市場が相対的に<u>限定</u>される場合の価格
特定価格	市場性を有<u>する</u>不動産について、法令等による社会的要請を背景とする鑑定評価目的の下で、正常価格の前提となる諸条件を満たさないことにより正常価格と同一の市場概念の下において形成されるであろう市場価値と乖離することとなる場合における不動産の経済価値を適正に表示する価格
特殊価格	市場性を有<u>しない</u>不動産(文化財など)について、利用現況等を前提とした不動産の経済価値を適正に表示する価格

難易度 B 不動産鑑定評価基準

→教科書 *CHAPTER04 SECTION02*

問題17 不動産の鑑定評価に関する次の記述のうち、不動産鑑定評価基準によれば、正しいものはどれか。 ［H20問29㉕］

(1) 不動産の価格を求める鑑定評価の手法には、原価法と取引事例比較法の2つがある。

(2) 土地についての原価法の適用において、宅地造成直後と価格時点とを比べ、公共施設等の整備等による環境の変化が価格水準に影響を与えていると認められる場合には、地域要因の変化の程度に応じた増加額を熟成度として加算できる。

(3) 特殊価格とは、市場性を有する不動産について、法令等による社会的要請を背景とする評価目的の下で、正常価格の前提となる諸条件を満たさないことにより正常価格と同一の市場概念の下において形成されるであろう市場価値と乖離することとなる場合における不動産の経済価値を適正に表示する価格をいう。

(4) 収益還元法は、対象不動産が将来生み出すであろうと期待される純収益の現在価値の総和を求めることにより対象不動産の試算価格を求める手法であることから、賃貸用不動産の価格を求める場合に有効であり、自用の住宅地には適用すべきでない。

	①	②	③	④	⑤
学 習 日					
理 解 度 (○/△/×)					

574

解説

(1) **誤**　　　　　　　　　　　　　　　　　　　　【不動産の鑑定評価方式】

　　不動産の価格を求める鑑定評価の手法には、**原価法、取引事例比較法、収益還元法**の3つがあり、鑑定評価にあたっては、**地域分析および個別分析により把握した対象不動産に係る市場の特性等を適切に反映した複数の手法を適用すべき**とされています。

(2) **正**　　　　　　　　　　　　　　　　　　　　　　　　　　　　　【その他】

🇨🇭 土地についての原価法の適用において、宅地造成直後と価格時点とを比べ、公共施設等の整備等による環境の変化が価格水準に影響を与えていると認められる場合には、地域要因の変化の程度に応じた増加額を熟成度として加算できます。

(3) **誤**　　　　　　　　　　　　　　　　　　　　　　　　　　　　【特殊価格】

　　特殊価格とは、**市場性を有しない不動産**（文化財など）について、利用現況等を前提とした不動産の経済価値を適正に表示する価格をいいます。本肢の内容は、**特定価格**の説明です。

(4) **誤**　　　　　　　　　　　　　　　　　　　　　　　　　　　【収益還元法】

🇨🇭 収益還元法は、一般的に市場性を有しない不動産以外のものにはすべて適用すべきもので、自用の住宅地でも賃貸を想定することにより適用されます。

解答…**(2)**

税・その他 CH 04

ちょっと確認！

不動産の鑑定評価方式②

取引事例比較法

…似たような取引事例を参考にして、それに事情補正、時点修正を加えて対象不動産の試算価格（比準価格）を求める方法

☆ 取引事例は原則として近隣地域または同一需給圏内の類似地域に存在する不動産に係るもののうちから選択する（ただし、必要やむを得ない場合には、近隣地域の周辺の地域に存在する不動産に係るもののうちから選択できる）

収 益 還 元 法

…対象不動産が将来生み出すであろう純収益と最終的な売却価格から現在の対象不動産の試算価格（収益価格）を求める方法

☆ 一般的に市場性を有しない不動産以外のものには基本的にすべて適用すべきものである

	難易度
B	**不動産鑑定評価基準**

→教科書 *CHAPTER04 SECTION02*

問題18 不動産の鑑定評価に関する次の記述のうち、不動産鑑定評価基準によれば、正しいものはどれか。 [H30問25]

(1) 不動産の価格は、その不動産の効用が最高度に発揮される可能性に最も富む使用を前提として把握される価格を標準として形成されるが、これを最有効使用の原則という。

(2) 収益還元法は、賃貸用不動産又は賃貸以外の事業の用に供する不動産の価格を求める場合に特に有効な手法であるが、事業の用に供さない自用の不動産の鑑定評価には適用すべきではない。

(3) 鑑定評価の基本的な手法は、原価法、取引事例比較法及び収益還元法に大別され、実際の鑑定評価に際しては、地域分析及び個別分析により把握した対象不動産に係る市場の特性等を適切に反映した手法をいずれか1つ選択して、適用すべきである。

(4) 限定価格とは、市場性を有する不動産について、法令等による社会的要請を背景とする鑑定評価目的の下で、正常価格の前提となる諸条件を満たさないことにより正常価格と同一の市場概念の下において形成されるであろう市場価値と乖離することとなる場合における不動産の経済価値を適正に表示する価格のことをいい、民事再生法に基づく鑑定評価目的の下で、早期売却を前提として求められる価格が例としてあげられる。

	①	②	③	④	⑤
学 習 日					
理 解 度 (○/△/✕)					

解説

(1) **正**　　　　　　　　　　　　　　　　　　　　【最有効使用の原則】

　不動産の価格は、その不動産の効用が最高度に発揮される可能性に最も富む使用を前提として把握される価格を標準として形成され、これを**最有効使用の原則**といいます。

(2) **誤**　　　　　　　　　　　　　　　　　　　　　　　【収益還元法】

　収益還元法は、一般的に市場性を有しない不動産以外のものには**基本的にすべて適用すべき**もので、自用の不動産であっても賃貸を想定することにより適用されます。

(3) **誤**　　　　　　　　　　　　　　　　　　　【鑑定評価の手法の適用】

　不動産鑑定評価の基本的な手法は、原価法・取引事例比較法・収益還元法に大別されますが、地域分析および個別分析により把握した対象不動産に係る市場の特性等を適切に反映した**複数**の鑑定評価の手法を適用すべきとされています。

(4) **誤**　　　　　　　　　　　　　　　　　　　　　　　【限定価格】

　限定価格とは、市場性を有する不動産について、不動産と取得する他の不動産との併合または不動産の一部を取得するさいの分割等に基づき正常価格と同一の市場概念の下において形成されるであろう**市場価値と乖離**することにより、**市場が相対的に限定**される場合における取得部分の当該市場限定に基づく市場価値を適正に表示する価格をいいます。

解答…**(1)**

難易度 A 不動産鑑定評価基準

→教科書 CHAPTER04 SECTION02

問題19 不動産の鑑定評価に関する次の記述のうち、不動産鑑定評価基準によれば、正しいものはどれか。 [H16問29]

(1) 不動産鑑定評価基準にいう「特定価格」とは、市場性を有する不動産について、法令等による社会的要請を背景とする評価目的の下、正常価格の前提となる諸条件を満たさない場合における不動産の経済価値を適正に表示する価格をいう。

(2) 鑑定評価は、対象不動産の現況を所与の条件としなければならず、依頼目的に応じて想定上の条件を付すことはできない。

(3) 鑑定評価に当たって必要とされる取引事例は、当該事例に係る取引の事情が正常なものでなければならず、特殊な事情の事例を補正して用いることはできない。

(4) 収益還元法は、対象不動産が将来生み出すであろうと期待される純収益の現在価値の総和を求めることにより対象不動産の試算価格を求める手法であるため、自用の住宅地には適用することはできない。

	①	②	③	④	⑤
学 習 日					
理 解 度 (○/△/×)					

578

解説

(1) **正**　　　　　　　　　　　　　　　　　　　　　　　　　【特定価格】

そのとおりです。

(2) **誤**　　　　　　　　　　　　　　　　　　　【不動産鑑定評価基準】

🚩 鑑定評価にあたって、依頼目的に応じて想定上の条件をつけることはできます。

(3) **誤**　　　　　　　　　　　　　　　　　　　【不動産鑑定評価基準】

　鑑定評価にあたって必要とされる取引事例は、当該事例に係る取引の事情が正常なものでなければなりませんが、特殊な事情を含んでいる事例でも、補正できれば用いることができます。

❓これはどう？　　　　　　　　　　　　━━━ R3（10月）－問25③

取引事例等に係る取引が特殊な事情を含み、これが当該取引事例等に係る価格等に影響を及ぼしている場合に、適切に補正することを時点修正という。

> ✕ 取引事例等に係る取引等が特殊な事情を含み、これが当該取引事例等に係る価格等に影響を及ぼしている場合に、適切に補正することを**事情補正**といいます。時点修正は、取引事例等に係る取引等の時点が価格時点と異なることにより、その間に価格水準に変動があると認められる場合に、当該取引事例等の価格等を価格時点の価格等に修正することをいいます。

税・その他 CH 04

(4) **誤**　　　　　　　　　　　　　　　　　　　　　　　　　【収益還元法】

　収益還元法は、一般的に市場性を有しない不動産以外のものにはすべて適用すべきもので、自用の住宅地でも賃貸を想定することにより適用されます。

解答…(1)

❓これはどう？　　　　　　　　　　　　━━━ R2（10月）－問25②

対象建築物に関する工事が完了していない場合でも、当該工事の完了を前提として鑑定評価を行うことがある。

> ⭕ 建築に係る工事が完了していない建物について、当該工事の完了を前提として鑑定評価の対象とすることはあります。

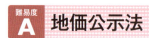

地価公示法

問題20 地価公示法に関する次の記述のうち、正しいものはどれか。

[H23問25]

(1) 公示区域とは、土地鑑定委員会が都市計画法第4条第2項に規定する都市計画区域内において定める区域である。

(2) 土地収用法その他の法律によって土地を収用することができる事業を行う者は、公示区域内の土地を当該事業の用に供するため取得する場合において、当該土地の取得価格を定めるときは、公示価格を規準としなければならない。

(3) 土地の取引を行う者は、取引の対象土地に類似する利用価値を有すると認められる標準地について公示された価格を指標として取引を行わなければならない。

(4) 土地鑑定委員会が標準地の単位面積当たりの正常な価格を判定したときは、当該価格については官報で公示する必要があるが、標準地及びその周辺の土地の利用の現況については官報で公示しなくてもよい。

解説

(1) **誤** 　　　　　　　　　　　　　　　　　　　　【公示区域】

　公示区域とは、**都市計画区域およびその他の区域**で、土地取引が相当程度見込まれるものとして**国土交通省令**で定める区域をいいます。したがって、都市計画区域内に限定されるものではありません。

(2) **正** 　　　　　　　　　　　　　　　　　　　　【公示価格の効力】

　土地収用法その他の法律によって土地を収用することができる事業を行う者は、公示区域内の土地を当該事業の用に供するため取得する場合で、当該土地の取得価格を定めるときは、**公示価格を規準**としなければなりません。

(3) **誤** 　　　　　　　　　　　　　　　　　　【土地の取引を行う者の責務】

　土地の取引を行う者は、**公示価格を指標**として取引を行うように**努めなければなりません**（「行わなければならない」のではありません）。

(4) **誤** 　　　　　　　　　　　　　　　　　　　【正常な価格の公示】

　土地鑑定委員会は、標準地の単位面積あたりの正常な価格を判定したら、すみやかに一定事項を官報で公示しなければなりません。

> **官報で公示しなければならない一定事項**
> ❶ 標準地の所在の郡・市・区・町村、字、地番
> ❷ 標準地の単位面積あたりの**価格**、価格判定の基準日
> ❸ 標準地の地積、形状
> ❹ 標準地およびその周辺の土地の利用の現況　など

解答…(2)

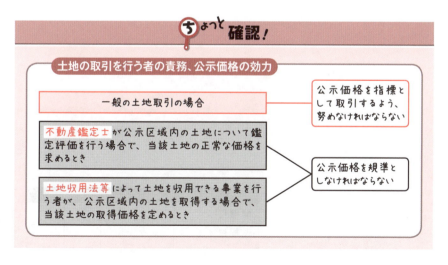

 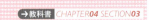

問題21 地価公示法に関する次の記述のうち、正しいものはどれか。

[H21問25]

(1) 公示区域内の土地を対象とする鑑定評価においては、公示価格を規準とする必要があり、その際には、当該対象土地に最も近接する標準地との比較を行い、その結果に基づき、当該標準地の公示価格と当該対象土地の価格との間に均衡を保たせる必要がある。

(2) 標準地の鑑定評価は、近傍類地の取引価格から算定される推定の価格、近傍類地の地代等から算定される推定の価格及び同等の効用を有する土地の造成に要する推定の費用の額を勘案して行われる。

(3) 地価公示において判定を行う標準地の正常な価格とは、土地について、自由な取引が行われるとした場合において通常成立すると認められる価格をいい、当該土地に、当該土地の使用収益を制限する権利が存する場合には、これらの権利が存するものとして通常成立すると認められる価格をいう。

(4) 地価公示の標準地は、自然的及び社会的条件からみて類似の利用価値を有すると認められる地域において、土地の利用状況、環境等が最も優れていると認められる一団の土地について選定するものとする。

解説

(1) 誤 【「公示価格を規準とする」とは】

不動産鑑定士が公示区域内の土地の鑑定評価をするさいには、公示価格を規準とする必要があります。そして、「公示価格を規準とする」とは、対象土地の価格を求めるさいに、「当該対象土地に最も近接する標準地との比較」ではなく、「**当該対象土地とこれに類似する利用価値を有すると認められる標準地との比較**」を行い、その結果にもとづいて、当該標準地の公示価格と当該対象土地の価格との間に均衡を保たせることをいいます。

(2) 正 【標準地の鑑定評価】

標準地の鑑定評価は、**❶近傍類地の取引価格から算定される推定の価格**、**❷近傍類地の地代等から算定される推定の価格**、**❸同等の効用を有する土地の造成に要する推定の費用の額**を勘案して行われます。

(3) 誤 【正常な価格の判定】

正常な価格とは、土地について自由な取引が行われるとした場合において通常成立すると認められる価格をいいます。そして、当該土地に、土地の使用収益を制限する権利が存する場合には、**これらの権利がない**ものとして算定します。

❓これはどう? ────────────────── H18−問29①

標準地の正常な価格は、土地鑑定委員会が毎年1回、<u>2人以上の不動産鑑定士の鑑定評価</u>を求め、その結果を審査し、必要な調整を行って判定し公示される。

O そのとおりです。

(4) 誤 【標準地の選定】

地価公示の標準地は、自然的および社会的条件からみて類似の利用価値を有すると認められる地域において、土地の利用状況、環境等が**通常**と認められる一団の土地について選定します(「最も優れている」と認められる一団の土地について選定するのではありません)。

解答…**(2)**

地価公示法

問題22 地価公示法に関する次の記述のうち、正しいものはどれか。

[H26 問25]

(1) 土地鑑定委員会は、標準地の価格の総額を官報で公示する必要はない。
(2) 土地の使用収益を制限する権利が存する土地を標準地として選定することはできない。
(3) 不動産鑑定士が土地鑑定委員会の求めに応じて標準地の鑑定評価を行うに当たっては、標準地の鑑定評価額が前年の鑑定評価額と変わらない場合は、その旨を土地鑑定委員会に申告することにより、鑑定評価書の提出に代えることができる。
(4) 不動産鑑定士は、土地鑑定委員会の求めに応じて標準地の鑑定評価を行うに当たっては、近傍類地の取引価格から算定される推定の価格を基本とし、必要に応じて、近傍類地の地代等から算定される推定の価格及び同等の効用を有する土地の造成に要する推定の費用の額を勘案しなければならない。

> 解説

(1) 正 　　　　　　　　　　　　　　　　　　　　　　　【正常な価格の公示】

土地鑑定委員会は、標準地の単位面積あたりの正常な価格を公示する必要はありますが、標準地の価格の総額を公示する必要はありません。

(2) 誤 　　　　　　　　　　　　　　　　　　　　　　　【正常な価格の判定】

土地の使用収益を制限する権利が存する土地を標準地として選定することもできます。この場合において、正常な価格を判定するときには、それらの権利がないものとして成立すると認められる価格（更地価格）で判定します。

(3) 誤 　　　　　　　　　　　　　　　　　　　　　　　【鑑定評価書の提出】

このような規定はありません。

(4) 誤 　　　　　　　　　　　　　　　　　　　　　　　【標準地の鑑定評価】

不動産鑑定士は、鑑定評価を行うにあたって、❶近傍類地の取引価格から算定される推定の価格、❷近傍類地の地代等から算定される推定の価格、❸同等の効用を有する土地の造成に要する推定の費用の額の3つを勘案しなければなりません。

本肢は「❶を基本とし、必要に応じて❷および❸を勘案しなければならない」といっているので誤りだよ。

解答…(1)

難易度 B 地価公示法

問題23 地価公示法に関する次の記述のうち、正しいものはどれか。

[H29 問25]

(1) 土地鑑定委員会は、標準地の単位面積当たりの価格及び当該標準地の前回の公示価格からの変化率等一定の事項を官報により公示しなければならないとされている。

(2) 土地鑑定委員会は、公示区域内の標準地について、毎年2回、2人以上の不動産鑑定士の鑑定評価を求め、その結果を審査し、必要な調整を行って、一定の基準日における当該標準地の単位面積当たりの正常な価格を判定し、これを公示するものとされている。

(3) 標準地は、土地鑑定委員会が、自然的及び社会的条件からみて類似の利用価値を有すると認められる地域において、土地の利用状況、環境等が通常であると認められる一団の土地について選定するものとされている。

(4) 土地の取引を行なう者は、取引の対象となる土地が標準地である場合には、当該標準地について公示された価格により取引を行なう義務を有する。

解説

(1) 誤　　　　　　　　　　　　　　　　　　　　【公示事項】

　土地鑑定委員会は、標準地の単位面積当たりの価格および価格判定の基準日、標準地の地積および形状など、一定の事項を官報により公示しなければなりませんが、**前回の公示価格からの変化率は公示しなければならないものではありません。**

(2) 誤　　　　　　　　　　　　　　　　　　　　【鑑定評価】

　土地鑑定委員会は、公示区域内の標準地について、**毎年1回、2人**以上の不動産鑑定士の鑑定評価を求め、その結果を審査し、必要な調整を行って、一定の基準日における当該標準地の単位面積当たりの正常な価格を判定し、これを公示するものとされています。

(3) 正　　　　　　　　　　　　　　　　　　　【標準地の選定】

　標準地は、土地鑑定委員会が、自然的および社会的条件からみて類似の利用価値を有すると認められる地域において、土地の利用状況、環境等が通常であると認められる一団の土地について選定します。

(4) 誤　　　　　　　　　　　　　　　【土地の取引を行なう者の義務】

　標準地の土地の取引を行う者は、**公示価格を指標**として取引を行なうよう努めなければならないという**努力**義務を負います。

解答…**(3)**

難易度 B 住宅金融支援機構法 登録講習修了者は免除項目 →教科書 *CHAPTER04 SECTION04*

問題24 独立行政法人住宅金融支援機構（以下この問において「機構」という。）に関する次の記述のうち、誤っているものはどれか。 ［H20問46㉕］

(1) 機構は、民間金融機関により貸付けを受けた住宅ローン債務者の債務不履行により元利金を回収することができなかったことで生じる損害を塡補する住宅融資保険を引き受けている。

(2) 機構は、災害復興融資、財形住宅融資、子育て世帯向け・高齢者世帯向け賃貸住宅融資など、政策上重要で一般の金融機関による貸付けを補完するための融資業務を行っている。

(3) 機構は、あらかじめ貸付けを受けた者と一定の契約を締結し、その者が死亡した場合に支払われる生命保険金を当該貸付に係る債務の弁済に充てる団体信用生命保険を業務として行っている。

(4) 機構は、貸付けを受けた者が景況の悪化や消費者物価の上昇により元利金の支払が困難になった場合には、元利金の支払の免除をすることができる。

	①	②	③	④	⑤
学 習 日					
理 解 度 (○/△/×)					

解説

(1) **正** 【機構の業務】

機構は、住宅融資保険法による保険業務を行っています。

(2) **正** 【機構の業務】

機構は、原則として直接融資は行っていませんが、本肢に記載されているようなもの（重要性は高いが、民間の金融機関では融資が困難なもの）については直接融資をしています。

(3) **正** 【機構の業務】

機構は、団体信用生命保険業務を行っています。

(4) **誤** 【機構の業務】

元利金の支払いが困難になった場合に、元利金の支払いの免除をすることができるといった規定はありません。

解答…(4)

Step Up　H21－問46③

機構は、貸付けを受けた者が経済事情の著しい変動に伴い、元利金の支払が著しく困難となった場合には、一定の貸付条件の変更又は元利金の支払方法の変更をすることができる。

○ そのとおりです。

機構は、「元利金の支払いの免除」はできないが、「貸付条件の変更または元利金の支払方法の変更」はできる！

ちょっと確認！

機構の業務

❶ 証券化支援事業 ← 主要業務　❷ 融資保険業務　❸ 情報の提供
❹ 直接融資
　→原則として直接融資は行わないが、災害復興融資、財形住宅融資、子育て世帯向け・高齢者世帯向け賃貸住宅融資など、重要性は高いが、民間の金融機関では融資が困難なものに限って、直接融資を行う
❺ 団体信用生命保険業務　❻ 住宅金融公庫の貸付債権の回収等

住宅金融支援機構法

問題25 独立行政法人住宅金融支援機構(以下この問において「機構」という。)に関する次の記述のうち、誤っているものはどれか。　[H25問46]

(1) 機構は、住宅の建設又は購入に必要な資金の貸付けに係る金融機関の貸付債権の譲受けを業務として行っているが、当該住宅の建設又は購入に付随する土地又は借地権の取得に必要な資金の貸付けに係る貸付債権については、譲受けの対象としていない。
(2) 機構は、災害により、住宅が滅失した場合において、それに代わるべき建築物の建設又は購入に必要な資金の貸付けを業務として行っている。
(3) 機構は、貸付けを受けた者とあらかじめ契約を締結して、その者が死亡した場合に支払われる生命保険の保険金を当該貸付けに係る債務の弁済に充当する団体信用生命保険に関する業務を行っている。
(4) 機構が証券化支援事業(買取型)により譲り受ける貸付債権は、自ら居住する住宅又は自ら居住する住宅以外の親族の居住の用に供する住宅を建設し、又は購入する者に対する貸付けに係るものでなければならない。

解説

(1) **誤** 　　　　　　　　　　　　　　　　　　　　　【機構の業務】

住宅の建設・購入に付随する土地・借地権の取得に必要な資金の貸付けに係る貸付債権についても譲受けの対象としています。

(2) **正** 　　　　　　　　　　　　　　　　　　　　　【機構の業務】

機構は、原則として直接融資は行っていませんが、災害関連等については、直接融資を行っています。

(3) **正** 　　　　　　　　　　　　　　　　　　　　　【機構の業務】

機構は、団体信用生命保険業務を行っています。

(4) **正** 　　　　　　　　　　　　　　　　　　　　　【機構の業務】

機構が証券化支援事業（買取型）により譲り受ける貸付債権は、**自らまたは親族が居住する住宅**を建設・購入する者に対する貸付けに係るものでなければなりません。

解答…(1)

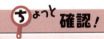

証券化支援事業（買取型）

民間の金融機関の住宅ローン債権※を機構が買い取って、証券化し、投資家に売却する

※ 住宅（自らまたは親族が居住するものに限る）の建設または購入に必要な資金の貸付債権（これに付随する土地・借地権の取得、住宅の購入に付随する当該住宅の改良に必要な資金の貸付債権も含む）

難易度 B 住宅金融支援機構法

登録講習修了者
は免除項目

→教科書 CHAPTER04 SECTION04

問題26 独立行政法人住宅金融支援機構(以下この問において「機構」という。)に関する次の記述のうち、誤っているものはどれか。 [H24問46]

(1) 機構は、証券化支援事業(買取型)において、民間金融機関から買い取った住宅ローン債権を担保としてMBS(資産担保証券)を発行している。

(2) 証券化支援事業(買取型)における民間金融機関の住宅ローン金利は、金融機関によって異なる場合がある。

(3) 機構は、証券化支援事業(買取型)における民間金融機関の住宅ローンについて、借入金の元金の返済を債務者本人の死亡時に一括して行う高齢者向け返済特例制度を設けている。

(4) 機構は、証券化支援事業(買取型)において、住宅の建設や新築住宅の購入に係る貸付債権のほか、中古住宅を購入するための貸付債権も買取りの対象としている。

	①	②	③	④	⑤
学 習 日					
理 解 度 (○/△/×)					

解説

(1) 正　　　　　　　　　　　　　　　　　　　　　　　【機構の業務】

　証券化支援事業(買取型)において、民間金融機関から買い取った住宅ローン債権を担保としてMBS(資産担保証券)を発行しています。

(2) 正　　　　　　　　　　　　　　　　　　　　　　　【機構の業務】

　住宅ローン金利は各民間金融機関が独自に決定するので、**金融機関によって異なる場合があります**。

(3) 誤　　　　　　　　　　　　　　　　　　　　　　　【機構の業務】

　機構は、本肢にいう、高齢者向け返済特例制度を設けていますが、これは証券化支援事業(買取型)の話ではありません。

(4) 正　　　　　　　　　　　　　　　　　　　　　　　【機構の業務】

　機構は、証券化支援事業(買取型)において、**中古住宅を購入するための貸付債権も買取りの対象としています**。

解答…**(3)**

？ これはどう?　　　　　　　　　　　　　　　　　　R2(10月)—問46③

独立行政法人住宅金融支援機構は、証券化支援事業(買取型)において、賃貸住宅の建設又は購入に必要な資金の貸付けに係る金融機関の貸付債権については譲受けの対象としていない。

> **◯** 機構は、証券化支援事業(買取型)において、賃貸住宅の建設または購入に必要な資金の貸付けに係る金融機関の貸付債権については譲受けの対象としていません。

ちょっと確認!

高齢者向け返済特例制度

60歳以上の高齢者が自ら居住する住宅に行うバリアフリー工事または耐震改修工事に係る貸付けについて、毎月の返済は利息のみとし、借入金の元金は申込人が死亡したときに一括して返済する制度

難易度 B **住宅金融支援機構法** 登録講習修了者は免除項目 →教科書 *CHAPTER04 SECTION04*

問題27 独立行政法人住宅金融支援機構（以下この問において「機構」という。）が行う証券化支援事業（買取型）に関する次の記述のうち、誤っているものはどれか。 ［H22問46］

(1) 証券化支援事業（買取型）において、機構による買取りの対象となる貸付債権には、中古住宅の購入のための貸付債権も含まれる。

(2) 証券化支援事業（買取型）において、銀行、保険会社、農業協同組合、信用金庫、信用組合などが貸し付けた住宅ローンの債権を買い取ることができる。

(3) 証券化支援事業（買取型）の住宅ローン金利は全期間固定金利が適用され、どの取扱金融機関に申し込んでも必ず同一の金利になる。

(4) 証券化支援事業（買取型）において、機構は買い取った住宅ローン債権を担保としてMBS（資産担保証券）を発行することにより、債券市場（投資家）から資金を調達している。

	①	②	③	④	⑤
学 習 日					
理 解 度 (○/△/×)					

解説

(1) **正**　　　　　　　　　　　　　　　　　　　　　　　【機構の業務】

　　証券化支援事業(買取型)において、機構による買取りの対象となる貸付債権には、**中古住宅の購入のための貸付債権**も含まれます。

(2) **正**　　　　　　　　　　　　　　　　　　　　　　　【機構の業務】

　　機構は、証券化支援事業(買取型)において、民間金融機関(銀行、保険会社、農業協同組合、信用金庫、信用組合など)が貸し付けた住宅ローンの債権を買い取ることができます。

(3) **誤**　　　　　　　　　　　　　　　　　　　　　　　【機構の業務】

　　証券化支援事業(買取型)の住宅ローン金利は、**全期間固定金利**が適用されます。しかし、**住宅ローン金利は各民間金融機関が独自に決定する**ので、**金融機関によって異なる場合があります**。

(4) **正**　　　　　　　　　　　　　　　　　　　　　　　【機構の業務】

　　証券化支援事業(買取型)において、機構は買い取った住宅ローン債権を担保としてMBS (資産担保証券)を発行することにより、債券市場(投資家)から資金を調達しています。

解答…**(3)**

税・その他 CH **04**

📈 Step Up

H29-問46①

独立行政法人住宅金融支援機構は、団体信用生命保険業務として、貸付けを受けた者が死亡した場合のみならず、重度障害となった場合においても、支払われる生命保険の保険金を当該貸付けに係る債務の弁済に充当することができる。

O　そのとおりです。

595

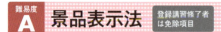

問題28

宅地建物取引業者が行う広告に関する次の記述のうち、不当景品類及び不当表示防止法(不動産の表示に関する公正競争規約を含む。)の規定によれば、正しいものはどれか。 ［H25問47］

(1) 新築分譲マンションの販売広告で完成予想図により周囲の状況を表示する場合、完成予想図である旨及び周囲の状況はイメージであり実際とは異なる旨を表示すれば、実際に所在しない箇所に商業施設を表示するなど現況と異なる表示をしてもよい。

(2) 宅地の販売広告における地目の表示は、登記簿に記載されている地目と現況の地目が異なる場合には、登記簿上の地目のみを表示すればよい。

(3) 住戸により管理費が異なる分譲マンションの販売広告を行う場合、全ての住戸の管理費を示すことが広告スペースの関係で困難なときには、1住戸当たりの月額の最低額及び最高額を表示すればよい。

(4) 完成後8か月しか経過していない分譲住宅については、入居の有無にかかわらず新築分譲住宅と表示してもよい。

解説

(1) **誤**　【写真・絵図】

宅地または建物のコンピュータグラフィックス、見取図、完成図、完成予想図は、その旨を明示して用いなければなりません。また、当該物件の周囲の状況について表示するときは、**現況に反する表示をしてはいけません。**

(2) **誤**　【物件の形質】

地目は**登記簿**に記載されているものを表示します。また、登記簿に記載されている地目と現況の地目が異なるときは、現況の地目を**併記**しなければなりません。

(3) **正**　【価格・賃料】

管理費、共益費、修繕積立金については、1戸あたりの月額を表示しますが、住戸により金額が異なる場合で、すべての住戸の管理費、共益費、修繕積立金を示すことが困難であるときは、**最低額**と**最高額**のみで表示することができます。

(4) **誤**　【特定用語の使用基準】

新築とは、**建築工事完了後1年未満であって、居住の用に供されたことがないもの**をいいます。本肢のように、完成後8カ月しか経過していなくても、入居があった場合には、新築と表示することはできません。

解答…**(3)**

難易度 A 景品表示法 〔登録講習修了者は免除項目〕

→教科書 CHAPTER04 SECTION05

問題29 宅地建物取引業者が行う広告等に関する次の記述のうち、不当景品類及び不当表示防止法（不動産の表示に関する公正競争規約を含む。）の規定によれば、正しいものはどれか。　　　　　　[H23問47改]

(1) 分譲宅地（50区画）の販売広告を新聞折込チラシに掲載する場合、1区画当たりの最低価格、最高価格及び最多価格帯並びにその価格帯に属する販売区画数を表示すれば足りる。

(2) 新築分譲マンションの販売において、モデル・ルームは、不当景品類及び不当表示防止法の規制対象となる「表示」には当たらないため、実際の居室には付属しない豪華な設備や家具等を設置した場合であっても、当該家具等は実際の居室には付属しない旨を明示する必要はない。

(3) 建売住宅の販売広告において、実際に当該物件から最寄駅まで歩いたときの所要時間が15分であれば、物件から最寄駅までの道路距離にかかわらず、広告中に「最寄駅まで徒歩15分」と表示することができる。

(4) 分譲住宅の販売広告において、当該物件周辺の地元住民が鉄道会社に駅の新設を要請している事実が報道されていれば、広告中に地元住民が要請している新設予定時期を明示して、新駅として表示することができる。

解説

(1) **正** 【価格】

土地の価格については、原則として1区画あたりの価格を表示します。また、原則として取引する全ての区画の価格を表示しますが、分譲宅地の価格については、パンフレット等を除き、1区画あたりの**最低価格**、**最高価格**、**最多価格帯**、その価格帯に属する**販売区画数**のみで表示することができます。また、販売区画数が10未満であるときは、最多価格帯の表示を省略することができます。本肢の「新聞折込チラシ」はパンフレット等には該当しないので、本肢の表示で足ります。

(2) **誤** 【表示】

モデル・ルームも規制対象となる「表示」に該当します。

❓これはどう？ ─────────────────── H16−問47①

新聞で建売住宅の販売広告を行ったが、当該広告に関する一般消費者からの問合せが1件もなかった場合には、当該広告は、不当景品類及び不当表示防止法の規制対象となる「表示」には該当しない。

> ✕ 景品表示法の規制対象となる「表示」に該当するかどうかは、一般消費者からの問い合わせの有無は関係ありません。

(3) **誤** 【各施設までの距離、所要時間】

各施設までの所要時間は**道路距離80mにつき1分**として算出した数値を表示しなければなりません。

❓これはどう？ ─────────────────── H15−問47②

各種施設までの徒歩による所要時間を表示する場合は、直線距離80mにつき1分間を要するものとして算出した数値を表示し、また、1分未満の端数が生じたときは1分間として計算して表示しなければならない。

> ✕ 「直線距離80mにつき1分間」ではなく、「道路距離80mにつき1分間」です。

(4) **誤** 【交通の利便性】

新設予定の鉄道の駅等やバスの停留所は、当該路線の**運行主体**が公表したものに限り、その**新設予定時期**を明示して表示することができます。

解答…**(1)**

難易度 A 景品表示法

登録講習修了者は免除項目

→教科書 *CHAPTER04 SECTION05*

問題30 宅地建物取引業者が行う広告等に関する次の記述のうち、不当景品類及び不当表示防止法（不動産の表示に関する公正競争規約の規定を含む。）によれば、正しいものはどれか。 ［H20問47㊹］

(1) 最寄りの駅から特定の勤務地までの電車による通勤時間を表示する場合は、通勤時に電車に乗車している時間の合計を表示し、乗換えを要することや乗換えに要する時間を含んでいないことを表示する必要はない。

(2) 新聞広告や新聞折込チラシにおいては、物件の面積や価格といった、物件の内容等を消費者に知ってもらうための事項を表示するのに併せて、媒介、売主等の取引態様も表示しなければならない。

(3) インターネット広告においては、最初に掲載する時点で空室の物件であれば、その後、成約済みになったとしても、情報を更新することなく空室の物件として掲載し続けてもよい。

(4) 販売しようとしている売地が、都市計画法に基づく告示が行われた都市計画施設の区域に含まれている場合、都市計画施設の工事が未着手であれば、都市計画施設の区域に含まれている旨の表示は省略できる。

	①	②	③	④	⑤
学 習 日					
理 解 度 (○/△/×)					

解説

(1) **誤** 【交通の利便性】

電車、バス等の交通機関の所要時間を表示する場合で、乗換えを要するときは、その旨を明示し、朝の通勤ラッシュ時の所要時間には乗換えにおおむね要する時間を含めなければなりません。

(2) **正** 【取引態様】

新聞広告や新聞折込チラシにおいては、「売主」、「貸主」、「代理」、「媒介」(仲介)といった取引態様を表示しなければなりません。

？これはどう？ ━━━━━━━━━━━━ H24－問47①

宅地建物取引業者が自ら所有する不動産を販売する場合の広告には、取引態様の別として「直販」と表示すればよい。

> ✕ 取引態様は「売主」、「貸主」、「代理」、「媒介」(仲介)の別を、これらの用語を用いて表示しなければなりません。

(3) **誤** 【広告の内容の変更等】

🇨🇭 広告の内容が変更となった場合には、すみやかに情報を修正し、または表示を取りやめなければなりません。

(4) **誤** 【特定事項の明示義務】

道路法の規定により道路区域が決定され、または都市計画法の告示が行われた都市計画施設の区域に係る土地については、工事が未着手であったとしてもその旨を明示しなければなりません。

解答…(2)

？これはどう？ ━━━━━━━━━━━━ H27－問47②

新築分譲マンションの広告に住宅ローンについても記載する場合、返済例を表示すれば、当該ローンを扱っている金融機関や融資限度額等について表示する必要はない。

> ✕ 住宅ローンを扱っている金融機関の名称についても表示する必要があります(融資限度額については表示する必要はありません)。

601

問題31 宅地建物取引業者が行う広告等に関する次の記述のうち、不当景品類及び不当表示防止法（不動産の表示に関する公正競争規約を含む。）の規定によれば、正しいものはどれか。　　　　　　[H17問47]

(1) 土地上に廃屋が存在する自己所有の土地を販売する場合、売買契約が成立した後に、売主である宅地建物取引業者自らが費用を負担して撤去する予定のときは、広告においては、廃屋が存在している旨を表示しなくてもよい。

(2) 新築分譲マンションを販売するに当たり、契約者全員が四つの選択肢の中から景品を選ぶことができる総付景品のキャンペーンを企画している場合、選択肢の一つを現金200万円とし、他の選択肢を海外旅行として実施することができる。

(3) 建売住宅を販売するに当たり、当該住宅の壁に遮音性能が優れている壁材を使用している場合、完成した住宅としての遮音性能を裏付ける試験結果やデータがなくても、広告において、住宅としての遮音性能が優れているかのような表示をすることが、不当表示に該当することはない。

(4) 取引しようとする物件の周辺に、現在工事中で、将来確実に利用できると認められるスーパーマーケットが存在する場合、整備予定時期及び物件からの道路距離を明らかにすることにより、広告において表示することができる。

解説

(1) **誤** 　　　　　　　　　　　　　　　　　　　　　　【特定事項の明示義務】

　土地取引において、土地上に**古屋、廃屋等**が存在するときは、(売買契約が成立した後に、売主自らが費用を負担して撤去する予定であったとしても)その旨を表示しなければなりません。

(2) **誤** 　　　　　　　　　　　　　　　　　　　　　　【景品類の提供の制限】

　「契約者全員が…景品を選ぶことができる」とあるので、本肢の景品類は「懸賞によらないで提供する景品類」に該当します。「懸賞によらないで提供する景品類」の場合、景品類の金額は、取引価額の**10分の1**または**100万円**のいずれか**低い**額でなければなりません。本肢の「現金200万円」は100万円を超えているため、このキャンペーンを実施することはできません。

ちなみに、「懸賞により提供する景品類」の場合には、取引価額の20倍または10万円のいずれか低い額(ただし、提供できる景品類の総額は、懸賞に係る取引予定総額の100分の2以内)となる！

(3) **誤** 　　　　　　　　　　　　　　　　　　　　　　【不当表示】

　住宅の壁に遮音性能が優れている壁材を使用していても、完成した住宅としての遮音性能を裏付ける試験結果やデータがない場合には、不当表示に該当する可能性があります。

(4) **正** 　　　　　　　　　　　　　　　　　　　　　　【生活関連施設】

　デパート、スーパーマーケット、コンビニエンスストア等の商業施設は、現に利用できるものを物件までの道路距離または徒歩所要時間を明示して表示しなければなりませんが、工事中である等その施設が**将来確実に利用できる**と認められるものについては、**整備予定時期**を明示して表示することができます。

解答…**(4)**

Step Up　　　　　　　　　　　　　　　　　　　　H19-問47④

> 残戸数が1戸の新築分譲住宅の広告を行う場合、建物の面積は延べ面積を表示し、これに車庫の面積を含むときには、車庫の面積を含む旨及びその面積を表示する必要がある。

> ○　建物の面積(マンションの場合は専有面積)は、**延べ面積**を表示し、これに車庫、地下室等(地下居室は除く)の面積を含むときは、その旨、その**面積**を表示する必要があります。

問題32 宅地建物取引業者が行う広告に関する次の記述のうち、不当景品類及び不当表示防止法(不動産の表示に関する公正競争規約を含む。)の規定によれば、正しいものはどれか。 ［H18問47］

(1) 新築分譲マンションの名称に、公園、庭園、旧跡その他の施設の名称を使用する場合には、当該物件がこれらの施設から最短の道路距離で300m以内に所在していなければならない。
(2) 市街化調整区域内に所在する土地を販売する際の新聞折込広告においては、市街化調整区域に所在する旨を16ポイント以上の大きさの文字で表示すれば、宅地の造成や建物の建築ができない旨を表示する必要はない。
(3) 新築分譲住宅の広告において物件及びその周辺を写した写真を掲載する際に、当該物件の至近に所在する高圧電線の鉄塔を消去する加工を施した場合には、不当表示に該当する。
(4) 分譲マンションを販売するに当たり、当該マンションが、何らかの事情により数年間工事が中断された経緯があったとしても、住居として未使用の状態で販売する場合は、着工時期及び中断していた期間を明示することなく、新築分譲マンションとして広告することができる。

解説

(1) **誤** 　　　　　　　　　　　　　　　　　【物件の名称の使用基準】

　物件の名称として公園、庭園、旧跡その他の施設の名称を使用する場合には、当該物件が公園、庭園、旧跡その他の施設から「最短の道路距離」ではなく、「直線距離」で300m以内に所在していなければなりません。

(2) **誤** 　　　　　　　　　　　　　　　　　【特定事項の明示義務】

　市街化調整区域に所在する土地については、原則として、「市街化調整区域。宅地の造成および建物の建築はできません。」と明示しなければなりません。なお、新聞折込広告の場合には、16ポイント以上の文字を用いなければなりません。

> 「市街化調整区域だよ」と記載されているだけでは、シロートには建物の建築等ができないことはわからないよね。だからしっかり明示しないといけないのだ～

(3) **正** 　　　　　　　　　　　　　　　　　【不当表示】

　事実に反する表示や、実際のものより優良にみえるような表示をしてはいけません。

> あったり前だよね～

(4) **誤** 　　　　　　　　　　　　　　　　　【特定事項の明示義務】

　建築工事に着手した後に、工事を相当の期間にわたり中断していた新築住宅・新築分譲マンションについては、**建築工事に着手した時期**、**中断していた期間**を明示しなければなりません。

解答…**(3)**

🔎 Step Up　　　　　　　　　　　　　　　　H29－問47④

> 新築分譲マンションについて、パンフレットには当該マンションの全戸数の専有面積を表示したが、インターネット広告には当該マンションの全戸数の専有面積のうち、最小面積及び最大面積のみを表示した。この広告表示が不当表示に問われることはない。

> ○　新築分譲マンションについて、専有面積は、パンフレット等の媒体を除いてインターネット広告や新聞、雑誌広告では、最小面積**および**最大面積**のみの表示**をすることができます。

難易度 A 景品表示法 登録講習修了者は免除項目

→教科書 *CHAPTER04 SECTION05*

問題33 宅地建物取引業者が行う広告に関する次の記述のうち、不当景品類及び不当表示防止法(不動産の表示に関する公正競争規約を含む。)の規定によれば、正しいものはどれか。 〔H30問47⑳〕

(1) 新築分譲住宅について、価格Aで販売を開始してから3か月以上経過したため、価格Aから価格Bに値下げをすることとし、価格Aと価格Bを併記して、値下げをした旨を表示する場合、値下げ金額が明確になっていれば、価格Aの公表日や値下げした日を表示する必要はない。

(2) 土地上に古家が存在する場合に、当該古家が、住宅として使用することが可能な状態と認められる場合であっても、古家がある旨を表示すれば、売地と表示して販売しても不当表示に問われることはない。

(3) 新築分譲マンションの広告において、当該マンションの完成図を掲載する際に、敷地内にある電柱及び電線を消去する加工を施した場合であっても、当該マンションの外観を消費者に対し明確に示すためであれば、不当表示に問われることはない。

(4) 複数の売買物件を1枚の広告に掲載するに当たり、取引態様が複数混在している場合には、広告の下部にまとめて表示すれば、どの物件がどの取引態様かを明示していなくても不当表示に問われることはない。

	①	②	③	④	⑤
学 習 日					
理 解 度 (○/△/×)					

606

解説

(1) **誤**　　　　　　　　　　　　　　　　　　　【過去の販売価格を比較対照価格とする二重価格表示の要件】

　　過去の販売価格を比較対照価格とする二重価格表示は以下の要件をすべて満たし、かつ、実際に、当該期間、当該価格で販売していたことを資料により客観的に明らかにすることができる場合でなければ、不当な二重価格表示となります。

> ❶ 過去の販売価格の公表日・値下げした日を **明示** すること
> ❷ 比較対照価格に用いる過去の販売価格が次の2つを満たすこと
> 　(1) 値下げ直前の価格
> 　(2) 値下げ前 **2** カ月以上にわたり実際に販売のために公表していた価格
> ❸ 値下げした日から **6** カ月以内に表示するもの
> ❹ 過去の販売価格の公表日から二重価格表示を実施する日まで物件の価値に同一性が認められるものであること
> ❺ 土地(現況有姿分譲地を除く)・建物(共有制リゾートクラブ会員権を除く)について行う表示

(2) **正**　　　　　　　　　　　　　　　　　　　　　　　　【古家が存在する場合の土地取引】

　　土地取引において、土地上に古家・廃屋等が存在するときは、その旨を明示すれば売地と表示して販売しても不当表示に問われることはありません。

(3) **誤**　　　　　　　　　　　　　　　　　　　　　　　　　　　　　　　【不当表示】

　　見取図・完成図・完成予想図等による表示において、物件の規模・構造等について、事実に相違する表示または実際のものより優良であると誤認させるおそれのある表示をした場合は、不当表示に問われることがあります。

(4) **誤**　　　　　　　　　　　　　　　　　　　　　　　　　　　【取引態様の表示】

　　新聞広告・新聞折込チラシ等・パンフレット等においては、物件の種類ごとに、取引態様(売主・貸主・代理・媒介)の別をわかりやすい表現で明瞭に表示しなければ不当表示に問われることがあります。

解答…**(2)**

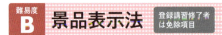

問題34 宅地建物取引業者が行う広告等に関する次の記述のうち、不当景品類及び不当表示防止法（不動産の表示に関する公正競争規約を含む。）の規定によれば、正しいものはどれか。　［H22問47改］

(1) 路地状部分のみで道路に接する土地を取引する場合は、その路地状部分の面積が当該土地面積の50％以上を占めていなければ、路地状部分を含む旨及び路地状部分の割合又は面積を明示せずに表示してもよい。
(2) 不動産物件について表示する場合、当該物件の近隣に、現に利用できるデパートやスーパーマーケット等の商業施設が存在することを表示する場合は、当該施設までの道路距離も徒歩所要時間も明示せずに表示してもよい。
(3) 傾斜地を含むことにより当該土地の有効な利用が著しく阻害される場合は、原則として、傾斜地を含む旨及び傾斜地の割合又は面積を明示しなければならないが、マンションについては、これを明示せずに表示してもよい。
(4) 温泉法による温泉が付いたマンションであることを表示する場合、それが温泉に加温したものである場合であっても、その旨は明示せずに表示してもよい。

解説

(1) **誤**　　　　　　　　　　　　　　　　　　　　　　　【特定事項の明示義務】

路地状部分のみで道路に接する土地で、その路地状部分の面積が当該土地面積のおおむね **30%** 以上を占めるときは、路地状部分を含む旨、路地状部分の割合または面積を明示しなければなりません。

(2) **誤**　　　　　　　　　　　　　　　　　　　　　　　　　【生活関連施設】

デパート、スーパーマーケット、コンビニエンスストア等の商業施設は、現に利用できるものを、物件までの **道路距離** または **徒歩所要時間** を明示して表示しなければなりません。

(3) **正**　　　　　　　　　　　　　　　　　　　　　　　【特定事項の明示義務】

傾斜地を含むことにより当該土地の有効な利用が著しく阻害される場合は、原則として、傾斜地を含む旨および傾斜地の割合または面積を明示しなければなりませんが、**マンションについては、これを明示しないで表示することができます。**

(4) **誤**　　　　　　　　　　　　　　　　　　　　　　　【特定事項の明示義務】

温泉法による温泉が付いたマンションの場合、それが温泉に加温したものであるときは、その旨を明示しなければなりません。

「源泉かけ流し温泉だと思ったのに〜」というクレームにつながらないようにね。

解答…**(3)**

温泉付マンション　うらやましすぎる…

📈 Step Up　　　　　　　　　　　　　　　　　　　　　　　H26−問47③

私道負担部分が含まれている新築住宅を販売する際、私道負担の面積が全体の5%以下であれば、私道負担部分がある旨を表示すれば足り、その面積までは表示する必要はない。

> ✗　私道負担部分が含まれている新築住宅を販売するさいの広告には、私道負担部分の面積も表示する必要があります。

問題35　土地に関する次の記述のうち、最も不適当なものはどれか。

［H24問49］

(1) 台地は、一般的に地盤が安定しており、低地に比べ自然災害に対して安全度は高い。
(2) 台地や段丘上の浅い谷に見られる小さな池沼を埋め立てた所では、地震の際に液状化が生じる可能性がある。
(3) 丘陵地帯で地下水位が深く、砂質土で形成された地盤では、地震の際に液状化する可能性が高い。
(4) 崖崩れは降雨や豪雨などで発生することが多いので、崖に近い住宅では梅雨や台風の時期には注意が必要である。

解説

(1) 適当　　　　　　　　　　　　　　　　　　　　　　　　　　　【土地】

台地は一般的に地盤が安定しており、水はけもよく、低地に比べて自然災害に対する安全度は高いといえます。

❓これはどう？ ──────────────── H26－問49④

<u>台地や丘陵の縁辺部</u>は、豪雨などによる崖崩れに対しては、安全である。

> ✕　台地や丘陵は一般的には水はけがよく、地盤が安定していますが、その縁辺部(周辺)は、豪雨などによる崖崩れを起こすことが多く、安全とはいえません。

(2) 適当　　　　　　　　　　　　　　　　　　　　　　　　　　　【土地】

液状化現象とは、地震のさいに、水分を多く含む砂地盤が振動によって液体状になる現象をいいます。台地や段丘上の浅い谷にみられる小さな池沼を埋め立てた所は水分を多く含んでいるため、液状化現象が生じる可能性があります。

(3) 不適当　　　　　　　　　　　　　　　　　　　　　　　　　　【土地】

液状化現象は、地下水位が浅いところで発生します。本肢は「地下水位が深く、…液状化する可能性が高い」としているので不適当です。

(4) 適当　　　　　　　　　　　　　　　　　　　　　　　　　　　【土地】

崖崩れは降雨や豪雨などで発生することが多いので、崖に近い住宅では梅雨や台風の時期には注意が必要です。

解答…**(3)**

ちょっと確認！

> **丘陵地、台地、段丘のポイント**
>
> ☆ 一般的に水はけがよく、地盤が安定しているため、宅地に適している
>
> →ただし！
>
> ❶ 丘陵地や台地の縁辺部は崖崩れの危険があるので注意が必要
>
> ❷ 丘陵地や台地の浅い谷にみられる小さな池沼を埋め立てたところでは、地盤沈下や液状化が生じる可能性があるので注意が必要

問題36 土地に関する次の記述のうち、不適当なものはどれか。

[H22問49]

(1) 地すべり地の多くは、地すべり地形と呼ばれる独特の地形を呈し、棚田などの水田として利用されることがある。
(2) 谷出口に広がる扇状地は、地盤は堅固でないが、土石流災害に対して安全であることが多い。
(3) 土石流は、流域内で豪雨に伴う斜面崩壊の危険性の大きい場所に起こりやすい。
(4) 断層地形は、直線状の谷など、地形の急変する地点が連続して存在するといった特徴が見られることが多い。

解説

(1) **適当**　　　　　　　　　　　　　　　　　　　　　　　　　　　【土地】

　　地すべり地の多くは、地すべり地形とよばれる独特の地形をしています。また、地すべり地は棚田などの水田として利用されることがあります。

(2) **不適当**　　　　　　　　　　　　　　　　　　　　　　　　　　【土地】

　　低地でも扇状地は比較的危険性が低い土地ですが、谷出口に広がる扇状地は、土石流災害に対して安全であるとはいえません。

(3) **適当**　　　　　　　　　　　　　　　　　　　　　　　　　　　【土地】

　　土石流は、流域内で豪雨に伴う斜面崩壊の危険性の大きい場所に起こりやすい現象です。

(4) **適当**　　　　　　　　　　　　　　　　　　　　　　　　　　　【土地】

　　断層地形は、直線状の谷など、地形の急変する地点が連続して存在するといった特徴がみられます。

解答…(2)

❓これはどう?　　　　　　　　　　　　　　　　　　　　　　H29－問49④

埋立地は、一般に海面に対して比高を持ち、干拓地に比べ、水害に対して危険である。

✕	埋立地は、一般に海面に対して数メートルの比高を持つため、干拓地より水害に対して安全といえます。

ちょっと確認!

崩壊跡地、地すべり地、断層のポイント

崩壊跡地
　☆ 再度崩壊のおそれがあり、安全ではない

地すべり地
　☆ 再発性があり、安全ではない
　☆ **棚田等の水田として利用される**

断　層
　☆ 断層周辺では、地盤の強度が安定していないため、崩壊、地すべりが発生する可能性が高い
　☆ **断層地形は、直線状の谷など、地形の急変する地点が連続して存在するといった特徴がみられることが多い**

税・その他 CH 04

613

問題37 土地に関する次の記述のうち、不適当なものはどれか。

[H21問49]

(1) 山地の地形は、かなり急峻で大部分が森林となっている。
(2) 台地・段丘は、農地として利用され、また都市的な土地利用も多い。
(3) 低地は、大部分が水田として利用され、地震災害に対して安全である。
(4) 臨海部の低地は、水利、海陸の交通に恵まれているが、住宅地として利用するためには十分な防災対策が必要である。

解説

(1) **適当** 【土地】

山地の地形は、かなり急峻で大部分が森林となっています。

 「山」だから、斜面が急で、木がいっぱいある・・・よね。

(2) **適当** 【土地】

台地・段丘は、農地として利用されます。また水はけもよいので宅地にも適しています。したがって、台地・段丘は都市的な土地として利用されることも多い地形です。

(3) **不適当** 【土地】

低地は、一般的に地盤が軟弱です。したがって、地震災害に対して安全であるとはいえません。

(4) **適当** 【土地】

臨海部の低地は、水利、海陸の交通に恵まれていますが、洪水や地震に弱いため、住宅地として利用するためには十分な防災対策が必要です。

解答…**(3)**

ちょっと確認！

宅地に適している土地かどうか

山麓部
…地すべりや崩壊等がおこりやすいので、一般的には宅地に適しているとはいえない

丘陵地、台地、段丘
…一般的に水はけがよく、地盤が安定しているため、宅地に適しているといえる

低地部
…一般的に、洪水や地震に弱いため、宅地に適しているとはいえない

干拓地、埋立地
…一般的に、宅地に適しているとはいえない

問題38 地盤の特徴に関する次の記述のうち、誤っているものはどれか。

[H19問49]

(1) 谷底平野は、周辺が山に囲まれ、小川や水路が多く、ローム、砂礫等が堆積した良質な地盤であり、宅地に適している。
(2) 後背湿地は、自然堤防や砂丘の背後に形成される軟弱な地盤であり、水田に利用されることが多く、宅地としての利用は少ない。
(3) 三角州は、河川の河口付近に見られる軟弱な地盤であり、地震時の液状化現象の発生に注意が必要である。
(4) 旧河道は、沖積平野の蛇行帯に分布する軟弱な地盤であり、建物の不同沈下が発生しやすい。

解説

(1) **誤** 【土地】

谷底平野は、河川の堆積作用によって形成される、山間部の谷間の低平地です。したがって、一般的に災害に弱く、宅地に適しているとはいえません。

(2) **正** 【土地】

後背「湿地」なので、地盤は軟弱で、宅地としての利用は少ないといえます。

(3) **正** 【土地】

三角州は河川が押し流した土砂が河口付近に堆積してできた三角形の地形です。地盤は軟弱で、地震時の液状化現象の発生に注意が必要です。

(4) **正** 【土地】

旧河道は、昔は河だった土地なので、地盤は軟弱で、建物の不同沈下（建物が不均一に沈む現象）が発生しやすい土地です。

解答…**(1)**

ちょっと確認！

低地部

扇状地	河川によって、山地から運ばれた砂礫が堆積した扇形の地形
自然堤防	河川の氾濫によって、砂礫が河岸に堆積してできた堤防状の微高地
旧河道	昔は河だった土地
後背低地（後背湿地）	自然堤防等の背後にできた低湿な地形
三角州（デルタ地帯）	河川が押し流した土砂が河口付近に堆積してできた三角形の地形

問題39 土地の形質に関する次の記述のうち、誤っているものはどれか。

[H20問49]

（1）地表面の傾斜は、等高線の密度で読み取ることができ、等高線の密度が高い所は傾斜が急である。

（2）扇状地は山地から平野部の出口で、勾配が急に緩やかになる所に見られ、等高線が同心円状になるのが特徴的である。

（3）等高線が山頂に向かって高い方に弧を描いている部分は尾根で、山頂から見て等高線が張り出している部分は谷である。

（4）等高線の間隔の大きい河口付近では、河川の氾濫により河川より離れた場所でも浸水する可能性が高くなる。

解説

(1) **正** 【土地】
　等高線の密度が高い所は**傾斜が急**で、等高線の密度が低い所は**傾斜が緩やか**です。

(2) **正** 【土地】
　扇状地は、等高線が同心円状になる特徴があります。

(3) **誤** 【土地】
　等高線が山頂に向かって高い方に弧を描いている部分は谷で、山頂からみて等高線が張り出している部分は尾根です。

(4) **正** 【土地】
　等高線の間隔が大きいということは、なだらかな土地が続いているということです。したがって、等高線の間隔が大きい河口付近では、河川が氾濫したとき、河川より離れた場所でも浸水する可能性が高くなります。

解答…(3)

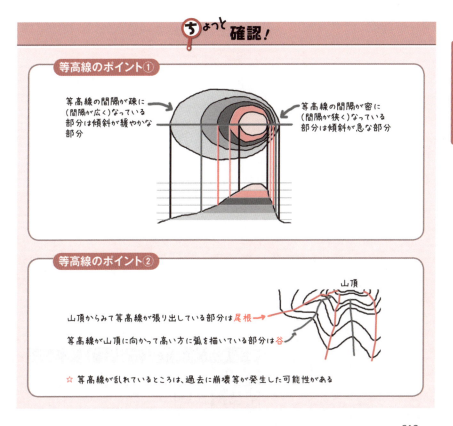

難易度 **C** 土 地 登録講習修了者は免除項目 →教科書 CHAPTER04 SECTION06

問題40 造成された宅地及び擁壁に関する次の記述のうち、誤っているものはどれか。 ［H17問50㊞］

(1) 盛土をする場合には、地表水の浸透により、地盤にゆるみ、沈下、崩壊又は滑りが生じないように締め固める。

(2) 切土又は盛土した崖面の擁壁は、鉄筋コンクリート造、無筋コンクリート造又は練積み造とする。

(3) 擁壁の背面の排水をよくするために、耐水性の材料での水抜き穴を設け、その周辺には砂利その他の資材を用いて透水層を設ける。

(4) 造成して平坦にした宅地では、一般に盛土部分に比べて切土部分で地盤沈下量が大きくなる。

	①	②	③	④	⑤
学習日					
理解度 (○/△/×)					

解説

(1) **正** 【土地】

🚩 盛土をした場所は地盤が軟弱です。したがって、盛土をする場合には、地表水の浸透により、地盤にゆるみ、沈下、崩壊、または滑りが生じないように締め固める必要があります。

(2) **正** 【土地】

🚩 切土または盛土した崖面の擁壁は、鉄筋コンクリート造、無筋コンクリート造、練積み造としなければなりません。

(3) **正** 【土地】

🚩 擁壁には、その背面の排水をよくするために、耐水性の材料で水抜き穴を設けなければなりません。また、その周辺には砂利その他の資材を用いて透水層を設けなければなりません。

(4) **誤** 【土地】

🚩 造成して平坦にした宅地では、一般に切土部分に比べて盛土部分で地盤沈下量が大きくなります。

解答…(4)

621

難易度 A 建物　登録講習修了者は免除項目　→教科書 CHAPTER04 SECTION06

問題41　建物の構造に関する次の記述のうち、不適当なものはどれか。

［H21問50］

(1) 鉄骨構造の特徴は、自重が重く、耐火被覆しなくても耐火構造にすることができる。
(2) 鉄筋コンクリート構造は、耐火、耐久性が大きく骨組形態を自由にできる。
(3) 鉄骨鉄筋コンクリート構造は、鉄筋コンクリート構造よりさらに優れた強度、じん性があり高層建築物に用いられる。
(4) 集成木材構造は、集成木材で骨組を構成した構造で体育館等に用いられる。

解説

(1) **不適当**　　　　　　　　　　　　　　　　　　　　　【建物】

　　鉄骨構造は自重が**軽**いことが特徴です。また、耐火構造にするためには耐火材料で被覆する必要があります。

(2) **適当**　　　　　　　　　　　　　　　　　　　　　　【建物】

　　鉄筋コンクリート構造は、耐火、耐久性が大きく骨組形態を自由にできます。

(3) **適当**　　　　　　　　　　　　　　　　　　　　　　【建物】

　　鉄骨鉄筋コンクリート構造は、鉄筋コンクリート構造よりさらに優れた強度、じん性(粘り強さ)があり、高層建築物に用いられます。

(4) **適当**　　　　　　　　　　　　　　　　　　　　　　【建物】

　　集成木材構造は、集成木材(薄い板を接着剤で張り付けて、重ね合わせて作る木材)で骨組みを構成した構造で、体育館等に用いられます。

　　　　　　　　　　　　　　　　　　　　　　　　解答…(1)

❓これはどう?　　　　　　　　　　　　　　　　　H29−問50③

常温、常圧において、鉄筋と普通コンクリートを比較すると、熱膨張率はほぼ等しい。

> **⭕** 常温、常圧において、鉄筋と普通コンクリートの熱膨張率はほぼ一致します。

ちょっと確認!

鉄骨造のポイント

☆ 鉄骨造は不燃構造であるが、火熱にあうと耐力が減少する

　→**耐火構造にするためには、耐火材料で被覆する必要がある**

☆ 鉄骨造は自重が**軽**い

☆ 鋼材はさびやすい

鉄筋コンクリート造のポイント

☆ 鉄筋コンクリート造は、耐火、耐久性が**大**きく、構造形態を自由にできる

☆ 常温における、鉄筋と普通コンクリートの熱膨張率は、ほぼ等しい

☆ コンクリートの引張強度は、圧縮強度よりも**小**さい

| 難易度 B | 建　物 | 登録講習修了者は免除項目 |

→教科書 *CHAPTER04 SECTION06*

問題42 建物の構造に関する次の記述のうち、最も不適当なものはどれか。

[H24問50]

(1) 鉄筋コンクリート構造の中性化は、構造体の耐久性や寿命に影響しない。

(2) 木造建物の寿命は、木材の乾燥状態や防虫対策などの影響を受ける。

(3) 鉄筋コンクリート構造のかぶり厚さとは、鉄筋の表面からこれを覆うコンクリート表面までの最短寸法をいう。

(4) 鉄骨構造は、不燃構造であるが、火熱に遭うと耐力が減少するので、耐火構造にするためには、耐火材料で被覆する必要がある。

	①	②	③	④	⑤
学習日					
理解度 (○/△/×)					

解説

(1) 不適当　　　　　　　　　　　　　　　　　　　　　　　　　　　【建物】

　鉄がさびるのは、鉄が（空気等に触れて）酸化するためです。コンクリートはアルカリ性なので、鉄筋コンクリート造では、コンクリートによって鉄筋がさびないように守られています。しかし、コンクリートが中性化する（アルカリ性から酸性に近づく）と、コンクリートによって守られている鉄筋がさびたり、腐食したりします。したがって、鉄筋コンクリート構造の中性化は、構造体の耐久性や寿命に影響を与えます。

(2) 適当　　　　　　　　　　　　　　　　　　　　　　　　　　　　【建物】

　木材は乾燥しているほうが強度が**大き**くなります。また、防虫対策をしていればしろあり被害等を防ぐこともできます。したがって、木造建物の寿命は、木材の乾燥状態や防虫対策などの影響を受けます。

？これはどう？　　　　　　　　　　　　　　　　　　　　　H15－問50②

木材の強度は、<u>含水率が大きい状態の方が大きくなる</u>ため、建築物に使用する際には、その含水率を確認することが好ましい。

　　　　　✗　含水率が大きい状態（湿った状態）だと、木材の強度は**小さ**くなります。

(3) 適当　　　　　　　　　　　　　　　　　　　　　　　　　　　　【建物】

　鉄筋コンクリート構造のかぶり厚さとは、鉄筋の表面からこれを覆うコンクリート表面までの最短寸法をいいます。

(4) 適当　　　　　　　　　　　　　　　　　　　　　　　　　　　　【建物】

　鉄骨構造は不燃構造ですが、火熱に遭うと耐力が減少するので、耐火構造にするためには、耐火材料で被覆する必要があります。

　　　　　　　　　　　　　　　　　　　　　　　　　　　　　　解答…**(1)**

ちょっと確認！

木材の性質

☆ 木材は含水率が小さい（乾燥している）状態のほうが強度が**大き**くなる

☆ 木材は湿潤状態では、しろありの発生や腐朽等の被害を受けやすい

☆ 辺材は心材に比べて（水や腐り、菌などに）**弱**い

☆ 木材の圧縮強度は、繊維方向のほうが繊維に垂直方向よりも**強**い

問題43 鉄筋コンクリート造の建築物に関する次の記述のうち、誤っているものはどれか。　　　　　　　　　　　　　　　　[H16問49]

(1) 原則として、鉄筋の末端は、かぎ状に折り曲げて、コンクリートから抜け出ないように定着しなければならない。

(2) 構造耐力上主要な部分に係る型わく及び支柱は、コンクリートが自重及び工事の施工中の荷重によって著しい変形又はひび割れその他の損傷を受けない強度になるまでは、取り外してはならない。

(3) 原則として、鉄筋コンクリート造の柱については、主筋は4本以上とし、主筋と帯筋は緊結しなければならない。

(4) 鉄筋に対するコンクリートのかぶり厚さは、耐力壁にあっては3cm以上としなければならないが、耐久性上必要な措置をした場合には、2cm以上とすることができる。

解説

(1) **正** 【建物】

鉄筋の末端は、原則として、**かぎ状**に折り曲げて、コンクリートから抜け出ないように定着しなければなりません。

(2) **正** 【建物】

構造耐力上主要な部分に係る型わくおよび支柱は、コンクリートが一定の強度になるまでは取り外してはなりません。

(3) **正** 【建物】

原則として、鉄筋コンクリート造の柱については、主筋は**4本以上**とし、主筋と帯筋は緊結しなければなりません。

(4) **誤** 【建物】

鉄筋に対するコンクリートのかぶり厚さは、耐力壁にあっては**3cm以上**としなければなりません（耐久性上必要な措置をしたとしても、2cm以上とすることはできません）。

耐力壁以外の壁だったら、「2cm以上」なんだけどね・・・

解答…(4)

ちょっと確認！

鉄筋コンクリート造の規則

☆ 鉄筋コンクリート造に使用される骨材、水、混和材料は、鉄筋をさびさせ、またはコンクリートの凝結・硬化を防げるような酸、塩、有機物、泥土を含んではならない

☆ **鉄筋の末端は、原則としてかぎ状に折り曲げて、コンクリートから抜け出ないように定着させなければならない**

☆ **鉄筋コンクリート造の柱については、原則として、主筋は4本以上でなければならない**

☆ 主筋は、帯筋と緊結しなければならない

☆ 鉄筋に対するコンクリートのかぶり厚さは、原則として 次のよう にしなければならない

❶ 耐力壁以外の壁、床…2cm以上
❷ 耐力壁、柱、はり…**3**cm以上

問題44 建築物の構造に関する次の記述のうち、最も不適当なものはどれか。　　　　　　　　　　　　　　　　　　　　　　　　　　　[H23問50]

(1) ラーメン構造は、柱とはりを組み合わせた直方体で構成する骨組である。
(2) トラス式構造は、細長い部材を三角形に組み合わせた構成の構造である。
(3) アーチ式構造は、スポーツ施設のような大空間を構成するには適していない構造である。
(4) 壁式構造は、柱とはりではなく、壁板により構成する構造である。

解説

(1) **適当**　　　　　　　　　　　　　　　　　　　　　　　　　　　　　【建物】

　ラーメン構造は、柱とはりを組み合わせた直方体で構成する骨組みです。

(2) **適当**　　　　　　　　　　　　　　　　　　　　　　　　　　　　　【建物】

　トラス式構造は、細長い部材を三角形に組み合わせた構成の構造です。

(3) **不適当**　　　　　　　　　　　　　　　　　　　　　　　　　　　　【建物】

　アーチ式構造は、アーチ型の骨組みでスポーツ施設のような大空間を構成するの

に**適している**構造です。

(4) **適当**　　　　　　　　　　　　　　　　　　　　　　　　　　　　　【建物】

　壁式構造は、壁板を組み合わせてつくる骨組みです。

解答…(3)

税・その他 CH 04

ちょっと確認！

建築物の構造①

ラーメン構造	柱とはりを組み合わせた直方体で構成する骨組み
トラス式構造	細長い部材を三角形に組み合わせた構成の構造
アーチ式構造	アーチ型の骨組みで、スポーツ施設のような大空間を構成するのに適した構造

629

問題45 建築の構造に関する次の記述のうち、最も不適当なものはどれか。　　　　　　　　　　　　　　　　　　　　　　　　　　［H25問50］

(1) 耐震構造は、建物の柱、はり、耐震壁などで剛性を高め、地震に対して十分耐えられるようにした構造である。
(2) 免震構造は、建物の下部構造と上部構造との間に積層ゴムなどを設置し、揺れを減らす構造である。
(3) 制震構造は、制震ダンパーなどを設置し、揺れを制御する構造である。
(4) 既存不適格建築物の耐震補強として、制震構造や免震構造を用いることは適していない。

解説

(1) **適当**　　　　　　　　　　　　　　　　　　　　　　　　　　　　　　【建物】

耐震構造は、建物の柱、はり、耐震壁などで剛性を高め、地震に対して十分耐えられるようにした構造です。

地震の揺れに耐えることができる構造！

(2) **適当**　　　　　　　　　　　　　　　　　　　　　　　　　　　　　　【建物】

免震構造は、建物の下部構造と上部構造との間に積層ゴムなどを設置し、揺れを減らす構造です。

ゴムがあるおかげで、あんまり揺れないのよ。

(3) **適当**　　　　　　　　　　　　　　　　　　　　　　　　　　　　　　【建物】

制震構造は、制震ダンパーなどを設置し、揺れを制御する構造です。

揺れを小さくしたり、早く揺れがおさまるようにした構造！

(4) **不適当**　　　　　　　　　　　　　　　　　　　　　　　　　　　　　【建物】

既存不適格建築物とは、法令の改正によって、基準に合わなくなった建築物のことをいいます。このような建築物についても、制震構造や免震構造によって耐震補強をする必要があります。

解答…**(4)**

ちょっと確認！

建築物の構造②

耐震構造	建物の柱、はり、耐震壁などで剛性を高め、地震に対して十分耐えられるようにした構造
免震構造	建物の下部構造と上部構造との間に積層ゴムなどを設置し、揺れを減らす構造
制震構造	制震ダンパーなどを設置し、揺れを制御する構造

問題46 建築物の構造に関する次の記述のうち、誤っているものはどれか。

[H20問50]

(1) 建築物の高さが60mを超える場合、必ずその構造方法について国土交通大臣の認定を受けなければならない。
(2) 階数が2以上又は延べ面積が50㎡を超える木造の建築物においては、必ず構造計算を行わなければならない。
(3) 建築物に異なる構造方法による基礎を併用した場合は、構造計算によって構造耐力上安全であることを確かめなければならない。
(4) 高さが20m以下の鉄筋コンクリート造の建築物の構造方法を国土交通大臣の認定を受けたプログラムによってその安全性を確認した場合、必ず構造計算適合性判定が必要となる。

解説

(1) **正** 【建物】

　高さが60mを超える建築物は、構造方法について、一定の構造計算によって安全性が確認されたものとして国土交通大臣の認定を受けたものでなければなりません。

(2) **誤** 【建物】

　木造建築物については、以下のいずれかに該当する場合には、構造計算が必要となります。

> **構造計算が必要な場合**
> ❶ 地階を含む階数が 3 以上
> ❷ 延べ面積が 500㎡ 超
> ❸ 高さが 13 m超
> ❹ 軒の高さが 9 m超

　したがって、本肢の「階数が2以上」または「延べ面積が50㎡超」の木造建築物でも、上記に該当しなければ構造計算は不要です。

(3) **正** 【建物】

　建築物には、原則として、異なる構造方法による基礎を併用することはできません。ただし、国土交通大臣が定める基準に従った構造計算によって構造耐力上安全であることを確かめた場合には、例外として併用することができます。

(4) **正** 【建物】

　高さが60m以下の一定の建築物について、建築物の構造方法を国土交通大臣の認定を受けたプログラムによって安全性を確認した場合、必ず都道府県知事の構造計算適合性判定が必要となります。

解答…(2)

「土地・建物」は、「建物」のほうが難しい問題が多い。だから「土地」で得点できるようにしておこう。

memo

memo

memo